《大明风云》系列之 5

The Profound History of Ming Dynasty 5

治隆唐宋

马渭源 著

Ma Weiyuan

东南大学出版社
SOUTHEAST UNIVERSITY PRESS
·南京·

图书在版编目(CIP)数据

治隆唐宋/马渭源著. —南京:东南大学出版社,
2015.1 (2023.6重印)
(大明风云系列)
ISBN 978-7-5641-5431-8

Ⅰ.①治… Ⅱ.①马… Ⅲ.①中国历史-研究-明代
Ⅳ.①K248.07

中国版本图书馆CIP数据核字(2014)第310947号

治隆唐宋

出版发行	东南大学出版社
出 版 人	江建中
社　　址	南京市四牌楼2号
邮　　编	210096
印　　刷	三河市金泰源印务有限公司
开　　本	700 mm×1000 mm　1/16
印　　张	16.75
字　　数	281千字
版　　次	2015年1月第1版
印　　次	2023年6月第2次印刷
书　　号	ISBN 978-7-5641-5431-8
定　　价	58.00元

* 本社图书若有印装质量问题,请直接与营销部联系,电话:025—83791830。

序

马渭源教授的 17 卷本《大明风云》就要出版了，这是继他 2014 年推出 10 卷本《大明帝国》后的又一大系列专著。数日前，他来我家，邀我写个序，我欣然答应了。因为他与日本关西学院校长、国际明史专家阪仓笃秀教授是老一辈著名明史专家黄云眉先生的第二代传人，这是 2011 年年底海内外眉师儿孙们云集一堂，经过反复研究、讨论，最后作出的慎重决定。作为眉师的第一代传人，我感到责无旁贷要做好这样的事情。

马教授在 2012 年就应邀去美国做讲座，北美三大华文报刊《世界日报》《星岛日报》和《侨报》对此都曾做了专门的报道，其中《世界日报》称誉马渭源教授为著名的明史专家；稍后中国大陆媒体称他为"第一位走上美国讲坛的明史专家"。

另据海外媒体所载，马渭源教授的《大明帝国》系列专著得到了美国匹茨堡大学名誉教授、海外著名国学大家许倬云先生的赞许与推介，并为哈佛大学、哥伦比亚大学、普林斯顿大学、斯坦福大学等世界一流的高等学府和美国国会图书馆、澳大利亚国家图书馆等西方诸国国家图书馆所收藏，真乃可喜可贺！

最近中央级大报《光明日报》刊载文章说："世界上 SCI 检索影响力较大的 2 000种期刊中，中国期刊只有 5 种；排在本学科前 3 位的世界顶级期刊中，没有一本中国期刊。"（《光明日报》2013 年 11 月 30 日第 7 版"科教文新闻"）与此相类或者说更不尽如人意的是，中国虽是当今世界上头号出版大国，但中国出版的各类专著为西方国家收藏的却不到 20%，社科类不到 10%，历史类更是凤毛麟角。而马教授的著作能被这么多的西方著名高等学府所珍藏，并得到了大家许倬云先生的肯定与称许，实属不易！

其实这些年在国内马渭源教授早已是南京电视台、南京广电、江苏教育电视台、安徽电视台、中央电视台和福建网站等公共媒体上家喻户晓的历史文化讲座主讲人和电视节目的常任嘉宾，而他的著作则更是深受广大读者的喜爱。据说有一次在上海展览馆举办他的签名售书活动，原定活动时间为半小时，结果因为读者太多了，主办方不得不延长了一个小时，但还是未能满足广大读者的需求。而最近又传来好消息，国内外有名的网络运营商如亚马逊、中国移动、苏宁易购等都与马教授签订了电子书出版合同，广大读者尤其是年轻的读者只要按按手机上的键钮就能轻松阅读他的电子版著作了。

马教授之所以能取得如此的成就和拥有这样的影响力，在我看来，最为根本的原因就在于他扎扎实实地深入研究，以渊博的知识来解释历史，并用通俗流畅的语言表述出来，但绝不戏说，由浅入深，做到既通俗易懂又让人回味无穷，这是十分难能可贵的啊！

就以本次出版的《大明风云》系列之①～⑤为例，该 5 卷本主要是讲述大明洪武朝的历史。有关洪武帝朱元璋的传记目前为止，有好几个版本，最早的可能要数吴晗先生的《由僧钵到皇权》，那是民国三十三年十月由在创出版社出版，当年我在书店里买到了就读。20 世纪五六十年代吴晗先生对原书进行反复修改后出版了《朱元璋传》(三联书店版)。据说当时有好多政治人物都读过，但它毕竟是那个时代的产物，里边有不少阶级斗争的内容和特定意识形态的标签，今天年轻人读来可能有种隔世的感觉。后来陈梧桐教授和吕景林教授也分别写了有关朱元璋的传纪，如今书店里可能还能买到。

马渭源教授在 2007 年时就撰写了《奇特的开国皇帝朱元璋》上、下册，尽管该书在 2008 年 1 月出版后很受读者喜爱，发行量急剧攀升，且远销海内外。但马教授对自己的著作却很不满意，多次在我面前说，那是电视节目的讲稿，时间太仓促，很不成熟，遗憾多多。为此，这些年他不断地收集和整理史料，打算重写。2014 年 1 月他的最新力作《大明帝国》系列之《洪武帝卷》终于问世，比原书整整多出了一倍，多达 100 多万字。不过随后他又感到意犹未尽，特别是洪武时期的许多事情都未能说个淋漓尽致，为此，在已经修订过的《大明帝国》系列之《洪武帝卷》基础上，他再作努力，分册详尽阐述，这就是现在人们见到的《大明风云》系列之①～⑤《乱世枭雄》《大明一统》《明基奠立》《洪武"运动"》《治隆唐宋》。

本书为《大明风云》系列之⑤《治隆唐宋》，是在承接《大明一统》《明基奠立》《洪武"运动"》三书基础上对朱元璋治国理政的另一大方面——思想文化教育领域中实施的国策做了一个完整的阐述，并随即对其治边、治外和治家三大层面展开了详尽的探讨。

全书分为两章，上章"思想一统，科举'隽永'"，即阐述朱元璋在思想文化教育领域中实施的奇特国策。整个章节几乎都是全新的，以往有人在撰写朱元璋传纪或明朝开国史时，要么根本不提这类内容，要么说了也是三言两语或一鳞半爪。在此我尤其要说的是，据我所知，马教授在本世纪开启之际就开始研究中国科举制——那时全国几乎很少有人进行此类研究。他曾跟我说："朱元璋这个人平民出身，不同于一般的皇帝，他始终有着'公平化'的平民情结。"在书中，马教授首先从洪武帝对科举改革的标准化入手，指出朱元璋搞科举考试标准化不是终极目的，而是为了达到公平化的一种手段。"从朱元璋内心角度而言，搞标准化科举考试，最终目的就是为了实现他童年起朦胧形成的'公平化'社会秩序之理想。而要使科举制公平化，除了运用标准化作为一根标尺来衡量外，很重要的还是要完善科举制度，将以往不合理的制度成分剔除出去，增添更为合理的规章与措施，这就是朱元璋对科举改革的核心灵魂所在的一个方面，即‘制度公正化’和‘程序公平化’。”在这两者之间，马教授巧妙地插入了中国传统文化的经典时代——唐宋科举文化的十大珍贵遗产和朱元璋君臣的取舍。这样一来，不仅使得读者对中国科举制的发展脉络大致有了一个了解，明白中国科举制的合理内核即为公平化、平等化——这恰恰是后来西方国家模仿中国科举考试推行文官制的精神动力所向，可惜的是，我们的科举到了清末时来了一个“孩子洗澡，一起扔了”。于此马教授颇为诙谐又不无痛心地写道：“令人啼笑借非的是，当大清帝国宣布废除中国沿用了 1 500 多年的科举制时，西方欧美国家却争先恐后地学习和模仿中国科举文官考试制，建立起现代的文官考试制度，完善近代西方政治文明。东西方如等巨大的反差，让人想起唐代诗人李商隐的诗：‘……东边日出西边雨’，不，应该是‘西边日出东边雨’，喜乎？悲乎？”

能拥有这样的思想深度和锐利眼光就充分表明了撰述者已非仅仅是一个历史学者，而是一个有着相当睿智的思想家与高度历史责任感的社会文化研究专家。读了这样的著作，难道不觉得有一种对正义和真理之追求的责任感与正能量的积聚？

更妙的是，马教授在书中，将一个个历史名词用通俗的语言表达了出来。譬如明代科举制中有四大考试：即童试、乡试、会试、殿试。这些名词现在一般人见了都会感觉陌生，如何解释好呢？马教授说，童试就是乡试前的资格考试；乡试相当于现在大学本科考试，考中者即举人，在学历上相当于今天的本科学历，在学位方面就相当于学士学位；会试相当于现在的硕士研究生考试，考中者即贡士，在学历上相当于今天的硕士研究生学历，在学位方面就相当于现在的硕士研究生学位，等等。读来通俗易懂，但又不低俗。让人在轻松中阅读历史，看来他是吃透了历史文化才会这般轻车熟路、信手拈来。

2007 年马教授就应南京市委宣传部主办的“市民学堂”之邀主讲过中国科举制，据说当时南京人民大会堂楼上楼下都是听众与媒体记者，原定两个半小时的讲座因为讲得太生动了而被迫延长。随后马教授的讲座内容及其对科举制的形象比喻“中国古代第五大发明”被《南京日报》《金陵晚报》《现代快报》《扬子晚报》等众多平面媒体和各大网站所转载和援引。这里顺便说一下，从去年起，马教授又屡次受邀南京市委宣传部与南京广电集团开办的新版“市民学堂”，全天候主讲《大明帝国之风云》系列。据说仅今年一年内他就讲了五六次，是该栏目出镜率和“回头率”最高的主讲人。通过多频道的广播电台、电视、网络等多种媒介，马教授的历史文化讲座早已“走进”了千家万户，甚至还“走进”了“流动的小屋”——汽车。由此人们称他为大众历史学家，我看差不多，但最好要加个定语，应该为不低俗和有责任的大众历史学家。

本书另一大亮点就是下章“千秋过功，治隆唐宋”。马渭源教授在通读了《明实录》与《明史》以及明代大量文献资料后，从朱元璋治国理政、治边、治外和治家四个层面分别予以了详尽的考察，认为明代鼎盛时代或言黄金时期不是有人美誉的“永乐盛世”，而是仁宣时期。要说大明治理得最“好”的时代应该是在朱元璋洪武年间，他援引了明代中期文臣敖英之语来说事：“我朝国势之尊，超迈前古，其驭北虏西蕃，无汉之和亲，无唐之结盟，无宋之纳岁币，亦无兄弟敌国之礼，其来朝贡，则以恩礼待之。其朝鲜、安南、琉球、日本、占城、暹罗、满剌加诸国，乌思藏、董卜韩、胡奴儿干诸司，朵颜，赤斤、阿端、卜剌罕诸卫，奉法尤谨，朝廷待之，恩礼亦有加焉。呜呼，盛哉！”（【明】敖英：《东谷赘言》卷上）如此观点极有道理，当然这还是朱元璋内外治国的效果，那么他的治家到底有着怎样的影响？“终明之代，宫壸肃清，论者谓其（指朱元璋）家法之善，超轶汉、唐”（《明史·后妃传·序》卷113）。由此再看，300年后清圣祖康熙帝在明太祖陵墓前留下的那通“治隆唐宋”御碑文字，还是有着十分深刻的含义的，也是对朱元璋一生功绩比较妥帖的注解。不过马教授同时还指出：“我们还应看到朱元璋治理下的另一面：他乾纲独断，事必躬亲，专制集权，滥杀无辜，大搞政治运动，实行文字狱与特务统治……将大明治理成一个令人窒息的国家，严重摧残了商品经济的发展和中外交流，客观上妨碍了思想文化的繁荣。”至此，可以说全书对明太祖的功过有了比较正确的定位，阐发了前人所未发之言，令人耳目一新。

总之，全书精彩迭现，观点新异又可靠，读之既如品尝陈年美酒，又似沐浴和煦春风。作为年过八旬的垂垂老者，我倍感欣慰，“黄学”后继有人啊！也愿马教授不断努力，推出更多的新作！

权作为序。

南京大学中国思想家研究中心常务副主任、教授

2014年11月18日

目录

上章
思想一统　科举“隽永”

从人格心理学来说，朱元璋的早期生活中有着太多的缺憾，这在相当程度上造成他日后苛求完美的性格特征。就在实行“四清”、相继发动八场全国性大运动的同时，这位有明一代“圣祖”为了确保江山社稷能稳如磐石，又在不断地采取举措，统一思想，培育和选拔完全合乎“口味”的“标准化”人才：他降低大明第一大学——国子监的入学门槛，大力发展中央与地方的官学，将教师纳入了大明“公务员”行列，稳定教师队伍；在全国各地乡村普设社学，推行教化；他尊孔崇儒，钦定“中国圣经”，一统思想、实行科举成式、推行标准化考试，甚至还屡兴文字狱……所有这一切几乎都开创了中国文化思想教育历史之最，终使洪武晚期的大明有着向“建文”方向转向之趋势，由此也加强了极权君主专制主义。

治国之要教化为先，教化之道学校为本

说起朱元璋教育思想和洪武大办教育，或许有人要觉得好笑，一个叫花子出身的人会有什么教育思想而且还大办教育？

◉ 朱元璋教育思想：治国之要教化为先，教化之道学校为本

历史恰恰如此！尽管出身低贱得不能再低贱的朱元璋从未受过正规的学校教育，但综观洪武年间发布的诏令敕御等，你就不难发现，除了一部分是由文臣学士充当捉刀手外，还有相当一部分是由这位极富个性的草根皇帝自己撰写的。虽说文中时不时地出现错别字，甚至还会文理不通，可也不难看出，从未接受过正规教

育的朱皇帝并非是个彻头彻尾的文盲。

那么草根皇帝是什么时候摘掉文盲帽子的？明代笔记载说："太祖在军中甚喜阅经史，后遂能操笔成文章。"(【明】徐祯卿:《翦胜野闻》)淮右地区出来打天下的绝大多数都是土包子，即使像李善长算是有文化的了，但也是粗通文墨。那么到底是谁将叫花子朱重八"教育成才"了？《明实录》"戊戌即元至正十八年(1358)十二月"条记载说：朱元璋军攻占浙东婺州后，"召儒士许元、叶瓒玉、胡翰、吴沉、汪仲山、李公常、金信、徐孳、童冀、戴良、吴履、张起敬、孙履皆会食省中，日令二人进讲经史，敷陈治道"(《明太祖实录》卷6)；又"癸卯春(1363)五月癸酉置礼贤馆"条记载说：

先是，上聘诸名儒集建康，与论经史及咨以时事，甚见尊宠。至是，复命有司，即所居之西创礼贤馆处之，陶安、夏煜、刘基、章溢、宋濂、苏伯衡等皆在馆中。时朱文忠守金华，复荐诸儒之有声望者王祎、许元、王天锡至，上皆收用之。(《明太祖实录》卷12)

尽管明代官史竭尽委婉地表述了当年朱元璋文化扫盲一事，什么"日令二人进讲经史，敷陈治道"，什么"上聘诸名儒集建康，与论经史及咨以时事，甚见尊宠"，但从史载的列位帝师许元、胡翰、吴沉……陶安、夏煜、刘基、章溢、宋濂、苏伯衡等等来看，都是当年的学界名流，难怪开国后的朱皇帝不无骄傲地对侍臣说："朕本田家子，未尝从师指授，然读书成文，释然开悟，岂非天生圣天子耶？"(【明】徐祯卿:《翦胜野闻》)

"未尝从师指授"不切实际，也太狂妄了，但从这极度自信的口气中我们似乎也感觉到了"天生圣天子"的到来。那么朱元璋到底有怎样的文化水准？

如果有读者朋友留心南京城东朱元璋御制的中山王徐达墓碑的话，就会发现，那是一篇至今无人读得通的"天书碑"。由此我们不难肯定，朱元璋真实的文化水平应该是个半文盲。

朱元璋的半文盲不是他个人的错，这都是他出生的那个社会惹的祸。从朱元璋的内心而言，他是很痛苦的，天底下有谁愿意没文化而受人欺？受人笑？人生有好多的无奈，打从出世起，人生就有两大无奈：第一，出生时间上的无奈，朱元璋生于乱世，没办法作选择，总不能出来看一看，世道不好，我再回娘胎里去，等世道好了，我再出来。第二，出身家庭的无奈。正如东汉有名的思想家范缜所说的那样，一个人出生于怎样的家庭是没办法选择的，就如同树叶，有飘到高堂上的，就相当于出身在富贵家庭里；若飘到厕所里的，就相当于出身在贫苦家庭里。如果说后来的朱元璋经过个人的选择与努力，把握了机遇，成就了帝王之业，是他所处时代的一种最佳选择和达到的最佳效果的话，那么早年的朱重八在忍受人生煎熬的同时，其内心深处向往富贵、羡慕士大夫、看重文化知识教育，这是不容置疑的。就如我们老百姓经常讲的，越是没知识文化的人往往越重视文化知识，当然除一些妄自尊大的武夫与社会流氓之外。

明初朱元璋重视与发展教育的第二方面原因是出于对大明帝国长治久安之考虑。洪武二年(1369)，在下令让孔子后裔孔克仁等教授大明龙子龙孙和功臣子弟时，朱元璋曾直言不讳地说出了自己重视教育的功利性目的："朕诸子将有天下国家之责，功臣之弟将有职任之寄。教之之道，当以正心为本，心正则万事皆理矣。苟导之不以其正，为众欲所攻，其害不可胜言。卿等宜辅以实学，毋徒效文士记诵词章而已。"(《明太祖实录》卷41)

朱元璋大致是这样对孔博士说的："我的孩子们将来要担负起统治国家之重任；功臣的孩子们将要出任百官之职。你们教育孩子们要以正心为根本，心正了做任何事情都会合乎于'理'。如果不以正心来教育他们，随心所欲，那么其危害就数不胜数。还有你们得注意，要教孩子们实学真本事，不要学有些读书人那样，尽记忆些花里胡哨的诗词章句什么的，这有什么用！"

洪武帝的这段"最高指示"至少折射出了三个信息：

第一，表露出朱皇帝对大明帝国未来的统治"栋梁们"已作出了限定，就是以他朱家龙子龙孙为领导核心阶层，以功臣子弟作"根本"。

第二，朱元璋可能不懂或者说是不喜欢唐诗宋词，他的这一个不喜欢影响了中国教育和科举的发展走向。从明初开始，学校教育和科举考试中的文学含金量大为降低，中国再也没有出现唐宋那般诗词大盛之壮观场面了。

第三，朱元璋提出了要以"正心"和"实学"来教育他的孩子们。那么什么是"正心"？朱皇帝没有直接讲，但在别的场合他将"正心"换成了另外一个词——"教化"。开国前夕，朱元璋曾跟右御史大夫邓愈等人这样说道："治天下当先其重其急而后及其轻且缓者。今天下初定，所急者衣食，所重者教化。衣食给而民生遂，教化行而习俗美。足衣食者在于劝农桑，明教化者在于兴学校。"(《明太祖实录》卷26)他认为，治理国家应该有轻重缓急，当今大明行将开国，最为急切的事情是要解决人们的温饱问题，所要做的重要事情就是教化。温饱解决了，民生问题也就解决了；教化展开好了，人们的行为习俗自然也会好的。而解决温饱的关键就在于恢复和发展农业，明教化的关键在于兴办学校。

这段话里朱元璋没有明确将"正心"的内核揭示出来，而是隐喻式地谈到了正心的手段——教化，这样就形成朱元璋的教育治国思想，那就是"治国以教化为先，教化以学校为本"(《明太祖实录》卷46；《明史·选举志一》卷69)和学校"储才以应

科目”“科举必由学校”。(《明史·选举志一》卷69)

◉ 朱元璋的教育治国措施

正因为将教育提高到治国安邦的高度,所以早在朱元璋占领南京、建立地方性政权时就着手开办教育;大明开国之后,朱元璋更是采取了一系列的措施发展教育,也由此奠定了明清六百年中国学校教育制度的基调。因此说,朱元璋对中国传统社会的教育发展是有着相当大的影响的,主要体现在以下几个方面:

○ 放低入学门槛,大力发展中央国学——朱元璋对中国教育普及化的贡献①

中国传统社会两千余年的官学(类似于我们现在讲的公办学校)入学资格限定经过了由窄到宽的历程,而且是随着传统社会教育发展,中国传统官学入学资格条件越来越放宽。例如中国历代的全国最高的高等学府——国子学,在唐代时要求入学的学生必须是三品以上官员及国公的子孙,太学入学的学生必须是五品官员以上及郡县公的子孙。到了宋代则大为放宽:国子学学生为七品以上官员之子弟,太学为八品以上官员之子弟及庶人之俊异者,对学生家庭身份品级的限制有所放宽。

◎ 放低入学门槛、创办世界上最大的大学——国子监和东亚留学中心

大明开国当年(1368),朱元璋命“令品官子弟及民间俊秀通文义者,并充学生”。洪武三年六月,因国子学典簿周循理之请,朱元璋再次下令,重申国子监入学资格放宽的规定:“民间子弟俊秀年十五以上愿入国学者,听复其身,京官子弟一品至九品年十二以上者,皆令入学,且定其出身资格。”(《明太祖实录》卷53)

这样一来,有明一代的国子学入学条件又得到了放宽,教育对象更为扩大。到了后来基本上没有明定几品以上的出身,即使布衣平民子弟也有资格入学。

国子监学生通常称为监生,分两大类:一类为官生,“官生取自上裁”(【明】黄佐:《南雍志·储养考》卷15),即由皇帝指派,包括品级官员子弟、少数民族土司子弟和留学生等;另一类为民生,“民生则由科贡”(【明】黄佐:《南雍志·储养考》卷15),即由地方上向中央朝廷保送一些民间优秀的读书人。民生又分为两种:一种叫贡监,贡监是指府、州、县从各自地方官学中向中央朝廷选派优秀的岁贡生员;另一种叫举监,即指那些在中央会试中落第了被保送到国子监去补习的举人(《明史·选举志》卷69),有人将此类比于今天高考补习生;另外后来还有捐监,即用钱

可捐买国子监生的资格或身份。这些都是继宋代以后将贵族教育进一步地转向平民教育的一个良好开端，所以明初国子学（监）的学生比起历史上的任何朝代都要多得多。按照《大明礼令》的规定：最初官生数额一般在100名，民生为50名，即官民生比例为2∶1。但由于官生即公侯子弟和高级品官子弟年轻轻的都有了“出路”，公侯子弟直接袭爵做官，高级品官子弟可荫官，也就是说这些红彤彤的“种子”大可不必浪费青春来国子学拿什么文凭，剩下的占据国子学（监）生员人数大头的只有那些没背景的工农子弟了。洪武十三年前后，大案要案频发，不仅功臣勋旧子弟就是一般品官子弟都被牵连进去，官生来源锐减，而民生人数却急剧上升。如洪武二十四年，官生人数为45名，民生人数为1 487名；洪武二十五年，官生人数为16名，民生人数为1 293名；洪武二十六年，官生人数为4名，民生人数为8 120名，两者总数为8 124人；到了永乐二十年时，国子监生就达9 972人（【明】黄佐：《南雍志·储养考》卷15），远远超过历史上各朝代，也是当时世界上没有哪个国家哪个大学能与其相比的，因此明初国子学完全可以称为世界第一大学。清代国子监生的对象范围比起明代更加放宽，一般平民子弟都可以贡监入学。这对于一个原本是以血缘身份为基础的具有严格等级制度的传统社会来说，无疑是个巨大的社会进步。（王炳照主编：《中国传统教育》，中南工业大学出版社，1999年12有）

正因为放宽了国子学（监）入学的条件，从而造成了明初国子学（监）大规模的扩建与发展。最早创办国子学是在元至正二十五年（1365）九月，当时朱元璋政权还是全国群雄割据中一个很不起眼的地区性军事势力，西刚灭陈友谅残部，东尚未来得及讨伐张士诚，军事上相当吃紧，但朱元璋富有远见地及时开办教育，因地制宜地将位于应天城南夫子庙地区的集庆路学改建为国子学，“设博士、助教、学正、学录、典乐、典书、典膳等官，以许存仁为博士”（《明太祖实录》卷17）。由于降低了入学门槛，国子学生员数增加迅速，大明开国的第二年即洪武二年，朱元璋不得不下“诏增筑国子学舍”，诏书是这样说道：“太学，育贤之地，所以兴礼乐、明教化，贤人君子之所自出。古之帝王建国，君民以此为重。朕承困弊之余，首建太学，招来师儒以教育生徒。今学者日众，斋舍卑隘，不足以居。其令工部增益学舍，必高明轩敞，俾讲习有所，游息有地，庶达材成德者有可望焉。”（《明太祖实录》卷40）

这是洪武时期第一次扩建国子学。四年后的洪武六年，国子学又不够用了，朱元璋“命礼部经理，增筑学舍凡百余间”（《明太祖实录》卷79）；洪武八年三月“置中都国子学，秩正四品，命国子学分官领之”（《明太祖实录》卷98）。但由于后来国子学学生越来越多，朱元璋不得不第三次考虑国子学的拓展，可夫子庙地区居民密集，商铺林立，不利于国子学校舍的增扩，只得另行择址。在经过一番认真的考察后，朱元璋君臣选定在鸡鸣山下建造新的国子学，并于洪武十四年（1381）四月下令动工建校，到第二年（1382）建成。随后便是搬迁新址，新搬迁的国子学位于鸡鸣山南，正式更名为国子监，而原在夫子庙的国子学旧址则改为应天府学。（《明太祖实录》卷137；卷143；卷145）

新建的明代南京国子监规模很大，它确切的位置在今天南京市的市政府往南直到东南大学内，这个地方就是六朝时代的皇宫中心地区，用今天的地名来表示：北起鸡鸣山南麓，南抵珍珠桥，东迄小教场，西到进香河路。那时的南京国子监由下列几个部分组成：教学建筑区有正堂彝伦堂1座，15间；支堂有率性、修道、诚心、崇志、正义、广业6座，共计105间；藏书建筑1座14间。生活建筑区有三类：第一类是学生的宿舍号房2 000间，留学生宿舍光哲堂1所15间；第二类就是食堂1所——当时称馔堂；第三类就是校医院——当时叫养病房；储藏建筑区有仓库、木磨房、酱醋房、晒谷场及菜圃等，东北方向还有公共活动场所——文庙等，“延袤十里，灯火相辉”。（【明】黄佐：《南雍志·学规本末》卷9；《明史·选举志一》卷69）

但即使是这样的规模，没过两年，由于“天下府州县岁贡生员及四夷酋长遣子入学者凡数千人，学舍（又）不能容”了。洪武十七年四月，朱元璋不得不再次“命增筑国子生房舍五百间于集贤门外，谓之外号房”，这大概是洪武时期第四次大规模扩建国子监（《明太祖实录》卷161）。第五次大规模扩建国子监是在洪武二十一年，朱元璋命令工部“于国子监前造别室一区，凡百余间，具灶釜床榻以处诸生之有疾者，令膳夫二十人给役”（《明太祖实录》卷194）。第六次扩建在洪武二十二年十月，主要是兴建国子监家属宿舍。（《明太祖实录》卷197）

洪武时期南京国子监生人数最多的时候可能要有七八千，但这还不是最为鼎盛的时期。永乐后期，南京国子监学生已达近10 000人，创历史之最。而当时南京的市民人口也只有50万左右，也就是说，那时50个南京城里人中就有1个是国子监的学生，因此完全可以说，明初南京国子监是亚洲乃至世界最大的一所大学。

更为有意思的是，从明朝洪武初年起，高丽（朝鲜的古称）、日本和琉球（近代被日本占领，改为冲绳县）、暹罗（今泰国）都曾派出本国子弟来我大明帝国的首都南京留学，朝鲜留学生金涛还曾参加了洪武四年的科举会试，被朱元璋授予山东东昌府安丘县丞的职务（《明太祖实录》卷62）。由此可见当时南京国子监还是东亚地区国家的留学中心。

◎ 600年前中国最高学府里的大学生是如何学习与生活的？

国子监教官设置是这样的：校长祭酒1人，抓全校工作，从四品；司业1人，可能相当于副校长或教务长，总管全校教务，正六品；监丞 1 人，相当于政教处主任，总管全校校纪校规，正八品；从八品的典簿 1 人、博士 3 人、助教 16 人和正九品的学正 3 人以及从九品的学录 3 人都是担任具体教学工作的，掌馔 1 人，大概负责是后勤服务的，杂职。(《明太祖实录》卷 143)

国子监校长祭酒每日早上得上正堂，司业、监丞、博士等属官随即按序入堂。校长祭酒正位坐定后，司业、监丞、博士等属官分东西两列，相互作揖，依次落座；然后再是监生们入堂作揖。国子监每天上晨、午两次大课。晨课由校长即祭酒带领属官出席，校长主讲训导，类似于现在的政治学习，由此看来，中国人实在是讲政治，时时不忘政治学习。不过那时的国子监的校长可没现在的校长大人那么忙得见不着人影，这个祭酒得天天出来，上午训导一番，想必他满脑子都是政治细胞，否则哪来那么多的政治教育理论思想，而且政治上还要靠得住的，否则就像走马灯似地换个不歇。校长上午训完话，下午学生上午课，由博士、助教、学正和学录等老师来主讲。(《明太祖实录》卷 145)

学生学习的主要课程是“四书”“五经”《御制大诰》《大明律令》及书法、算数等。洪武中期，朱元璋忽然发现汉朝刘向编撰的《说苑》一书不错，就跟国子监校长李敬这样说道：“士之为学，贵于知古今，穷物理圣经贤传，学者所必习，若《说苑》一书，刘向之所论，次多载前者往行，善善恶恶昭然于方册之间。朕尝于暇时观之，深有劝戒，至于《律令》载国家法制，参酌古今之宜，观之者亦可以远刑辟。卿以朕命导诸生读经史之暇，兼《说苑》，讲《律令》必有所益。”这样一来，《说苑》也成了国子监生的必修课了。(《明太祖实录》卷 137)

除了上述课程外，国子监生还有体育课，不过那时还不叫这个名字，而是叫习射，即练习射箭。洪武二年六月，洪武皇帝曾对国子监生做出这样的指示：“古之学者，文足以经邦，武足以戡乱，故能出入将相，安定社稷。今天下承平，尔等虽专务文学，亦岂可忘武事?”即要求监生们在读书之余学习武艺。(《明太祖实录》卷 43)第二年他又诏令国子监生和郡县生员都要学习射箭。洪武晚年，朱元璋还曾专门下令在国子监内辟地作为监生们练习骑射的运动场。(【明】黄佐:《南雍志·事纪》卷 1)

国子监生每月放两天假，由此看来要比我们现在的大学生苦多了。当时规定对学生要进行定期考核，考核采用积分制，达到一定程度的逐渐升级。级数没有现在大学的大一到大四四个级别，一共才初、中、高三级，但升格要求很严。朱元璋对国子监很重视，管理也十分严格，尤其对国子监的祭酒这个特殊职位的“文官”，唯恐书生出生的文人当不好校长，还曾任命军队里的将军——他的外甥李文忠出任过国子监的校长。国子监对学生的学习、作业、生活起居、饮食等方面都有详细又严格的规定，稍有违反，就会受到体罚。所有这些工作与活动都由一个叫监丞的学官总负责监察，“凡教官怠于训诲，生员有戾规矩，课业不精，廪馔、房舍不洁，并从举、惩治”。(《明太祖实录》卷145)

◎ 600年前的太学生待遇与现在大学生一样吗？

不过那时的国子监学生的待遇还是比较优厚，有人形象地比喻为我们国家90年代以前的高等院校大学生、研究生的待遇，但实际上是前者要比后者待遇高得多。我们国家90年代以前的高等院校的大学生、研究生教育的最大特点和优点就是精英教育，当时高考的录取率在3%左右，所以国家养得起。一般来说，国家解决了大学生的生活费用问题(主要是饮食与住宿)。可明代国子监生却是另外一番待遇：他们不仅吃喝拉撒国家全部统包了(包括一年四季的鞋帽、衣裤)，而且逢年过节(元旦、元宵诸节)还可以领取帝国皇家的赏赐节钱，甚至连监生的老婆也沾起了大学生老公的光了。(《明史·选举志一》卷69)

明代国子监学生享受到优裕有加的生活待遇首先得感谢朱元璋的正妻马皇后对他们的格外关心与恩典。据说有一次朱元璋到国子监视察回宫，善良的马皇后就问国子监生的生活状况如何？朱元璋大致讲了一下，监生们的生活费用都由国家来解决，衣食无愁。马皇后又问了：“这些太学生的生活解决了，可他们的妻儿怎么办？有衣食来源?”朱元璋无言以对，不久他就下令盖了好多的红板仓，专门储藏供给国子监学生妻儿的粮食就有20多舍，马皇后还亲自出面督办具体的事宜。毕竟是平民出身的皇后想到的虽是些很普通但是很细腻的事儿。已婚监生及其家属问题解决了，而对于未婚的监生，马皇后也给予了一定的关怀。当时南京城里中央各部门有不少历事监生，相当于现在大学毕业生在机关实习的实习生，他们中好多人都未婚，在马皇后的催促、关爱下，许多没有婚娶的监生都可以得到皇家的婚聘赐钱，月米2石，女衣2套。还有些监生在校时间长了，要回乡探望父母、祖父母，学校则给予探亲假，大明皇家甚至还要发给他衣服一套和返乡来回的差旅费。(《明史·选举志一》卷69；《明史·太祖孝慈高皇后传》卷113)

◎ 600年前太学生毕业后干什么？

国子监学生在校学制为4年，考核合格就可毕业。毕业时要进行实习，实习的单位一般都是中央的各部各司。实习主要是熟悉政务与工作流程，时限为3个月。结束时由实习单位对该实习生进行考核，中等以上的就到中央的吏部等候补缺，就是哪个地方有个官位空缺的就从这些较为优秀的毕业生中录用为官；要是考核得不好的实习生那可倒霉了，回国子监继续学习，等于是“回炉”重新加工。（《明太祖实录》卷94；卷252；《明史·选举志一》卷69）

明初国子监在大明帝国的政治生活中扮演了很重要的角色，在科举尚未成为入仕的主渠道时，它是朱元璋政权官吏阶层的主要候补“部队”。这些监生曾积极地参与到了大明帝国初期的社会经济恢复与建设当中去，如鱼鳞册的绘制、编订及出任地方监察等，他们都曾做出了相当的贡献。洪武中期以后，科举制逐渐确立、稳固，国子监又成为科举取士的主要预备场所。

除此之外，南京国子监还搜集、编辑出版了好多图书资料。明代永乐年间编成的《永乐大典》（共22 211卷）就是在南京国子监最早问世的，它是我国古代（明代为止）最大的一部百科全书。（《明太宗实录》卷73）

◎ 南京的成贤街、“四牌楼”和碑亭巷

600年前，南京国子监是中国的最高学府，因此一般来说，明朝初年谁能进入国子监学习既是一种荣耀，又是一种资本。在这里人们熟读儒家的经典，学习治国安邦的理论，个个学生都有可能培养成为像孔孟一样的圣贤。由此，人们就将国子监那边的一条街喊作“成贤街”（今东南大学东边的那条路就叫成贤街）。

明永乐十九年，朱棣迁都北京，大明帝国从此真正形成了南北两都。作为太学的国子监也由此形成了南北两监，也称南北雍，并一直与整个大明王朝的命运相始终。

清兵南下，南京国子监学生纷纷逃散。大约过了七八年以后的清顺治九年（1652），清政府对旧明的南京国子监进行重新“定制”，将其降格为江宁府学。但由于明清易鼎的战火，原本的明朝南京国子监校舍部分受损。顺康之际，总督马国柱、于成龙等地方大员对其进行了修缮，尤其是大清官于成龙在江宁府学（即原本的明朝南京国子监）之前修了四座碑亭，使得该学宫增色不少，这四座碑亭在当时引起了世人很大的关注，从此以后人们就把那个地方叫做“四牌楼”。就在它的边上也就是碑亭所在的地方，人们就将其呼为“碑亭巷”。

◎ 明清南京1座武庙、3座“文庙”、3个“江宁府学”和夫子庙

除此之外，朱元璋还在国子监东边（今在南京市政府大院内）建造了儒学先师孔子庙，亦名文庙，祭拜孔子。孔子，春秋末年的大教育家、大思想家，但他一生活得很不得志，用他自己的话来说“累累如丧家之犬”。但恐怕连孔老夫子自己也不会料到，在他死后的500年左右，汉武帝采纳了儒士董仲舒的“罢黜百家，独尊儒

术"的建议，孔子的身价一路开始飙升，几乎成为传统中国社会的教育之神。唐朝立国以后，人们更加敬重先师孔子，纷纷在学府之地设立孔子庙，祭祀这位教育之神。开元年间唐玄宗封孔子为文宣王，由此也就将孔子庙称为文宣王庙，孔老夫子已经完全被神化了。大约到了宋元之际，人们将孔子庙称作文庙。自此以后孔庙与文庙在中国社会里混称。

大明建立之前，朱元璋将集庆路学改建为国子学时，里边就有一座孔庙，即今天我们大家都知道的南京城南夫子庙，这是明代或者说是明清时期南京地区的第一文庙。它旁边的国子监改名为江宁府学，这是明清时期第一个江宁府学。洪武十四年朱元璋下令在鸡鸣山前建造国子监，第二年又下令，在新国子监东边新建了一座供国子监师生祭祀孔圣人的庙堂。这是明代或者说是明清时期南京的第二座文庙，即位于今天南京市政府大院内的武庙。那么为什么原来的文庙现在改称为武庙呢？

明朝灭亡后，南京被清军占领。清顺治九年，在鸡鸣山前的原明朝国子监被改为江宁府学，这是明清时期第二个江宁府学；与此同时在南京城南的夫子庙——原明朝的江宁府学再次降格为上元县学和江宁县学。清末咸丰年间太平天国定都南京，清军与太平军将南京城作为双方争夺的战场，南京鸡鸣山前的江宁府学和东边的文庙尽毁于战火之中，"遂无寸瓦尺椽之遗矣"。清同治五年，两江总督李鸿章命知府徐宗瀛建造新的江宁府学。因为鸡鸣山前的府学校舍已经全毁，徐知府只好在冶山道院一带即明代朝天宫故址建造新的府学，造了 4 年才造好。竣工后，江宁府学正式迁到了朝天宫，形成了东、西、中三大建筑群。东边为江宁府学，这是明清时期第三个江宁府学；西边为卞壶祠，中间是文庙，这是明清时期的南京第三座文庙。与此同时人们将虎踞关之北（后移至三元巷以东）的武庙迁到了鸡鸣山东边的原来的文庙基地上，这就形成了今天南京市政府东大院的武庙。

○ 在全国普设各级地方官学——朱元璋对中国教育普及化的贡献②

从 1365 年朱元璋将集庆路学改为国子学，创建了中央最高学府起到永乐十九年(1421)，朱棣迁都北京，形成南北两监（原京师国子监改称为南京国子监，北京国子监则称为京师国子监）为止，朱元璋和他的子孙们一直都在积极构建中央官学——实际上明初除南北国子监以外，还曾在中都凤阳设立了国子监，形成了中央官学"三监"，即 3 所中央级高等学府。但中都凤阳国子监规模远比不上南京国子监，且很快就衰落下去，不为人们所重视。洪武二十六年十月，朱元璋下令革除中都国子监，以其师生并入（南京）国子监。因此说有明一代长期并存的只有南北两

监。(《明太祖实录》卷 230)

与此同时,朱元璋还十分重视发展地方官学。洪武二年六月,他在与国子学官谈话时提出了治国人材为本与教化为先的思想:“治天下以人材为本,人材以教导为先”(《明太祖实录》卷 43)。就在大明中央国子学(监)办得初具规模之际,洪武皇帝朱元璋又开始放眼于全国的人才培养与选拔上。

大明军北伐一路凯歌高旋,大一统帝国重建工程即将告成,社会经济正开始恢复,国家正急需人才。洪武二年(1369)朱元璋向中书省发出特谕:“学校之教至元其弊极矣,使先王衣冠、礼义之教混为夷狄,上下之间波颓风靡,故学校之设名存实亡。况兵变以来,人习于战斗,惟知干戈,莫识俎豆。朕恒谓治国之要教化为先,教化之道学校为本。今京师虽有太学,而天下学校未兴。宜令郡县皆立学校,礼延师儒,教授生徒,以讲论圣道,使人日渐月化,以复先王之旧,以革污染之习。此最急务,当速行之。”(《明太祖实录》卷 46;《明史·选举志一》卷 69)

中书省在接到朱皇帝的谕令后迅速地将其下发到各地。从此,全国各地府、州、县的官学如雨后春笋般地涌现。

明代地方府州县官学,也称郡学或儒学,是比国子监低一等的中等学校。朱元璋对这样的地方官学也一直很重视,自洪武二年下令各地创办以后,相继采取了许多举措,促进地方官学的发展。譬如,洪武八年朱元璋就命人上国子学去考察,挑选老成端正、博学通经之士,分赴各地,教授郡县生员。针对当时长期战乱的北方“人鲜知学”的严峻局面,他还专门叮嘱御史台官员到国子学去再加精选多闻之士与年长学优者,让他们上北方去支教。后选得林伯云等 366 人,“给廪食、赐衣服而遣之”(《明太祖实录》卷 98;【明】黄佐:《南雍志·事纪》卷 1)。后来朱元璋又令人从国子学中挑选“壮年能文者”为教谕,支教其他省份地方官学(《明史·选举志一》卷 69)。由于措施得力、到位,洪武时期大明地方官学得到了迅猛的发展。

◎ 明初地方官学(郡学)的普设

明代地方官学“府设教授,州设学正,县设教谕,各一。俱设训导,府四,州三,县二。生员之数,府学四十人,州、县以次减十。师生月廪食米,人六斗,有司给以鱼肉。学官月俸有差。生员专治一经,以礼、乐、射、御、书、数设科分教,务求实才,顽不率者黜之”。(《明史·选举志一》卷 69)

当时地方官学建制上是这样规定的:府学设教授 1 人(即相当于府学的校长),下设训导即相当于教师 4 人,学生人数规定在 40 人;州学设学正即州学校长 1 人,下设训导即相当于教师 3 人,学生人数规定在 30 人;县学设教谕即县学的校长 1

人，下设训导 2 人，学生人数规定在 20 人。师生每月都由官府供应粮食，每人 6 斗；有关部门还应解决师生的鱼肉等餐用供给。无论府州县学的校长还是老师都被编入“国家公务员”行列，称之为“学官”，但有一定的级差，反映在每人的每月俸禄（相当于工资）上各不一样。至于地方官学中的学生称呼与国子监学生（监生）也不一样，他们被叫做生员，生员每人专攻一门经学。学校以礼、乐、射、御、书、数等设科，分别予以教学；同时也有必需的政治学习，学习《御制大诰》和《大明律令》。学生有学业不好的或不听管教的，就要被开除。（《明太祖实录》卷 46）

◎ 朱元璋将中国传统教育推向了顶峰

办教育一定要有经济支撑，否则就成为空中楼阁，而且这教育经费一定要稳定，否则只能使教育时兴时废。更有一个关键性的问题是这钱谁出，怎么样使用？盖高楼，造一些高而大的面子工程和形象工程？朱元璋毕竟是底层穷苦人出身，做事就是细腻，他将地方教育的经费落实到实处。明初开始，根据学校等级与教学规模，比较合理地规定地方学校的经费，共有三等：府学 1 000 石，州学 800 石，县学 600 石，应天府学 1 600 石，由中央政府统一调拨，免得以后学校老出现吃了上顿没下顿，今年解决了明年校长又要出去“化缘”。（《明太祖实录》卷 144）

朱元璋还专门规定：具体的经费由学田收入入官后直接调拨到学校，哪个环节出了问题，就找主管领导问罪，也没什么不痛不痒的“自我反省、异地调动”，抓起来把他们杀了。除此之外，在每学还设一名会计员，专门管理官学经费。地方官学内师生每月可领得口粮 1 石，教官俸禄也是如此。如此“坚实”的办学经济支撑和对学校经费合理限定与专门管理都是历史上从未见过的。（《明太祖实录》卷 144）

正因为如此，洪武年间各地的官学办得相当不错。据统计，明初地方教官就达 5 200 余人（边疆卫学及各司儒学的教员尚未统计在内）。这个数字接近于洪武时期一年的全国“公务员”人数。这在整个中国教育史上是从来没有的。因此从学校与学生的绝对数量上来看，明代初年朱元璋大办教育将中国传统教育推向了顶峰时刻，出现了“无地而不设之学，无人而不纳之教。庠声序音，重规叠矩，无间于下邑荒徼，山陬海涯。此明代学校之盛，唐、宋以来所不及也”。（《明史·选举志一》卷 69）

看了上述洪武时期地方官学建制之规定，有读者朋友可能会觉得好笑，朱皇帝太“小家子气”了，这哪是办学，简直是在办幼儿园或托儿所。就以一个堂堂的“府”来说，它相当于我们现在的地级市，府学里连校长加在一起只有 5 个老师，40 个学生，可能就相当于我们现在社会里的一个幼儿园那么大的规模。这有什么了不得的？要知道我们现在大学“遍地开花”，原本的府就是现在的地级市，你看哪个地方哪个市都没有“一望无际”的大学城，有的地方还将大学办到了县里去。现在满大街抓一把人去问问，岁数大的不算，年纪轻的除了家境差，还有就是脑筋不听使唤的以外，已都是大学生了。朱元璋玩得那叫什么？小儿科！

其实这种看法是极其错误的。明初朱元璋对地方各级官学的建设贡献太大了，其意义也十分深远，最为主要的有四点：

第一，朱元璋下令，通过地方各级政府设立地方官学，进而形成全国性的地方官学网络体系。这是利用了君主专制主义大一统帝国行政权力的刚性将学校教育渗透到全国各地，无论怎么说都是中国历史上前所未有的，其意义非同一般。

第二，洪武年间社会经济处于恢复阶段，人口数大减，比起我们现在实际人口数可能逾过 15 亿来说，那简直是连个零头都不到，所以当年府州县官学的那般规制也算合情又合理。

第三，洪武时期运用皇权，采取有力措施，推动大一统帝国落后地区和边远地区文化教育事业的发展。

明初国家一统，但就南北整体大势而言，北方由于少数民族的长期统治与战乱，社会经济遭受了巨大的破坏，文化教育长期处于停滞落后状态。朱元璋这个大家长意识到了问题的严重性，在医治经济创伤的同时，分别采取了“支教”和“送书”北方等措施，恢复和发展北方地区的文化教育事业。

◎ 洪武时期的“送书北方”和“支教北方”

洪武八年三月起，鉴于北方官学没有像样的教师和教官、学生学业由此而废的不堪形势，朱元璋先后命令大明御史台和吏部分别从国子监和南方学官中选调，还有从民间也选拔一些有学行的儒士，不拘人数名额。一旦选上，免除其家中赋税徭役，以此来鼓励学官儒士们到北方去支教，改变那里的文化教育落后面貌(《明太祖实录》卷 98；卷 186)。此项政策果然管用，执行下去后北方教官教师缺额的局面顿时得到了改观。但不久又有人上报说：北方学校没书可读。朱元璋随即命令，由大明礼部出面，颁行书籍于北方学校，相当于现在的时髦做法“送书下乡”。据说当年有一阵子书籍断货，洪武皇帝就下令，让南京国子监抓紧时间，刻印“五经”“四书”及其他子史诸书。还不够的，就让人上福建去采购，然后再送往北方去。如此举措对于北方官学的恢复发展起到了积极扶持和推动的作用。(《明太祖实录》卷 209)

除了北方，洪武帝对帝国边远地区的文化教育事业发展也十分关心，不断下令督促驻守边地的军卫机构与各地方衙门兴办官学。由此，一些十分偏远的边地甚至少数民族地区也开始发展起了当地的官方教育。譬如广西庆远府忻成县“山洞猺蛮衣冠不具，言语不通，自古以来宾兴所不及”，可就为了响应洪武皇帝的号召，当地也办起了官学。朱元璋听说后很高兴，当即指示“边夷设学，姑以导其向善耳，免其贡”（《明太祖实录》卷197）。洪武时期官学教育普及到了边夷地区，这是历史上所从来没有的。明人皇甫录曾赞叹道：地方州县设立郡学开始于宋仁宗，但像明太祖朱元璋这样大搞官学普及化，“其视前代相去甚远矣”。（【明】皇甫录：《皇明纪略》）

第四，最为重要的是明朝洪武年间开始将地方官学的老师也编入了“公务员”的行列，甚至连学生的衣食问题也由政府买单，这就使得地方教育落到了实处。老师收入稳定，免得他们“不安分”，老想“跳槽”。学校由政府解决经费，所以也不用变着法子向学生收钱或搞什么辅导班让家长来掏腰包，甚至更不用绞尽脑汁将家长的血汗钱全部榨干用来缴纳那个什么的培养费、生活费、课本教材费、资料费……相反600年前朱元璋时代的学生生活由政府来买单（饮食一类），这倒与现在西方发达国家的公费教育相差不远了。总之，这样的做法使得地方官学中师生都安心，中国地方教育由此真正开启，朱元璋功不可没。

对于地方官学有激励促进的机制远不止于此，朱元璋还采取了一些相应的针对性措施加速和促进各地教育事业的发展：

第一，将地方办学与教化视为官吏政绩考核的主要指标之一。

洪武五年朱元璋在给中书省的特敕中这样说：“令有司今后考课，必书农桑、学校之绩，违者降罚，民有不奉天时负地利，及师不教导，生徒惰学者，皆论如律。”（《明太祖实录》卷77）

朱元璋重视教育不仅仅停留在发号施令上，更难能可贵的是，他还以是否对地方教育发展有所贡献作为擢黜官员的主要依据之一。洪武九年五月，山东日照知县马亮考满进京觐见，地方州衙门在他的考课评语中这样写道：此人“无课农兴学之绩，而长于督运”。朱元璋知道后十分不爽，随即跟主管人事的吏部官员这番说道：“农桑，衣食之本；学校，风化之原。这两者本是守令们所必抓的主要政务啊，这个叫马亮的倒好，不知要务，却乐此不疲地搞什么长途运输，弃本务末，能算得上称职吗？应该将他黜降，这样也可让其他地方官有所警戒！”（《明太祖实录》卷106）

第二，重视学官选拔，优礼师儒。

在朱元璋看来，“学官所以造就人材，模范后进，非老成笃学之士，莫宜居是”。因此洪武时期特别重视对学官的选拔与任用。洪武十五年，朱元璋让礼部官员下文到各地，命令地方按察司严格考核儒学教官，不通经术的送中央吏部即人事组织部调任他职，而对于那些精通儒家经典且有才能却又被压制的教官儒士，朱皇帝要一一过问，做出好的安排（《明太祖实录》卷149）。洪武二十六年，定学官考课法，专以科举为殿最："九年任满，核其中式举人，府九人、州六人、县三人者为最。其教官又考通经，即与升迁。举人少者为平等，即考通经亦不迁。举人至少及全无者为殿，又考不通经，则黜降。其待教官之严如此。"（《明史·选举志一》卷69）

至于物质生活等方面优礼师儒，前文已述，这里着重讲讲洪武朝政治隆遇优秀教官与优秀生员。洪武十四年起朱元璋下令对国子监等官学中的优秀教官进行政治隆升，将国子监助教赵新擢升为山西布政使，马懿擢升为江西布政司左参议，王景擢升为湖广布政司右参政，郝仲诚擢升为陕西布政司左参政，试司业张励擢升为山东布政司右参议（【明】黄佐：《南雍志·事纪》卷1）；洪武十五年上海县儒学训导顾彧擢升为户部左侍郎（《明太祖实录》卷150）。助教、试司业、训导都属于大明公务员行列中最为底层的，因为教学工作成绩突出，一跃而上，或为封疆大吏或为中央副部级干部，实在令人叹为观止。

这里顺便说一下，洪武时期这样的情况并不很多。为了稳定教师队伍，一般原则上不到考满不去调动教官，朝廷还曾下令，严禁官府衙门差遣学官。（《明太祖实录》卷140）

国子监生当官从优和当大官的更是俯拾皆是："洪武二十六年，尽擢监生刘政、龙镡等六十四人为行省布政、按察两使，及参政、参议、副使、佥事等官。其一旦而重用之，至于如此。其为四方大吏者，盖无算也。李扩等自文华、武英擢御史，扩寻改给事中兼齐相府录事，盖台谏之选亦出于太学。其常调者乃为府、州、县六品以下官。"（《明史·选举志一》卷69）

与上述相对应的是，教官与生员要是教与学没搞好，或有违规违纪言行的，那将会受到十分严厉的处置。这些举措都对稳定教学工作和提高教学质量大有好处。

第三，对于书籍出版和笔墨等文具的生产流通实行免税。

这项政策在洪武开国时的《大赦天下诏》中就已经明确公示天下。（《皇明诏令·大赦天下诏》卷1；《明太祖实录》卷34）

第四，考试选拔地方官学中的优秀生进入国子监深造，形成竞争机制。

洪武十六年二月，朱元璋下令实行地方官学岁贡制度，"命礼部榜谕天下府州县学，自明年为始，岁贡生员各一人，正月至京，从翰林院试经义、四书义各一道，判语一条，中式者入国子监，不中者罚之"（《明太祖实录》卷152）。同年十一月，应礼部之请，洪武皇帝令各地岁贡生员中考试优秀者入国子监，次等者入中都国子监继续学习，考试不合格者及其相关的教官、提调官等给予相应的处罚。（《明太祖实录》卷158）

洪武十九年(1386),大明依例在全国范围内的地方官学中进行"优秀生"选拔,当时共选得953人,即明史上所称"中式贡生"。朱元璋下令将其中的683名比较突出的优秀生直接送入国子监学习,其余的270名则送中都国子监。(《明太祖实录》卷178)

但到了洪武二十年开始就改变了做法:那年全国各地共选得贡生1 200人,优秀的975人送入南京国子监,次等的132人送入凤阳中都国子监,还有93名不合格者则单独列出,后送回原籍重读,这对于地方官学教育无疑起到了鞭策的作用。(《明太祖实录》卷187)

从洪武二十一年起,朱元璋又对全国各学校的"岁贡"作出定制:府学每年选拔1名贡生,州学每两年选拔1名贡生,县学每三年选拔1名贡生(《明太祖实录》卷193)。这样的"岁贡"定制使得国子监有了十分充裕的生源,洪武二十六年全国官民贡生总共有8 124名。(【明】黄佐:《南雍志·储养考》卷15)

这里所谓的"贡生",即选拔出来的优秀生首先得在地方上进行考试选拔,在县里由知县主持考试选拔,在州里由知州主持考试选拔,在府里由知府主持考试选拔,但到了省里不是由"省长"布政使而是由提刑按察使主持考试选拔,然后再送到国子监深造。贡生进国子监起初是不用考试直接进的,就像上世纪60～70年代"工农兵上大学"那样,后来制度逐渐完善了,进国子监前得经过翰林院考试合格才能进入。这样就形成由低到高循序渐进的完善考试升学制度。一旦进入了国子监,可以说是半只脚踏入了官宦仕途,因为洪武年间科举制正在恢复与成式之中,朱元璋对国子监的毕业生实行"监生历事"和"吏部候选"制度,任用了大量的国子监毕业生。因此对当时人们来说,从地方到中央层层考试最终能步入官场,除了科举之外,进入国子监可谓是最佳的入仕途径了。(《明史·选举志一》卷69)

洪武中晚期后,科举逐渐走向制度化,凡是国子监监生可不参加地方上那种级别繁多的"童试",而直接参加"乡试"。这样一来,国子监一下子又成为了天下学子们争相挤上的"入仕便捷通道"。至此,从地方上的"岁贡"到国子监监生免去童试直接参加"乡试",部分地实现了朱元璋的学校"储才以应科目""科举必由学校"的理想。(《明史·选举志一》卷69)

○ 在全国各地乡村普设社学——朱元璋对中国教育普及化的贡献③

至此,洪武大办教育似乎应该可以画上一个圆满的句号?不,从小苦大仇深出身的朱元璋深知,地方教育仅限于县级是远远不够的,与洪武年间实行的中国"乡村自治"和推行的粮长制相配套,这位奇特的开国皇帝还要竭力加强乡村教化。

前章我们说过，朱元璋通过实行里老制度、粮长制度、旌善亭制度、申明亭制度等，部分地实行了乡村社会教化，可他还是觉得缺乏一条对乡村子弟进行学校教化的主渠道，鉴于“京师及郡县皆有学，而乡社之民未睹教化”，洪武八年（1375）朱元璋下令：全国各地普设社学，“延师儒以教民间子弟”（《明太祖实录》卷96），“兼读《御制大诰》及本朝律令”。（《明史·选举志一》卷69）

这样一来，从京师到府、州、县以及乡村地区，建立起了学校教育网络。明初学校教育事业的发展，超过了历史上任何一个朝代。

与此同时，明初地方性私学发展迅猛，呈现出如火如荼、遍地开花之势。明代私学教育主要形式是传统的蒙学性质的私学，称为家塾或蒙馆，一般教授15岁以下的儿童。由于明代从开国皇帝朱元璋起就极为重视社会基层的教化，而社会教化的一个重要的内涵就是蒙养教育，明代在社会基层设置了社学等官学来推动社会教化。在这种社会氛围里，又是出于对科举“大业”的憧憬，一般社会民众都会意识到识文断字最起码的蒙养教育之重要。于是大明帝国各地竞相出现了如星星点灯似的地方家塾或蒙馆。

◎ 朱元璋大办教育：一把双刃剑

明初朱元璋普设学校、大力发展教育，其目的笼统地讲是为了培养人才，而学校培养的人才要成为明朝政府的官员，中间要走的途径就是科举考试。随着科举逐渐成为大明帝国官僚选拔任用的主渠道，学校教育与科举相互之间的关系越加密切，“科举必由学校”（《明史·选举志一》卷69），就是说只有接受学校教育、取得出身的学子，才有资格参加科举考试；学校教育的直接目的是为参加科举考试服务。这样，科举以学校教育为基础，学校以科举考试为目的（孙培青：《中国教育史》，华东师范大学出版社，2000年7月版），两者共同为大一统帝国的社会政治服务。至此，原本以教化为目的而创制的学校制度已经异化成大一统帝国政治服务的工具。清承明制，学校制度已经成为强化大一统专制主义政治的“御用”工具了。

○ 行“三教”，隆尊儒术——朱元璋真正信的是佛教、道教还是儒教？

朱元璋是个实在人，通过推行教化、建立学校教育网络来发展文化教育事业，其终极目标就是为了培养和选拔帝国所需要的治术人才和忠臣顺民。而这种“人才”必须是彻彻底底地忠顺大一统帝国君主专制的。为此，他采取种种措施，加强意识形态控制，实行思想文化专制统治。

众所周知，明清统治者尊奉程朱理学长达500多年，而这一切是由朱元璋开其大端的。要说这个朱元璋原本是和尚出身，从宗教信仰角度而言，他应该崇奉佛教才是，怎么反而敬孔崇儒起来呢？

◎ 朱元璋信奉佛教？

朱元璋青少年时代披过百衲衣，做过游方僧，而且一干干了八年。这八年里朱元璋信佛？只有天晓得。但有一点可以肯定，在中国思想意识形态领域的三大教中，朱元璋最早接触的无疑是佛教。而从皇觉寺出来投奔农民军的经历来看，什么算命啊、占卜啊，这些已属于中国道家或佛道混一的内容了。从攻占滁州前后起，朱元璋军中的儒生不断增加，由此他对儒家的了解也就越来越多。面对原有的信仰和新接受的思想，他该有着何种精神信仰倾向？

元至正十六年(1356)攻占元朝江南重镇集庆后，朱元璋曾亲自到城南的龙翔寺去听怀信住持说法，当场赞扬怀信大师的德行，并将龙翔寺改名为大天界寺，还派人帮助大天界寺去催讨拖欠的田租。(【明】宋濂:《宋文宪公全集·孚中信公塔铭》卷6)当时南京还有一位高僧叫慧昙，住在保宁寺，朱元璋知道后也曾风尘仆仆地前去拜访交谈，而后让慧昙出任太平兴国寺住持，再以后改主大天界寺(【明】宋濂:《宋文宪公全集·觉原禅师遗衣塔铭》卷15)。由此可以说，在大明开国时朱元璋对佛教还是相当崇信的。

洪武元年正月，即大明开国的当月，洪武帝朱元璋下令设立善世院，“以僧慧昙领释教事”，即任命江南名僧慧昙为大明帝国佛教事务总官长(《明太祖实录》卷29)。但随着统一战争的不断取胜，大明帝国的版图越来越大，宗教信徒与宗教事务也急剧增多，原来的善世院机构已经无法满足时代的需要。于是在洪武十五年(1382)朱元璋下令将中央的善世院改为僧录司，掌管天下佛僧之事；在地方府、州、县新设僧纲司等，“分掌其事，俱选精通经典、戒行端洁者为之”。中央“僧录司左、右善世二人，正六品；左、右阐教二人，从六品；左、右讲经二人，正八品；左、右觉义二人，从八品”；地方府设僧纲司，掌本府僧教，设都纲一人，从九品；副纲一人，未入流；州设僧正司，僧正一人；县设僧会司，僧会一人，俱未入流。(《明太祖实录》卷144;《明史·职官志三》卷74)

除了政治上关注和重视佛教外，朱元璋还在经济方面保护佛院寺产，不断下令赐以田地、芦场等给寺院，“禁治诸色人等，毋得轻慢佛教，骂詈僧人，非礼搅扰”。(【明】葛寅亮:《金陵梵刹志·钦录集》卷2)

至于佛教传播与佛法弘扬方面，朱元璋则表现出来更大的热情。洪武五年他命人召集天下名僧校勘《藏经》，这就是人们熟知的《洪武南藏》(【明】葛寅亮:《金陵梵刹志·钦录集》卷2)，位于明代四部大藏经之首，其他3部分别为《永乐南藏》《永乐北藏》《嘉兴藏》。除此之外，朱元璋还曾命令高僧宗泐和玘太璞等重新笺释《金刚经》《楞伽经》和《般若心经》等。(【明】宋濂:《宋文宪公全集·新刻〈楞伽经〉序》卷22)

有一则明代流传很广的故事很能够说明洪武中前期朱元璋对佛教的迷恋与纠结。高僧玘太璞专心于禅学，据说《藏经》5 400卷他都能背诵。皇帝朱元璋对他很是尊重，甚至可以说有几分怜爱。有一次他问玘太璞:“一个人做了和尚，后来没做下去，他会受到怎样的报应?”玘太璞回答说:“会永堕阿鼻地狱。”朱元璋听后脸色顿时铁青，花了好长时间才喘过气来，再问:“你的这个说法有佛典出处吗?”玘太璞说:“有啊，在佛典《藏经》第几卷中就有这样的记载。”这时朱元璋的脸色更加难看了，侍臣都御史詹同看在眼里，开始责怪起玘太璞了:“你为什么要这样应对圣上呢，不可转转弯?”哪知道玘太璞也是个一根筋，听完了詹同的抱怨后，一字一句地又说开来了:“我玘太璞皈依佛家，一言一行都不敢违背教义，亦不敢欺骗圣上!”这时朱元璋似乎听到玘太璞与詹同之间的对话了，但他假装不知，让玘太璞再重复一遍。当玘太璞重复完后，朱元璋的脸色瞬间变成死人一般。沉默了好一阵子，他又问玘太璞:“照你的说法，朕应当受到永堕阿鼻地狱的报应?”玘太璞说:“我刚才讲的是凡人，可陛下您是天生圣人，为天下黎民苍生之主，怎么能与凡人相同呢?”听到这里朱元璋顿时龙颜大悦，但严重的疑心病促使他不得不追问下去:“你的这个说法又是出于何部佛典?”玘太璞说:“出自《藏经》多少多少卷。”朱元璋还是不信，叫人去将佛经取来查阅，发现果然有这样的说法。这时他已经喜不胜收，对着大殿上的众大臣侃侃而谈了:“你们各大臣尽管都有才，但佛理经义方面可比不上这位高僧玘太璞啊，还有众大臣对皇帝的忠诚能与玘太璞相比吗?!”(【明】许浩撰:《复斋日记》卷上，笔者按:查《明太祖实录》，詹同只担任过吏部尚书、翰林院学士一类官职，未出任过都御史一职)

不过从这个故事中我们也不难看出，童年时代的非正常人的生活给朱元璋的人生带来的影响有多大! 换言之，朱元璋内心深处一直在纠结着:当和尚未善终会带来何等的报应? 正因为有着这样的心理畏惧，洪武开国后，他尤其表现出对佛教的“关爱”。洪武元年秋，诏征江南名僧十余名在南京东郊的蒋山寺举行无遮法会;而后嫌做得不够好，洪武四年又诏征江南名僧在太平兴国寺举办规模更大的广荐法会，法会有1 000多名僧徒参加，总计持续了3天3夜。皇帝朱元璋居然亲自带着文武百官前去礼拜，引发了人们的啧啧称奇。(【明】宋濂:《宋文宪公全集·蒋山广荐佛会记》卷7)

除了崇信佛教及其礼法外，洪武早中期朱元璋还对一部分佛僧予以相当的信任与关爱。经常有僧人被他召入宫中秘密讲谈，称旨的僧人不仅被赐予金襕袈裟，甚至还有人做起了大明朝的高官。像南京瓦官寺僧人华克勤、灵谷寺僧人吴印就因为受到洪武皇帝的极度赏识而被命令还俗，当起了朱皇帝的秘密特务；由于“功勋卓著”，前者被授职为山西布政使，后者被授职为山东布政使（参见《明史·李仕鲁传》卷 139）。和尚改行做大官，这实在是当时的一大怪事！也由此说明洪武早中期朱元璋对佛教的态度了。

◎ 朱元璋信奉道教？

朱元璋在崇信佛教的同时，对道教似乎也是兴趣盎然。最早反映出这种佛道皆容思想的是在他离开皇觉寺之前自己的占卜算卦。其实这样的宗教信仰反倒是折射出传统中国人的宗教思想，什么神都信，什么神都拜，只要对自己有好处的，就赶紧“抱佛脚”。

据现有史料来看，朱元璋出道后接触的第一位道教高人当数周颠仙。周颠仙是在朱元璋攻下南昌后两人相遇相知的，朱元璋后来要去西征九江，周颠仙为他预言必胜，这对当时尚处一方诸侯崛起的朱元璋来说起到鼓舞士气的作用。为此朱元璋对其另眼相看，甚至在周颠仙仙去后还亲自为其作《周颠仙传》，宣扬自己夺得帝位是得到了上帝使者周颠仙的青睐与厚爱，以此来证明大明君权神授。（《明史·周颠传》卷 299）

另一位重要的道教人物叫张中，那是朱元璋军攻下南昌时，大将邓愈将其推荐出来的。张中又名“铁冠道人”，能掐会算，邵荣、赵继祖反叛、鄱阳湖大战时的风向与战况据说都让他给预先算着了，且算准了（《明史·张中传》卷 299）。为此朱元璋对他以及对道教都另眼高看。

洪武元年正月，就在设立佛教最高管理机构善世院的同时，朱元璋还下令建立玄教院，以道士经善悦为真人，管理大明朝全国的道教事务。（《明太祖实录》卷 29）

同年八月，人们俗称的道教圣地江西龙虎山正一教第 42 代天师张正常来南京，庆贺朱元璋登基即位。张正常据说是汉朝道教领袖张道陵的第 42 代子孙，世代居住在仙地龙虎山。元朝时为了笼络南方道教徒，曾封张氏为天师。可就这个天师的封号在朱皇帝看来，与他大明第一人相冲了，于是当着大明朝堂众臣的面这样数落起“天师”封号的不妥：“天地之间唯一的至尊为上天，难道还有比上天更高、更好的什么天师？因此说天师封号已经亵渎了天地之间的至尊，应该改一改称号！”于是将张正常改封为“正一嗣教真人”，秩正二品，其僚佐为“赞教”和“掌书”，也由此开始朱元璋让张正常接替玄教院经善悦的职位，“领天下道教事”，即管理大

明全国的道教事务。(《明太祖实录》卷 34;《明史·方伎传·张正常传》卷 299)

洪武十五年,朱元璋将玄教院改为道录司,设左右正一 2 人,正六品,左右演法 2 人,从六品;左右至灵 2 人,正八品;左右玄义 2 人,从八品。在地方府、州、县设道纪司,"分掌其事,俱选精通经典、戒行端洁者为之";"道纪司掌本府道教,都纪 1 人,从九品;副纪 1 人未入流";州设道正司,道正 1 人;县设道会司,道会 1 人,俱未入流。至此,洪武时期对全国各地的道教管理开始完备起来了。(《明太祖实录》卷 144)

除此之外,朱元璋还下令,着力保护道教,多次将田地赏赐给宫观道院,甚至为不知所终的道教高人周颠仙"亲为文勒石纪其事"(《明太祖实录》卷 229)以及御注道教经典《道德经》,广行刊布。由此道教势力也得到了很大的发展。(《明太祖实录》卷 95)

◎ 从洪武初期的三教并立到洪武中晚期的"一枝独秀"

总之,由于开国前后朱元璋对佛、道两教的大力提倡、青睐或言依恋,导致了洪武早中期佛、道大行其道局面的出现甚至有着泛滥的趋势。据《明史》记载:因为明初朱元璋对吴印、华克勤一类佛僧的格外信任与喜爱,"由是其徒横甚,谗毁大臣,举朝莫敢言",甚至像刘基、徐达、李善长和周德兴一类的勋旧耆德也因此受到猜忌和诽谤,佛教势力日炽;"道教亦然,度僧尼、道士至逾数万"(《明史·李仕鲁传》卷 139)。洪武五年,大明首次进行全国性佛、道教徒登记,始行僧道度牒制度,当时就有 57 200 多个僧尼、道士、女冠提出了申请。礼部官员向皇帝朱元璋请示:是否依照前朝规制,向前来申请登记的僧尼、道士和女冠等收取一定的手续费用,美其名曰:'免丁钱?'朱皇帝十分干脆地回答:"不!"(《明太祖实录》卷 77)

朱皇帝的这一个"不!"字使得佛道两教势力又有了迅猛的发展,大半年后的洪武六年八月,礼部上奏说:全国各地申请领取僧尼道士资格证书的多达 96 328 人,几乎比半年前增加了 100%。(《明太祖实录》卷 84)

◇ 内行整内行,实在在行——和尚皇帝整顿和尚、道士队伍

鉴于佛道教徒越来越多,社会问题也变得越来越复杂,朱元璋开始意识到:对于该两教必须得有所限制。洪武六年十二月,大明朝廷下令:合并天下僧道寺观,地方府州县只允许保留一所,教徒任意选择寺观而居处;倘若有百姓想要脱俗入教,就必须要经过考试,成绩合格且取得官方的度牒后方可出家。民间女子若想出家必须得 40 岁以上,不到这个年龄的,不许!(《明太祖实录》卷 86)

但就一个朝廷指示,要想在广阔无比的大一统帝国内完全贯彻得好,这似乎太

过于天真了，加上那时的朱元璋对佛道教中的“高人”依然十分宠信。所以说当时大明帝国境内的佛道教势力依然在快速发展，尤其“徒众日盛，安坐而食，蠹财耗民”就与大明帝国的财政经济等方面产生了矛盾。终于在洪武十五年四月，朱元璋下令对全国的佛、道等教进行全面整治与加强管理，中央朝廷改制成立僧录司、道录司，掌天下僧道；地方府、州、县始设僧纲、道纪等司，专门管理一方佛道。与此同时，朝廷还命令对各地佛僧、道士一类进行登记造册，详尽记述其相关信息；各地寺观一旦出现住持有缺，由僧道官推荐有戒行和通经典者，送僧录、道录司进行专门考试。成绩合格者由大明礼部出面向朱元璋提出申请，在取得皇帝批准后才可出任住持。僧录司、道录司和僧纲司、道纪司一类的中央与地方宗教机构专门管理相关的宗教事务，严肃教界清规戒律，而各衙门不得妄加插手。只有当教界事务涉及了军士与普通百姓时，各衙门才可过问相关事务。(《明太祖实录》卷 144)

从洪武十五年的这次佛道大整治来看，措施还是很得力、很到位的。但实际上当时大明的僧道人数还是“蔚为壮观”，所以要想使其迅速减缓下来，看来还是不太可能。

洪武十七年闰十月，礼部尚书赵瑁曾向洪武皇帝上请：僧道二司设立至今三年不到，可全国登记在册的僧道已有 20 954 人(约为洪武五年的一半)，这个数字还不包括没有登记的，如果要将他们也算在内，那规模可更加大了。现在有好多人就是为了逃避官府的差役而申请出家的，如果我们朝廷一改以前每年考试和发放度牒的做法，3 年搞一次，这样多少也能限制其过速发展！朱元璋听后觉得赵瑁讲得十分在理，当即允请。(《明太祖实录》卷 167)

但就实而言，尽管赵瑁将人们热衷于当和尚与尼姑的原因说到了点子上，然他开出的治理“药方”却不到位，所以遏制大明佛道势力的发展并没有得到实质性的改观。为此，洪武朝廷在随后的日子不断变化手法，限速发展佛道两教。如洪武二十年，朱元璋下令：天下百姓年龄 20 岁以上的都不许出家为僧，20 岁以下出家者，想要取得度牒，除了参加考试获得通过外，还必须到京师南京各个寺院当 3 年的实习和尚，再经考核合格的，方可正式进入佛门(《明太祖实录》卷 184)；而对于那些借着出家为名逃避国家徭役的假僧假道，朱元璋则予以坚决打击。有一年，有道士仲守纯等 125 人向朝廷申请度牒。当时专门此项工作的大明礼部官员看到仲守纯等人似乎不太像是出家人，于是就留了个心眼。在经过一番认真考核后发现，果然全系假冒。皇帝朱元璋闻听后十分恼火，下令将这 125 个假道士全部逮到锦衣卫去，让他们去罚做国家工奴——工匠。(《明太祖实录》卷 227)

◇ 皇帝刀下留人！苏州高僧永隆被活活烧死在雨花台，换来 3 000 条生命

不过这样的事情在洪武时期是算不上什么的。洪武二十五年有一次度僧，来南京想领取度牒的僧人中居然有 3 000 号人不娴熟佛教经典，当时就把朱皇帝气得头上直冒青烟，随即他下令锦衣卫，将那 3 000 号冒领度牒者全给杀了。

这时苏州尹山寺高僧永隆实在看不下去了，请求以自焚来为 3 000 号冒领度牒者赎罪，朱元璋同意了。

永隆自焚那天，朱元璋特别关照宦官，让他们通知皇家卫士们时刻守住永隆所坐的那具佛龛，抬着它上南京城南的雨花台。到了雨花台，佛龛落地后，只见永隆高僧从佛龛中款款走出，然后面北朝着明皇宫（今明故宫）方向行拜别之礼。礼毕后，他又镇定自若地走进了佛龛之中，然后书偈一首，又取香一瓣，写下"风调雨顺"四字，随即跟守候在身边的朱元璋派来的宦官说："烦请你们告诉陛下，日后遇上天下大旱之际，就拿着老衲写的这四个字，焚香祈雨，一定会灵验！"说完，他秉炬自焚。

就说那一刻，南京雨花台烟焰凌空，异香扑鼻，一群仙鹤不停地在人们头顶上空盘旋。虽说那永隆高僧被大火烧没了，可他的骸骨却直立不倒。人们赶紧前往火焚之地，敛得舍利无数。

明皇宫中的洪武帝听说了这等奇事后，着实为永隆高僧之言之行所感动，最后下令宽免了那 3 000 人的死罪。不久以后，大明发生了大旱，朱元璋想起了永隆高僧的临终嘱咐，命人拿了高僧所写的"风调雨顺"四字条幅前往南京城南的天禧寺去祷雨，当夜大雨倾盆，朱元璋不由得感慨道："此乃永隆雨啊！"（【明】吕毖：《明朝小史·洪武纪》卷 2；【明】徐祯卿：《翦胜野闻》；【清】查继佐：《罪惟录·方外列传总论》卷 26）

◇ "铲头会"——朱皇帝对待不争气的昔日同行的非常举措

民间还有一种洪武严惩寺观流弊的威猛版本。据说明初之际，佛道寺观内的人常常贪恋女色，吃酒食肉，不持修行。其实这也是元朝以来佛道界流行的"时尚"。想当年朱元璋在皇觉寺出家时，他的师父高彬法师家小就住在佛堂旁，大白天高彬还是圣堂里的戒酒戒色的好信徒，可一旦晚上回家了，"革命小酒天天醉"，欲死欲仙任由驰骋。尽管当时朱重八还只有十七八岁，可据明代野史所载，似乎那时的他还挺开窍的，曾经在外和一个已婚妇女做过相好的。因此说对于佛教界的不干不净，想必当了皇帝的朱元璋是不可能忘记的！再说现在，虽然大明新开国，

但元末宗教界的那些诟病却一直没能清洗。尤其是浙西一带寺院里头的出家人很多就与民间女子勾勾搭搭，因酒废事。朱元璋听说后十分恼怒，下令将这些“顽民窜迹缁流”统统抓起来。当时一下子就抓了几十号人，然后将他们押到了南京，掘了一个又一个深坑，再将他们一一推入坑中，在四周填埋泥土，只露出人头，十个或五个一排，然后再命令刽子手用大斧用力“削地”，顿时一个个人头如西瓜一般地滚动着，人称其为“铲头会”。(【明】祝允明:《九朝野记》卷1;【明】王文禄:《龙兴慈记》)

尽管上述故事不一定是真的，但随着洪武晚期的到来，出于对大明帝国的长远考虑，朱元璋对佛、道等宗教的限制和管理越来越严却是不争的事实。

◇ 编造《僧侣周知文册》(≈《天下僧侣花名册》)，颁于天下各寺院

洪武二十五年闰十二月，朱皇帝命令僧录司编造《僧侣周知文册》，又名《周知板册》(【明】葛寅亮:《金陵梵刹志·钦录集》卷2)颁于天下僧寺。这事的起因是这样的，当时京城南京有个寺庙，叫百福寺。寺里有段时间里陆陆续续来了一些不明身份者，要求出家为僧。寺里住持也没有细查就同意了，哪知道这些人出家了没多久就出事了。因为这些人大多数不是囚徒，便是军中逃亡军士，他们出家仅是为了避避风头，等风头一过，就要以化缘为名回乡探亲，不料就在这过程中被官方逮个正着。他们辩称自己是京师百福寺的和尚。何以为证？何以查处呢？(【明】葛寅亮:《金陵梵刹志·钦录集》卷2)为此，朱元璋下令给全国佛教管理机构僧录司，要求他们编造全国僧侣周知文册。从京师到外省，以寺院为总纲，寺院下以和尚为目，在每个和尚下面注明和尚年龄、姓名(包括法名与俗名)、辈分、当和尚的起始年月、度牒编号等，一应俱全。然后将编订好的全国寺院《僧侣周知文册》发往各地去，一旦有像当年朱重八那样的游方僧来到寺院，翻开《僧侣周知文册》一查便可知之；要是《僧侣周知文册》没有姓名等信息则可视为不法奸人，所有人都有义务将其扭送官府，押赴京城交由朝廷治其重罪；隐忍不告者，重罪论处。(《明太祖实录》卷223)

◇ 公布《天下僧寺道观(名录)》和《清教录》，从严把控出家，澄清佛道队伍

由此看来整治行业内的不正之风，只有本行业或干过该行当的人来治理，才会治标又治本。早年当过游方僧的朱元璋一旦真出手，老大难的问题顿时就迎刃而解。洪武二十七年正月，他下令给礼部，要他们将全国《僧寺道观名录》和《清教录》公示天下，以防地方擅自增减，从严把控出家，澄清佛道队伍。具体规定如下：“凡归并大寺，设砧基道人一人以主差税，每大观道士编成班次，每班一年高者率之，余僧道俱不许奔走于外及交构有司，以书册称为题疏，强求人财。”(《明太祖实录》卷

231)如果有 1～2 人在崇山峻岭中自行修禅打坐或学全真教的，官府任其自然；如果有 3～4 人以上一起修行的或自创庵堂的，则不许。游方僧出行必须自备经费，不得向百姓擅自索取，百姓也不得擅自侮慢出家人。凡天下寺院道观一旦碰上游方僧来投宿暂住的，必须认真查阅朝廷颁赐的《僧侣周知文册》，认真比对查阅核实，发现异样，立即报官或将其扭送至官府。僧道一旦娶妻妾的，人人都可以喊打，直到将他们撵走为止。要是有谁为这样的僧道隐瞒事实或真相，一旦发现，与其同罪。如果有出家者想要还俗的，听其自便，任何人都不得以任何理由加以阻挠。严禁收纳老百姓家的儿童为僧，违者并儿童父母皆坐以罪；年龄在 20 岁以上想出家的，必须取得父母同意，相关官府要向本皇帝奏闻报批，3 年后来我南京参加考试，考试合格，发给度牒后方才可正式出家；如果考试不合格，不通佛道经典的，要受以杖刑，然后再发回继续为民。如果有人敢称信奉白莲教、灵宝教、火居教和不遵僧道祖风，胡说八道，妄为论议，皆治重罪。(《明太祖实录》卷 231；【明】葛寅亮：《金陵梵刹志·钦录集》卷 2)

这可能是洪武时代朱元璋对佛、道等宗教界下达最为严厉的一道诏令。从诏令的基本精神来看，此时的朱皇帝思想信仰已经完全不在佛道上，而是转移了。那么转移到什么地方？儒教或言儒学！

原本是个地地道道的文盲，随着军事战争的不断胜利与大明的开国建制以及身边文臣儒士的日益增多，朱元璋的知识视野有了很大的拓展，文化水平也有了一定的提高，对于中国传统思想界的三大教也随之逐渐有了较高的认识水平：“于斯三教，除仲尼之道，祖尧舜，率三王，删诗制典，万世永赖；其佛仙之幽灵，暗助王纲，益世无穷，惟常是吉。尝闻天下无二道，圣人无两心，三教之立，虽持身荣俭之不同，其所济给之理一。然于斯世之愚人，于斯三教，有不可缺者。”(《高皇帝御制文集·官释论》卷 10；【明】葛寅亮：《金陵梵刹志·御制集》卷 1)在朱皇帝看来：佛教的如来佛叫人苦苦修行，尽管信仰的有千千万万人，可谁都不知道从何“入道”？到何时才能修得正果？而实际上“佛之有经者，犹国著令；佛有戒，如国有律。此皆导人以未犯之先，化人不萌其恶。所以古云：天下无二道，圣人无两心。名虽异，理则一然”。(【明】葛寅亮：《金陵梵刹志·御制集》卷 1)道家的老子已经被人们弄得似神似人，大家都不知道他的本来面目到底怎样？朱元璋认为：“其老子之道，(原本为)密三皇五帝之仁，法天正己，动以时而举合宜，又非升霞、禅定之机，实与仲尼之志齐，言简而意深。”(【明】葛寅亮：《金陵梵刹志·御制集》卷 1)故而他主张重中之重应该崇奉儒学或言儒教，因为它宣传的纲常伦理，讲的都是些现世社会的事与理，“惟儒者凡有国家不可无”。

洪武十四年九月，袭封衍圣公孔希学死了，朱元璋在诏礼部遣官致祭文中这样说道："三纲五常之道，自上古列圣相承，率脩明以育生民，亘万世而不可无者，非先师孔子孰能明之？今天下又安，生民多福，惟先师此道明耳，夫世之大德者，天地不沦没，所以为帝者之师，庙食千万古不泯，子孙存焉。"(《明太祖实录》卷139)

也就是说，在这篇诏令祭文中朱元璋将衍圣公孔希学的老祖宗孔子最为着力倡导的儒学之道视为"亘万世而不可无者"，即说儒学为万古不变的真理，这是何等的高度啊！问题是朱元璋个人思想为什么会发生这么大的转变？我想不外乎四大原因：

◇ 为什么朱元璋会"三教并重"转为"三教归一"？

第一，朱元璋最先信仰的是佛教，但那时他只是个少年，思想没有定型，到他参加起义军也只有25岁。青年人思想转变快，这是常理。

第二，从一个佛教徒转变为血战疆场的勇士、将领与领袖，如果还是"万事皆空"，那朱元璋什么都白忙乎了，为哪般？所以说朱元璋个人人生轨迹转变了，他的思想转变也是必然的。

第三，洪武初期佛、道发展过速，"蠹财耗民"，严重影响了帝国的财税收入(《明太祖实录》卷86)；而佛、道教徒的过快增多又与大明的赋役制度相冲突，很多人就是为了逃避赋役而企图遁入空门的(《明太祖实录》卷227)，这就不得不让朱皇帝在思想国策方面做出理性思考与适度的调整。

第四，不断增多的儒家知识分子的影响，儒家的"正统思想""有为思想""大一统帝王情结"等与朱元璋军事上的不断胜利是再合拍不过了。所以人们不难看到，自占领南京以后，朱元璋就逐渐地走上尊孔崇儒的道路。1356年，徐达率军攻下镇江，朱元璋进入镇江城做的首要事情就是拜谒孔子庙。洪武元年(1368)，大明在南京刚刚开国，朱元璋就诏以太牢祀孔子于国子学，还遣使专门前往山东曲阜阙里致祭孔子，且特别嘱咐道："仲尼之道，广大悠久，与天地相并，故后世有天下者，莫不致敬尽礼，修其祀事。朕今为天下主，期在明教化，以行先圣之道，今既释奠国学，仍遣尔脩(修)祀事于阙里，尔其敬之。"(《明太祖实录》卷30)

○ 尊孔崇儒，以儒立国——确立和强化儒家理论为大明全国臣民的指导思想

朱元璋尊孔有个大前提，就是要将这个已经被人们尊奉了一千来年的孔子牌位为他的君主绝对权力服务，绝不允许有半点的懈怠。一开始朱"圣人"的这等心思不少人还是不怎么懂的，就连历代被捧为智慧化身的孔圣人的子孙也不懂。不

仅不懂，甚至还闹出了一些不愉快。

◎ 从“圣人”子孙与新天子的误会到曲阜孔府升格为二品

吴元年(1367)接近年底，徐达北伐军攻下山东，礼请孔府主人出来“为国分忧”。但这个孔圣人的55世孙孔克坚称病不出，派了自己的儿子孔希学到徐达的将军行所去拜谒，徐达随即将孔希学送到南京朱元璋那里。孔希学见到朱元璋君臣对他们孔府的人这般重视，内心很激动，随即向朱元璋奏报了父亲孔克坚不能来南京的原因是有病在身，等稍微好些一定会赶来补上这个叩见大礼的。朱元璋给孔希学父亲孔克坚下了个敕谕，说了一通官样话后，最终加了一句：“闻尔抱风疾，果然否？若无疾而称疾，则不可！谕至，思之！”这本是朱元璋的疑心病经常发作的一种表现形式，但着实把孔家父子吓得不轻。巧不巧，孔家的孔老爷子孔克坚在儿子上南京后不久，他的身体也慢慢地好了。他听人说，儿子早被徐达大将军送到了南京，怎么办？这年头兵荒马乱的，称皇称帝的人多如牛毛，什么人都可以不理，现在就是不能不理朱元璋，因为孔家后继香火者在他手里，于是孔克坚赶紧往南京赶。(《明太祖实录》卷31)

到了南京，朱元璋在明皇宫的谨身殿里接见了他，并对他说：“尔祖明先王之道，立教经世，万世之下，君君、臣臣、父父、子子，实有赖焉！”鉴于孔克坚称病不出又考虑到他是孔子的后代，洪武皇帝最终决定：不烦劳孔老先生了，但给予一定的赏赐和俸禄，让他颐养天年，“俾知进学以振扬尔祖之道，则有光于儒教”，数月后朱元璋下诏任命孔克坚的儿子孔希学袭封衍圣公(元朝时的封号)，由此开始将尊孔推向了高潮(《明太祖实录》卷34)。其体现在如下几个方面：

政治上不仅让孔希学袭封衍圣公，开府设官，孔府在这层意义上才可以真正称得上是“府”了，而且将其品位由元朝的四品，提高到三品。后来朱元璋又说，既然孔子为“万世帝王之师”，那么他的子孙还应褒崇，因此特进二品，赐以银印；孔府族人孔希大及其子孙被命名为曲阜世袭知县。更有，孔希学每年入京觐见，享受特殊的礼遇，“会班亚丞相”。孔希学死后，他的儿子孔讷袭封圣衍公，每次入朝进京都可乘坐大明官府驿车、驿船；在皇帝召见时，他位列文臣之首——那时丞相制已废(【明】王世贞：《弇山堂别集·阙里恩泽》卷3)；文化教育上，朱元璋设立孔、颜、孟三氏教授司，并立尼山、洙泗二书院，各设山长一人，配备教授、学录、学司等学官，进行教学；经济上免除孔、颜、孟三氏子孙的徭役，并对山东曲阜孔庙实行专门经济资助，以备其祭祀和修缮孔子庙堂。(《明太祖实录》卷36)

◎ 不仅发"文件"而且还下谕旨,规定政府衙门"一把手"主祭孔子

朱元璋的尊孔还不仅在于给山东孔府做做面子,来个官场上"秀一把",他要把尊孔推向全国。洪武十五年(1382),南京新国子监在鸡鸣山前落成,朱元璋下令在国子监的东边加盖孔庙,并亲赴新国子监行祭孔的释菜礼。(《明太祖实录》卷145)

堂堂大明天子要拜孔子,这在当时南京大明朝廷里像炸开了锅似,好多大臣都认为不妥;因为大明天子将要拜的这位孔圣人活着的时候是个倒霉蛋,当然这样的话是不能说出口的,人们委婉地劝解皇帝朱元璋:"孔子活着的时候只是个人臣,再怎么说也不能让陛下屈尊下跪祭拜啊!"朱元璋引用后周太祖郭威的话来回答:"百世帝王之师,敢不拜乎!"他不仅在国子监祭孔大典亲自拜谒孔子、大行释菜礼,而且还将孔庙里祭孔仪式做了规范的仪注,下令颁发到全国各地的府州县学去,让地方学宫也能遵照执行。(《明太祖实录》卷145)

过了段时间,朱元璋又想想光这么下个"红头文件",就叫地方上尊孔,恐怕会流于形式,一定要落实到实处。于是他又下令规定:今后祭祀孔子,一定要衙门里的正职即衙门里一把手主祭。中央国子监一定要祭酒(校长)主祭,省学一定要"省长"布政使主祭,府学由知府主祭,州学由知州主祭,县学由知县主祭。由此大明帝国的尊孔运动从曲阜转到了南京,又从南京发展到了全国各个地方。(《明太祖实录》卷145)

据当时谏官关贤的奏报说:"国朝崇尚儒术,春秋祭享先师,内外费至巨万,尊师(孔)之道可谓隆矣。"(《明太祖实录》卷152)

◎ 大明官场政治学习"快餐"——"儒家经典名著精要"《精诚录》

朱元璋尊孔不仅仅注重形式,还十分留心内容。自身文化水平有限,不过当了皇帝,这样的细小的琐事怎么能难住一个大明天子呐。朱元璋读"四书""五经"读不通,就叫人给他解释,于是出现了史书记载的朱元璋跟元末明初著名儒学大师宋濂读《春秋三传》中的《左传》,跟儒士陈南宾读《洪范》,据说他水平还蛮高的,发现了《洪范》中的讹误,召集诸儒士进行订正,即明代的《御注洪范》。朱元璋读经典,读出了很多的"心得",将其归纳起来不外乎三点:敬天、忠君、孝亲。皇帝读出心得,就得要群臣也学学经典之"精要"啊,于是指定东阁大学士吴沈等人从儒家典籍中辑录有关内容,于洪武十六年二月编成专书——《精诚录》。这是一本儒家经典精义读物,相当于我们在书摊上经常见到的"经典名著精要",是地地道道的"快餐文化",颁发给群臣让大家一起读。为什么要这样做?因为开国功臣勋旧中进过学

堂门的几乎没什么人，现在大明帝国以儒治国，不能连儒家的一点皮毛都不知，这怎么能行，而且儒家“精要”：敬天、忠君、孝亲三个方面对朱皇帝与大明帝国的统治极为有利。(《明太祖实录》卷152)

◇“敬天”：这是为何？朱元璋说自己是龙与他老妈神交了才生了他。坑爹！

“敬天”什么意思？古代中国人相信“天人合一”“天人感应”和“君权神授”。“天”既可指天上的天、大自然等，也可以指人，不过这个人可不是普通人，而是“天子”即“上天的儿子”；所以说“敬天”就是“敬重现在的君主、皇帝”，就是朱元璋本人，否则他下的诏书中怎么有这样的话：“奉天承运，皇帝诏曰……”一个农民的儿子打了十几年的仗，现在摇身一变成为天的儿子，岂不伟哉？邪乎？

对于这样“小儿科”问题，“天生圣人”朱元璋自有一番说辞。洪武元年正月丙子日，在诏告天下诏书中，他这样说道：“朕惟中国之君，自宋运既终，天命真人起于沙漠，入中国为天下主，传及子孙，百有余年。今运亦终，海内土疆，豪杰分(通“份”)争。朕本淮右庶民，荷上天眷顾、祖宗之灵，遂乘逐鹿之秋，致英贤于左右……今文武大臣、百司众庶，合辞劝进，尊朕为皇帝，以主黔黎，免徇于情。”(《明太祖实录》卷29)

这段话大致是这样的意思：“我中原帝国国运自宋朝灭亡那时起算是终结了，天命眷顾起自于蒙古草原的真人，让他当天下之主，且传承了100来年。如今他们的天运也已到了，我国境内群雄并立，豪杰份争。我本来是淮右地区的一个农家子弟，承蒙上天眷顾和祖宗灵魂的保佑，让我能逐鹿天下……如今文武大臣、百司臣僚纷纷劝进，尊我为皇帝，也就是天子，代天管理着天下黎民苍生，不敢有什么徇私之情啊！”

整个这段话的核心是风水轮流转，今天天命到我家。我朱元璋是代天而治，有谁不敬天？又有谁不敬我这个天子？要讲政治、讲原则、讲思想，谁要不讲，《大明律》十恶大罪中就有对皇帝的不敬的罪名——就叫“大不敬”，那是个死罪啊！谁敢不敬？

为了凸显自己是天命眷顾和真命天子，朱元璋自己或让御用文人们编造出天命圣迹和奇异怪事：原本土得掉渣的农民朱五四夫妇俩农闲间的床上逸乐顿时变成了龙降神交，至于坑不坑爹，他可管不着；原本穷得连出生后包被都没有的窘迫不堪境况顿时也变成了附近庙里和尚来送“红罗幛”；原本要饭流浪时的病中幻觉在称帝后变成了家喻户晓的紫衣道人一路相送；原本鄱阳湖的险胜也变成了铁冠道人的天命预言……洪武二年朱元璋在颁赐和州城隍庙的封诰中不无得意地这样说道:“帝王受天明命,行政教于天下,必有生圣之瑞,受命之符,此天示不言之妙而人见闻所及耳也。……眷此名城,雄列江右,王师戾止,屡获成功,非神助之,何以臻此也,必有超出于高城深池之外者。”(【明】文林:《琅琊漫抄》)

胜者为王败者为寇,这是中国几千年历史“铁定的真理”。胜利者可以任意解释、任意打扮,就连自己说的废话也可成为愚夫愚妇们必须恪守的真理信条。不信不行啊,枪杆子你怕不怕!枪杆子里面出政权,枪杆子里面出“真理”,为了感谢上天对自己的眷顾,全国人民必须要跟随朱皇帝一起敬天;为了感谢上天对自己胜利的福佑,朱元璋必须得更加认真地敬天,干脆连沿用了100来年的皇帝办公用语也给改了。元朝皇帝诏书中首语为“上天眷命”,朱皇帝认为这样用语一点也不谦卑。如何突出上天的至尊?所以必须要改,改什么?“奉天承运,庶见人主,奉若天命,言、动皆奉天而行,非敢自专也”,由此“奉天承运”的皇帝诏书用语诞生了,并由此在中国历史上用了500多年。(《明太祖实录》卷29)

除了敬天用语改了,敬天心态也得变得更加谦卑。朱元璋在大明朝廷设立太常寺和钦天监等专门负责祭天和观察天文的机构,经常举办各种各样的祭天祀地的仪式活动,反复告示世人,敬天地不仅要严而有礼,而且还必须“诚敬之心”(《明太祖宝训·敬天》卷1)。就连朱皇帝自己百年后要永久享用的明孝陵也设计成了仿天上的“北斗星”图。他一反唐宋传统,将神道到墓穴的七个“着力点”:四方城、神道望柱、棂星门、金水桥、文武坊门、享殿和宝城建成了地上“勺柄”七星。

◇ 忠君:“君要臣死,臣不得不死?”

“敬天”果然很好,但中国有句古话,叫“敬而远之”,我对你皇帝很“敬重”,说白了就是小民怕死,才敬重你皇帝大老爷。但皇帝最怕的就是底下的人都“敬而远之”,要是真这样的话,皇帝还不就是一介平民么。所以除了“敬天”还远远不够,在传统儒家那里,在“天人合一”思想的引领下,“敬天”按照宋明时代理学的主张就是“敬君”或言“忠君”。什么叫“忠君”?就是绝对地、无条件地、忠心耿耿地、死心塌地地为皇帝服务、效命,这才有了“君要臣死,臣不得不死”的愚忠,是宋明理学“三纲”中的“首纲”——“君为臣纲”。明初朱元璋就大力提倡和渲染这样的忠君思想。

◇ “危不如象”和“素不如象”

1356年朱元璋军队攻下集庆即后来的南京城,元御史大夫福寿战死。为了教育手下的将领对主子忠诚,朱元璋当即下令厚葬这位元朝的御史大夫,并在城中为福寿修建祠堂,令人每年祭祀。(【明】刘辰:《国初事迹》)

有个叫郭云的元朝将领在徐达率领大明军北伐时，曾多次对抗，“屡招勿从，数战不屈，势穷援绝，终无异志”。为此朱元璋大受震动，在郭云最终被俘后，“嘉其忠义，抚以生全”，特授予南阳卫指挥佥事。后来郭云死了，朱皇帝又让只有13岁的郭云之子郭洪任职飞熊卫指挥佥事（《明太祖实录》卷90）。元朝右丞余阙坚守安庆，在“援绝力穷”的情势下，举家皆死，节义凛然。朱元璋令有关部门给他建祠，供后人瞻仰和祭祀。（《明太祖实录》卷26）

这倒不是朱元璋自己作贱自己，也不是他有多大的气量，而是为了宣传和褒扬忠君思想。与上述正面例子相反，朱元璋对于那些他认为气节上有污点的降臣不是竭尽羞辱就是暗害。

危素是元末有名的文人，曾做过元朝的参知政事、工部侍郎、大司农丞、礼部尚书，主修过《宋史》《辽史》《金史》及注释《尔雅》，因此说他是元末一个位高名重和学富五车的难得的人物。大明军围攻元大都北京时，危素曾跳井想以此殉国，不料被报恩寺里的僧人救起，并受开导：“国史非公莫知。公死，是死国史也。”危素当即被说服，可没想到日后却是受辱连连。被俘之初，朱元璋觉得他还有用，为新帝国编写史书和制定典章制度一类的工作，还真缺少不了危素这样的前朝资深高官，于是就任命他为翰林侍讲学士，后又让他兼任弘文馆学士——实际地位比他在元朝时要低。（《明史·文苑一·危素传》卷285）

而新朝皇帝朱元璋心里却一直看不起他，时不时地找茬羞辱他。有一天朱皇帝坐在东阁侧室的屏风后头，危素不知道，刚好从屏风外头慢慢走过，步履之声清脆响亮，朱元璋听到后随即问道：“谁啊？”危素赶紧答话：“老臣危素！”没想到话音刚落，朱元璋来了一句：“我倒是以为文天祥呐！”（【明】祝允明：《九朝野记》卷1；陆容：《菽园杂记》卷3）

元顺帝宫中有头大象，它被人调教得很听话，且跟元顺帝等人很有感情，每当宫中举办什么宴会时，这头大象都要出来表演一番，助助兴。大明军攻下北京后，大象被运到了南京，本想给朱元璋取取乐。有一天朱皇帝在宫中举办宴会，令人将那头大象赶出来做个现场表演。哪知道这大象趴在地上就是一动也不动，这下可把朱元璋给气歪了，当即下令把大象给杀了。第二天他又令人做了两块木牌，一块上写着“危不如象”，另一块上写着“素不如象”，然后令人将这两块木牌挂到危素的左右两肩上，着实将危素好好羞辱了一番。（【明】黄溥：《闲中今古录摘抄》卷1）

至此朱元璋还没放过危素，几乎将他当做不洁之物。当时有个御史叫王著，看出了洪武帝的心思，上了个奏本，说危素是亡国之臣，“不宜列侍从”。朱元璋随即下令将危素贬谪到和州去居住，具体工作就是看护他昔日同朝同事余阙之庙。受

尽了侮辱的危素到了和州，大约生活了一年就抑郁而死。(《明史·文苑一·余阙传》卷285)

洪武时期像危素这样的贰臣最终命运还算好的了，有的人甚至被杀了还是糊里糊涂。张士诚政权下有个高官司徒李伯升，投降后朱元璋先是仍保留其旧官衔级别，后进升为中书平章同知詹事府事、征南副将军，最终莫名其妙被扣上蓝党分子的帽子而遭受杀戮。(《明史·张士诚传》卷123)

朱元璋要求臣民"忠君"，树立正反两面例子不算，还时不时地逮住机会大肆渲染绝对忠君思想。吴元年二月也就是大明开国前一年，大将军徐达派人向朱元璋请示，朱元璋逮住机会向军中武夫们说道：徐大将军"今克期来所请事，悉欲禀命而行，此贤臣事君之道，吾甚嘉之"！(《明太祖实录》卷22)

武将要忠君，文臣也应该忠君。洪武十九年四月，大约有14位国子监生被选拔为六品以下官。在他们上任前，皇帝朱元璋除了作些任职须知之类的训谕外，还十分严肃地说道："事君之道，惟尽忠不欺；治民之道，惟至公无蔽。"(《明太祖实录》卷177)在这里朱元璋解释了什么叫"忠君"，就是要臣民们对待君主尽忠不欺，这也是"三纲五常"之首"君为臣纲"的最为核心的内容。至此我们就不难以理解，为什么朱元璋那般热衷、追捧"三纲五常之道……(为)亘万世而不可无者"(《明太祖实录》卷139)。换个角度来说，朱元璋将忠君视为最高的道德行为准则，以此来衡量每个臣民的一切言行。

◇ 皇帝的生活秘书瞬间当上"民政部部长"，怪否？

曾经有个整容匠叫杜英的人，专门从事皇帝朱元璋的个人生活服务，用今天时髦话来说就是朱皇帝的"生活秘书"。有一次他帮朱元璋修甲，修完以后，杜英认认真真地将剪下来的手指甲和脚趾甲等废物包起来，放在自己怀里。就在这时，朱元璋注意到了这些细节，于是就好奇地问了："你包这些东西干吗？将要把它带到哪儿去?"杜英赶紧回答："回陛下，小人认为圣体之物岂能乱扔？小的要拿回家好好地收藏起来。"朱元璋更好奇了："那以前从我身上剪下来的指甲都到哪儿了?"杜英说："小的一直供奉在家中的佛阁里。"听到这里，朱元璋越发好奇了，更是不信有这样的事，于是命令杜英留下来，然后派人专门到杜英家中去看，果然在佛阁里发现了一只漂亮的朱漆盒子，打开一看里边全是剪下来的指甲。事情得到了验证，朱皇帝当场开怀大笑，并不停地夸赞杜英"忠君""诚谨知礼"。而后为了表扬杜美容师的一片"忠心"，朱元璋下令，将杜英由一个低贱的下人一下子提升为太常寺卿(掌管宗庙祭祀之事的长官，正三品，可能相当于"民政部部长")。一个下人火箭式地当上“部长”，洪武帝大加宣传，以示人们多向太常寺卿杜大人学习。(【明】祝允明：《九朝野记》卷 3；【明】吕毖：《明朝小史·洪武纪·整容匠》卷 2)

朱元璋是个实在人，在他眼里光提倡和宣传忠君思想是不够的，还必须使得广大臣民们对于伟大领袖的忠诚年年讲、月月讲、天天讲。为此，他规定全国所有的儒学每年正月十五、十月初一举行“乡饮酒礼”时，必须由学官司正宣教“为臣尽忠，为子尽孝，长幼有序，兄友弟恭”(《明太祖实录》卷 157)；而在教育领域内的教材里，朱皇帝规定以贯彻“三纲五常”为核心精神的明代版“五经”“四书”和宋儒朱熹等理学家的注释书籍是每人的必读之物；贯彻绝对君主专制主义思想的《大明律》与《大诰》又是当时的必修教材。朱皇帝实在奇特，忠君教育别具一格。

◇“孝亲”：1 000 人的“天下第一家”治家秘密——不听老婆话。

朱元璋认为儒家经典“精要”的第三个方面就是“孝亲”。“孝亲”的概念很广，大致是要倡导“父慈子孝”“兄友弟恭”“夫妇和顺”等思想，这就是三纲中的“父为子纲”和“夫为妻纲”。儒家认为“君子之事亲孝，故忠可移于君”，“其人也孝悌，而好犯上作乱者鲜也”，就是说一个以孝将家治理好的君子，他很自然地会将忠心用于君主身上。“忠孝”是治国的基础，一个个家治好了，国家也就自然治好了。朱元璋曾这样说道：“人情莫不爱其亲，必使之得尽其孝，一人孝而众人皆趋于孝，此风化之本也。”(《明太祖实录》卷 49)看来他是完全精通倡导孝道的绝妙好处了，“齐家治国，其理无二。使一家之间，长幼内外各尽其分，事事循理，则一家治矣。一家既治，达之一国，以至天下亦举而措之耳”。(《明太祖实录》卷 175)

正因为具有这样的认知，朱元璋竭力倡导“以孝治天下”。在全国推广乡村教化和“击铎劝谕”制度时，他规定村中老者每月要喊的口号中的头两句就是“孝顺父母，尊敬长上”(《明太祖实录》卷 255)，在《御制大诰》中所强调并要求臣民遵照执行的，也是“事君以忠”“长幼有序”“夫妇有别”和“朋友有信”一类的“三纲五常”之信条。(【明】朱元璋：《御制大诰续编·明孝》第 7)

◇ 有一对夫妻步行 300 里为梦中掉进河里的亡母化冰，着实感动朱皇帝。

除了政治说教外，在实际生活，朱元璋还大张旗鼓地对天下“孝行”进行褒扬。例如：仅洪武二十七年五月甲寅日这一天内，朱元璋就旌表了两户人家，一户是河北易州涞水县的李德成家；另一户是苏州长洲县张德家。

李德成母亲早亡，想起慈母，做儿子的李德成就会情不自禁地流泪。后来他想到了一个纪念母亲的好办法：捏了土，铸一个母亲的塑像，每日祭奠，就连一日三餐也照常侍候着“泥”母亲，就像对待活人一般。

有一天晚上，李德成梦见自己的母亲掉进冰河里去了，赶紧想拉她，可为时已晚。第二天醒来后，李德成将自己的梦境告诉了妻子王氏，两人一合计，觉得梦中之境很像300里外的一条大河。当时正值隆冬季节，李德成顾不得天气的恶劣，与妻子王氏一起步行300里，赶到那条与梦境中一样的大河边，看到厚厚的冰雪，夫妻俩二话没说就脱掉衣服，用身体开始暖冰，整整暖了7天7夜，冰终于被融化了。周围的乡亲闻讯后纷纷赶来，不停地夸赞着李德成夫妇的孝行，由此李德成也就成了“孝行”名人。(《明太祖实录》卷233)

地方官府知道后以孝廉的名义向朝廷举荐了李德成，李德成随即被擢升为光禄司署丞，迁太常寺赞礼郎，寻升尚宝司丞，一路真可谓官运亨通。至此，好运还没有打住，皇帝朱元璋闻听了李德成的动人故事后，下诏旌表李家为“孝行之门”。(《明太祖实录》卷233)

当天朱皇帝还对25岁开始守寡的苏州长洲县张德之妻进行了旌表。张妻高氏在丈夫死后奉养婆婆，竭尽孝道，又教子有方，终身守节。为此，朱元璋诏表其门为“贞节之门”。(《明太祖实录》卷233)

对于那时各式各样的孝行及其皇帝旌表，大明国史《明实录》和其他的文献都有着详尽的记载。不过在这过程中，要说影响最大的孝行忠君的事情莫过于发生在浙江浦江的“江南第一家”中了。

◇ 洪武帝不解：浦江郑义门1 000多人一起吃两个梨子，怎么吃法？

浦江郑义门是个大家族，家门口前额上镶了一块匾，匾上写着“天下第一家”。有人好事，将之告诉了朱元璋。朱元璋一听很不高兴，因为他认为天下第一家应该是皇帝家才是。这朱元璋一不高兴就要行动，派人到郑家，将郑家的家长逮捕起来，押到了南京，皇帝亲自讯问：“为什么你们家要称天下第一家？”郑家的家长说：“回陛下，我们郑家是个很大很大的家，一共有八九代人合住在一起。我们那个地方官老爷为了鼓励我们孝亲治家、推进乡村教化，就给我们家挂了那个匾，并且还立了牌坊，小民哪敢私自乱来啊！”朱元璋听到这里，大致明白了事情的原委，但他还是好奇地问下去：“你们家一共有多少个人？”郑家长说“1 000多个”。朱元璋听完后颇有感慨地说：“1 000多人生活在一个家里，同吃同住，天下少有，真可称得上是天下第一家了！”于是下令将郑家长给放了。(【明】梁亿：《遵闻录》)

刚将郑家长给放了，马皇后出来说：“刚才我都听到了，这么一个大家庭够不容易的。想当年陛下一人举事，到如今拥有天下，不容易啊！不知郑家这么多人是怎么做事的？”谁知朱元璋听成“郑家这么多人要怎么举事(旧时称起义的隐语)”，于是马上下令再将郑家长逮来盘问。可怜郑家长莫名其妙又给带到了南京明皇宫里了。皇帝朱元璋见了他便问：“你们这么大的一个家族怎么治理的？有什么秘密？全是你一个人说了算？”郑家长说：“秘密倒是有的，那就是每个小家庭都不听老婆的话。女人一多，事情就变得复杂了。”听到这里，朱元璋哈哈大笑，说：“我倒还以为有什么秘密，原来如此！”就在这个时候，有个地方官上贡了一种“香梨”，朱元璋正在兴头上，随手就赏了两个香梨给郑家长。郑家长开开心心地拿了两个皇帝赏的香梨，施完礼后三步并作两步地赶回家去了。

再说郑家长刚走，皇帝朱元璋马上派了一个锦衣卫紧跟在他后面，想去看看这个家长到底是怎样治家的。只见郑家长回到家后，将一大家族人全部召集在一起，说明了这两个梨的来历，然后叫人弄了两大缸的水在前面，他把两个梨捣碎，再将两个捣碎的香梨放进了两缸水中，随即便开始依次每人喝梨水，秩序井然。喝完梨水后，全族人集体向北即南京方向跪拜，以谢皇恩。朱元璋听了锦衣卫的汇报后，大加赞扬了郑家为孝义人家。(【明】梁亿：《遵闻录》)

当然朱元璋大力提倡的儒家经典三“要义”，说到底就是要天底下的人都做忠顺愚民，这也是他大力提倡礼教、推行教化的核心所在。虽然洪武年间民风淳朴，道不拾遗，夜不闭门，基层社会一片安宁；但这种教化的后果同样是要付出沉重的代价，那就是社会已经僵化与凝固化，任何创新与变化都是不可能的，这对民族发展有益吗？

○ 钦定“中国圣经”，强化思想文化专制主义

尽管原本是个文盲，但当了皇帝的朱元璋拥有得天独厚的优势，可以跟着当时硕儒名士读儒家经典。而儒家经典到了明代时已经有很多，但最为基本的就是今天我们耳熟能详的“四书”和“五经”。其实按照历史发展进程来说，应该说成是先有“五经”或言“六经”，后有“四书”，那么“五经”或言“六经”指的是什么？

◎ 是“五经”“六经”“七经”，还是“九经”“十一经”“十三经”？

“五经”在不同的朝代指的范围还不太一样。最早指的是先秦儒家学派的创始人孔子亲自编定的《诗经》《尚书》(又名《书经》)《周礼》《易经》(又名《周易》)和《春秋》五部儒家经典。但有的人认为最早的儒家经典应该是“六经”而不是“五经”。“六经”应该是指上述“五经”基础上再加上一部《乐经》，据说也是孔子编定的，但也有人考证出来说，那是汉朝人假托孔子之名而写成的。还有人说，原本孔子所作的

就是“六经”，在秦始皇“焚书坑儒”时，一把大火将《乐经》给烧没了，从此《乐经》就失传了。（但在明洪武时期就有“六经”之说，详见《明太祖实录》卷20；卷34；卷46；卷159）

西汉武帝“罢黜百家，独尊儒术”时，所立“五经”博士的“五经”就是先秦儒家的那“五经”，不含《乐经》，汉代开办太学，就是将“五经”作为培养人才的教科书。汉代还有一种“七经”之说，即《诗经》《尚书》《周礼》《易经》和《春秋》“五经”，加上一部《论语》和一部《孝经》，共计七部儒家经典，故名“七经”。但到了后来，“七经”概念又不相同了。唐朝儒家经典有“九经”，即为大经：《礼记》《春秋左氏传》，中经：《诗经》《周礼》《仪礼》，小经：《尚书》《易经》《春秋公羊传》《春秋穀梁传》（《新唐书·选举志上》卷44）。它们是唐朝教育与科举考试的主要教材，《孝经》与《论语》是基础课，每人必通的，所以没有被列入“九经”内。宋代时的儒家经典变为“十三经”，它们是《诗经》《尚书》《周礼》《礼记》《仪礼》《易经》和《春秋左氏传》《春秋公羊传》《春秋穀梁传》等，即由原来唐朝的“九经”，再加《孝经》《论语》《尔雅》和《孟子》。从“五经”到“十三经”，似乎儒家的经典在不断地增多，但最为根本的其实还是先秦时代的那“五经”。（庞朴：《中国儒学》第4卷，P59，东方出版中心1997年1月版）

◎ 中国《圣经》——“四书”与“五经”

宋代流传的“十三经”尽管经书部数很多，但它们都是儒家文化的基本著作。如果将它们进行分类的话，那么《诗》《书》《易》《礼》《春秋》五部经典可以称为传统意义上的“经”，这是儒家的基本典籍，而《论语》《孟子》《礼记》《孝经》等则属于“记”，是儒家思想的核心所在，《春秋左氏传》《春秋公羊传》《春秋穀梁传》的“三传”属于《春秋》经的“传”，是由《春秋》“衍生”出来的；《尔雅》是汉代儒家经学大师的训诂之作。所以说整个“十三经”最为核心的典籍应该是“经”与“记”。

但在“十三经”中就是没有单列的《大学》和《中庸》，《大学》和《中庸》原来是《礼记》中的两篇文章。南宋大儒朱熹认为，《大学》是孔子讲授“初学入德之门”的最为重要的典籍；《中庸》则是“孔门传授心法”之书，它们与《论语》《孟子》合在一起，最能表达儒学正统的主要思想，也是研治儒学的最重要的文献。于是他就把这两篇文章从《礼记》中单独抽出来，与《论语》《孟子》合订成“四书”，并为之作注，即成《四书集注》。朱熹为“四书”作注时既融会了前人的学说，尤其是北宋理学家程颢、程颐兄弟的理学理论，又发挥了自己个人的独特见解，即巧妙地将后人常说的“程朱理学”融入儒家的正统经典之中。而经过朱熹的这一集注作解，原本不宜为一般人读通的“四书”顿时变得比较通俗了，南宋以后逐渐为人们所认同和接受。朱熹死

后，南宋朝廷开始将朱熹编定且注释的“四书”审定为官方教科书，随即便在帝国内推广开来。(《宋史·理宗本纪五·赞》卷45)

到了元代，程朱理学得到大力提倡，元帝国甚至将科举考试出题的范围限定在“四书”之内，“四书”一下子超越了原先的“五经”的地位(《元史·选举志一》卷81)。因此，后世人们往往将朱熹所著的《四书章句集注》作为儒家经典演变的时代标杆。有人说，汉唐是“五经”时代，而宋以后是“四书”时代。

明代以前中国历代“四书”“五经”演变简表

朝代	经数	中国历代“圣经”所指经书具体名称
先秦	“五经”	《诗经》《尚书》《周礼》《周易》《春秋》
先秦	“六经”	《诗经》《尚书》《周礼》《周易》《春秋》《乐经》
西汉	“五经”	《诗经》《尚书》《周礼》《周易》《春秋》
东汉	“七经”	《诗经》《尚书》《周礼》《周易》《春秋》《论语》和《孝经》
唐朝	“九经”	《诗经》《尚书》《周礼》《周易》《礼记》《仪礼》《春秋左氏传》《春秋公羊传》《春秋穀梁传》+《孝经》与《论语》
唐宋之际	“十三经”	《诗经》《尚书》《周礼》《周易》《礼记》《仪礼》《春秋左氏传》《春秋公羊传》《春秋穀梁传》+《孝经》《尔雅》《论语》《孟子》
宋元	“四书”“五经”	《论语》《孟子》《大学》《中庸》《诗经》《尚书》《周礼》《周易》《春秋》

(本表资料来源：①《新唐书·选举志》；②《宋史·选举志》；③《宋史·理宗本纪》；④《元史·选举志》；⑤《明太宗实录》；⑥庞朴：《中国儒学》第3、4卷，东方出版中心1997年1月版)

从上述明代以前的“四书”与“五经”的演变来看，无论称呼在各朝代不尽相同，但朱元璋在开创大明帝国时，“四书”和“五经”一直是大一统帝国官方所竭力倡导天下人应该熟读的正统儒家经典，如果将其与西方文化相类比的话，那么，“四书”“五经”完全可以称得上是中国《圣经》或者说是东方《圣经》。

◎ 朱元璋为什么要大骂孟子？

那么面对世代流传下来的中国《圣经》，这位奇特的开国皇帝朱元璋又是怎样看待它的？

朱元璋似乎对其他的经典尚未有过多的非议，就是对孟子和《孟子》一书极度感冒，他大骂孟子，说：“使此老在今日，宁得活也？”意思是说，孟夫子这老头要是现在活着的话，我是绝不会轻饶他的！(【明】梁亿：《遵闻录》；【清】全祖望：《鲒埼亭集·辨钱尚书争孟子事》卷5)他下令将国子学孔庙中孟子配享的牌位给撤了,并规定:有谏者以大不敬之罪论处,且让皇家卫队的射箭高手来施刑。

可没想到"最高指示"一发出,刑部尚书钱唐就来个抗疏入谏,自己敞开着衣服,冒死恳请皇帝收回诏令。朱元璋哪受得了底下大臣这般与自己对着干的,当即就命令卫士把钱唐给绑在了宫廷柱子上,然后就开始射箭。皇家卫士何等出身?没有绝活是干不了这项工作的。可怜钱唐就因为自己要为孟夫子争个说法却身中数箭,鲜血汩汩地往外直流,染红了宫廷柱子,可他嘴上还不饶人,说:"臣得为孟轲死,死有余荣。"(《明史·钱唐传》卷139)朱元璋看到一个文弱大臣为了死了不知多少年的死人配享问题却不顾自己的生命,着实内心大受震撼,赶紧令人将钱唐从柱子上解下来,扶持到太医院去医疗箭伤(【明】吕毖:《明朝小史·洪武纪》卷2)。孟夫子的配享在一年后也得以恢复。(《明史·礼志四》卷50)

那么究竟是什么原因让这位大明开国君主对一个死去了千余年的孟老夫子大为光火呢?

原来朱元璋在跟着儒士读经典时读到了《孟子》中的"民本思想",刺痛了神经。

《孟子》一书是由战国时代的儒家学派的另一个重要人物、后世人们称之为"亚圣"的孟子或孟子的弟子编撰而成的。从整体上来说,《孟子》一书是在崇尚孔子的"尊礼""尊君"的前提下阐发了"民本"思想、"邦本思想",这也是先秦儒家最为精彩的亮点。例如,《孟子》的《尽心篇》在谈到民与君的关系时就说:"民为贵,社稷次之,君为轻。"这是讲,在一个国家里老百姓是最为重要的,一个国家连老百姓也没了,哪来什么国家与君主呐?所以孟子认为一个国家的老百姓应该处于首位。正因为从这样的角度出发来审视君主与百姓、君主与大臣之间的关系,《孟子》的《梁惠王篇》中就说:"国人皆曰贤,国人皆曰可杀。"《离娄篇》中又讲:"桀、纣之失天下也,失其民也。失其民者,失其心也。"孟子在评述夏商末代君主桀纣亡国的原因时,将其总结为失掉了民心,一旦一个国家失掉了民心,这个国家也就快完了。后世将这个说法倒个序来讲,"得民心者得天下也"。那么作为臣民对于自己的君主应该抱有什么么样的态度?《孟子·万章篇》中这样说道:"君有大过则谏,反复之而不听,则易位";"闻诛一夫纣矣,未闻弑君也";"君之视臣如草芥,则臣视君如寇仇"。孟子说这番话是有前提的,那就是竭力主张遵循儒家创始人孔子的"尊礼"和"尊君"原则,如果万一都不成,君主要是像夏商那两个末代君主那样无可救药时,那么孟夫子就开出了救国济民的良方——"易位""视如寇仇"。但如果孤零零地看这两句话,一般人往往将孟子作为中国民本思想的伟大先驱。孟子是说君主有大的过错,做臣子的就应该劝谏,反复劝谏了,但君主还是置若罔闻,那就将他从君位上赶下去；君主如果将臣民看得像芥草一般贱，那么臣民就将君主当做仇敌一般来看待。

◎ 朱元璋钦定“中国《圣经》”，做中国最大教主和最高精神领袖

孟子讲得够猛的，嗜好大权独揽的朱元璋读到这样的圣人“语录”时，当然就会火冒三丈。这岂不是教臣民与自己对立为敌？这岂不是叫臣民起来造反？于是他命令老儒刘三吾等对“中国《圣经》”——“四书”“五经”进行“清理”，将上述那些“极其出格”的“混账话”清除出去，仅一本《孟子》共删去 85 条“反动透顶”的言论，只剩下 170 余条，也就是说原来的《孟子》被朱元璋删了约 1/3，《孟子》一书也就不能再叫《孟子》，改名为《孟子节文》。

这样明初的“四书”“五经”经过朱元璋的“钦定”后，才可刻板颁行全国学校。但朱元璋尚嫌做得不够好，于是又下令规定：删除部分“课士不以命题，科举不以取士”（【明】刘三吾：《孟子节义题辞》）。那课士即平常学校里学生考试和科举的命题依据是什么？朱元璋规定《御制大诰》和钦定后的“四书”“五经”都是全国生员的必读之书，当时《学规教条》中也有这样的要求：“诸生每三日一背书，日读《御制大诰》及《本经》、‘四书’各一百字，熟记文词，精解理义，或有疑难，则谦恭质问，务求明白。”（《明太祖实录》卷 254）因此说，“科举岁贡人员，俱（以此）出题试之”，官学的学官们要“严督诸生熟读讲解，以资录用，有不尊者，以违制论”。（【明】黄佐：《南雍志·事纪》卷 1）

对《孟子》一书的删节和“中国《圣经》”的钦定以及考试出题范围的限制，足以表明朱元璋的思想文化专制统治了。

但在朱元璋看来，即使做到了这样，还远远解决不了问题的根本，于是开始对儒家“圣典”的诠释做出规定，不许人们“胡乱”解释。在竭力推崇程朱理学的前提下，他下令：学者讲学“一宗朱子之学”，“非濂、洛、关、闽之学不讲”，当然更不能用儒家以外的什么诸子百家来进行解释了；至于“国家取士，说经者以宋儒传注为宗”。到了明成祖永乐十三年时，朱棣学起乃父，对中国传统儒家“圣典”及其注释进行了钦定，命令翰林学士胡广等编纂《四书大全》《五经大全》和《性理大全》，作为钦定的学校教科书，颁行天下（《明太宗实录》卷 186）。于是程朱理学成为天下士人研习的基本内容，入仕显身的敲门砖（主要途径）。此外，明朝统治者还表彰程朱门人。例如，景泰七年（1456），令朱熹门人黄干、蔡沈、刘钥、真德秀陪祭孔庙，以此来提高程朱理学的社会地位（《明英宗实录》卷 270，《废帝郕戾王附录》即《明景泰帝实录》卷 88）。清代基本上沿袭了明代的做法，由此将中国思想文化教育专制主

义推向了顶点。

从春秋战国的百家争鸣，可读百家书，到汉朝的"独尊儒术"，只读一家书了。而到了朱元璋开始通过绝对皇权强硬规定，又变成了不仅只允许读一家书，而且连这一家书及其诠释也给"钦定"了。中国教育的自由空间度越来越窄，明清教育直接的后果是中华民族的后继者的思想越来越僵化了，这对中国人人格心理的铸造产生了极坏的影响。

除了儒家，朱元璋还对宗教界的佛、道两家经典及其解释做出了限制，专以他朱皇帝解释的《集注金刚经》一卷和《御注道德经》二卷为标准版本，颁行全国。(《明史・艺文志》卷 98)

由此看来朱元璋不仅要做大明帝国政治、军事和经济等领域内的绝对专制君主，而且还要充当思想文化教育领域内的最高精神主宰、最大教主，专制主义到了这一步真可谓到了家。

如果说，上述的措施是朱元璋实行文化思想教育极端专制主义的第一道防线的话，那么这第二道防线就是强化学校管理、禁止学生议政和将私学变官学等。

○ 强化学校管理与地方教育行政管理，禁止学生议政

尽管朱元璋在中国地方教育方面贡献巨大，但我们还应看到朱元璋这种大办教育的背后隐藏了什么？还有朱元璋将官学教师纳入了大明帝国的"公务员"的行列，教师衣食是无愁了，也不用为了学校的经费问题和教师工资问题而像皮球一样被县里和乡里来回地踢。明代确实在发展中国地方教育事业方面跨出一大步。但我们还必须看到，从朱元璋开始，明代对官学教师的管理不仅仅是加强，而是到了苛刻的程度。因此说，明代教师的实际地位是大为降低了。

◎ 强化对官学教师管理——实行科举录取率与教师业绩、工资挂钩

如明初地方学校教师有九年任满的规定，任满之后进行两项考核：一个是业务考核，一个是"升学率"即考中举人数的考核。洪武二十六年四月，朱元璋制"定学官考课法，以科举生员多寡为殿最。县生员二十名，教谕九年任内有举人三名，又考通经者为称职升用；举人二名，虽考通经为平常本等用；举人不及二名，又考不通经者，为不称职黜降别用。州学生员三十名，学正九年任内，举人六名，又考通经者升用；举人三名，虽考通经本等用；举人不及三名，又考不通经者，黜降别用。府学生员四十名，教授九年任内，举人九名，又考通经者升用，举人四名，虽考通经本等用；举人不及四名，又考不通经者，黜降别用。府、州、县学训导，分教生员九年任

内，举人三名，又考通经者升用；举人二名或一名，虽考通经本等用；举人全无，又考不通经者，黜退别用”。（《明太祖实录》卷 227）

九年任满，人生几何，还有多少个九年去干别的“大事”。此外，明代对教师和学官还要月考和岁考，并且与教师的任职、晋升、工资等直接挂钩，如果成绩太差，教师要遭“罢黜”，学官要遭笞刑。（王炳照主编：《中国传统教育》，中南工业大学出版社 1999 年 12 月）

可见明朝教师的实际地位是大为降低了，自由度不大，积极性当然不高。清代承继了明代的做法，影响恶劣。明清两代的人才不是没有，但具有独创性的科技与文化成就乏善可陈，基本上属于修修补补性质的“大汇编”“大总结”。这与朱元璋开创的明清时期传统官学教育中的上述缺憾大相关联。

◎ 强化对官学学生管理——娃娃们：国事大事就不关你们学生什么事！

学校的主体是师生，在强化对教师的管理的同时，朱元璋更加强化了对学生的管理。尽管从朱元璋起大明帝国给予官学学生尤其是国子监学生丰厚的物质待遇，但在丰厚的物质待遇背后是苛刻的校纪校规与自由的失去。

官学中特别是国子监学规可以说是到了极为严酷专制的地步。当时被人万般称颂的国子监学规居然多达 56 条，这所大明第一大学设立“绳愆厅”（监丞的办公室，有点类似于现在学校的政教处或保卫处），由监丞负责，凡“诸师生有过及廪膳不洁”，就是说师生一视同仁，有什么过错，就将它们写在集衍簿上，并依据情节轻重予以不同的处罚，“情节恶劣”、危害严重的要“发遣安置”（相当于充军）。

国子监还屡次更定学规，特别注意严格管束监生的言论、行动，绝对禁止他们“议论他人长短”，各堂之间不准“往来相引”，“交结为非”。除了平时每月 2 天正常休息和奔丧、完婚和父母年七十以上需要侍养等情形外，监生们不得随便请假，即使万不得已要请假，也必须要有朱皇帝的批准方才可行；同时还规定“敢有毁辱师长及生事告讦者，即系干犯名义，有伤风化，定将犯人杖一百，发云南地面充军”。绳愆厅密切注意观察，一旦发现犯规者，则严加治罪，甚至还法外用刑。（【明】黄佐：《南雍志·训谟考》卷 9）

洪武二十七年，监生赵麟因受不了虐待，揭帖子表示抗议，学校当局认为是犯了毁辱师长罪。按照学规是杖一百而后充军。但为了杀一儆百，竟将赵麟处以极刑，并在国子监前立一长竿，悬首示众（【明】黄佐：《南雍志·事纪》卷 1）。这竿子一直竖了 126 年，至明正德十四年(1519)才撤掉。武宗“南巡”到南京，看见国子监门前的长竿上的骷髅（人头），好奇地问：这是怎么一回事？有人如此这般地说了。

明武宗别的好事没做什么，在这件事上倒开明："一个娃娃有点意见，太为难他了。"下令将长竿撤了。

据清代学者考证，洪武时期国子监祭酒宋讷就是一个残害国子监的刽子手。宋讷本为元臣，在洪武年间这可是很致命的一个"污点"，为此，他竭力迎合暴君朱元璋。在就任国子监校长期间，苛待学生，很多学生受不了他的严酷而上吊自尽，据说当时每月都有学生上吊的。为了防止学生假死，宋讷还在学生上吊以后仔细检查，只有发现真死了，才会将其入殓，其残酷程度不亚于唐朝武则天时代的酷吏周兴和来俊臣。(【清】赵翼:《二十二史劄记·明史立传多存大体》卷31)

在地方学校中，也同样实行专制管理。洪武十五年八月，"颁《学校禁例十二条》于天下，镌立卧碑，置明伦堂之左。其不遵者，以违制论"(《明太祖实录》卷147)。《禁例》不准生员参与国家政治，议论朝政得失。如第三条明文规定："一切军民利病，农工商贾皆可言之，唯生员不许建言"(【明】王圻:《续文献通考·学校考》)。《大明会典》则记载得更为详细："军民一切利病，并不许生员建言。果有一切军民利病之事，许当该有司、在野贤才、有志壮士、质朴农夫、商贾技艺，皆可言之，诸人毋得阻当。惟生员不许!"(万历:《大明会典·礼部·儒学》卷78)而且还不准生员对教师的讲授提出不同意见。如第五条规定："生员听师讲说，毋恃己长，妄行辨难，或置之不问。"(【明】王圻:《续文献通考·学校考》)如此等等，都是为了禁锢思想，钳制舆论，加强专制统治。

◎ 将私学变官学，书院被整合到大一统帝国科举考试之中

元朝起原本属于私学范畴的书院，因元帝国对它的"改革"，将之纳入了官学的轨道。明清书院逐渐官学化，学校成为科举的附庸，宋代时原本学术自由的新天地私学如今变为了大一统帝国选拔政治人才的又一"储才"场所。这样，中华帝国大一统专制主义就不会有什么自由教育的真空与盲区了。

除了设定上述几道思想文化教育领域内的专制主义防线以外，朱元璋还实行科举成式化、考试标准化和人才奴才化以及最为严厉的文字狱，泯灭了任何潜在的政治、思想、文化与教育的异己，禁锢了人们的思想。

◉ 朱元璋教育国策的历史影响

综上所述，朱元璋开创的大明帝国确实是将中国传统社会教育制度推向全盛的境地。正如有的学者所说的，朱元璋开创的明清学校教育普及程度为"唐宋以来

所不及”。但全盛不等于黄金时期，朱元璋所采取的种种强化思想、文化教育专制主义不仅抵消了明清中国传统教育盛极之余所带来的积极效果，甚至还带来了无穷的后患：极度专制主义强化，中国臣民处于政治高压之下，保持了大一统秩序的稳固；但这种稳固却使中华民族付出了沉重的代价，那就是从那个时候起的近600年历史中，中国人一直只读一种书，只采用一种解释，只接受一种思想，只能运用一种思维。“天不变，道亦不变”，中国社会在历史的古道上反复地吟唱着先儒的曲子；加上长期锁国，闭目塞听，以至于西方列强打到我们大门口时，我们的帝国上下除了使用落后的祖先使用过的武器本能地抵抗外，竟然有人提出以我们的孔孟之仁义道德去劝服那些“尚未开化的远夷”，真让今人看来既痛心又好笑。宋元时期西传的中国古代四大发明在西方“远夷”那里不仅扎下了根，而且还得到了极大的改进与发展，促进了西洋远夷的文化教育和科技的发展，改造成“坚船利炮”之类的远夷“奇技淫巧”，居然还“送还”给“四大发明”的故乡。经过多番打击后有所觉悟的中国人才意识到中西方的差距，从而揭开了学习西方科技、文化与教育的序幕。这是何等巨大的代价！

科举成式化公平化　人才标准化奴才化

朱元璋大办教育除了强化教化与专制统治以外，更为直接的目的就是要将学校办成“储才”基地，或言培养官僚统治阶层的大本营，正如《明史》所描述的那样的模式：学校“储才以应科目（科举）”，而“科举必由学校”。（《明史·选举志一》卷69）

◉ 考试标准化——600年前中国人系下的心结

说到科举，我们现在不少人都比较陌生，但我说大家都知道的，什么“考状元”啊，什么“西方文官制考试”，现在最为一部分教育部门人士所津津乐道的什么标准化考试，好像他们“引进”了一些“先进”的“国际理念”，英美国家有TOEFL、GRE和雅思，我们中国有英语四、六级、八级，现在的中国学生考得个个标准化，但人们的抱怨似乎越来越大，现在的“标准化”考试后的孩子综合能力越来越差，还不如以前没有“标准化”。但目前的趋势是“标准化”考试铺天盖地，似乎不这样的话，不能体现出教育与考试的“公平化”。实际上，这种心结不是现在中国人一下子才有的，

600年前，朱元璋就“创造性”地系上了这个心结，采用了“公平化”“标准化”的“八股科举考试”，而这“公平化”“标准化”的“八股科举考试”从那开启以后，一考就考了中国考生500多年，考得中国越来越僵化，考得中国越来越没希望，最终实在弄不下去，在上世纪的世纪之初就被永久性地废除了。而滑稽的是当我们的科举制成为过街老鼠人人喊打时，人家“老外”见了中国的科举制不停地夸“好”，更有意思的是“老外们”竟然学起了中国的科举考试，运用科举考试“合理内核”之精神来选拔他们的公务员，成为中国传统文化的“后续者”。这一切到底是为什么？

我们先来看看朱元璋为何要实行“公平化”和“标准化”考试——“八股科举考试”？要想讲清楚这个问题，我们必须要“跟随”朱元璋来看看他所面对的帝国人才情势和中国传统的科举考试文化遗产到底是什么？

◉ 朱元璋改革科举制的由来——从对科举制的肯定到否定再到基本肯定

南京民间有个说法：在开创大明帝国前后，朱元璋心中一直有个隐痛，尽管大明开国功臣在战场上个个都是顶级英雄，但他们都有个致命的弱点，那就是几乎人人都是没文化的土包子。所以在登基之前，朱元璋就下令在南京朝天宫盖了个大院落，作土包子们训练礼仪的地方。这样一来，大明开国大典总算应付过去了（参见《明太祖实录》卷163；卷243）。但不久，随着北伐和“清沙漠”战争节节胜利，大明重建大一统帝国的历史重任摆在了大家的面前。对于那么大的一个帝国靠谁去治理？靠眼前的战斗英雄？他们太土了，没什么文化，不仅治不好，弄不好还会添乱。朱元璋手头缺乏人才啊！

○ 荐举制与老鼠窝

怎么样解决这个问题？他想到了一些非常的手段来应对眼前的困境，比如延聘故元时代的知识分子与官僚，但这些人愿意在政治上合作的还不多，有的即使人来到了大明官场，但人在曹营心想汉，前章说过的元朝户部尚书张昶就是这样一个典型。虽然被朱元璋强留在南京当了参知政事，可他内心真实的独白是“身在江南，心思塞北”（《明太祖实录》卷24）。这样的人怎么敢用？

还有一种故元旧官，倒是出来帮忙了，但就是不肯任职当官。这样典型的人物就要算江南名士陈遇。陈遇“天资沉粹，笃学博览，精象数之学”，换句话来说，他是个与刘基不相上下的能掐会算的“神人”，生于元朝中后期，曾出任过元朝的温州教授，但后来弃官回家了，隐居在集庆。朱元璋攻下集庆后，由于秦从龙的推荐，召见了陈遇。两人一交谈，彼此都留下了很深的印象。史书说朱元璋“大悦”，当即将陈遇留在了身边，让他参与密议，“日见亲信”。（《明史·陈遇传》卷135）

大明开国时，朱元璋要授予陈遇为翰林学士，可陈遇说啥也不肯接受，前后来回推了3次。朱皇帝看到对方实在不肯，也只好作罢，但心里头老觉得似乎对不起出力不小的陈遇，后来就想到了一个“补救”的方案，“赐肩舆一乘，卫士十人护出入，以示荣宠”。这下陈遇没办法推了，总不能再说不要，要说了，那就被视为犯下“大不敬”之罪。再说朱元璋看到陈遇接受了特殊待遇服务后，以为他是回心转意了，于是又授予他中书左丞、礼部侍郎，兼弘文馆大学士、太常少卿等，最后拿出高官礼部尚书头衔给他，但都被拒绝了。自此以后洪武皇帝再也不提让陈遇做官的事了。（《明史·陈遇传》卷135）

而陈遇呐，淡定地生活着，有时帮朱元璋做做事，更多的时候自己逍遥自在。在明初那个血雨腥风的年代里，运用独特的智慧，陈遇保全了自己。有一次朱元璋问他：“我给先生官做，先生都不要，那这样吧，先生家里的3个儿子来朝里当官吧?”陈遇说：“3个犬子尚小，学业未成，谢谢陛下的一片洪恩，等日后再说吧!”（《明史·陈遇传》卷135）

不躲也不回避，甚至还为朱皇帝跑跑腿，但就是不愿当官。对于这样的人，无所不能的朱元璋还真拿他没办法，因为他让你不知道火应该发在何处?

不过有些故元时代的旧人可不这样，干脆就躲起来，来个“横眉冷对千夫”，这下可把洪武皇帝给激怒了。前面讲过的安徽广信府贵溪县儒生夏伯启叔侄就是这么样的人，自断手指就是不愿意为大明政权卖命。恼羞成怒的朱元璋下令，将夏家叔侄给宰了。由此说来，引诱、笼络甚至逼迫故元官僚与旧儒出山这条路，朱元璋走得很不好，于是只好沿用中国传统社会长期使用的但又不断受人诟病的人才选拔方式——荐举。

那什么叫荐举制？这名字好听得让人觉得这是多么一门了不起的人力资源课程与学问，其实荐举说白了就是人们日常说的推荐人才。譬如著名的汉初丞相萧何推荐了韩信出任刘邦军队的大将。荐举最大的优点是快捷与双赢，君主得其才，乐其所用；人才快速得位，尽施其能。这种人才发现与使用的通道比一般常规的自己培养出来的人才及其使用要来得快捷、高速。战争年代军事将领攻下一城一地，朱元璋总要命令他们搜罗和推荐当地的名士贤才。

1356年攻下南京，“访得秦原之、周良卿、立某三人素有德行，以礼延纳，询以政事，号曰‘三老’，敬之甚厚”（【明】刘辰：《国初事迹》）。《明史》说：“(明)太祖既下集庆,所至收揽豪隽,征聘名贤,一时韬光韫德之士幡然就道。若四先生者,尤为杰出。(刘)基、(宋)濂学术醇深,文章古茂,同为一代宗工。而基则运筹帷幄,濂则从容辅导,于开国之初,敷陈王道,忠诚恪慎,卓哉佐命臣也。至(章)溢之宣力封疆,(叶)琛之致命遂志,宏才大节,建竖伟然,洵不负弓旌之德意矣。"(《明史·刘基、宋濂、叶琛、章溢传·赞语》卷128)换言之,曾经为朱元璋政权的巩固和发展以及大明开国立下汗马功劳的"浙东四先生"等一批杰出人才都是通过举荐而来的,甚至可以这么说,在大明开国前后、在举行全国性大规模人才选拔考试条件不具备的情势下,荐举是当时解决人才燃眉之急的最为便捷的方法。

据现有的史料来讲,朱元璋最早下达荐举令当在元至正二十二年(1362)前,当时他要求治下的"府、县每岁举贤才及武勇、谋略、通晓天文之士,其有兼通书律廉吏,亦得荐举。得贤者赏;滥举及蔽贤者罚"。(《明太祖实录》卷19)由此命令可以看出,当时朱元璋政权的人才奇缺,几乎什么类型的都要,且规定每年都要向上举荐。大明开国当年的七月,朱元璋第一次对全国范围内下达荐举令,"征天下贤才至京,授以守令"。(《明太祖实录》卷33)

那么那时到底荐举出了多少人或言人才?目前为止,没发现史料上有确切的数字记载,但从洪武初年的那些大明朝臣与地方守令的仕宦简历来看,大约50%~60%是通过荐举而入仕的。那么这么大的规模举荐入仕的官僚们称职、合适吗?洪武二年(1369)九月,洪武皇帝在明皇宫大殿上跟大臣们这样说道:"知人果然不易,朕曾屡次降敕给各级衙门,要求大家访求贤才。可是这些被访求出来的人一旦任用为官了,却往往不称职,莫非是举荐者滥察举、瞎推荐?"廷臣说:"陛下您不妨下个命令,要求各级举荐者在推荐人才时一定要写明、说清楚被举荐者过去的德行,这样可以防止一些人徇私舞弊、以次充好!"朱元璋一听,这个主意不错,马上说:"你们的主意很好,要想了解一个人啊,可以通过细枝末节来窥测出他的大的品行,可以从他目前的动向来观察出他可能要做的事情。从今以后我朝'严举主之法',这样便可革除举荐之弊!"(《明太祖实录》卷45)

从洪武君臣的这段对话中,我们不难看出,对于已经使用了十余年的荐举这种人才选拔机制所带来的问题,朱元璋已经有了相当的认识,讨论了一大圈,最后将板子打在了举荐者的身上。这种做法叫做既有道理又没道理,没道理的是举荐者即为普通人,他们的眼睛也不可能是孙悟空的火眼金睛,一眼就能看出谁一定是个人才,谁一定是个庸人、坏蛋呐?有道理的是举荐者的人品素质十分重要。别相信那些自称政治上靠得住的人如何高的素质,朱元璋杀贪官难道还没有悟出来他们都是些什么货色?一般来说,能在官场上混好的人都是些口是心非、道貌岸然的伪君子、"作秀高手",要不这样,他是"生存"不下去的。再说有这样的举荐人,可以想象,那些老在这等伪君子、政客面前混个脸熟的被举荐人又是何等人选?这是不言而喻了。中国不是有句古话,叫做"物以类聚,人以群分"么。

而从历史角度来看,荐举制实际上就是汉朝开始使用的"察举制"和魏晋南北朝时期使用的"九品中正制"的变相。这种人才选拔机制最大的亮点是能忽悠人,政府公开招聘人才,天下英才人人都有被举荐的希望,这是美丽的肥皂泡。至于能不能做到真正的公正、公开,那是掌权官僚们的事情,不是你我小民所能管得了的。所以汉朝末年出现了十分滑稽的察举现象,丞相与地方郡守察举的范围就是自己的亲戚或政治集团内部,中正官"中正"到的也就是豪门贵族子弟。汉末与魏晋南北朝的政治黑暗和天下大乱都与这两种腐朽的人才选拔制度大相关联。历史证明,这样的荐举制度不仅仅不是个权宜之计,而是阻碍人才畅通的拦路虎。

而自起兵起一直使用荐举机制选拔人才的朱元璋,似乎在洪武二年时也隐约地意识到问题的严重性——不仅不能使真正的人才被举荐出来,反而使得政治官僚阶层更易形成小集团化;就如现在我们老百姓经常看到的,一个贪官东窗事发了,他的屁股后面会牵出一大堆的"二奶"与高官,好似一个老鼠窝。2012 年重庆雷书记"精彩无比的床上运动"视频一上网,立马牵出一个漂亮妹妹,再往后就扯出重庆政界 10 多个腐败高官。明初也如此,洪武元年李彬案爆发,李善长出面求情,胡惟庸四处活动(《明史·刘基传》卷 128;《明太祖实录》卷 129),这岂不像一个个老鼠窝里的一个尾巴接一个的老鼠"大军"?朱元璋是个绝对聪明人,荐举之法不佳,必须得采用别的选才方法啊!

事实上经常将"参酌唐宋,恢复中华"挂在嘴边的朱元璋在实施荐举制的同时又在启动另外两套选拔人才机制,即中国传统的"学而优则仕"的人才选拔制度——学校"储才"和科举入仕。

○ 学校储才与历事监生制

学校"储才"在明初主要表现为大力发展大明国子监与地方官学,帝国政府直接从国子监选拔人才,充任各级官僚。洪武二年十月开始,朱元璋"擢国子生试用之,巡行列郡,举其职者,竣事覆命,即擢行省左右参政、各道按察司佥事及知府等官"(【明】黄佐:《南雍志·事纪》卷 1)。这种选任官员的方式在当时被称为。"学校储才"选士或称"历事监生制"。

历事监生即从国子监中选取监生到各个衙门去实习,经考核确认其具有实际从政能力,即委以官职,也就是《明史》上所说的"科举必由学校,而学校起家可不由科举”(《明史·选举志一》卷69)。历事监生初试效果不错,后来范围扩大到中央的吏部、户部、礼部、大理寺、通政司等各机关。历事时间不一,最长达3年。洪武时期朱元璋屡次命令监生历事,让他们参与编修日历、到各地任教官、摄监察御史、稽核天下百司案牍、采访民事、平理诉讼、督吏修治水利,在编修鱼鳞图册时又让他们稽核田税、编制图册,历事范围涉及文教、政治、司法、经济等各个方面。尤其是在洪武七年至洪武十七年科举考试暂停期间,“历事监生”巍巍壮观,抢足了明初铨选官职的风头,由此,国子监也风光一时。

历事监生说白了属于皇帝特使,他们临时受命出差某地、督查某事。如洪武十六年九月,一批国子监生受命分行天下都司、卫所,清理军籍,即明史上有名的“清军”就是从这个时候开始的(《明太祖实录》卷156);洪武二十年正月,国子监生武淳等人受命前往各地去划分粮区,帮助地方建立粮长制度和鱼鳞图册制度(《明太祖实录》卷180);洪武二十四年五月,国子监生解奎等43人受命为在京各卫部队讲解《御制大诰武臣》,充当洪武皇帝“伟大思想的宣传队员”(《明太祖实录》卷208),等等。

历事监生最终还得要“落实”到正式任职上。洪武年间朱元璋从国子监毕业生或言历事监生中挑选优秀人才担任各种各样的官职:有监察御史,如洪武八年任命李扩等数人为监察御史,后又改其为谏官给事中(《明太祖实录》卷100);洪武九年又任命李铎等8名国子监生为监察御史(《明太祖实录》卷108);有六科给事中,如洪武十七年七月,令国子监生唐伯敬等63人为给事中(《明太祖实录》卷163);有地方行政官,如洪武十三年十月,任命吏部铨选的国子监生24人为地方府、州、县官(《明太祖实录》卷134);有地方检察官,如洪武二十年七月,任命国子监生邵廉、李隆、彭升等人为广东按察司佥事(《明太祖实录》卷183);有王府伴读,如洪武九年任命国子监生成德琦、牟铭、刘暹为秦府伴读,张寅、王翀为晋府伴读,张翱为燕府伴读,王谦为靖江府伴读(《明太祖实录》卷108);有教官,如洪武早期派遣了一大批国子监生分教北方,后还朝擢升任职(《明太祖实录》卷115);有观察使,很有意思的是洪武二十四年五月,朱元璋任命了在国子监留学的日本学生滕祐寿任观察使。(《明太祖实录》卷208)

在历次选录国子监生为大明职官中,以洪武十九年任用的国子监生人数最多,一共选拔了将近1 000号人,由吏部授予知州、知县等官职;以洪武二十六年选拔的国子监生任职的职位最高,“尽擢监生刘政、龙镡等64人为行省布政、按察两使,及参政、参议、副使、佥事等官”(《明史·选举志一》卷69),那年还选拔了国子监生年纪30岁以上,能文章者341人,由吏部除授教谕等官(《明太祖实录》卷230)。史书对于当时国子监生入仕为盛的情势是这样描述的:“其一旦而重用之,……其为四方大吏者,盖无算也。李扩等自文华、武英擢御史,扩寻改给事中兼齐相府录事,盖台谏之选亦出于太学。其常调者乃为府、州、县六品以下官”。(《明史·选举志一》卷69)

尽管如此,但监生历事入仕为官毕竟属于应急之举,与稳妥、理性的传统人才选拔机制是否相符?朱元璋心里似乎一直也没谱。再说国子监出来的“历事监生”也非全是优良之才,由于国子监的生源本身就很复杂,因而历事监生的素质也不一定全能得到保障。于是在大力推行历事监生制和举荐制差不多同时,朱元璋也开始为科举制的实行谋划着、准备着。

○ 洪武初年连连开科取士的喜与愁

大明即将开国之际的吴元年(1367)春,朱元璋下达开设文武科取士令:“兹欲上稽古制,设文、武二科,以广求天下之贤。其应文举者,察其言行,以观其德;考之经术,以观其业;试之书算、骑射,以观其能;策以经史时务,以观其政事。应武举者,先之以谋略,次之以武艺。俱求实效,不尚虚文。”从这道诏令的基本精神来看,即将君临天下的朱元璋极想继承传统,沿袭唐宋官僚人才选拔的主要机制——科举制。至于何时正式开科取士?他在诏令的后文中也说到了,要等上3年左右的时间,让各地臣民和各个方面都有了一定的准备后再行事,“有司预为劝谕,民间秀士及智勇之人,以时勉学,俟开举之岁,充贡京师”。(《明太祖实录》卷22)

经过3年的酝酿与准备,洪武三年(1370)五月,朱元璋正式下诏设科取士:“朕闻成周之制,取才于贡士,故贤者在职,而其民有士君子之行,是以风俗淳美,国易为治,而教化彰显也。汉、唐及宋,科举取士各有定制,然但贵词章之学,而不求德艺之全。前元依古设科待士甚优,而权豪势要之官每纳奔竞之人,夤缘阿附辄窃仕禄,所得资品或居贡士之上。其怀才抱道之贤耻与并进,甘隐山林而不起,风俗之弊一至于此。今朕统一华夷,方与斯民共享升平之治,所虑官非其人,有殃吾民,愿得贤人君子而用之。自今年八月为始,特设科举,以起怀才抱道之士,务在经明行修,博通古今,文质得中,名实相称。其中选者,朕将亲策于庭,观其学识,第其高下,而任之以官,果有才学出众者,待以显擢。使中外文臣皆由科举而选,非科举者,毋得与官。彼游食奔竞之徒,自然易行于戏!设科取士,期必得于全才,任官惟贤,庶可成于治道,咨尔有众,体予至怀。”(《明太祖实录》卷52)

上面这道诏书是这样说的:纵观中国历史上的各个朝代,周朝实行从学校中选拔人才,从而使得大量的贤人出任官僚,因此周朝之民都有君子一般的言行,民风淳美,国家大治。汉、唐、宋都实行分科取士,但他们太讲究辞章之学(即文学),而不太讲究人的品德与才艺的统一。元朝虽说开过科举，但他们不重视科举出仕者，元朝大行荐举，任由贵族与群小出任官僚，整个元朝政治搞得一塌糊涂。士大夫们都不愿与这批群小为伍，纷纷躲避进山林。我现在统一华夏，想与天下人共享太平，而要想共享太平，就必须要治国得其人，也就是说治理国家一定得用贤人君子。哪里去找这样的人才呢？朱元璋说，人才应该是在学校里。于是他下令在全国范围内大办学校。至于如何将他们选拔出来呢？那就得通过科举考试，且要“使中外文臣皆由科举而选，非科举者，毋得与官”。这话表明：当时的朱元璋要想把科举制作为大明帝国选拔官吏的唯一途径，同时隐含了他将要抛弃荐举等不合理的官僚选用制度。因此说明初洪武皇帝对科举制还是充满着极大的希望与美好的憧憬。

洪武三年下半年，各地在接到洪武帝的诏令后迅速展开了各自的乡试。当时的南京应天府共有 123 人参加了乡试，其中有 72 人考中了举人，等待着中央的会试。(【明】吕毖：《明朝小史·洪武纪》卷 2)

第二年即洪武四年春，已经通过各地乡试的举人们来到大明首都南京，参加三月份的会试。此次会试一共录取了 120 名，随后便在南京明皇宫奉天殿朱元璋主持了他即位以来的第一次殿试，最后赐吴伯宗等 3 人第一甲进士及第；第二甲 17 人，赐进士出身；第三甲 100 人，赐同进士出身。很有意思的是当时朝鲜也有 3 名考生参加考试，结果有个叫金涛的人考中了进士，被皇帝朱元璋授予东昌府安丘县丞。但由于他与其他 2 名朝鲜人不会说中国话，无法在华久留，最后皇帝朱元璋赏了他们一些钱币，专门派人送他们回国去。(《明太祖实录》卷 61～62)

从大明首次开科进程来看，当时洪武帝朱元璋的情绪是极其亢奋的，就在会试前夕，他踌躇满志地下令：“今天下已定，致治之道在于任贤。既设科取士，令各行省连试三年，庶贤才众多而官足任使也。自后则三年一举，著为定例。”(《明太祖实录》卷 60)；到了七月又下令：凡府、州、县学生员、民间俊秀子弟及学官，只要“文字词理平顺”的，都可以来参加大明的科举考试。(《明太祖实录》卷 67)该年年底朱皇帝第三次专门为科举取士降下诏书：“今岁各处乡试取中举人，俱免会试，悉起赴京用之。”(《明太祖实录》卷 70)

一年内为科举 3 次专门下达诏书，且一次比一次政策要优惠，到第三次下发的诏书中甚至说，要免去会试。除了对科举取士有着美好的期待外，还有什么原因促使朱皇帝要如此这般？明代国史记载了当时的实况：“时吏部奏天下官多缺员。”(《明太祖实录》卷 70)就是说，当时大明帝国新定，天下各地缺官缺得很厉害。一旦地方上乡试考选出来的举人，朱元璋就要直接任命其为职官。那么，这般迫不及待地考选录用的官僚质量到底如何？

也许是希望过大失望也大的缘故吧！在经过一段时间的考察后，洪武六年二月，朱元璋来了个180°的转弯，在跟中书省大臣的谈话中，他这样说道："朕设科举，以求天下贤才，务得经明行修，文质相称之士，以资任用。今有司所取，多后生少年，观其文词，若可与为；及试用之，能以所学，措诸行事者甚寡。朕以实心求贤，而天下以虚文应朕，非朕责实求贤之意也！"随即他下诏："今各处科举宜暂停罢，别令有司察举贤才，必以德行为本，而文艺次之，庶几天下学者，知所向方，而士习归于务本。"（《明太祖实录》卷79）

○ 10年停科与洪武抉择

在这份诏书里，朱元璋对科举取士暂时喊停，明确提出了继续沿用荐举制，并强调荐举标准为"必以德行为本，而文艺次之"。换句话来说，他要实用型人才。洪武六年四月，洪武帝命令吏部访求天下贤才，告诉相关部门，要"采举备礼，遣送至京。朕将任用之，以图至治"（《明太祖实录》卷81），由此开启了科举暂停后的大规模察举活动。当时察举名目甚多，有聪明正直、孝弟（悌）力田、贤良方正、文学才干、经明行修、孝廉、人才、耆民、儒士等。有时一次察举到几个人，有时一次察举了几十个，有时一次察举了几百个，甚至有一次察举了几千人。譬如洪武十三年十二月，吏部就一次荐举了860人（《明太祖实录》卷134）；洪武十五年九月，吏部又以经明行修名目荐举了郑韬等3 700多人，这可能是洪武时期荐举人数最多的一次了（《明太祖实录》卷148）；而授予官职最高的可能就要数洪武十四年三月那一次了，朱元璋下令："以贤良方正余应举为山东布政使司右参议，马卫为湖广布政使司右参议，儒士黄桐生为福建布政使司右参议，陈多逊为山东盐运使。"（《明太祖实录》卷136）

在科举取士暂停的这10年中，有不少的人才被荐举了出来，"其被荐而至者，又令转荐。以故山林岩穴、草茅穷居，无不获自达于上，由布衣而登大僚者不可胜数。耆儒鲍恂、余诠、全思诚、张长年辈，年九十余，征至京，即命为文华殿大学士。儒士王本、杜斅、赵民望、吴源，特置为四辅官兼太子宾客。贤良郭有道，秀才范敏、曾泰，税户人才郑沂，儒士赵翥，起家为尚书。儒士张子源、张宗德为侍郎。耆儒刘堉、关贤为副都御史。明经张文通、阮仲志为佥都御史。人才赫从道为大理少卿。孝廉李德为府尹。儒士吴颙为祭酒。贤良栾世英、徐景升、李延中，儒士张璲、王廉为布政使。孝弟（悌）李好诚、聂士举，贤良蒋安素、薛正言、张端，文学宋亮为参政。儒士郑孔麟、王德常、黄桐生，贤良余应举、马卫、许安、范孟宗、何德忠、孙仲贤、王福、王清，聪明张大亨、金思存为参议，凡其显擢者如此。其以渐而跻贵仕者，又无算也"。（《明史·选举志三》卷71）

这么多的“人才”被举荐了出来，在当时那个特定的环境下还是有着积极的意义：第一，弥补了洪武时期政治风暴中大肆杀戮所造成的官员空缺；第二，在元朝废墟上建立起来的大明帝国成批成批地录用被元朝人冷落已久的儒士文人，部分地实现了他们的人生价值，这对稳固大明统治不无裨益；第三，朱元璋对于荐举制用人原则有着很多的规定，其中有一条：“蒙古、色目人氏，既居我土，即我赤子，果有才能，一体擢用。”(【明】吕毖：《明朝小史・洪武纪・大赦天下诏》卷1；《明太祖实录》卷34)这种平等的民族人才录用政策相对于元朝的民族歧视来说，无疑是巨大的历史进步。据说当时有个叫答禄与权的蒙古人还当上了朱元璋二儿子秦王府的纪善，后官至翰林修撰。(《明太祖实录》卷80)

但话得说回来，荐举制本身就不是什么先进、合理的人才选拔方式，加上皇帝朱元璋一开始就给荐举制定下的首要原则为“以德行为本”，于是不少被举荐出来的为官者品德很好，但为政能力不行，“况又用非其才”(《明史・选举志二》卷70)。最为致命的是，荐举制没有衡量人才的客观标准，这就极容易使得荐举演变为“老鼠窝”。洪武十三年年初，胡惟庸案突发，胡惟庸的举荐者李善长被人“挖”了出来。尽管朱元璋并没有立即下令对老宰相进行追究，但随着时间的推移，有关举荐者李善长与被荐举者胡惟庸之间的故事却越来越多地流传着、演绎着，本来就疑心病十足的朱元璋开始反思、权衡：“朕自代元，统一华夷，官遵古制，律仿旧章，孜孜求贤，数用不当。有能者委以腹心，或面从而志异；有德者授以禄位，或无所建明；中材下士，寡廉鲜耻，不能克己，若此无已，奈何为治？”(《明太祖实录》卷172)

在反复对比荐举制与科举制后，他最终还是感觉到，通过科举考试选拔上来的人才更加可靠，整体素养要高，“自古以来，兴礼乐，定制度，光辅国家成至治之美，皆本于儒。儒者知古今，识道理，非区区文法吏可比也”(《明太祖实录》卷64)。不过鉴于以往人才选录方式非此即彼的经验教训，朱元璋这次恢复科举取士制度时采取了比较中庸稳妥的做法：一面继续推行荐举制和学校“储才”选拔方式，另一面则恢复科举取士制度，推行改革，实行科举成式。

◉ 朱元璋改革科举制的主旨灵魂与洪武十七年的“科举成式”

洪武十五年(1382)八月，在停开近十年时，朱元璋终于下令重开科举，诏令礼部：设科举取士，令天下学校期三年试之，著为定制。即要他们通知所有的学校做好恢复科举考试的准备(《明太祖实录》卷147)。与此同时，他在酝酿对唐宋流传下来的科举制度实施改革，构建有明一代新的科举制。

对于洪武皇帝这次重新下诏开设科举，明朝著名的学者陈于陛和杨慎都予以积极的肯定，同时也替朱元璋给科举制把了把脉，“切诊”了科举的病相。陈于陛说：“古之选举专论行，今之进士专论文，似相背驰，然古以行举者，未必便保其终；如兹科目，虽以文进，而进士一科，尤为世所崇重，士登其目者，未免自顾科名，爱惜行检，不敢为非，是励行崇化之道，实默寓其间，古之辟举，盖异辙而同途矣。”(【明】谈迁：《国榷·太祖洪武十五年》卷7，P623)

陈于陛认为，古代选举官僚采取的是察举其品德(实际所指的汉朝的察举制)，我们现在沿用的是唐宋以来专门以考察人才的文才为主要内容的科举制，察举也未必能察举到什么好的人才。科举考试虽然是以文才来定一个士人的前途，尤其是进士一科历来为人们所重视，能够考取进士的士人一般来说，他的学问不会差。至于人品素质么，到了那样位置的人一般都比较注意自已的言行举止，不会有失风雅的。所以说推行科举制实际上包含了“励行崇化之道”，有助于推行教化。

陈于陛讲的是察举制之弊和科举制的可取之处，其实在停开科举的十年里，要求重开科举的呼吁声一直没断过。朱元璋也逐渐明白这其中的奥妙，官僚察举或推荐不仅容易造成政治腐败，而且容易形成与皇权相分离的异己势力，而实行科举制就不会这样，尤其是实行殿试，人人都是“天子门生”，大大地强化了皇权专制主义。这是朱元璋重开科举制和改革科举制的主旨精神。

名儒杨慎可不是像陈于陛那样高屋建瓴式地泛泛而论，而是针对当前的科举弊端，“有一说一”。他说：“本朝以经学取人，士子自一经之外，罕所通贯。近日稍知务博，以哗名苟进，而不究本原，徒事末节，五经诸子，则割取其碎语而诵之，谓之‘蠡测’。历代诸史，则抄节其碎事而缀之，谓之‘策套’，其割取抄节之人，已不通经涉史，而章句血脉，皆失其真，有以汉人为唐人，唐事为宋事者，有以一人析为二人，二事合为一事者。予曾见考官程文，引制氏论乐，而以制氏为致仕。又士子墨卷，引《汉书·律历志》，先其算命，作先算其命。近日书坊刊布其书，士子珍之，以为密宝，转相差讹，殆同无目人说词话。噫，士习至此，卑下极矣。”(【明】谈迁：《国榷·太祖洪武十五年》卷7，P624)

杨慎是这样说的：我们以前开的科举有毛病，以经学作为考试内容。一般的考生只攻一经，一经之外，什么也不知，一旦来参加科举考试了，幸好考到他“复习”的那一经。这样考出来的学生能有多少学问呢？后来稍微知道得多一点，那都是一些装装门面华而不实的东西。好多考生对“五经”，不去好好地一一钻研，而寻章摘句地背诵，称之为“蠡测”(相当于现在的高考猜题、压题宝典的意思)；还有一些人专门将历朝历代的历史中细枝末节连起来，称之为“策套”(相当于现在的高考“通用宝典”)。他说有的考官和已经考中的进士自己做了一些作文，放在书摊上作范文来卖，里边错字也没改过来，照样考生们争相竞购。

名士杨慎在这里实际上指出了科举制两大方面的弊端：第一，考试内容与判卷标准出了问题，造成考生们投机取巧，尤其考官范文的热销更是说明了科举判卷的随意性很大；第二，程序上也出了问题，考生经过乡试、会试及殿试三大试有可能“讨巧”都考到了自己只学习的那一“经”，还有用套题的思路来解题，蒙骗过关。

对于这些问题，朱元璋不仅知道，而且他还进一步地意识到，上述问题不解决，不仅不利于选拔到真正的人才，而且还不利于统一人们的思想。因此在朱元璋看来很有必要对唐宋以来的科举制进行一番“定式”和规范，过去好的措施与规章继续沿用；不好的、不标准的、不公平的，要将它们改过来，以达到“公平化”。朱元璋最讨厌天下的不公平，他迁徙豪民、抑强扶弱、右贫抑富等，所有的一切都是为了实现他童年时代的那个潜意识的梦想——创立一个“公平”的社会。他是绝不会在政治、经济与社会诸多领域“实现公平”后就单单留下科举教育文化这么一个不公平的“真空”而不管。早在大明开国之际，朱元璋就曾这样说道：“今天下一家，用人之道，至公无私。”（《明太祖实录》卷31）相隔两年后又说：“国家政令，一本至公。”（《明太祖实录》卷48）洪武十四年正月，他在跟礼部大臣谈话中再次说道：“人君操赏罚之柄，以御天下，必在至公。”（《明太祖实录》卷135）由此看来，对于公平化的不懈追求是朱元璋治国理政的奋斗目标。而要实现公平化，就首先要有标准化，没有标准何来公平可言，于是标准化与公平化成为洪武十七年朱元璋对科举制改革“成式”的灵魂。

洪武十七年（1384）三月戊戌日，朱元璋命令礼部颁行“科举成式”，在近800字的“科举成式”中，渗透了洪武皇帝对大明科举改革定制的精神，具体规定了明科举制度的内涵：三年大比、三级考试、考试范围、考试原则、考试规则、考务事务等，这些规制后来在整个明朝都没有大变。明鼎清革，清承明制，洪武科举成式就此在中国历史给用了整整500多年，与其我们说是洪武成式，毋宁称其为科举永制。

随着洪武中后期开始的科举恢复与科举成式，原本与其并行的荐举制与学校储才选拔制度亦称举贡在大明帝国运行了一段时间后渐渐地退出了历史主流舞台，这就是《明史》中所说的“一再传之后，进士日益重，荐举遂废，而举贡日益轻”。（《明史·选举志一》卷69）

既然洪武期间的这次科举改革与科举成式有着如此大的影响，那么它的改革精神和灵魂核心又是如何得以体现的？

◉ 朱元璋科举改革标准化

朱元璋对科举改革的灵魂核心所在的第一个方面就是标准化，具体体现为如下：

○ 科举考试内容标准划一——钦定“四书”“五经”、《大诰》系列、《大明律令》

科举制开创于隋朝（这里指的是狭义的科举制，以隋朝设立进士科作为标志；广义的科举制应该包括隋朝以前的察举制）。隋炀帝大业元年“分科举人”，首先创制进士科，它开创了中国考试选拔制度的新纪元，也是中国科举制起始的主要标志。

而中国科举制的真正确立与发展应该是在唐朝，唐朝的科举制是在继承和整合了两汉到隋代的察举制基础之上发展起来，并最终取代了察举制而形成的一种赋予更新内涵的考试选拔制度。唐朝是中国历史上一个十分开放的、活泼的朝代，加上科举制在唐朝时是处于确立与发展时期，所以唐朝的科举制并不太固定，由此决定它的考试科目和考试内容并不单调划一。就唐代科举而言，其可分为两大类：常科与制科（相当于察举制中制举）。

唐朝常科所开设的科目有 12 种：“有秀才，有明经，有俊士，有进士，有明法，有明字，有明算，……有史科，此岁举之常选也。”（《新唐书·选举志上》卷 44）因此说唐朝的常科科目和内涵是相当丰富，绝不像后世元明清时代那么单调。这么多科目所涉及的考试内容太丰富了，有儒家经典，有文学中诗赋，有法律、有字学、有道学、有数学等，还有童子试，类似我们现在招收的大学“少年班”。

除了常科以外，还有就是制科，从性质上讲，它是汉代以来察举制中的制举的延伸，因为这类制科考试是为了选拔专门人才而由皇帝临时下诏组织进行的特别考试。古时候皇帝下的诏令又称“制”，因此这样的考试制度就叫“制科”（《新唐书·选举志上》卷 44）。正因为制科是由皇帝临时下诏定的，具有很大的随意性，故而它们的名目特别繁多，有人统计了唐代制科的科目名称多达 100 多个，涉及文辞、经术、治道、谏诤、军事等 8 个方面（刘海峰：《科举考试的教育视角》，湖北教育出版社 1996 年 10 月版）。加上我们前面讲的常科至少有 12 个方面，总计唐朝科举考试内容不会少于 20 个方面。

见此，可能有人就要问了唐朝科举考试要考 20 多个方面的内容，那时的考生受得了吗？其实这是一种误解。唐朝科举考试 20 多个方面的考试内容不是要求每一个考生都必须要掌握的，而是通过分科考试。如果你选了“明算科”，那就考

《九章算术》等数学知识，你可以不考经学，也可以不考律学，这种考试有利于专业人才的培养(《新唐书·选举志上》卷44)。甚至可以说它比我们现在的硕士、博士生考试的理念似乎还要合理，后者考试中尤其是中医、国学一类专业的考生都要考那些几乎用不着的外语，并且还不能低分，否则外语线就过不了，因此有人曾揶揄说，现在中国大学里的硕士、博士专业快被外语系学生独占了，邪乎?! 反倒我们的祖上唐朝人已经十分注重从制度入手选拔专业人才。宋朝基本上继承了唐朝的做法，在考试科目与考试内容上没有什么大的变化。因此说，唐宋时代中国传统文化大放光彩，人才辈出，中国古代的四大发明也就在此段时间内完成并开始外传，这一切不能说与丰富多彩的科举考试内容无关!

元朝在中国传统文化的传承方面起了很坏的作用，好的东西被继承下来的倒没多少，坏的方面被元朝人似乎拿了放大镜一样放大。元朝对科举制的恢复很不情愿，一波三折，开开停停，弄得当时中国文人内心一片荒凉，连同那时画出来的画也开始灰蒙蒙了，以"元四家"为代表的"文人画"就是这个样。公元1313年，元朝又恢复科举考试，正式制定科举考试的章程，这个章程不仅将唐宋时代的常科与制科几十门科举考试科目来个彻底的简化，就留下了一门唐宋时代科举头号考试科目——进士科，而且还对科举考试内容及标准开始作了较大的变更，将南宋大儒朱熹所提倡的"四书"与"五经"并列列为科举考试的内容，尤其是将朱熹的《四书集注》作为科举考试的解经标准(《元史·选举志一》卷81)。从此程朱理学被抬到了科举考试的殿堂里，原本没有完全"钦定"死的考试内容也开始定死了，君主专制主义确实得到了加强。这对后代科举产生了很不好的影响。

朱元璋开创明王朝时，为了确保他的大明帝国长治久安，处处以反动元朝的做法作为施政的起点。但出奇的是在科举考试科目与科举考试内容的规定上，却一秉继承了元朝的做法，甚至觉得元朝人做得还很不够，干脆来个彻彻底底的"定式"化，即洪武十七年三月朱元璋命令礼部向大明帝国的臣民颁布的"科举成式"(《明太祖实录》卷160;《明史·选举志二》卷70)，即科举考试标准化定型。

朱元璋"科举成式"中有一项极其重要的内容就是"科举考试内容成式化"，即限定考试内容。明朝初年朱元璋对科举考试内容圈定在两个方面：

第一个方面就是儒家传统经典"四书""五经"。不过朱元璋对传统的"四书""五经"也不全放心，他下令叫刘三吾等儒士将传统的"四书""五经"中不符合专制主义思想的言语删除掉，来个皇帝"钦定"。尤其是对"四书"中的"孟子"，朱元璋颇有成见，他让人重编成一本《孟子节文》，并规定被删的那85条"课士不以命题，科举不以取士"。(【清】全祖望:《鲒埼亭集·辨钱尚书争孟子事》卷5)

第二个方面就是反映其专制君主统治意志的《御制大诰》系列、《大明律令》。朱元璋下令，由大明帝国政府出面，用今天话来说就是中央政府埋单印刷大量的《大诰》系列，并将它们发往全国各地的学校，作为学校师生政治学习和"普法教育"的读本。不仅如此，后来朱元璋还规定："今后科举岁贡生员俱出题试之"；并要"国子监正官严督诸生熟读讲解，以资录用，有不遵者，以违制论"。(【明】黄佐：《南雍志·事纪》卷2)

◎ 科举考试内容标准划一的作用

朱元璋对科举考试内容进行如此的标准划一也就是圈定考试的范围，至少会产生如下几个方面的影响：

第一，统一人们的思想，杜绝异端邪说。朱元璋圈定科举考试的内容与范围使得广大士子只读"钦定"的儒家经典，就连对经典的解释也要以程朱集注，不许士子们自由发挥和独立思考，使他们的思想高度地统一到已经"钦定"的孔孟之道上来，避免了任何与君主专制主义中央集权相背离或偏离的"异端邪说"，有利于大一统帝国的稳固。

第二，以《大明律令》和《御制大诰》作为科举考试内容，多少也有一些法律考试的成分，所以朱元璋在明初的科举成式时就将唐宋科举中的"明法科"给废弃了，不能不说有几分道理。尤其判例法似的《御制大诰》颁发全国各地，以其作为科举考试的内容，进一步地灌输了君主专制主义中央集权的恐怖政治意识，更利于选拔出一个又一个忠君"顺民"、忠君愚民。士子们不再是凭着吟诵风花雪月的诗词歌赋来"出世"从政，而是"忠顺"地以儒家的纲常名教为思想与行动的指导，来实现"修身、齐家、治国、平天下"的儒家理想，使得大一统帝国得到了高度的整合；但同时随着科举中明法等科的废弃，广大士人的知识面就越发狭窄，加上大明帝国北迁后不再重视科举考试中《大明律令》和《御制大诰》一类的"法律知识考试"，使得帝国从上到下的主要执政者大多成了"法盲"，由此刑名幕僚更多地介入明清的政坛与法律界，形成了明清帝国社会一道独特的风景。

第三，划定考试范围，对于广大应考考生来说毕竟是一件大好事，有利于他们在备考时"有案可据"。过去唐宋时代科举考试重文学，除了基本的文学功力以外，那就全看一个考生的文学天赋与临场"发挥"。有些考生备考了好几年就是"不得要领"，漫无边际却找不到"入门"的"路径"，始终与成功无缘。而明初限定考试内容与范围——以钦定的"四书""五经"为主要内容——就是划定了备考范围，以程朱集注为标准注释——即指定考试所用教材和复习备考的参考书。这样就有利于举子们在时间、精力有限的情况下取得良好的效果，进而使他们答题时有的放矢，同时也使得评卷官在评卷时有标准可依，更加有效地减少科举考试判卷中的“徇私”之弊（刘海峰：《科举考试的教育视角》，湖北教育出版社 1996 年 10 月版）。由此说来，当今的标准化考试是历史上科举标准化考试的“死灰复燃”?!

○ 考试“出题”、答题标准划一

唐朝时科举考试中考官出题与考生答题是既有标准又没有标准。这里绝非玩什么文字游戏，讲的是事实，是一个问题的两个方面：第一，就唐朝的常科来讲，要有 12 个科目，而这 12 个科目考的内容几乎很少有相同的，怎么有统一的出题标准和答题标准？譬如进士科与明算科，那是完全两个不同的科目，就好比现在高考和研考，一个学生报考的是数学专业，可以做标准答案；另一个报考的是中国传统文化专业，怎么能做标准答案？做了“标准答案”岂不将学生限死在一定的框框里！第二，同一门科目不同的考试内容就会有标准答案和没有标准答案。

◎ 唐宋科举考试出题与答题的利与弊

譬如唐朝的常科中最为人们推崇的进士科目考试就有三场：第一场为帖经，即抽出儒家经典中的句子将其中的几个字帖住、盖住，让考生补上去，即为今天的填空题，这是有标准答案。第二场为试杂文，唐代杂文泛指诗、赋、表、论、议等文体，但最常考的文体还是诗赋，进士考诗赋的范围相当广泛，因此这场考试的出题就很活，只能大致框定一个范围，而答题更是没办法划定标准，它主要考查考生的形象思维能力。由此，进士科的文学性质凸现。在这种崇重文学的社会风尚的影响下，进士科到后来变成“文学之科”，以至于有“词科”“文科”之称。与此相关唐朝诗人辈出，唐诗简直就是中国文学发展史上的诗“库”。第三场试策论，考试的内容是经义或者时务，主要考查考生对政经时务的见解，通过这场既可看出考生的“经学”功底与自己个人对“经”的悟性，这倒从出题角度可以标准划一，但答题可没办法标准化了；考时务策的话出题能划一标准化，答题时主要是看看考生对时事政治的个人见解，因此也没办法标准划一。（《新唐书·选举志上》卷 44）

由此我们可以看出，进士科考试不仅有客观题，又有主观题，不仅要考查考生的“经学”功力和对时事政治的评述，而且更关键的是要考查考生的文学方面的天赋与形象思维能力。因此其要求可比唐朝录取人数最多、开始时的地位也比进士科要高得多的明经科难考，有的人考进士考到了五六十岁还没考上，纯属正常，加上唐朝对进士科录取少，进士科的录取率为 1%～2%，可能就相当于 1977 年我国恢复高考那几年的录取率，明经科的录取率为 10％～20％（【唐】杜佑：《通典·选举三》），那还不如现在的高考录取率 70％～80％，满大街都是大学生，甚至可能比农民工还多。因为唐朝进士科“门槛”高，录取率低，中唐以后其地位逐渐提高，故而唐朝人们常常将进士及第视为“登龙门”，进士往往成为社会瞩目的中心。唐代进士科也确实选拔了许多人才，唐代宰相中有半数以上是进士出身，唐敬宗以后各朝（825—906），进士出身者在宰相中所占比例更高达 80％以上。（卓遵宏：《唐代进士与政治》，台湾“国立”编译馆）

我们再来看唐代科举及第人数最多的科目——明经科。唐朝从立国开始就从法令上规定，明经出身的人其地位仅次于秀才（唐朝的秀才可比明清秀才值钱多了），比进士、明法等科要高。之所以如此，是因为唐朝在治国大典《唐律》中就明确指出儒家是其治国理政的指导思想，以“德礼为政教之本，法刑为政教之用”（《唐律疏议·名例》）。因此，唐代极为重视儒家思想与经典教育和考试，“明经”所要清楚了解与掌握的“经”就是儒家正统经典即当时所称的“九经”，但不是像后世明清时代所要求的那样苛刻，将“九经”一字不漏地背熟背烂，而是有重点和有选择地背诵。

当时按儒家“九经”的篇幅分量多少分为大中小三类：大经有两部即《礼记》《左传》；中经三部即《诗经》《周礼》《仪礼》；小经四部即《周易》《尚书》《春秋公羊传》《春秋穀梁传》。明经选试两经科的考生，任选一大经和一小经，或者三部中经中任选两经；若选试三经科的考生，那么他就在大、中、小经中各选一经；如选试五经者，除了大经必须全通以外，其他各经任选一经。但无论你怎么选，《孝经》和《论语》两门为基础课，是必读必考的。（《新唐书·选举志上》卷 44）

这样富有弹性的科举规定，使得考生有选择权，考官的出题就不一定能标准划一了，但有《孝经》和《论语》两门为必读必考课程，所以相对来说，出题还是有一定的范围。虽然唐廷出面叫孔颖达编纂了《五经正义》，但帝国政府似乎也没有过多强调要以孔颖达那书为标准，所以说唐朝的答题标准也是灵活、多样的，或者说凭考官个人的感觉色彩很多，没有标准划一。

明经科的第一场为帖经，这一场是填空题考试，出题与答题都是可以标准划一；第二场为“问义”，就是简答题考试。它分为两种：第一种叫“口义”，就是考官与考生当面口头问与答有关儒家经典中的简单大义。第二种叫“墨义”，就是笔试简答题。问义一般是每经中出 10 道简答题，若你能回答对 6 道，就算合格了。“问义”简答题有“知识要点”，又有官方定的“九经”，所以这场考试的出题标准是可以划一的，答题基本上也是可以划一、标准化的。第三场叫对策，也有两种，第一种叫试经策，也叫策论，用今天的话来说就是有关经书的大问答题或者讲是论述题；第二种就是时务策，结合经典理论对时事政治进行阐述。这一场同进士科的最后一场相似，无论出题还是答题都不大可能做到标准划一。但明经科主要考查考生对经典的记忆能力，对于考查考生的潜能与综合水平用处不大。所以相对比较容易考上，当时就有这样的说法："三十老明经，五十少进士。"（【五代】王定保：《唐摭言·散序进士》卷1）

由于唐帝国的重视，加上明经考试的主观题与客观题相结合，一定程度上也能考出一些考生的能力水平，所以唐朝尤其前期和中期报考的人还真不少。整个唐代明经及第总数有26 600人左右，是唐朝科举及第人数最多的科目，平均每年约取100人。而通过明经科考试唐王朝确实也选拔了不少人才，如唐朝著名的宰相裴行俭、裴炎、狄仁杰等数十人皆以明经及第位至宰相。但唐后期明经科地位日渐下降，其衰微趋势发展至北宋，终被进士科所包容兼并。

唐朝科举考试科目与考试内容到了宋朝时没有过大的变化，只是宋代科举中的明经诸科更加萎缩，但没有被废黜。而进士科地位更加上升，其主要原因是由于进士科考试基本上都承继了唐朝的做法，注重考查考生的诗赋才学，所以宋代的诗词佳品如潮，诗人、词人犹如长江之水一浪高于一浪。再加上宋代官员的增补主要也得益于进士科，所以士人多向往进士科，以能取得进士而荣耀。（《宋史·选举志一》卷155）

◎ 并不完全是朱元璋的错，而是元朝人惹的祸?!

尽管宋代特重进士科——以主观题考试为主，但并没有将唐朝的其他科目考试废掉，更有帖经一类的客观题考试继续沿用。这种主观题与客观题考试相结合的方式，应该还是比较可取的，因此说宋代的科举出题是由标准划一和无标准划一相结合，由此相对应的答题也是由标准答案和无标准答案相结合。但总的来说，宋代科举答题相对还比较灵活，没有过多地标准划一。尽管程朱理学产生于宋代，到了南宋的朱熹时代理学才集大成，但宋代的理学一直要到了元朝时才真正对科举考试的出题与答题等方面有着影响——公元1313年元朝正式制定科举考试的章程，将朱熹所提倡的"四书"与"五经"并列列为科举考试出题的范围。出题范围与标准划一了，而答题的标准呢？元朝规定，也是以朱熹的《四书集注》作为科举考试的解经标准（《元史·选举志一》卷81）。所以，有人认为，中国科举制之路后来越走越窄并不完全是朱元璋的错，而是元朝人惹的祸！

◎ 什么叫“八股文”?

到了明代朱元璋开始，更是有过之而无不及。明初制定科举成式中不仅将科举考试出题内容限定在“四书”“五经”范围内，而且还对科举考试中的文体格式作了规定与限制，即采用八股文这种专门的考试文体。“科目者，沿唐、宋之旧，而稍变其试士之法，专取四子书及《易》《书》《诗》《春秋》《礼记》五经命题试士。盖太祖与刘基所定。其文略仿宋经义，然代古人语气为之，体用排偶，谓之八股，通谓之制义”。(《明史·选举志二》卷 70)

八股文也叫称八比文、时文、制艺、时艺，根据题目来源的题库不同，其又分别被冠以不同的称呼。当时的科举考试的题库主要分两类，一类叫“四书”题库，考试题目来自“四书”就叫“四书”文；另一类叫“五经”题库，考试题目来自“五经”的就叫“五经”文。

◎ 今天的外语之类的标准化考试就是 600 年前八股文标准化考试的变相

八股文这种专用的考试文体和格式与我们现在教育考试机构和社会上十分热衷的标准化考试极为相似。读者朋友可能比较熟悉的现在英语标准化考试，其不外乎填空、听力、语法与结构、翻译及作文几大部分。即使是英语作文，据说评卷时也有一定的标准格式，评卷时要对号入座。考生要是平时不去记忆的话，那就肯定考不好。反之，只要肯死记硬背，只要没有智力障碍，就能在标准化外语考试中夺得高分。而现在更令人怦然心动的是最近几年我们的外语考试分值跟着我们的房价一起呼啦啦地“涨”，“涨”到几乎与我们的国语考试相近的分值，弄得我们的下一代连国语都没来得及学好，反而铆足了劲拼命地学外语。至于这种外语学了有没有用？能用不能用？人们可管不了那么多。因此常常出现的见怪不怪的现象是，外语四、六级都过了，但见了“老外”，脸挣了通红就是开不了口。而历史上的八股文居然与此有着“异曲同工”之“妙”。

八股文考试与现在标准化英语考试相类似的是，它由破题、承题、起讲、入手、起股、中股、后股、束股八部分组成。不过它不是以一叠试卷的形式出现，而是叫你写一篇特殊的命题作文。既然是命题作文那就写吧，不用急，这篇作文可不是任由你天马行空地遐想“乱写”，一定要依照上述的八个部分的次序并根据钦定的“四书”“五经”的内容和朱熹老先生的解释一一予以“填满”完成。“破题”就是要用两句说破题目要义，你说我要用四句或六句来说说这个“作文”题的意思，对不起，你首先就不是“标准化”考试了，犯规了；八股文的第二步骤就是“承题”，即承接破题的意义而阐明之；第三步骤就是“起讲”，即为议论的开始，议论也不能随便乱议论，要以“圣人”的口吻来叙述，议论内容必须根据朱熹的《四书集注》，这叫“代圣人立言”；第四步骤是“入手”，就是指起讲后入手的地方；从第五部分“起股”至第八部分“束股”才是“作者”正式的议论，尤其是第六部“中股”，顾名思义就是整个八股文全篇的重心与中心。因为从第五部分起股到第八部分束股的这四股当中，每股都有两股排比、对偶的文字，一共加起来就有八股了，所以人们就称其为“八股文”（《明史·选举志二》卷70）。这里要强调的是，“八股”名称的来历不是像有些人解释的那样，说是由八个部分组成的就叫“八股文”，那是一种望文生义。

既然文章分为八个部分，那怎么将它们“串”起来呢？当时就规定了一些标准化用词：以“今夫”“然而”“若使”“苟其然”“而已矣”“也乎哉”等虚词来联接，逐段结束。这种考试要求：整篇文章结构严谨、工整和细密，文意连贯。因此要写好这样的文章就有很多的诀窍，如讲究对偶、排比，注重布局谋篇与章法格调。但只要你学好了这些诀窍就能在科举中取得高第（即现在人讲的高分）。因此一些聪明的小孩也能学得好好的，明朝就曾有个8岁的小孩学八股学得相当不错，后来就参加了乡试，按他的八股文等第本来可以中的，但后来主考官发现他实在太小了而作罢。连8岁小孩都能“考好”，由此可以想象，八股文实在是没有多少真正的学术含金量。这倒是很像今天的标准化考试，即使你什么都不懂，但你只要认识ABCD几个英文字母，千万别忘了带上一支2B铅笔，拿出当年阿Q的画圈精神，包你得几十分不成问题。更为巧合的是八股文的字数限定与现在的英语标准化考试的作文的词数要求几乎相同，大约在300字。朱元璋在洪武十七年科举成式时规定“四书”文200字以上，“五经”文300字以上（《明太祖实录》卷160；《明史·选举志一》卷69）。所以，好多有识之士认为，今天的外语之类的标准化考试就是600年前开启的八股文标准化考试的变相，或者说是“沉渣泛滥”，邪乎！

从上面我们对八股文的介绍来看，八股考试本身就具有很大的局限性。但在明初科举成式时其弊端尚未凸显出来，因而它被当做医治科举考试作弊和彰显公平化的灵丹妙药。尔后八股文体在科举考试中一再被使用，而且一用竟然用了500多年。这究竟是为什么？

◎ 八股文正面的影响

第一，从考试自身角度来看，八股考试仍不失为一种防止作弊、确保考试标准化和公平化的有效手段，有利于“公正”“公平”与客观地选拔人才。

自从有了考试，就会有人作弊，考试与作弊好似一对孪生姐妹，形影不离。从隋唐开创与确立科举考试起，作弊就屡禁不绝。宋代在科举制的完善方面作出了巨大贡献：糊名制、誊录制、锁院制等一系列的制度和措施都在反作弊方面起了很大的作用。但即使是这样，还是有人作弊，在试卷开头或当中或结尾处多写一些虚词或什么符号作个标记，串通好主考官共同舞弊，真是花样百出，让人防不胜防。

明初朱元璋君臣借鉴宋代的经验教训，为了根绝舞弊，除承继宋代的糊名法、誊录法等措施外，还在科举考试文章的内容和格式上作出规定——必须按八股文体写作，不许滥用虚词，更不准作什么符号标记，否则就要以"关节"论处，以此来彻底杜绝作弊(《明太祖实录》卷160)。这种做法的出发点是好的——确保考试的公平性，事实上也较大程度上实现了公平化。

第二，减省评卷工作量，使评卷规范化、标准化。

科举考试之所以能替代察举制最主要的内在原因，就在于科举考试以考试的客观性来代替察举的人为主观性，确保人才选拔的公平性。问题是考试是人为的，既然是人为的，主观性与客观性就不易把握，加上中华文化与汉字系统本身的信息不确定性(一字多音也多义)，所以要做到真正的客观化恐怕是不易的。宋代时没有后来的八股考试文，一般来说，一场考试下来，试卷堆积如山；再加上评卷没有统一的标准答案(除了客观题考试以外)，阅卷的主观性较大，确实也很难真正做到公平化。

明初朱元璋君臣鉴于宋代科举的毛病进行改革，以八股文体作为统一的科举文章的格式(《明太祖实录》卷160)。600年前的明朝人可没有现代人这么省心用计算机来"批阅"试卷，也没有ABCD选项读题软件，但他们推行八股文，将文章分为八个部分组成，并用标准词去连接，又限定字数在300字以内。这样下来，一般来说，一眼瞄去，大致能看出文章的优劣高下，这就不仅可减少评卷工作量，更有利于评卷标准的"客观"化，减少了评分误差，可使评卷更加标准化、客观化。因此说，有人说八股文是中国古代一种理想的标准化的考试文体，确有几分道理。

第三，在一定程度上还是能测出考生的真实水平。

八股文的文体格式要求，用今天话来讲，考生必须具备中等左右的文化水平。若你要想考好八股文这种特殊的"命题作文"，那就必须首先学习好传统文化的启蒙读物，如《三字经》《百家姓》《千字文》等，有了这样的垫底后，才可学习和背诵"四书""五经"。据日本学者宫崎市定的统计，"四书"与"五经"共计431 286字，要将这40多万字一字不漏地背出来本身也是需要一定的功力和文化底蕴的。而明代科举首场一天之内就要写七篇"文章"，若你要胜人一筹，那么这七篇文章必须达到对句工整、合于声律，顺序敷畅。因此说，八股应试是需要相当的文化水平和文字功底,在一定程度上还是能测出考生的真实水平的。

第四,做好八股文,还需要相当好的个人文化修养。

明末思想家陈确曾这样论述道:“作八股之法,能熟知古文之妙境,而免就时文之恒矩,和养心性,体认题旨,开万古之胸,抒一己之得,则自然不今而今,不古而古,非时文而时文,非先辈而先辈。”(【明】陈确:《陈确集·作八股之法》卷18)文学家公安派领袖之一的袁中道认为:好的八股文“一题中每每自辟天地而造乾坤”。(【明】袁中道:《珂雪斋集·成元岳文序》卷10)

◎ 为什么八股文最终成为过街老鼠?

既然八股文具有这些合理之处,那么为什么它会遭受唾骂,最终成为过街老鼠?

我们从八股考试本身特征说起。八股考试有两个最大的特点:一个是考试形式的标准化,另一个是考试内容的限定、划一。这是从正面角度来看问题的,那么从它们反面来看:

第一,八股考试形式做到了标准化、客观化,但形式越统一、越规格化,标准化就越严密,而标准化越严密,离真正的公平就越远。因为它把不同的人强行纳入统一的模式之中。在这样的严酷的模式之中,越有创造性的人才,就越有可能惨遭扼杀。

明初开始推行的八股文实际上只是一种专门用于考试的特殊文体,除了科场,它一无用处。这与近年各类考试中特别时髦的标准化试题几乎是一脉相承,只能作训练测验之用。标准考试做到了,考生天天疲于“标准化”练习与测试的题海战术,哪有什么心思学习与研究真正的学问。所以标准化考试越考,“人才”就越“标准”,“人才”越“标准化”,什么样的人才也就没了。所以有人说,明清中国科技与文化基本上没有“长进”,有的只是“总结”,我认为这一切在相当程度上都是那个“标准化”考试惹的祸。同样,我们现在的标准化考试铺天盖地,甚至连大学本科教学与研究生教学中都有标准化考试和标准答案,可我们的学生素质似乎一代不如一代。这难道就不是标准化惹的祸?

第二,考试内容的局限,导致了僵化。明代科举以“四书”“五经”为主要的考试内容,又以朱熹的注解为标准,确立“代圣人立言”的森严原则,“文略仿宋经义,然代古人语气为之”,不允许考生独立思考,这样考试选拔出来的“人才”个个都标准化了(《明太祖实录》卷160),但人们的思想也就僵化了。由于科举考试竞争过于激烈,举子们(考生们)为了提高“命中率”而只读“圣贤书”,正所谓的“两耳不闻窗外事，一心只读圣贤书”。举子们一门心思埋头苦读经典，研制八股文，不求实际学问，知识空疏狭窄，没有个人独创见解。长此以往，中国知识界、文化界读的是同一本书，想的是同样的问题，说的几乎又是同一类的话，于是明清中国社会思想文化就越来凝固化、僵化。

第三，更为严重的是，长期的重科举考试轻学校教育导致中华帝国社会风气的恶化。狭窄、空疏的八股文年复一年地从“四书”“五经”中命题，主考官为避免试题重复，以防举子猜题、押题，时不时地出一些偏题、怪题；而举子们为了使自己能及早中试而常常热衷于空疏的科举之学，学习如同现在大街上到处可见的标准化应试技巧一般的八股应试秘诀。由于标准化的八股考试范围只限于“四书”“五经”内，于是读原著成了大傻子，猜题、押题风行，真正读书做学问反倒为人耻笑，所有这些大大地催化社会风气的腐化。（参见刘海峰：《科举考试的教育视角》，湖北教育出版社 1996 年 10 月版）

这种状况在清代更加明显，正当科举制日暮途穷之时，唯有从内容上和根本上予以彻底的变革，才能适合社会与时代的要求，但儒家经典是大一统帝国的治理的核心，也是清帝国一项最基本的原则，万万不能变。所以，科举制的最终的命运就与大清帝国的命运绑在了一起，当科举制遭受千人唾万人骂而行将就木时，清王朝也寿终正寝了。

○ 判卷答案标准划一

前面我们讲过唐宋时代的科举考试出题是总体上框个范围，除了帖经、墨义一类的填空题考试、简答题考试和明法科中律令（相当于现在的法律条文）考试及明算科中的计算结果有划一标准答案以外，其他类科目的考试基本上都没有统一的标准答案，因此科举考试的判卷标准主要由判卷官把握住。而在判卷官那里，怎样判定一个举子或者说考生的卷子好与差，主要取决于下面两个因素：第一，考生答卷的自身质量，如果卷子本身一塌糊涂，一切无从谈起；第二，判卷官的个人素养，这里既有判卷官自身的文化素养，又有他的道德品质。

◎ 判卷官的判卷标准问题多多，才子郑獬幸运生在宋朝

由于唐朝盛行“公荐法”，所以科举考试中判卷官公正、客观地判卷不易做到，这就使得科举的公正性大打折扣。对此，聪明的宋朝人进行了一系列的改革，他们将唐朝“小发明”充分地利用起来，比较轻松又巧妙地根绝唐朝人留下来的弊端。譬如宋朝人在科举考试中运用了武则天时代发明的“糊名法”，将考生名字、籍贯等

信息糊住，这样使得判卷官无从以自己的主观评判标准来影响与其有利害关系的考生了，目的使科举考试更加公平化、公正化。

北宋仁宗时，国子监有个监生叫郑獬，他很有才气，也较有名气，且非常自负。但是国子监将他们这些监生解送到礼部去会试时，有关领导为了打压郑獬的傲气，故意将他列为第五名。郑獬知道后十分来气，认为自己绝不能屈居第五，于是就在拜谢主管领导时大发牢骚，说自己的才能像西汉飞将军李广那样天下无双，而自己的遭遇却好比唐代的杜牧，纵然有《阿房宫赋》那样的天下绝妙文章，却只好位居第五；将自己说成是良马和巨鳌，把主管领导比作驽马、顽石。主管领导看到郑獬的“大作”后，又羞又恼，从此对他怀恨在心。刚巧这个主管领导在判卷中看到了一份卷子有点像郑獬的，但由于那时宋代科举考试已实行了糊名法，所以这个主管领导只能凭主观来推测，将自己的不正确的评判标准强压在误以为郑獬的卷子上，可到了试卷全评好了开封后，却才发现他“整”错人了，郑獬以进士第一名及第。（【宋】沈括:《梦溪笔谈》卷 9）由此可见，这种由判卷官自由判卷的做法确实是弊端多多。由于宋代实行了糊名法，才子郑獬才幸运地躲过小人的暗算，但那位“类郑獬”的考生岂不成了真正的“冤大头”！所以说，科举考试判卷标准不划一，确实也是一个大问题。

有趣的是，元朝开科举的时间虽然很短，但在这个方面却是提供了有益的“答案”与启示。由于元朝开始规定，科举只考进士科，限定考试内容为“四书”“五经”，也限定了答题标准即朱熹的解释为准，这样就很自然地用朱熹的章句集注作为了统一的标准答案，答策则须“不矜浮藻，惟务直述”。（《元史·选举志一》卷 81）

不过元朝科举开得时间实在不长，故而总体影响也不大。而元朝科举的这等做法是通过明初朱元璋的科举成式化才影响到了明清帝国以及近现代中国社会 600 多年历史，以至于出现今天铺天盖地的标准化考试，俯拾皆是的标准答案。朱元璋死了已经 600 多年了，可他的幽灵却到处在游荡。［本节为笔者 2008 年 1 月版《朱元璋卷》的部分内容，已作修改，为《第十届科举制与科举学国际学术研讨会论文汇编》（2013 年 11 月）所收，笔者注］

◉ 朱元璋科举改革公平化

严格地讲，标准化不是终极目的，是达到公平化的一种手段。从朱元璋内心角度而言，搞标准化科举考试，最终目的就是为了实现他童年起朦胧形成的“公平化”社会秩序之理想。而要使科举制公平化，除了运用标准化作为一把标尺来衡量外，很重要的还是要完善科举制度，将以往不合理的制度成分剔除出去，增添更为合理的规章与措施，这就是朱元璋对科举改革的核心灵魂所在的第二个方面，即“制度公正化”和“程序公平化”。

○ 科举制度设计公正化

在任何社会里，如果没有制度的公正，就根本不可能有社会的公正和公平，也永远不可能创造出真正的和谐社会。朱元璋建立大明帝国，承继唐宋元的科举文化遗产时，从制度设计层面来讲，它既是公正的又是不公正的。具体地说，隋唐确立的科举制比起两汉魏晋南北朝时期的察举制和九品中正制来说是一个巨大的历史进步，是一个最大的公正。这主要体现在如下几个方面：

第一，从整体上来看，察举制与科举制一样都是自下而上的仕进通道，但察举制在于首先要有衙门中认识人，他们有兴趣认为某人是个人才进而才“察”，只有被“察”到了才有希望被推选出去。这叫“说你行就行，不行也行；说你不行就不行，行也不行——不服不行”。因此察举制下一般的平民不大有希望被选拔上去的，甚至连“报个名”的机会也没有，其社会涉及面比较狭窄；而科举制下一般人都可自由报考，人人都有机会凭个人才学以求仕进，因此其社会涉及面很广，几乎是全社会的(《明太祖实录》卷160)。这也就是后世人们所说的它具有公开性之根本特征。

第二，察举制下虽也有考试黜落法，但汉代察举一般多是非竞争性的等额考试，如被举者达到了标准，原则上会被录取。换句话来讲，推荐几个就有几个当官，这就如同上个世纪70年代推荐工农兵上大学，推荐几个工农兵就有这几个人上大学，即使被推荐人是小学文化，但只要她(他)“思想红”就会被推荐上去；而科举是竞争性的差额考试，由于其开放性，初始参试者远远超过最终录取名额。像唐朝录取最多的明经科，其录取率也只有10%～20%。通过考试择优录用，因此它拥有很大的公平性。(参见阎步克：《察举制度变迁史稿》，辽宁大学出版社1991年4月版)

第三，从察举制实施的历史与社会环境来看，与汉代察举制并行运行的官僚仕进制度颇多：任子制、征召制、赀纳制等，在这么多的仕进通道中，能够对全社会尤其是中下阶层社会开放的仅察举制一途，而察举制中本身官僚仕进开放的口子也有限，不是社会上所有的人都有机会被“察”到的。魏晋南北朝时期九品中正制占据正品夫人的主位，察举制仅是个卑微的婢女，“上品无寒门，下品无世族”，统治阶层的仕进通道不畅，开放性不强，导致社会腐败、政治分裂。而隋唐科举制开启后一下跃居仕进的主流地位，传统的征召制、辟除制、赀纳制等制度不是被有效地限制，就是被清除出历史舞台。大一统帝国官僚阶层开始了尽可能地对全社会实行最大程度的开放，这尤其使得社会中下层人才有了平等的机会脱颖而出，大一统帝国政治血液流畅，部分地实现了社会的长治久安。某种程度上来讲，相比魏晋南北朝时期处于卑微状态的察举制所带来的直接后果——国祚短暂，隋代以后出现了这么一条政治规律，凡是科举制搞得好的朝代，其国运长旺，文明远播四方，唐、宋、明、清莫不如此。

以上是我们从历史的整体上比较了察举制，对科举制的公正性把了一下脉。事实上，由隋唐开创和确立、经过两宋 300 多年的立国倡导，已经发展为较为成熟和完善的科举制度及其文化早已深深融入了中华文明的血液之中，成为中华民族精神文化宝库中极其珍贵的遗产。

面对这样丰厚又珍贵的唐宋代文化精神"遗产"，尽管在人才选拔模式方面有着较大的反复，但最终洪武帝朱元璋还是确立以科举制度作为大明帝国官僚人才选拔的最佳模式和士人入仕的主要途径。应该来说，这是适应历史发展的潮流的，很大程度上实现了公平化，这一点应该予以充分肯定。那么朱元璋对宋代的科举文化遗产到底是全盘接受，还是部分接受，部分摒弃？

◎ 宋朝科举制的十大珍贵遗产与朱元璋的继承

明初朱元璋几乎全盘接受宋朝科举制的十大珍贵遗产有：

◇ 放宽应举者的条件限制，几乎将科举扩大到社会各层面和各个角落

尽管科举制在唐代确立时有了"质的飞跃"——一般的自由民子弟都可以报考，其覆盖面已惠及广大的平民社会阶层，比起以前的察举制来说是一个巨大的社会进步。但它也有局限性：不是所有社会阶层的每个人都有资格报名参加考试的，所谓工商子弟、"门户不清"子弟等不准报考，无非是将这一类"贱民"阶层排除出科举入仕的行列。

北宋初年虽也有类似的规定："不许有大逆人缌麻以上亲及诸不孝、不悌、隐匿工商异类、僧道归俗之徒"参加科举考试(《宋史·选举志一》卷 155)，但在实际上尤其针对工商子弟的报考已经有了松动，没有过分强调限制。到了南宋时进一步放宽应举者和及第者的条件限制，对工商子弟事实上已全面"解禁"。至此，科举基本上将整个宋帝国社会各个阶层都囊括在其中，因此科举制在宋代时的社会面再次得到大拓宽，科举制的社会化、公平化日益彰显。当时大约只有三类人的子弟不能报考：A 父祖官场贪污犯罪的；B 家中有父母丧事的；C 倡优之家(即妓女与戏子，这大概是不让科举圣名受到玷污。要是妓女的儿子考上了进士什么的，在朝廷

上做官，有人要是说起，也确实够难听的——他妈是妓女，这朝廷成了什么?)。

宋代的这一科举进步在朱元璋那里又得到了提升，“罢闲官吏、倡优之家与居父母丧者并不许入试”(《明太祖实录》卷160)，即帝国政府以官方明文的形式明确了除上述三种人外，其他社会阶层包括工商子弟在内都可以参加科举考试，科举考试的社会面再一次得以拓展，这无疑是个巨大的历史进步。

◇ 借鉴宋代创建“锁宿制”和“别头试”制，进一步完善考官“回避制度”

科举制本来是唐王朝立国的一项善政，但由于制度设计上的严重缺陷反倒成为官僚阶层“请托”的腐败场所，考试尚未开考，录取名次倒已先定，原来科举所崇尚的公平性被消弭得无影无踪。尤其唐代盛行的照顾特权阶层利益并带有察举制遗风的“公荐”法，可能是唐代科举制中祸害最大的弊端，也是唐代科举制中最大的不公。针对这种情况，宋初赵匡胤登基没多久就向官场潜规则“开刀”，下令严厉禁止科举考试中的“公荐”和“投卷”：“礼部贡举人，自今朝臣不得更发公荐，违者重置其罪。”(【宋】李焘:《续资治通鉴长编》卷4)“故事，知举官将赴贡院，台阁近臣得荐所知之负艺者，号曰‘公荐’。(宋)太祖虑其因缘挟私，禁之。”(《宋史·选举志一》卷155)

与上述政策相配套，宋朝改变了唐朝科举考录由固定主考官充任的做法，它规定：每次科举考试的主考官(宋代称之为“权知贡举官”)人选都由皇帝来临时决定，看还有谁“走后门”走到皇帝的头上，并严格限制知贡举官之权力，还增设权同知贡举贡官(相当于副主考官)若干人，以分散知贡举官的事权，在考试源头上防作弊。但即使这样，科举考试中主考官的权力还是很大，主考官也不是生活在真空当中，他自身就有繁复的亲缘关系，如果不从制度上对主考官及其亲属子弟进行有效限制与规范，不仅还会出现徇私舞弊，而且这本身也是对无权无势的贫寒子弟的一种极大伤害——不公平问题还是没有得到真正解决。对此，聪明的宋朝人“创制”出了两套“绝招”：“一招”就是对主考官实行“锁宿制”，具体的做法是知贡举官(主考官)一经皇帝任命，即将其锁宿起来，与外界完全隔离开来，不得有行动自由，即使是家人也一律不得见他一面。锁宿的时间，原则上以一个月为限。如果事情没办完，就再延长些，“后遂为常制”。(【宋】李焘:《续资治通鉴长编》卷33)“锁宿制”起初只用于礼部试，宋真宗时推扩到地方各类发解试中。“锁宿制”的实行，对杜绝科场舞弊起到了有效的遏制作用(《宋史·选举志三》卷157)。从此“锁宿制”一直被后人所沿用。

宋朝防止科举考试源头舞弊更绝的一招就是建立和完善了“别头试”制。别头试又称别试，即专为主考官或与科举考试有关人员之子弟、亲戚举办的考试，目的在于防止考生与考官串通作弊和考题外泄。别头试最初只适用于中央的礼部试，后来才推广到地方上的"发解试"中，也就是说在宋代除了殿试由皇帝亲自主持外，所有科举考试都设有别头试，而且执行起来极为严格。(《宋史・选举志一》卷 155)

总之，宋代知贡举的多人负责制、锁宿制、别头试等措施的普遍实行与推广，有效地减少了主考官以权谋私的机会，遏制了科举考试"源头"舞弊的行为，有利于选拔出真正的人才，也有利于贫寒之士公平参与竞争，这样就从起点上确保了科举的公平化。

从考试源头防舞弊来看，宋朝对科举进行制度性的"修正"似乎算得上是完美了，但在制度执行的实际过程中还是存在着一些细节性问题，如"权知贡举"等主考官一旦被皇帝任命后，但他磨磨蹭蹭，并没有自觉地规避或立即"锁宿"，这为他的亲友"请托"提供了方便。

明初开始严格规定："考试官皆访经明公正之士"(《明太祖实录》卷 160)。主考官一经任命，在京城的就立即"锁宿"，赴外地的立马动身，不得逗留。至此制度才算严密，公平化才得以真正实现，而且明代扩大科举考试的回避范围——所有考务工作人员的亲属都必须回避。"正、副主考和同考官进入贡院'入闱'之后，直到放榜方许'出闱'。"(海淞主编：《云南考试史》上卷，云南人民出版社 2012 年 11 月第 1 版，P52)

明代科举制的这等做法影响了后来中国社会 600 年的考试文化史，甚至直到今天我们还能看到它的潜在影响，譬如在我们的高考中采取了对出卷老师实行"封闭管理"的做法即为其历史的后续。只可惜现在仅仅用于高考，我们的研究生考试或其他类的考试似乎用之不多。要是多学学我们的老祖宗宋朝人和明朝人的那股认真劲，全面推广的话，那么在我们这个信用危机的时代，恐怕考试作弊的事件就会减少不少了。

◇ 进一步完善科举考录三级制

唐朝科举由"发解试""礼部试"和"释谒试"三级考试组成。宋朝大体上沿用，但废除了吏部的"释谒试"，将原本操纵广大士子入仕的"生杀"大权从吏部的手中夺了过来，便于皇帝集权。进而又将唐朝"混乱"的中央级科举考试，如制举、释谒试和殿试统统"整合"为"殿试"，正式确立殿试为科举考试的最高级考试，由皇帝出面或以皇帝的名义在朝廷的大殿上组织"礼部试"及第(录取)的士子进行考试。这样一来，凡是参加殿试的考生个个都成为"天子门生"了(《宋史・选举志二》卷 156)。与此同时，宋朝禁止主考官和考生结成座主与门生之关系，防止考中举业的考生入仕后与主考官之间结成朋党，互相攀援，这样使得君主专制主义中央集权得到了进一步加强，也大大地完善了中国科举考录三级制。

明初朱元璋对此还是基本满意的，洪武初年开科举时他就直接沿用了宋代完善的三级考录制，并在以后的科举成式中进一步地"加密"。尽管后来中国科举考录中多了一级"童试"，但那实际是"预备试"，真正起到关键作用的还是类似于宋代的"发解试"(明代称"乡试")、"礼部试"(明代称"会试")和"殿试"等三级考录制。(《明太祖实录》卷160)

◇ 进一步确立殿试等额录取制度

宋初殿试沿袭了唐朝差额录取的做法，但由于殿试的竞争实在是太激烈了，有好多人考了好多年还是没有考上，于是他们便滞留在京师。北宋嘉祐年间有一年在开封府逗留的落第举子就要多达六七千人，这就给京师带来了巨大的经济压力和社会治安的隐患——因为这么多带有失落情绪的举子待在一个城市，弄不好很容易出什么乱子来。为此北宋仁宗皇帝下诏规定："凡与殿试者始免黜落。"(《宋史·选举志一》卷155)也就是说凡是参加"礼部试"录取的士子在殿试时没有被黜落，殿试只是排排名次而已，这就开启了历史上殿试等额录取制度。

对此，朱元璋重开科举时予以采纳，洪武十八年三月壬戌日殿试时，通过会试的472名考生全被洪武朝廷录取为进士，由此殿试等额录取制得到了进一步确认(《明太祖实录》卷172)，成为了中国科举史中的惯例与传统。

◇ 进一步确立"三年大比"制

唐朝科举多少年开一次，没有明文规定，一般的做法是每年开一次。宋初对于开科时间也无明确规定，基本上套用唐朝的做法。到了北宋中期英宗时最终定制"三年一大比"(《宋史·选举志二》卷156)。三年一试是宋代科举实践的经验总结，一来消除了唐宋之交科举不定期给考生所带来的麻烦；二来三年一试无论从考生备考还是从政府官吏选用角度来说都比较合理，过多开举国家官僚队伍压力太大，过长时间开举考生积压太多，竞争过于残酷，不利于社会稳定，所以三年大比定制是比较合理与公平的。(刘海峰、李兵：《中国科举史》，中国出版集团东方出版中心2006年1月第2版)

明初朱元璋在这方面的功劳尤为明显，他在科举成式时明确定制：凡三年大比，子、午、卯、酉年乡试，辰、戌、丑、未年会试，举人不知额数，从实充贡。(《明太祖实录》卷160)这稳定了考生情绪，有利于考生复习应考与公平竞争。此制一直延续至清末科举制废止。

◇ 直接沿用宋代确立的考试"糊名法"

糊名法其实不是宋朝人发明的专利，而是由唐代人最早"创造"出来，但那时没有形成定制。宋朝不仅将糊名考试制度化，而且还将糊名法全面推广开来，运用到各级科举考试中。糊名法就是在"考卷"上专门设定一个地方，供考生写上姓名、籍贯等考生个人信息，考试结束后由弥封官（相当于现在的监考老师和考务人员）将考卷上考生的个人信息部分密封起来，这样就使得评卷官只看到考卷内容，无法知道考生信息，以此来杜绝了徇私舞弊。糊名在宋代也常被称为"封弥"（《宋史·选举志一》卷155）。弥封官不能参加评卷，评卷官也不能参加弥封，这种相互回避相互制约的做法有利于考试的公正化和公平化。因此有人说，糊名法是中国考试制度史上的一大变革，不无几分道理。总之，在科举考试中全面确立与推广糊名法确实意义重大，它有利于客观评卷、公正选拔人才。对此，明初朱元璋就采用拿来主义，直接予以应用。（《明太祖实录》卷160）

◇ 直接沿用宋代人创立的"誊录法"

实行弥封后，果然使得评卷官没法从试卷中获得考生的籍贯、姓名等个人信息，但人们发现这样的考录方式还是有漏洞——要是评卷官与考生熟悉，或者是双方相互之间有书信往来什么的，评卷官可以根据考生的字迹或双方事先商定的秘密记号一下子就能辨认出来。为了杜绝这种可能发生的舞弊行为，宋真宗下令在科举最高考试殿试中开始实行誊录法。为此，宋帝国成立了誊录院，随后各级官衙也成立了誊录机构，专门从事科举考试的"试卷"誊录。一般来说，考生考试的原始卷由弥封官弥封好，誊录官根据考生的原始卷用红笔一字不漏地誊录下来，然后由考务工作人员将誊录的卷子拿给评卷官进行评卷，这样就避免了评卷官从字迹或记号上辨认出考生信息及其所带来的舞弊的毛病（《宋史·选举志一》卷155）。所以说誊录法也是宋代科举制的一大创举，它使得科举考试更加客观化、严密化和公平化。

对于这样防舞弊的好制度，朱元璋在明初也一概拿来照用，且明确规定："弥封者编号作三合字，誊录者用朱，考试官用墨，以防欺伪。"（《明太祖实录》卷160）

◇ 直接沿用宋代人创立的双重定等第法

有了糊名法与誊录法，应该说，科举考试已比较客观、公正和严密了，但宋代统治者还采取与前两法相配套的一种比较公正的试卷等第判定法——双重定等第法。这种评卷方法是这样的：誊录卷先由“初考官”定出等第，然后由考务人员将誊录卷再交给“复考官”定出等第，关键在于做到初、复考官互相不知他人所定等第，最后由详定官将“初考官”和“复考官”各自给出的等第进行比对，如果两者等第相同，那就不用多说了；要是两者差异很大，那么详定官要重新评阅考生的“试卷”，参考初考或复考所定的等第，取定一个更为“合理”的成绩等第。（《宋史·选举志二》卷156）这样就有效地遏制评卷官的主观随意性，科举考试的客观性、公正性大大增加。

对于明朝有没有沿用宋代的“双重等第法”，好多学者都认为是用了，但没有过多地强调，所以就有第二种观点，有人认为明代很可能没有使用。以朱元璋一生努力要实现的“公平”理念来看，他是不会放弃这种确保“公平化”选拔人才的好方法的。

◇ 完善科举考试场所——贡院制度

唐朝前期科举考试没有专门的场所，往往租用道观或民房等作考场，考生考试座位之间是不隔开的，因而舞弊的事情层出不穷，考场上考生交头接耳地“讨论”起问题来。凡是这般，科举的公平性受到了严重的侵犯。从中后唐起，唐帝国逐渐加强了科举考试管理，渐次建立起专用考场——礼部贡院，并初步形成了一些基本的考场纪律与规则。唐末五代时又增设卫兵把关搜身，以防止内外串通作弊。

宋朝继承了唐朝这份有益的遗产，不仅在中央建立了礼部试专用的考场——贡院，而且在各地方上也建起了“发解试”贡院，并形成了一套比较完善的考场纪律与规则（《宋史·选举志二》卷156）。至此，中国科举考试物态文化的象征——贡院——一个个科举考试网络点遍布于大一统帝国的各个地方、各个角落。

明初朱元璋当然清楚，贡院制度的确立与完善是科举制公平化的物态保障，于是在宋代的基础上，大明帝国修缮各地的贡院，进一步完善科举考场规制，譬如洪武十七年科举成式中就有这样的贡院考试规则：巡绰监门、搜检怀挟官四人，在内从都督府委官，在外从守御官委官。凡供用笔札饮食之属，皆官给之。举人试卷自备，每场草卷、正卷，各用纸十二幅……（《明太祖实录》卷160），这些都为明清帝国的乡试、会试与科举文化的繁荣奠定了很好的基础。

◎ 中国古代最大的考试场所——江南贡院

南京的江南贡院就是在这样的背景下诞生的，但从目前的资料来看，南京现名江南贡院确切的建造时间应该是南宋乾道四年(1168),当时它是南宋建康府学、县学的考试场所,占地面积不大。大明在南京开国后的洪武三年,朱元璋下令组织了大明帝国历史上的第一次乡试——应天府乡试可能就是在这个江南贡院里举行(南京地方史专家陈济民先生认为,该年乡试不在江南贡院,应该是在小营),最终录取了100名考生。明朝沿袭了唐宋的做法,乡试后的第二年春就举行会试(唐宋时代称礼部试或省试);洪武四年可能也在这个江南贡院里举行了大明帝国开国以来的第一场会试,共录取进士120人;接着朱元璋就在明皇宫的奉天殿(北京故宫的太和殿为之克隆)里亲自策问会试录取的考生。从洪武四年起,朱元璋下令连续三年都举行乡试,因此明初江南贡院很是热闹。洪武六年,朱元璋决定停开科举,江南贡院也从此就冷清了十年(《明太祖实录》卷79)。一直到十年后重开科举时才重新热闹起来。洪武十七年朱元璋将科举成式颁行天下,这样就在江南贡院形成了3年1次的乡试和会试的考试定制。

由于明初大明帝国定都南京,所以江南贡院在全国贡院级制中居于首位,它的利用率很高,乡试后又用作会试。但由于朱元璋是一个比较节俭的皇帝,所以在整个洪武年间江南贡院似乎未作大的扩建。明永乐年间,朱棣对江南贡院进行了大的整修与扩建。据江南贡院明远楼下保存的《南京应天府新建贡院记》的碑文所云:"南京应天府为天下贡举首其制度,亦必为四方所取法……"也就是说,重建后的江南贡院是大明帝国的首创,开创了大明帝国各地贡院的规模及制度,包括后来的北京贡院都是在取法南京江南贡院的基础上兴建起来的。明永乐以后江南贡院又有多次扩建,鼎盛时期仅号舍(即单独的考生座位)就拥有20 644间,居全国贡院之首,因此说江南贡院是中国古代最大的考试场所。朱棣迁都北京以后,大明帝国就有了名副其实的两京,而两京府的乡试就被称为"南北闱"(《明史·选举志二》卷70),其中"南闱"就在江南贡院。

◇ 提高科举及第举人的政治与经济待遇

制度再好,要是掌权者不去执行,那么制度就等于没有,公平化就无从谈起;制度有了,执行者不热心,其公正化效果也好不到哪里去;制度设计得好(相对而言),当局者又热衷推崇,那么这样的制度和公正化才会惠及整个社会,甚至会惠及整个民族。

唐朝对科举的贡献就在于制度化的确立,而宋朝对中国科举制的"贡献"还不仅仅是完善科举考试制,更重要的在于营造全社会重科举的氛围,其主要体现在下列两个方面:

第一个方面：提高科举士人的政治与经济待遇。

唐朝时进士及第一般被授予从九品的小官（即九品十八级中最低的一级）。北宋太祖时沿袭了唐朝的做法，但在太宗以后逐步提高，由原来的从九品提高到八品及八品以上的官职，而且还推行新科进士及第立即授予官职及初授官职从优等政策。因为有如此的"政策倾斜"——在以后仕宦生涯中这些"科班"出身的文职官僚升迁得相当快，特别是进士科中式的士人，十来年以后就会升到宰执的位置上。（《宋史·职官志三》卷163）

当然，宋代科举和科举士人地位之高还不仅仅体现在政治上。在经济上，宋代皇帝对新科进士都要大加行赏，宋神宗有一次给一甲的进士及第者的赏钱即新科及第庆祝活动费就达3 000缗。由于宋代对省试以上及第的士人迅速授予官职，加上宋代本身实行"高薪养廉"，所以说宋代科举士子的经济地位也很高；又，在法律上，宋朝对科举及第者实行"制度照顾"：凡是因工作关系而犯"徒罪"以下的，一般都可以用钱来赎罪；更有宋代国策"不杀文臣"等。因此说，宋代是中国知识分子的黄金时代，他们有着优厚的待遇，可以从容地进行知识文化建设和科技创造，中国古代的四大发明就是在这个时候完成并外传的，它们与被人誉为中国古代第五大发明——科举制的完善有着极大的关联。

第二个方面：宋朝皇帝热衷倡导科举：书中自有黄金屋，书中有女颜如玉。

宋代之所以如此重视科举制度与科举士人，一个关键性的因素就是皇帝热衷倡导。宋朝皇帝对科举可谓情有独钟，他们通过主流社会推崇科举、完善科举制度及提高科举士人待遇等方面来竭力倡导科举社会、公平考试。宋真宗曾写《劝学诗》，劝诱士子读书应举："富家不用买良田，书中自有千钟粟。安房不用架高梁，书中自有黄金屋。娶妻莫恨无良媒，书中有女颜如玉。出门莫恨无人随，书中车马多如簇。男儿欲遂平生志，六经勤向窗前读。"这是多大的诱惑！宋代皇帝下令：凡考取进士，均立即授予官职。在皇帝的这般热衷倡导下，科举进士成为那个时代人们追捧的"明星"，更有宋代皇帝常常从新科进士中挑选驸马，权贵们争先恐后地竞相物色女婿。科举成为整个宋朝的时代尤物。

其实对于宋朝皇帝大力提倡科举、提高科举士人的待遇和地位，把科举制推向到了较为完善的地步，实现了科举制对全社会的最大的公平化，将天下读书人都笼络到自己的政权控制下等"深厚用意"，朱元璋及其统治集团还是心领神会的，所以在明初停开科举十年后又下令予以恢复，并在洪武十七年科举成式中几乎全部接受上述的宋代科举制最为主要的遗产。

但话得讲回来，朱元璋对宋代的科举制遗产毕竟没有全盘搬来照用。宋朝立国有着比较特殊的“生态环境”，明初朱元璋开国时情势已经不大相同，因此对于某些宋代特殊环境下形成的科举规制，朱元璋则予以摒除，其有三者：

◇ 废弃宋代君主对文化与知识分子实行的相对宽松政策

宋代科举制完善，文人学士的政治地位和经济待遇大为提高，受人尊重甚至是崇拜，宋朝国策中规定不杀文臣，思想相对自由。可以这样说，整个中国传统社会就要数宋代是中国知识分子的黄金时代了，也是宋代将中华文明推向了历史的新高。

可在这方面，朱元璋却没有秉承宋代君主的“优良传统”，虽然他提高了科举士人的政治经济待遇，如宋代将新中式进士的地位由唐朝的九品提高到八品，朱元璋进一步地将其地位提高到六品，这是相当不错的(《明太祖实录》卷62)。但他为了强化君主专制主义，大搞文化思想独裁，屡兴文字狱，滥用廷杖，对教育与科举实行“标准化”。这就大大恶化了中国传统社会的政治、文化、思想、教育等方面“生态环境”，使得明初开始中国知识分子的实际地位大为降低，同时窒息了中国思想、文化和教育空间，将中国社会引上了一条僵化的道路。

◇ 废除宋代“特奏名”法，适度录取科举人才

由于唐朝进士科录取的人数实在太少，加上“公荐法”盛行，好多有才学的知识分子就被困顿在科场上。唐末王仙芝、黄巢、罗隐等人就是因为科场多次失意而走上反唐道路的，他们给唐帝国带来了“灾难”性的后果。有鉴于此，为防止一些士子举人因多次落第而投奔西夏与辽，给宋帝国带来麻烦与危害，同时也为了扩大宋帝国在社会中下层的统治基础，宋朝皇帝决定，大大增加了科举取士人数，尤其是进士科的录取人数。唐代平均每年取士100人，宋代平均每年取士361人，也就是说宋朝取士人数是唐朝的3.6倍。宋代增加科举取士名额的主要方法是既用“正奏名”(所谓“正奏名”，就是指正常科举考录程序到了殿试后，一般录取的名单由礼部拟好，奏请皇帝批准，然后就发榜，故称“正奏名”)，又用“特奏名”(所谓“特奏名”，就是运用皇权特恩录取那些科场上屡试不中的“倒霉蛋”)。这个方法由宋太祖赵匡胤于开宝三年首创，其适用范围主要是礼部试与殿试，而不用于地方的“发解试”。(《宋史·选举志一》卷155)

对于宋代通过“特奏名”等方法来扩大科举录取名额做法，明初朱元璋则予以坚决的废弃，原因是：一方面客观上大明帝国不像宋朝那样积贫积弱，强敌环顾，朱元璋不怕科举失意举子去投奔什么敌国；另一方面，“特奏名”说白了就是类似于我

们现在的评奖活动中的"安慰奖"。"特奏名"录取的人总体来说不咋样,他们大多是久经科场的"老油子",没有多少真正的学问,给他们殿试与会试也是走走形式,考得好坏不重要;但"特奏名"取士占据了科举考录的名额,这对凭着真才实学考上的进士来说是一种很大的不公。所以,朱元璋断然不予接受,他采取适度录取科举人才,确保科举的严肃性与公正性。因此,就此而言,朱元璋对中国科举制的发展是做出贡献的。

◇ 废除了现任官员参加科举考试及相关的"锁厅试"

与别的朝代不同,宋代的现任官员可以参加科举考试,用今天话来讲,就是领导干部"充电"进修,提高学历文凭。由于此辈"特殊人才"在官场上已经混了好一阵子,沾染了官场的丑恶与腐败习气,因此他们参加科举考试可不像一般士子那样相对规矩与本分,而是特别善于投机钻营、攀缘关系。为此,聪明又理性的宋朝人在制度设计上对他们应举多有限制。

第一,普通考生都可以自由报考,但官衙里的在职官员要想参加科举考试,弄个"科班"文凭的话,首先得报上级领导批准才可报名,即必须"所属先以名闻,得旨而后解"(《宋史·选举志一》卷155;【元】马端临:《文献通考·选举四》);

第二,凡是现任官员报考科举,必须举行"锁厅试",也就是说另外单独设考场组织这帮子国家的"特殊人才"专门进行考试。宋朝人实在是聪明,名义上不说这类在职官员是可能的"作弊高手",而是说他们是有身份的人,考试么总不能将他们与布衣混试,这也有失于礼数,而实际上组织"锁厅试",就是为了严密防范他们作弊。

第三,参加锁厅试的官员即使考上了,考得也很好,但不能成为状元,哪怕是殿试中第一名,亦要将他降为第二名。看来宋朝在职官员想要考一张文凭可比现在官员难得多了。(《宋史·选举志一》卷155)宋朝的这种做法主要针对社会强势群体而设置,实际上是起到保护弱势群体的利益,因而说它也具有很大的公平性。

但明初朱元璋没有效法宋朝的做法,他废弃了宋代在职官吏可以参加科举考试的做法。这大概是借鉴于元朝吏治腐败、官僚肆意横行的教训,生怕就此毁了"标准化"和"公平化"的科举考试。

洪武三年朱元璋下令,首开科举,至于何等样的人可以参加考试?当时就由大明中书省来议定。洪武四年七月,中书省向洪武皇帝奏定科举考试对象时这般说道:"凡是全国各地府、州、县学里的学生、民间俊秀子弟即优秀社会青年、学校里的教师和衙门里的吏胥等,只要有人想考科举的,都可以参加。"朱元璋当即回答:"科

举初设，凡文字词理平顺者，皆预选列，以示激劝，惟吏胥心术已坏，不许应试。”（《明太祖实录》卷67）

由此看来，在明朝的官场里如果你没有一张“文凭”的话是很难混下去，更没有再“回炉”的可能，连大学的板凳都没坐过甚至连校门都不认识就能拿到硕士和博士文凭这等荒诞的事情绝对不可能发生，事实上这也是社会教育资源利用的相对公平和知识与“报酬”相对应的公平。因此，我们说，明朝文职官员一般素质都比较高，大多都能以天下为己任，即使退居乡间草泽还在忧国忧民。实际上明代知识分子远不如宋代知识分子那样有那么高的地位，但明代知识分子的“忧患”意识绝对不亚于宋代，东林党领袖顾宪成辞官回乡教书时，还不忘将这样一副对联挂在他的东林书院里，与他的学生共勉：“风声雨声读书声声声入耳，国事家事天下事事事关心。”大明灭亡了，著名的思想家顾炎武至死都不肯降清，还不断地发出呐喊：国家兴旺，匹夫有责。这一切难道就与明初科举“公平化”定制无关？

○ 科举程序公平化——程序加密：三级3考——→四级7考

按理说，经过宋代改革的科举制已经达到了相当完善的地步了，通过“取解试”（相当于明清的乡试）、“礼部试”（相当于明清的会试）、殿试三级大考以后，一般来说，谁要想蒙骗过关是很难了，但在明初朱元璋君臣看来，这种三级考试还不完善。前面提到的明代名儒杨慎讲述了某考生仅通“一经”而连闯乡试、会试、殿试三大关的这么一个“极端的故事”，这在追求极端“完美”的朱元璋眼里是绝不能容忍的。要防止个别考生投机取巧与个别考官存在的舞弊的可能，解决科举考试过程中的公平化，唯一的好方法就是在考试的程序上加密，考得越多，次次都侥幸通过，这似乎是不可能。考得次数越多，即使是作弊高手，也有失手的可能，由这等逻辑出发，考试程序加密就成为明初朱元璋改革科举制程序的最佳路径了。

洪武十七年(1384)，朱元璋下令礼部颁行的“科举成式”不仅为大明帝国建立了“新型的”科举程序，而且还为明清两代500多年的科举制发展规定了方向。从此之后，明清科举制中的许多制度规定、考试场期、科第名称都遵循洪武十七年的成式(《明太祖实录》卷160)。换句话来说，朱元璋以后的科举制基本上按此模式运作，直到清末的科举制被废除为止。

明代科举成式、程序加密主要是在乡试（明清乡试相当于唐宋时代的“取解试”）前，总体来说加了一级叫童试(《明史·选举志一》卷69，但《明太祖实录》中却找不到相关记载，笔者注)，其中分为四次“小考”。由此明朝开始中国科举考试就分为四级大考试：即童试、乡试、会试、殿试四级。

◎ 第一级大考试——童试(明代在乡试前增加童试——强化科举考试的公平性)

童试又称童生试。那么,什么叫童生?童生是指未取得生员资格的读书人,不论年龄大小,都称为童生或儒童。即使七八十岁,如果没有取得生员资格的读书人,还是叫童生,最多加个"老"字,即老童生。童生试是指童生为考取府、州、县学的学生(即古官方称呼为"生员",平时人们俗称之为"秀才")所进行的考试。因此童试包含四关考试:第一关为县试,由知县主持,取中以后再参加府试;第二关为府试,由知府主持,合格者仍称童生,必须参加第三关考试;第三关考试为岁试,通过岁试取中后入学的才正式成为生员,这就是人们常说的"秀才"或"相公"。但并不是所有的秀才都可以参加乡试的,还必须进行选拔,即第四关考试——科考。秀才只有在科考中考到一、二等,才算取得参加乡试的资格,故又被称为科举生员。科考和岁考都由提学官主持,即所谓"提学官在任三岁,两试诸生"(《明史·选举志一》卷 69),"第一次谓之岁考,以六等试其优劣……第二次谓之科举"(《乐平县志·文化》卷 4)。因此,童试实际上是属于科举预备性的资格考试,是明代首创的,唐宋没有这些考试。设立童试的意义就在于进一步强化科举考试的公平性。还有,从明朝开始,政府对地方童试及乡试作出了一项很有深远意义的制度规定:"阅卷的人员不准由当地人士担任,必须在远离本省五百里之外招聘。"这就进一步起到了防止作弊和确保考试公正的作用。(《明史·选举志二》卷 70)

◎ 第二级考试——乡试——举人——学士学位

乡试又称乡闱(闱,指考场)。明代的乡试,是南北两京府和各省布政使司所在地举行的地方性考试。乡试对象为凡属本省各府州县的生员、监生、贡生等,经科考合格者均可参加乡试。实际上明清乡试就是唐宋时代的"发解试",所不同的也仅是名称不同、考试内容略有不同而已。乡试每三年举行一次,一般在子、卯、午、酉年进行,考试时间是在秋季的八月(《明太祖实录》卷 160),所以人们习惯上也称乡试为"秋试""秋闱""秋榜""桂榜"。永乐迁都后,称南京应天府的乡试为"南闱",北京顺天府的乡试为"北闱"。

各省乡试主要是由 2 名正副主考官主持、6 名同考官协助进行。2 名正副主考官都由皇帝钦命,各省从其省内选调 4 名进士出身的官员充任同考官(必须是远离本省五百里之外的外地人)。这 6 人外加负责收发试卷、弥封、誊录、对读、巡绰、监门、搜检怀挟等官员共同组成了乡试的主要班子,类似现在我们的"省招办"。同考官也称为房官或房师,他们的工作任务可能是乡试考务中最重的了,主要是分房评阅乡试试卷。因为同考官评阅试卷必须在考场的帘内进行，所以同考官又被称为内帘官，有谁被选调为同考官，就叫做“入帘”。（参见《明太祖实录》卷160；《明史·选举志二》卷70）

乡试分三场，第1场考“四书”义3道，经义4道；第2场考论1道，判5道，诏、诰、表、内科任选1道；第3场，考经史时务策5道。乡试三场中最重要的首场试经义或称“五经”文，仿“四书”文，写作文体为八股文，如果首场所写的3篇“四书”经义文得到考官的赏识，就可中式了。凡是在乡试考取的士人都称为举人，俗称为“孝廉”。举人中的前五位被称为“五魁”，乡试第一名称为“解元”（来源于唐宋的“乡试”叫“发解试”），第二名称为“亚元”，第三、四、五名称为“经魁”，第六名称为“亚魁”，其余都被称为“文魁”。乡试中举称乙榜，也叫乙科，举人已是一种正式的科名和资格，这也就是人们通常所说的基本的功名。有了它，就具备了做官的资格，可以通过铨选出仕为官。乡试考中了举人，便可参加全国性的会试。但如果会试未被录取的，照样可以改换门庭，因此乡试中举极受人们追逐。但光考了个“举人”就去铨选出仕，其官职一般都不会高，所以好多人还是将目光投向更高级别的会试与殿试（参见《明太祖实录》卷160；《明史·选举志二》卷70）。举人在学历上相当于今天的本科学历，在学位方面就相当于学士学位。

◎ 第三级考试——会试——贡士——硕士学位

会试是由中央礼部主持的全国性统一考试，又称“礼闱”，实际上明清会试就是唐宋时代的“省试”或“礼部试”，所不同的也仅是名称不同、考试内容略有不同而已。会试一般是在乡试的第二年即辰、戌、丑、未年的春季二月于京师举行（《明太祖实录》卷160），因此也称“春试”“春闱”“春榜”“杏榜”。参加会试的人，必须是乡试中式取得举人资格的举子。会试也考三场，考试时间一般是固定在农历二月初九、十二、十五三天（《明太祖实录》卷160）。会试的内容与乡试相同，会试的程序和入场规矩也与乡试大体相同。因为会试是全国性的统一考试，它比乡试要高出一个档次，因此明统治者对它更加重视。不仅主考官和同考官都是由皇帝钦命，而且在考官的级别要求上也比乡试要高出许多，人数也增加。

据《明史·选举志二》载：“初制，会试同考八人，三人用翰林，五人用教职。景泰五年，从礼部尚书胡濙请，俱用翰林、部曹。其后房考渐增。至正德六年，命用十七人，翰林十一人，科部各三人。分《诗经》房五，《易经》《书经》各四，《春秋》《礼记》各二。嘉靖十一年，礼部尚书夏言论科场三事，其一言会试同考，例用讲读十一人，今讲读止十一人，当尽入场，方足供事。乞于部科再简三四人，以补翰林不足之数。

世宗命如所请。然偶一行之，辄如其旧。万历十一年，以《易》卷多，减《书》之一以增于《易》。十四年，《书》卷复多，乃增翰林一人，以补《书》之缺。至四十四年，用给事中余懋孳奏，《诗》《易》各增一房，共为二十房，翰林十二人，科部各四人，至明末不变。”（《明史·选举志二》卷70；参见《明太祖实录》卷160）其他提调和监试等官，也都由级别较高的官员担任。

会试被录取的人，称为贡士，第一名叫“会元”（《明史·选举志二》卷70）。会试相当于现在的硕士研究生考试，贡士在学历上相当于今天的硕士研究生学历，在学位方面就相当于现在的硕士研究生学位。

◎ 第四级考试——殿试——进士——博士学位

殿试作为科举考试中最高级别的考试是由宋代确立的，明初朱元璋开科取士与科举成式只不过继续沿用它罢了，明初殿试因考场设在奉天殿或文华殿而得名。参加殿试的人，必须是会试中式取得贡士资格的举子。按洪武十七年科举成式规定，殿试的时间定在辰、戌、丑、未年春季会试后的三月初一（《明太祖实录》卷160），从明中叶成化八年(1472)起，改为三月十五日（【明】余继登：《皇明典故纪闻》卷15）。这样殿试与会试相距时间稍稍加长了一点，时距约为一个月。殿试一般都是由皇帝亲自主持，即所谓的“天子亲策于廷”，故而殿试又被称为“廷试”。明朝皇帝亲自主持殿试是由朱元璋开启的，后来的皇帝基本上都能遵循这个“祖制”。但自嘉靖后期起，明代皇帝大多懒于朝政，万历帝居然二十多年不上朝，所以明朝中期起皇帝常常不亲自主持殿试了，而是由他的“代表”来例行公事。明朝殿试很简单，就考一场策问，其要求是对策“惟务直达，限一千字以上”。（万历：《大明会典·科举殿试》卷77）

殿试考题一般由文臣（明初洪武年间主要是朝中文臣）或内阁（适用于永乐以后内阁制形成）事先拟好，在殿试前一天呈给皇帝亲定。殿试是科举三级考试制中考试时间最短的一级，也仅考一场，所以一天的考试时间就够了。上午开考，日落前交卷。受卷官把试卷集中起来送交弥封官弥封好，然后送到掌卷官那儿，再由掌卷官将卷子送到东阁，交给读卷官评阅。在这些殿试“考务人员”中对读卷官要求最高，因为殿试是最高级的考试，一般水平的官员是无法充任读卷官的，他们必须是从进士出身的朝廷高官中挑选，或由翰林院、内阁、六部等部门中有科名的重要官员来担任，用今天话来讲，就是从朝廷高官阶层里挑选具有高学历的高官来充当殿试阅卷老师。由此可见，明朝对殿试的重视程度了。明代沿用宋代的殿试等额录取的做法，因此殿试读卷官评卷事实上并不复杂，他们只要将卷子分分类，一共分三等,即一甲、二甲、三甲。(《明史·选举志二》卷70)这里要说明的是,特别认真挑选的那就是一甲的三份卷子,即状元、探花和榜眼三份卷,其他的两甲就依着读卷官的个人好恶随便分等,无关紧要。(陈茂同:《中国历代选官制度》,华东师范大学出版社1997年9月版)

凡是参加殿试的举子被称为"进士",进士在学历上相当于今天的博士研究生学历,在学位方面就相当于现在的博士研究生学位。

◇ 三甲三等

明初朱元璋规制:殿试没有黜落。这本身没什么新意,只不过是沿袭了宋代殿试等额录取制度而已罢了。殿试发榜,将新进士分为"三甲三等"并挑选出"三鼎甲",这种做法也是来源于唐宋的传统,只不过唐宋时代没有这么复杂。

唐朝因为名义上规定省试为科举的最高考试,于是从科名角度来讲,参加省试并被录取的就被称为"及第",第一名称为"状元",第二名称为"榜眼",第三名称为"探花"。唐帝国常常在唐都长安的杏园为这些新中的进士举行极其体面的"探花宴",接着进行有皇帝参加的"曲江大会",相当于游园庆祝活动。一般有30来个新进士享受此等殊荣,但真正有很高荣誉与待遇的就是"状元""榜眼"和"探花"数人。

北宋开始实行殿试,并将殿试后的进士分为三等,即所谓的"三甲"。"三甲制度"起始于北宋太宗时期,当时将殿试录取的进士分为三甲三等,一甲赐以进士及第、二甲赐予进士出身,三甲赐予同进士出身,人数要比唐朝增加多了,地位也比唐朝要提高得多了。到了宋仁宗景祐年间又一度将"殿试三甲"的规格提高,人数再扩大,将原来的"三甲"三等变为"三甲五等",第一、二等为"一甲",赐予进士及第,第三等为"二甲",赐予进士出身;第四、五等为"三甲",赐予同进士出身(《宋史·选举志二》卷156)。宋代的这种制度设计为明初朱元璋科举成式时接受。(《明史·选举志二》卷70)

◇ 状元、榜眼、探花等"三鼎甲"和"三元及第"

明初规制,殿试发榜,就分三甲三等:一甲一等,赐进士及第,只取3名,第一名叫状元,第二名叫榜眼,第三名叫探花。状元、榜眼、探花,被人合称为"三鼎甲";二甲二等,赐进士出身,录取若干人,第一名叫传胪;三甲三等,赐同进士出身,录取若干人。凡是参加了殿试的人,都能在这三甲里边找到自己的名字,从此以后这"三甲人员"都有一个统一的"称呼",叫"进士"(《明史·选举志二》卷70)。实际上当你参加科举会试,并取得"贡士"功名之后,若你再想得个进士科名,那几乎是囊中取物，就好比现在某些高校为"高效、快速"地培养人才而对某些"特殊人才"采取"硕、博连读"或免试直读"硕、博"的做法。

殿试中式了，依照唐宋的传统那就要"放榜"了，这一榜就叫做"甲榜""甲科"。放榜用今天话来说就是公布录取名单，不过，因为殿试是国家对未来栋梁人才的最高规格的考录，公布考录名单当然不能随随便便，首先要在明皇宫的奉天殿上举行一次唱名典礼，那时有个美名叫"传胪"，实际上用大白话来说就是按照次序宣布被录取考生的名字。"传胪"结束，状元由应天府组织的仪仗护送回公寓，一路上鞭炮齐鸣，鼓乐喧天，好不热闹，在南京城里的每个人都会知道今年又是哪家的少爷中了状元了。最高的荣耀还远不止这些呢，一般在"传胪"之后，皇帝还要赐"恩荣宴"给新中进士，赐宴地点在明皇宫前的中书省。明宣宗宣德以后改在礼部，后遂为定例。这时大概是一个读书人一生中最荣耀、最辉煌的时刻了，从此以后就可出仕为官了。(《明史·选举志二》卷70)

相对而言，凡是进士出身的人步入仕途后一般要比其他人升迁得快，因为他们是两榜出身，极为人们看重。而所谓的"两榜"是指既通过乡试考中的乙榜举人，又通过殿试录取的甲榜进士，从名称上分了甲、乙两榜，但实际上考到进士的哪个没通过乡试乙榜？倒是有好多人被卡在了会试，从而无法进入殿试中进士。明朝大清官海瑞就是一个典型例子，他仅仅取得举人的身份，至死就没有相当于"博士学位"的进士头衔，但并没有多大影响海瑞的出仕与为政。事实上，凡是能中到举人以上者一般都比较有学识和才能，但并不是状元等"学位头衔"越高，他的才能与水平就越高。有些人考试很能考，但实际水平不咋样。

明代有两个科举考试"高手"，一个是洪武年间的黄观(又名许观)和正统年间的商辂，从考试来看，他们绝对称得上是"特等"大才子，因为他们连中"三元"。所谓连中"三元"，就是指乡试中了解元、会试中了会元、殿试中了状元，人称"三元及第"。整个明代近三百年历史也就黄观和商辂两人是"三元及第"，可以说是三百年才遇上这么两大"才子"(笔者按:《明史·选举志二》卷70，志第46中将整个明代连中三元的说成只有商辂一人，这是不对的，还应该包括被朱棣篡位上台后革除的洪武晚期连中三元者黄观)。但并不是"三元及第"才子的才能与政绩一定是超一流的，倒是常常位居二甲、三甲行列并不起眼的进士后来出了不少杰出的人才，像明末大科学家徐光启就是一个典型的例子。

◎"馆选"与"散馆"

科举的终极目的就是为君主专制帝国选拔治国安邦的优秀人才，考试仅仅是手段，不是目的。所以，殿试放榜，"优秀"人才——进士被选出来，那么这些"优秀"人才进士将何去何从？洪武中叶恢复科举首次殿试后，朱元璋作出这样的人事安排：一甲3人立即授官，状元授翰林院修撰（六品官），榜眼、探花授翰林院编修（七品官）；对二甲、三甲的知识才能大明皇帝似乎并不太认可，要他们进翰林院学习。翰林院大致相当于现在的中央研究院，是当时学术泰斗云集之地，因此进翰林院学习并不是每个二甲、三甲进士都有份的。明朝规定，进翰林院学习必须要参加翰林院考试，这叫"馆选"，馆选考上的就入翰林院庶常馆学习，人称"庶吉士"；没有馆选上就到六部、都察院、大理寺等衙门去观政，人称"观政进士"，使其既有知识化又能专业化（《明太祖实录》卷172）。"庶吉士"在翰林院庶常馆学习为期三年，三年后开始分流，当时专用名称叫"散馆"。优秀的"庶吉士"留在翰林院任编修、检讨，就成了翰林了（相当于中央研究院的研究员）；次一等的"庶吉士"被派出去任给事中、御史（相当于监察干部）等职。对此，《明史》曾这样论述道："（洪武）十八年廷试，（洪武帝）擢一甲进士丁显等为翰林院修撰，二甲马京等为编修，吴文为检讨。进士之入翰林，自此始也；使进士观政于诸司，其在翰林、承敕监等衙门者，曰庶吉士。进士之为庶吉士，亦自此始也；其在六部、都察院、通政司、大理寺等衙门者仍称进士，观政进士之名亦自此始也。"（《明史·选举志二》卷70）换言之，明代文官制系统开创于洪武帝朱元璋，成型于永乐帝朱棣，并在以后不断地完善，到明英宗时，明廷形成"非进士不入翰林，非翰林不入内阁，南、北礼部尚书、侍郎及吏部右侍郎，非翰林不任"的局面。明代内阁首辅共有172人，90%是翰林出身，因此史书说，明代"科举视前代为盛，翰林之盛则前代所绝无也"（《明史·选举志二》卷70）。从政治领域科举人才占据的绝对优势来看，明朝官僚文职化已经达到了很高的程度了，这是朱元璋及其子孙对科举公平化所带来的可喜成果。

○ 科举选拔地区取额"公平化"——确立科举考试"分地而取"的原则

通过洪武中晚期的朱元璋科举成式，中国的科举制更加标准化，更加公平化，更加合理化，这是从大一统帝国的个体臣民之间的视角来观察而言的。但如果从中国这样一个有着广袤土地的大一统帝国的整体来看的话，其制度的合理化、公平化就会令人质疑，或者说如等的公平化与合理化其实对大一统帝国不同地区的人们来说并非完全合理与公平，尤其是宋元以来南北中心易位，畸轻畸重，对于南方合理、公平的，而对于北方来说未必合理、公平；反之亦然。

◎ 科举选拔地区取额"公平化"问题的历史由来

中国自古以来南北各地经济文化发展速度不一，差异性很大。在中国历史上北方经济文化先于南方发达，但自唐末起中国的经济文化格局开始慢慢地变化了。大约在宋代时，中国的经济文化中心开始转移到了南方。宋代的政治家、著名文人以南方籍的或出生在南方的居多，王安石、范仲淹、苏东坡父子三人、黄庭坚、米芾、文天祥……他们是宋朝政治与文化领域里的主角。这种文化南北方易位的格局反映在科举上也逐渐明显起来。据美国学者 John W. Chaffee 的研究，北宋时全国进士为 9 630 人，诸路的有 9 164 人，占了总数的 95.2%，北方诸路的仅有 466 人，占了总数的 4.8%。而在南方诸路中又以两浙、江南、福建等东南诸路进士为多，共有进士 7 038 人，占北宋进士总数的 73%。(【美】John W. Chaffee: The Thorny Gates of Learning in Sung China: Social History of Examination, Cambridge University Press, 1985, pp. 132～133；转引刘海峰、李兵：《中国科举史》，东方出版中心 2004 年 6 月第 1 版，P185)

科举地区取额差异反映在科举考试内容上，当时北宋王朝内就存在着重诗赋文学还是重儒家经学的争论。北宋中期曾发生了一场很有意义的大辩论，而揭开这场大辩论序幕的是著名历史学家司马光。

司马光陕州夏县(今山西夏县)人，他本人擅长经史而相对不擅长诗赋，这也是西北知识分子普遍所拥有的特征。面对当时北宋朝野崇尚文学而不重经学的局面，司马光等北方士人认为朝廷的这般做法是不利于西北士人的仕进，因而他竭力主张分路取士，按地域均衡分配举人人数额。(【宋】司马光：《司马温公集》卷 30)

针对司马光的议论，尤以文学见长的宋朝参政知事欧阳修(江西庐陵即今江西吉安人)出面反驳。从中唐以后，擅长诗赋文辞者中江南人士居多，所以欧阳修认为，若执意要按地域均衡分配举人名额数的话，这就势必照顾了西北和北方士人，但也因此大大减少东南举子入仕的机会，从而造成另一种不公平。欧阳修坚持主张按考生的才艺录取，不按地域。为了保证科举考试的公平性，他认为朝廷应该出面制定统一的才艺录取标准，这样便可使得科举的公平性更加完善。(【宋】欧阳修：《欧阳文忠公文集》卷 113)

司马光和欧阳修的争论实际上代表了当时南北不同地域集团的利益之争。此次争论双方各有充足的理由，结果司马光的分路取士建议没有被采纳，宋朝还是依照习惯的做法，不掺入人才的地域因素，一切都以科举考试成绩来定士人的去留，应该说宋朝的这种做法具有很大的公平性，也更利于人才的发现！

类似的争论在宋朝还有，但最终也没有争出一个是非结果来。只是宋帝国朝廷注意到了在各州县地方的发解试中实行区域配额制度，也就是适当增加一些北方士人参加省试的名额，而在京师举行的省试还是实行区域之间的自由竞争，省试和殿试完全是按成绩的高低为标准,宋朝的这种做法实际上是既合理又公平的。

但到了元朝那里便被完全扭曲了,元朝科举规定:蒙古、色目、汉人、南人的进士各占 25 名,虽也有某些分地取人、照顾到大一统帝国的整体性"公平"的味道,但更多的还是带有民族歧视色彩。

明初朱元璋在大明帝国刚建时似乎没有意识到科举的南北之争问题,其原因大约有二:一来是他忙于大明全国性的统一战争与明初的经济恢复建设;二来是一开始他对科举制并不十分了解,明初科举兴废不定,曾一度停了十年,到洪武中晚期才走上正轨,并实行科举成式化。可这科举正规化之路才走上十来年,一件令朱元璋实在意想不到的事情爆发了。

◎"南北榜"事件

洪武初年,朱元璋开科举时,对会试录取没有做出什么特别的要求,既不分南北省区,也不限定录取名额数,一切按考生的成绩来定去留。最初是洪武四年那次录取,只录取 32 人,是洪武朝录取人数最少的一次,最多的一次是洪武十八年乙丑科,总共录取了 472 人(《明太祖实录》卷 172)。一切似乎都很合情合理。科举也已经定式了,三年一大比,就此周期性运行下去,但谁也没想到,这洪武三十年的"大比"可"比"出了人命来了。

洪武三十年(1397)二月,在大明帝国都城南京进行会试,这次会试的主考官是刘三吾、白信蹈。一切都按照科举考试的正常规程进行,先是会试,结束后进行录取工作,当时录取了宋琮等 52 人。巧得很,这 52 人全是南方人,没有一个是北方人。接着就进行三月的殿试,由于会试录取的全是南方人,当然参加殿试的就不可能有北方人了。殿试后选出闽县(今福建闽侯)人陈𨚗为第一名。

发榜以后,北方考生"群情激愤",硬说刘三吾与白信蹈自己是南方人,故意偏袒南方同乡。皇帝朱元璋听说后十分恼火,当即命令侍读官张信等 12 人进行复查,状元陈𨚗也参加了这次复查工作。复查后,张信等人如实向朱元璋汇报:刘三吾他们根本没有舞弊,是北方考生的水平太臭!可有人却不这么认为,居然信口雌黄地告发道:"张信等人受刘三吾的指使,故意将北方考生考得不好的卷子送给皇帝审阅。"本来就雄猜的朱元璋听后大发雷霆,下令将白信蹈、张信、陈𨚗三人处死。刘三吾因为年老,免去死罪,发配到边疆。先前发榜的那一榜自然作废,朱元璋调来殿试卷子亲自阅卷,重新录取了任伯安等 61 人,这就是历史上所称的"南榜"。接着朱元璋在六月份又给考生们进行殿试,这一次他选北方人韩克忠为第一名,且整个这榜都是北方人,人称"北榜"。后来人们就将这两次录取称为"南北榜"或"春

夏榜"。(《明史·选举志二》卷70;《明史·刘三吾传》卷137;【明】吕毖:《明朝小史·洪武纪》卷2)

◎ 比窦娥还冤的"冤大头"刘三吾等

这场所谓的"南北榜"事件,从目前的史料来看,它绝不是一次科场舞弊和惩治徇私舞弊的案件,而是纯粹的一场政治冤案。而所谓的"南北榜之争"中出场的"主角"其实都是比窦娥还冤的"冤大头"!从正史对刘三吾的记载来看,刘三吾是洪武中晚期的明廷重臣,曾经为大明帝国主持过很多重要典章制度的制定工作,他为人正派,聪明睿智。朱元璋晚年丧子(朱标太子)后几近疯狂,是刘三吾帮助了朱元璋逐渐走出阴影;因此从"情商"天分来看,刘三吾还是很高的,对朱皇帝应该是了解的。所以说,他不可能去冒这种无意义的天下之大不韪,搞什么舞弊;再说舞弊丑事也不是刘三吾这种正人君子所为的。北方考生说刘三吾等人"私其乡",就是说他偏袒同乡,那简直就是胡说八道。刘三吾为湖南茶陵人,廷试状元陈䢿为福建闽县人,榜眼尹昌隆是江西吉安人,这些举子没有一个跟刘三吾同乡,连省籍都不同。(《明史·刘三吾传》卷137;《明史·尹昌隆传》卷162)

说实在,北方考生水平臭是事实,但它是有历史原因的,因为元帝国定都北方,在北方胡搞了近百年,明初北方考生的学业好多都已经荒疏了,当然考不过南方人啰!以朱元璋的聪明劲不可能不知道这些,但他却"胡断"了,让刘三吾等人充当了"冤大头",其真实的目的是为了笼络北方士人,稳定北方社会。因为当时驻扎在北方的明军还时不时地与逃亡塞外的元朝残余势力处于直接的军事对抗,朱元璋滥杀无辜,制造"南北榜"事件的主要目的是稳固大明帝国北方的统治基础。所以后来有人一语道破了"南北榜"事件背后隐藏的天机:"北方人士服属于元较久,虑遗民有故元之思,颇欲假科名以笼络之。"而刘三吾等人"迂"就"迂"在太实事求是,没有政治头脑,不懂得政治是什么?政治就是丑恶,政治就是丧尽天良,却坚持认为江南本多俊才,坚持择优录取,"不悟太祖之意,致有此祸"。(【明】王世贞:《凤洲杂编》卷4)

南北榜之争虽然以极其野蛮和残忍的方式画了个句号,在会试中对被录取者的籍贯有何规定,南北区域士人录取如何定额并形成制度,等等,这一系列问题尚未来得及"妥善"处理,朱元璋就上西天去了。但这个事件对大明帝国甚至后来大清帝国的科举制影响却很大,自此以后,明帝国对会试录取名额数和南北名额分配在纷争中逐渐地定制下来。

◎ 从分地分卷取士的制度到分省定额取中制度

而滑稽的是朱元璋在科场制造冤案的深刻用意在他的后继几位皇帝那里并没有马上得到体现，从建文帝到明仁宗这段时间内，明朝会试录取的南方举人仍占压倒性优势。也就是说从建文到永乐明朝两代皇帝对朱元璋的科举南北榜“寓意”没有作深度的“挖掘”。

随着明代第5位皇帝明宣宗的登台，朱元璋在解决南北榜之争中所体现出的照顾大一统帝国的整体“公平性”之精神终于在他的玄孙那里不仅得到了传承，而且还逐渐地贯彻执行。

这事开启于洪熙元年(1425)，当时还在位的明仁宗曾问大学士杨士奇：怎么样改进方法，才会使得大一统帝国境内科举取士更加公平合理？来自南方江西的杨士奇居然这样说：“科举取士应该兼取南北方士人。”明仁宗深有感触地说：“你说得是有道理啊，可事实是北方人的学问远比不上南方人啊！”杨士奇回答说：“那些举国大才都出自北方，南方人是有才华，但大多数轻浮。”明仁宗又问了：“照你这样说的话，那我们怎么办？”杨士奇说：“在科举考试试卷设计时，将考生的名字等信息仍然设计在‘糊名’的范围内，而试卷另外设计一个突出的地方可写上‘南’或‘北’字。假如准备在全国录取100名，南方就录取60名，北方则录取40名。这样南北人才岂不都能照顾录取了！”明仁宗说：“这个主意很好！以往北方考生老考不过南方考生，所以北方人往往怠惰成风。现在要是实行你说的这种南北分卷录取办法的话，那么北方读书人肯定会兴奋不已，纷纷行动起来啊。”(《明仁宗实录》卷9；【清】谷应泰：《明史纪事本末·仁宣致治》卷28)明仁宗接受了杨士奇的“妙招”，但没来得及实施就病亡了。

明宣宗继位后的第二年(1427)，明朝正式实施南北卷制度：原则上南卷取60%，北卷取40%，把一些不易划定为南或为北的区域，分为中卷，南北各减5名归中卷。以录取100名为例，南卷取55名，北卷取35名，即中卷取10名。此后南北分卷制逐渐就形成了南卷55%、北卷35%、中卷10%的录取比例。(《明宣宗实录》卷96；【清】谷应泰：《明史纪事本末·仁宣致治》卷28)

明代分地分卷取士的制度的形成是明王朝贯彻“分地而取”的原则、确保大一统帝国各地力量的平衡和政治统一与稳定的必然产物。虽然后来明鼎清革，但明代的如等科举“大平均”之良苦用心，后继的大清帝国统治者还是心领神会的，全盘地接受与继承下来了，并在清代康熙年间得到了进一步的细化——康熙五十一年(1712)演变成了分为省定额取中的制度。(参见刘海峰：《科举考试的教育视角》)

明代会试分区定额取中制度带有明显的优待照顾北方、边疆和文化相对落后地区的用意，调动了落后省区士人的学习积极性，促进了当地人文教育水平提高，以及从维护中华民族的统一的角度来看，那就具有了较多的合理性。它保障了大一统帝国的整体公平性，但同时强硬和粗暴地磨灭了大一统帝国内一些地方的文化特殊优越性。

◎“冒籍”考试——中国特色的“高考”“移民”老鼻祖

明代开始乡试实行“分地而取”的办法，它基本上遵循了重中央轻地方的原则，但照顾到地区之间的差异，基本上贯彻了大一统专制主义中央集权帝国的政治原则——注意到各地政治力量的平衡，体现了大一统帝国的整体“公平性”，但忽视甚至践踏了帝国个体臣民的平等性。这与科举制的合理内核——个体公平性相背离，于是出现了士人变相的“反抗”——“冒籍”。(《明史·选举志一》卷 69)

“冒籍”用今天话来讲类似于高考移民。明朝科举考试规制：考生必须在原籍报考，如果你是南京籍的，你说南京竞争太激烈了，想办法冒充到陕西去报考，这样容易考上，这就叫冒籍。而明朝开始的考试制度偏偏就“叫”人去冒籍。譬如明朝北京顺天府历来是科举分配名额最多的地方，可那里的考生并不是全国最多。全国考生最多的是江南，但江南地区的名额反而比北京少，有人就揶揄江南人是“二等臣民”。不过并不是所有的江南人都是“二等臣民”，一些在北京的江南籍大官利用自己的特权与特殊关系，让自己的子弟或亲友假冒京畿籍的考生去应试。这种事情经常发生，万历十三年(1585)北京顺天府举行乡试，就有很多江南人去冒籍考试，后来被人揭发出来，光被查实的就有浙江人冯诗、章维宁等 8 人。明清对“冒籍”的处分是十分严酷的，冯诗和章维宁被带上枷号在北京顺天府前示众，因“受重创几濒于死”(【明】沈德符：《万历野获编·科场·乙酉京试冒籍》卷 16)。“冒籍”还要被革去士籍，永世禁锢。

为了确保大一统帝国各地区政治力量的平衡和帝国的长久稳固，以牺牲帝国臣民个体平等甚至生命为代价，这与科举制本身的公平性内在要求越来越远。

◉ 爱恨科举制

如果说明初朱元璋的科举成式是在承继唐宋科举遗产上还多少作了一些变革，但这种科举成式已经隐含了问题。科举内容上原先唐宋时代并没有限死在哪一家，更没有限死经术考试以哪一家注释为准，而且考试科目也不过于限死于进士一科；至于考试形式更没有过多地限死，有帖经(相当于现代考试的填充)，有诗、赋，有策论，等等。而明代科举成式化后，不仅将儒家的"四书""五经"作为科举考试的主要内容，而且还将程朱集注作为唯一的儒家经典解释，不许士子们自由发挥和独立思考，大一统帝国的政治与思想得到了高度的统一，人们只能信仰一种思想，只能作大一统帝国的忠臣顺民。更为甚者，就连科举考试的形式也作了标准化的规定——以八股为科举考试的主要文体。这样无论从内容还是到形式，无论是从出题标准还是到答题、判卷，中国的科举考试完全进入了"标准化"时代，从大一统帝国的整体来看，很大程度上实现了公平性；惟恐不足，明帝国统治者还在科举程序方面进行规范化成式与科举取士方面实行"分区定额"的"南北分卷制"等(《明仁宗实录》卷9)。以其所能，在大一统帝国的整体上确保最大程度的公平性。

问题是清代在这些方面全盘复制了明代的做法，更多地从技术层面修修补补后，就"发扬光大"了，真可谓有过之而无不及。诚然，清代的科举制不是没有"革新"：创新确立考试考官和密定考官制；实行会试分省录取制；增添乡试与会试的复试之制；开创"五经"并试制；建立官民分卷制；扩大考官子弟回避制；推行科举磨勘制，等等。从正面角度来看，这些科举"革新"举措与制度有着共同的作用，就是保证考试制度的公正性，确保大一统帝国不同地区和不同政治、经济地位的士子进行公平竞争和社会各阶层相对合理地流动，缓解社会矛盾，稳固了大一统帝国的"长治久安"。但其负面影响也是相当严重的，清代科举制更加严密化固然有利于促进公平化，但一种政治社会制度越是精细化，它就越容易僵化。增添乡试与会试的复试之制，虽然能有效地防止舞弊，选拔真正的人才，但是清代科举考试将明代本来已经众多的考试"关节"(4级7考)一下子增加了4级10考。我们以一个20岁小伙子参加最早的县试为例，要过10个考试关，平均每个考试关节花上2年，就算一个考试关也不被"卡"，考到"散馆考试"时已经人至中年；事实上一个正常的士子也是不可能一个考试关卡也不被"卡"住的。我们放宽一点，以平均每次考试要花上3年，那么，考到最后的"散馆考试"时，恐怕要50多岁，一个50多岁的老书生能有多大的创新精神与作为呢？

◉ 为何科举制成为过街老鼠？"西边日出东边雨"，喜乎？悲乎？

更为麻烦的是，从乾隆中后期起，开创"五经"并试制，原先只要通一经的，现代要通"五经"，举子们所耗费的学习时间与精力是以前的5倍，要想在功名方面有所收获就必须花出过去5倍的精力。所以我们看到清代时期再也没有明朝"东林党"那般"唧唧喳喳""闹"个没完，什么国事家事天下事，都不关举子什么事，举子们有"读不完"的"圣贤书"。加上清代实行极其野蛮、愚昧和残酷的"文字狱"，中国的读书人只有一条路可走，即"两耳不闻窗外事，一心只读圣贤书"，但求"洞房花烛夜，金榜题名时"。于是，科举考试成为唯一可走的道路，天下万般事，唯有读书高。读啊读，考啊考，难度大，中式不易，即使再严酷的"反"作弊科举规定与惩处大案，都吓不退前仆后继的作弊者。血淋淋的科场大案虽能一时廓清科场舞弊现象，但从根本上无法改变"公卿子弟视巍科为故物"(《清史稿·选举志三·文科武科》卷108)的积习，于是大清帝国对科场的重点"关心"放在了如何防止作弊、维护考试的公正，而对八股科举制本身如何及其如何选拔真才实学，却关注甚少甚至是忽视。

更为严重的是，长期的刻板的科举八股考试毒化了社会风气。由于八股科举限死在"四书""五经"题库，举子们只要读好了这两本"题库"，什么知识也没有，照样可以当官做老爷。但也有人说这"四书""五经"题库太难了，学不好、背不出，别急，有人专门为你解愁，书摊上各类考试秘籍、考试指南、考试必读、考试捷径等，琳琅满目，应有尽有，肥死了书商，累死了考生。而这类所谓科举"考试指导"，其实都是叫人如何投机取巧，甚至有专门介绍如何作弊的，在饭篮的夹层里夹"资料"，在帽子顶上做文章，还有人专门驯养鸽子，在考场上通过放飞鸽子内外作弊，更有人将可能要考到的"四书""五经"写在肚皮上……前几年南京有人献出了一本科举作弊的"袖珍""四书""五经"，至于当年这本书的主人如何用它作弊的，我们不得而知，反正花样百出。投机取巧者、舞弊者反而考上了，真正研究学问的却什么功名和待遇也没得到，社会诚信、公平性已经无从谈起，社会风气更加混浊，民族惰性日益增加，科举已成为"锢智慧、坏心术、滋游手"的"罪魁祸首"了。此时八股科举这台运转了四五百年的机器自身功能日益衰竭，愈发僵化与老化，成为一具千年木乃伊。这不是哪一个人惹的祸，更不是月亮惹的祸！而是明清之际科举制所强化的"标准化"与"公平化"所导致僵化的必然结果。尤其是清代中后期起，科举制几乎成为过街老鼠，人人喊打，不废不足以平民愤，科举废除已成为一个时间性的问题了。

然后令人啼笑皆非的是，当大清帝国宣布废除中国沿用了1300多年的科举制时，西方欧美国家却争先恐后地学习和模仿中国科举文官考试制，建立起现代的文官考试制度，完善近代西方政治文明。东西方如此巨大的反差，让人想起唐代诗人李商隐的诗："……东边日出西边雨"，不，应该是"西边日出东边雨"，喜乎？悲乎？(本节内容为笔者2007年10月在南京"市民学堂"作讲座时的讲座稿，全文原载于

南京市委宣传部叶皓主编的《走进市民学堂》第6辑，江苏文艺出版社2008年4月出版）

有关科举，说到这里大致可以告个段落。让我们回头来看看朱元璋在思想文化教育领域里采用的治政国策和所要达到的目的及其相互之间的关系：治国需要人才，人才就得通过考试选拔出来。为了体现公平性，更为了能选拔到忠君孝亲的“标准”化人才，这位奇特的开国皇帝推行科举改革和“八股文”标准化考试，实施科举成式；又唯恐人才源头上出问题，与此同时他还在全国范围内大力普及官学，广施教化，推行“标准化”教育，尊孔崇理，统一思想、钦定教材……，“严防峻守”，“培育”出一个又一个忠君臣民、忠君顺民，以此来确保和稳固绝对君主专制主义的统治。

不过，在这样的国策实施过程中，要是有什么不尽如人意或存在疏漏的话，要是“标准化”教育出来和“标准化”考选出来的人才抑或普通臣民“胡说八道”“胡思乱想”，不与洪武朝廷中央保持高度一致的话，那可怎么办？不急，无所不能的朱元璋还有更“绝”的一招，那就是大开杀戒，滥施文字狱！

无端制造文字冤案　随意打击思想“异端”

◉ 文化大国和文字狱大国之历史

文字狱这个怪胎在中外历史上存在已久，尤其在我们中国历史上“源远流长”。文字狱不仅仅指的是因为写了不该写的“东西”而被定为犯罪行为，那就太狭隘了；它还应该包括说了不应该说的，想了不应该想的。用现代某些有着特别“正确”思想人的表述那就是思想反动透顶的反革命分子、坏分子，用西方的术语来表达那就叫做“持不同政见者”。只要是与当权者相悖，那就是被指认为犯下了弥天大罪，因而也就遭到当权者的“专政”了，坐牢、充军甚至杀头、灭族，惨不忍睹。传统中国是个文化大国，但也是一个文字狱大国。我之所以这么说，不是危言耸听或哗众取宠，历史应该讲的是事实。

众所周知，中国传统文化是以儒家为主体，而儒家是以仁义礼教著称于世。现在学术界一致认为，中国传统儒家是以汉朝为转折点，形成了外儒内法的汉代儒学。所以人们就自然认定中国自秦汉起走上了专制主义中央集权的道路，似乎一切都与法家的“权、术、刑、杀”大相关联。

但我个人一直在怀疑这样的“定论”。儒学是在汉朝发生了转折，但先秦儒学似乎也并不像我们过去所认识的那样——礼教于人，甚至也是相当热衷于集权与打击“持不同思想者”。孔子杀少正卯就是一例，也可能是中国有文字记载历史中的第一起文字狱。其实少正卯被杀的罪名在今天看来很好笑，就是与孔子大唱对台戏，孔子就说少正卯心术不正，混淆视听，扰乱人心，于是刚当上鲁国的司寇没几天的孔子就利用职权将少正卯给杀了。其后文字狱迭出，大概到了秦朝时，秦始皇可以算得上是搞文字狱的高手，凡是与他统治思想相悖的书籍都要焚毁，还有不知道是不是秦始皇从儒家的祖师爷孔子那里得到了什么“启示”，将“持不同政见者”——儒生活埋了，只是秦始皇活埋的儒生太多了点——460 多人。从此后世将秦始皇作为暴君，“焚书坑儒”就是一个铁证，其实也是文字狱的一个铁证。秦朝时中国文字狱达到了极高的“水准”，居然创制出了“诽腹罪”。什么叫“诽腹罪”？就是你表面上没说什么，更没有写出什么反动的书面文字来，而是你在肚子里诽谤君主与朝廷，就是心理上与朝廷不保持一致。秦朝“诽腹罪”的开列将中国传统文化中的“文字狱”推向了第一个高潮。以后中国历史上的文字狱不仅又有几次“激荡”，而且重灾区由汉族政权转向了少数民族政权，有人说那是少数民族入主中原而本身文化落后、底蕴不足的一种脆弱的表现。我们姑且不去讨论文字狱在少数民族政权中频频高发的缘由，但有这样一个事实人们千万别忽视了：随着传统中华文明进入全盛时期——隋唐两宋时代的到来，颇具“中国特色”的文字狱大大减少了。可是十分奇怪的是，当传统中华文明在成熟过后进入“烂熟”阶段时，却“迎来”了“文字狱”的高发期，而大明帝国的开国皇帝朱元璋就是这波“文字狱”高潮的开唱者。那么，朱元璋到底为什么要屡兴文字狱呢？

◉ 朱元璋为什么要屡兴文字狱？

○ 树立绝对权威，加强专制皇权

朱元璋在建立大明帝国以后采取了一系列的措施，都围绕着一个中心点，就是加强专制主义皇权。本是流民一般出身，在经过几十年的军旅生涯后打出了“红彤彤”的江山，开创了大明帝国，因此说朱元璋身上时刻流露出匪气和兵痞子气息，打啊！杀啊！没什么理由，想要打你的时候就打你，想要杀你的时候就杀你。十几年的战争与你死我活的斗争，能有什么结果？真的成为“真龙天子”“天生圣人”？朱元璋的人格与精神境界得到了升华？断然不可能！相反，军事上的不断胜利，更加助长了他作为“领袖”的优越感与“超人”的意识，最终发展到了一种极度自恋与绝对“完美”的状态。功臣不听话的或流露出异样的，杀！文臣不听话，杀！知识分子不听话，或者表面听话，暗中讥讽与诽谤本皇帝的，全都杀！杀，过去能杀出政权来；杀，现在能杀出皇权的绝对威信来，看还有谁不听话？看还有谁的脖子比刀子还硬啊！唯有这种不需要任何理由、无从辩解的杀戮，才能彻底显示出皇权专制主义的绝对性、权威性和巨大的威慑性。有人担心朱元璋这样杀下去，大明会不会出现第二个秦朝？不会，朱元璋农民出身，对占有人口压倒性优势的农民尤其那些“贫下中农”可好了。只要“贫下中农”们不起来造反，大明帝国基本上还是稳定的。曾是农民起义领袖，朱元璋对此一清二楚。

更有武夫出身的朱元璋对知识分子充满了“先天性”的偏见与政治上的歧视。据说，朱元璋嗜好“对对子”或者说是“作诗”，不仅常常喜欢“露一手”，而且还在大明朝廷中大力提倡。问题是大明的这些开国功臣大多是一介武夫，别说“对对子”“作诗”，就是写个个人简历还嫌太难了。既然皇帝开了口，那可是金口玉言，尽管在朝的武夫们个个急得大汗淋漓，但谁也不敢说个“不”字。退朝以后，文臣们都走了，皇帝留下武将们并十分诡异地说道：“你们千万别急，我来帮你们写一首。你们回去后就把它背出，看哪个腐儒能对得上来？”

到了“应制作诗”那一天，文臣武将们都到齐了。皇帝朱元璋特地安排武将在先，一个武将开始吟诵：“皇帝一十八年冬，百官筵宴正阳宫。大明日出照天下，五湖四海春融融。”这诗的气派确实很大，什么“大明日出照天下，五湖四海春融融”，完全一副君临天下的帝王样。文臣们一听，就知道是“皇帝诗”，还有谁嫌自己活得不耐烦，会说自己能做比这更好的诗呐？于是大家赶紧一一说：“小臣才疏学浅，无能以对。”(【明】皇甫录：《皇明纪略》；【明】吕毖：《明朝小史·洪武纪·预题一诗》卷1)

○ 朱元璋文化水平不高，素养差，就怕别人挖苦他，尤其他感觉知识分子骂人不带“脏”字，但句句暗藏刺人的棘刺，太可怕了，于是他就借题发挥大开杀戒，惩一儆百

一般来说，搞文字狱的人有个共同的特征，就是文化水准不高或猜疑性很强。朱元璋和他的儿子朱棣——明朝第三位皇帝都是半文盲，这一点在学术界一直没有引起太多的重视，人们往往相信朱元璋的四儿子朱棣为了粉饰他“老爸”自身的“瑕疵”而屡次修改编定的《明太祖实录》中这样的记载：朱元璋是如何聪明，如何用功和自学成才。真的是这样吗？我们没办法相信这是事实。但有些证据却证明了朱元璋确实是个半文盲。

◎ 半文盲的朱元璋：大胆卢熊居然要我滚蛋，这还了得……

证据一：洪武年间有个叫卢熊的文人，人品好，学品也好，在当时大明帝国政权中算得上是个严谨的学者型官员。出生于苏州昆山(《明太祖实录》卷110)，按照当时的回避制度，洪武时他受命出任山东兖州知州。刚刚上任处理公务，就要用皇帝授予的官印，类似于我们现在的政府衙门里用的公章。但当取出官印时，卢熊傻眼了，明明皇帝任命自己是山东兖州知州(相当于兖州市长)，可是这官印上却刻成了"衮州知州"。卢知州本是个严谨的学者，遇到这样的事情很是郁闷，于是就开始查了：会不会是刻工不识字，将"兖州"刻成了"衮州"？打开皇帝给自己的诏书，一查，卢熊差一点晕过去。原来刻印的刻工可认真了，他倒是没有刻错，而是皇帝朱元璋的诏书上写错了，将"兖州"写成了"衮州"。错就错呗，不！这个卢熊可认真了，他给皇帝朱元璋写了一个奏章，大致是说：皇上，您将"兖州"写成了"衮州"了，山东可没有这个"衮州"，希望您收回官印，重新刻一枚给我。朱元璋一见到奏章头就大，嘟嘟囔囔，骂骂咧咧起来："'兖'就是'衮'，不就是一回事！这个卢熊撑饱了没事，就喜欢咬文嚼字。胆大包天的卢熊，你居然将出任的地方念成'滚'字，这不是要我滚蛋吗？看我怎么收拾你！"后终以党案为由杀了卢熊。(【明】叶盛：《水东日记·卢公武兄弟》卷4)

"兖州"是山东一个很有名气的地方，三国时代就开始出名了，应该属于最基本的地理知识，而且"兖"与"衮"不是什么冷僻字，估计拥有汉语字汇量在3 000左右的人都能辨认出来，也就是中等文化以上的人不会不认识，只有中等以下的半文盲倒是不一定能辨认。

◎ 张状元因为写了句杜甫诗"舍下笋穿壁"，却被朱皇帝腰斩，这是为何？

证据二：朱元璋曾经下令，让翰林修撰张信担任皇子们的老师。有一天，张信教孩子们练字，很随意地将杜甫的一句诗"舍下笋穿壁"写了下来，作为给孩子们的临摹帖。巧不巧，这天朱元璋刚好过来，想看看这位张先生是如何教这些"龙种"们学习的？龙子龙孙们的学业是否有所长进？当看到孩子们正在认真练字时，他就凑过去仔细瞧瞧，这不看不要紧，一看，朱皇帝就来火了，什么"舍下笋穿壁"？有人解释说，这是唐朝大诗人杜甫的诗句。可朱元璋生怕别人笑他无知、没文化，硬说"舍下笋穿壁"是在讥讽和诅咒我大明朝的朝堂将要破败到了像竹笋穿壁的破茅屋那样，于是当场怒骂道："堂堂天朝，何讥诮如此！"意思是说，我堂堂大明天朝，怎么能被讥讽到如此地步！随即下令，将张信腰斩。(【明】皇甫录：《皇明纪略》；【明】吕

毖:《明朝小史·洪武纪》卷1,笔者按:明朝历史上有多个张信)

◎ 朱元璋是皇帝,对《论语》自有他"新解"

证据三:《论语》有句:"攻乎异端,斯害也已。"朱皇帝新解:"攻,是攻城之攻。已,止也。孔子之意,盖谓攻去异端,则邪说之害止,而正道可行也。宋儒乃以攻为专治而欲精之,为害也甚,岂不谬哉!"朱元璋给他的大臣解释说:"《论语》中的这句句子里的'攻'是攻城的攻(看来他读书了还不忘自己战场上的事情,学以致用么),古人说的攻城为上么。孔夫子的意思是,攻去异端,邪说的危害就停止了,儒家主张的正道就可行了。宋代的儒士们就是专门以'攻'作为自己专治的学业,并想使它更加精湛,其危害也十分严重。这难道不是一大谬误吗?!"(【明】李贤:《古穰杂录摘抄》)

对此,记载这段史料的明朝前期宰辅、一代名臣李贤最后不无"深情"地说道:"(高皇帝)如此辨者甚多。汉唐以来,人君能事诗书如此留意者,亦不多见。由其天资高迈,所以不袭故常,能将许多见识来说。"(【明】李贤:《古穰杂录摘抄》)

◎ 儒家经典中的"万寿无疆"和"天下有道"瞬间变为了"强盗"

证据四:有个姓张的翰林编修很能坦然直言,直得让洪武皇帝朱元璋在朝廷中不能容下他,将他外放到山西蒲州去当学正(相当于州里公立学校的校长)。按照惯例,逢年过节什么的,臣下的都得要向皇帝撰写庆贺表。而洪武皇帝朱元璋一旦空下来了,也会翻翻这些来自各地的祝福"贺卡"。有一天,他看到山西蒲州州立学校校长张翰林的贺表,其中有词:"天下有道"和"万寿无疆",顿时就大怒起来,咆哮道:"此老腐儒居然以'疆''道'两字来攻击我,真太可恨了,居心叵测!"随即令人前往山西去,将那个张翰林给逮到南京来,开始审问他。可没说上一句话,两人又顶了起来,朱元璋恶狠狠地说:"我要将你送到法司衙门去问罪,你有什么要说的?"张翰林说:"小臣有一句话要向皇上您奏明,奏完了,小臣死亦无憾。"朱元璋终于耐住了性子,让张翰林讲完。张说:"陛下您曾经有旨,贺表上的表文不能随便杜撰,一定要出自圣人的经典中。我们都记下了您的教诲了。小臣在贺表中写的'天下有道',实乃先圣孔夫子之格言;小臣写的'万寿无疆'出自《诗经》里头,这是小臣敬贺陛下您的一片至诚之心啊!陛下说小臣犯了诽谤、中伤之罪,大概也就是指这些事吧?"听了张翰林的一席话,朱元璋惊呆了,好久都没说出话来,最终冒了一句:"此老头嘴还硬得很,放了不要管他!"目睹这一幕,皇帝身边的人私下议论开了:"多少年了,我们所能见到的皇上所能容下的,也就是眼前这张翰林一人了。"(【明】李贤:

《古穰杂录摘抄》)

从明代名臣李贤记载的这件事情来看,朱元璋对中国传统儒家经典典籍一点也不熟,可见其文化水平确实令人不敢恭维。文化水平不高,素养差,心理当然会自卑。自卑本没多大的事,问题是当了绝对的"领袖""天生圣人"(朱元璋自诩之语)怎么会连那"腐儒"都不如呐?领导干部、圣人领袖应该处处要比老百姓有才。朱元璋的"好儿子"朱棣在篡位后,令人反复修改《明太祖实录》,极度美化自身与"老爸",说他"老爸"自参加红巾军后,如何如饥似渴地读书识字,不断进行文化"充电",就差一点成为类似于现在的一些特殊材料所组成的特殊领导那样——人人都有名牌大学的博士文凭了。据说朱元璋自学的学业相当好,好到了竟能"操笔成文章"(【明】徐祯卿:《翦胜野闻》)。为此,他不无自鸣得意地对身边的人说:"朕本田家子,未尝从师指授,然读书成文,释然开悟,岂非天生圣天子耶?"多自信啊!(【明】徐祯卿:《翦胜野闻》)

极度的自尊在很大程度上就是愚昧和无知,极度的自尊就最怕别人揭短或触摸到隐痛,而极度的权力一旦被赋予了极度自尊的人,那么其所产生的危害和灾难实在是太可怕了。他可以任意地杀人,以任意杀戮来"捍卫"任何有可能对他自尊的侵犯,这是朱元璋屡兴文字狱的第二方面的原因。

○ 由别人的"前车之鉴"诱发了他对文人的疑心病,拥有绝对权力的君主对知识分子一旦有了疑心病,知识分子就开始遭殃了,文字狱就会层出不穷

朱元璋开创大明帝国之前的劲敌张士诚,曾经在苏州建立了诚王政权,底下养了一帮子文人。张士诚本身是盐丁出身,没什么文化,但他对文化人很尊敬、也很好。没想到这帮子文人表面上对张士诚很恭敬,也很听话,可骨子里压根儿就看不起张士诚。张士诚原名叫张九四,这个名字够土的,就好比被人喊作"阿猫、阿狗",多难听啊!在苏州城里称王后的张士诚没个像样的大名,这也太丢人了,就像现在有些"公仆"没几个漂亮美眉作"二奶""三奶"……"N 奶"一样脸上无光。找美眉,方便,只要到纳税人那里去搜刮,再拜倒在石榴裙下就行了;而要改个大名,对于大字不识的张士诚来说可比登天还难。于是他就叫底下的文人给自己取个既好听又很有意义的名字。文人们一合计,给他取个大名叫"张士诚",这事也就这么过去了。可有人老觉得这个名字不对劲,好像在圣人的经典里读到过,于是打开圣人"宝书"查查看,一查就查到了,在《孟子》一书中,还真有这么句话:"士诚,小人也"或断句为"士,诚小人也"。

大明开国后，懂得“可以马上夺天下却不能马上治天下”道理的朱元璋深切感触到，文治天下时代开始了，于是他就大量重用文人。见此，曾经一同出生入死的武将们可不乐意了，有人便将不知道从哪里听来的有关张士诚的那段“故事”讲给了洪武皇帝听。朱元璋不信，随即叫人拿出《孟子》来查，嗨，果然如此！这时朱皇帝的心里可不是滋味：张士诚待那些文人可不错了，可谁知文人们那么坏，给他取名字还在骂他小人，够缺德的，骨子里坏，坏透了，要以张士诚为“前车之鉴”！洪武帝本来就疑心病很重，现在就更加剧了，尤其对那些文人，他特别留心，他们上的贺表啊，奏章啊，保不准就有讥讽和含沙射影的骂人话，只要发现有点“苗头”的，就把他杀了。其实朱元璋心里没谱，如果这个被杀的文人确实是在挖苦、讽刺和揶揄，那么杀了他，也是他活该；如果杀错了人，权作一种震慑吧！（【明】黄溥：《闲中今古录摘抄》卷1；【清】赵翼：《二十二史劄记·明初文字之祸》卷32）

○ 朱元璋心理存在着严重的人格障碍——与所谓的“儿子”朱棣同类

朱元璋平民出身，更确切地说是叫花子、和尚出身。我们前面已经讲过，在中国这个宗教意识淡薄的国度里，人们过多地注重现实世界的此岸，很少去顾及或思虑未来的彼岸，宗教世俗功利化，人们到庙里烧香拜佛，也多数为了现实此岸，因此和尚等宗教界里的人是向来不受人们所重视的。还有叫花子本身就是社会底层甚至可以说是社会边缘的人，而中国社会是个官本位的社会，尤其是宋代确立科举文官制，使得读书人的社会地位得到了空前的提高，尽管元帝国基本上不开科举、不重视士大夫，但中国传统社会里士大夫所拥有的优越社会地位意识一直没有改变，他们往往以“气节”自励，维持士以求“道”为最终人生目标的理想品格，深深地赢得了社会的尊重。相比之下，朱元璋感到极度的自卑，在充满自卑的情结里，他非常羡慕官员和士大夫所拥有的优越地位，因而也就产生了强烈的压制和暴虐于人的念头，尤其是到了中晚年，他的内心已经产生了严重的心理障碍，甚至可以说接近于变态，绝对的自私、绝对的冷酷，以自己的施虐和杀戮来“换得”别人的痛苦、流血与哀求，最终达到自己心理的平衡。（参见姜建平：《明朝三百年·大明王朝之谜》，文汇出版社2004年11月版）

◉ 朱元璋屡兴文字狱的案例分析

朱元璋实在是搞文字狱的一把好手，到底搞了多少场文字狱？至今为止还没有一个确切的数字。但我们通过对洪武年间的文字狱作一归纳和整理，就会发现其主要有四大类：

○ 笔祸

就是文字狱本意上的由文字而引发的，在这类文字狱中又可分为两种：

◎ 第一种，无意识地触犯了皇帝的隐痛、短处

这一种文字狱在明初最多。

中华帝国向来讲究礼仪，而作为帝国第一人的皇帝过生日、皇帝册封皇后和皇太子等都是帝国内的第一等大喜事。中央与地方的文武百官都要写表笺以表庆贺。洪武初年，杭州府儒学教授（相当于府一级学校的校长）徐一夔在所撰贺表中写有这样的几句话："光天之下，天生圣人，为世作则。"这几句都是颂扬朱元璋是一个圣人，实在是人世间的楷模啊。谁知朱元璋看到了以后大发雷霆："腐儒竟然敢如此放肆，欺辱到本皇帝的头上！"众大臣都惊讶得目瞪口呆，感到皇帝发火有些莫名其妙，实在是不可理喻啊。可按照朱元璋的理解："'光天之下'中的'光'不就是骂我剃光了头发去当和尚么，'天生圣人'一句可更厉害了，'生'音即'僧'，'圣人'就是'僧人'，暗骂我当过僧人；至于'为世作则'中的'则'是骂我做'贼'。"古代中国人将反政府的起义者往往称为"贼"，这个"贼"绝不是我们现在意义上偷东西的"贼"，所以在朱元璋看来，自己参加、领导过红巾军，就是做过"贼"，当过"贼"头。这些应该避讳，可那个徐教授居然公开上表骂皇上是"贼"，这还了得，朱元璋下令将徐教授抓起来杀了。（【清】赵翼：《二十二史劄记・明初文字之祸》卷 32；【明】吕毖：《明朝小史・洪武纪》卷 1）

这样的文字狱屡屡发生后，大明礼部最着急，因为它是专门主管全国喜庆贺表之类事情的。下面出了事，礼部也逃不了干系啊！礼部官员琢磨了一番，就向皇帝朱元璋说："底下的这些人都是一些愚蠢不堪的混蛋，皇上圣明，您能否给底下这些愚蠢的小官小吏和小民们定个格式，免得他们以后再犯什么错？"朱元璋一听，这话讲得有道理，于是就命词臣撰定统一的标准书写格式，禁忌的范围逐渐扩大，最先限定的是国、君、臣、天、圣、神、尧、舜、禹、汤、文、武等人名不允许用，后来扩大到了太祖、黄孙、王孙、太叔、圣孙、龙孙等，甚至民间对医生的尊称"太医""大夫""郎中"也都不能用了（《明太祖实录》卷 52；【明】顾启元：《客座赘语・国初榜文》卷 10；【明】祝允明：《九朝野记》卷 1）。据说"群"字原字为"羣"，但朱元璋嫌自己与猪狗羊并起并坐，多难受！于是下令将"羣"改为"群"；还有一、二、三、四、五、六、七、八、九、十这些中国传统的计数数字也不能乱用，尤其在记录钱谷数时更应该注意，要

用就得用"壹、贰、叁、肆、伍、陆、柒、捌、玖、拾"等字，防止奸人耍奸（【明】吕毖：《明朝小史·洪武纪》卷2）。违者就要被处以重刑。话得说回来，尽管禁忌太多，但毕竟有标准，而在实际使用中还会发生文字狱，这是为什么？因为朱元璋还有很多难以言语的隐痛不好说出口，让人们回避，就怕别人笑话，这下文字狱就层出不穷。

明初的文字狱实在是太多了，很可惜《明实录》和《明史》等正统官书的编撰者遵循了孔子的"为尊者讳"的教诲，将它们完全给避讳了，但清朝的一些学者给我们辑录了一些珍贵的资料：

浙江府学教授林元亮为海门卫作谢增俸表，以表内"作则垂宪"，诛；北平府学训导赵伯宁为都司作万寿表，以"垂子孙而作则"，诛；福州府学训导林伯璟为按察使撰贺冬表，以"仪则天下"，诛；桂林府学训导蒋质为布按作正旦贺表，以"建中作则"，诛；常州府学训导蒋镇为本府作正旦贺表，以"睿性生知"，诛；澧州学正孟清为本府作贺冬表，以"圣德作则"，诛；陈州学训导周冕为本州岛作万寿表，以"寿域千秋"，诛；怀庆府学训导吕睿为本府作谢赐马表，以"遥瞻帝扉"，诛；符县学教谕贾翥为本县作正旦贺表，以"取法象魏"，诛；亳州训导林云为本府作谢东宫赐宴笺，以"式君父以班爵禄"，诛；尉氏县教谕许元为本府作万寿贺表，以"体乾法坤，藻饰太平"，诛；德安府学训导吴宪为本府作贺立太孙表，以"永绍亿年，天下有道，望拜青门"，诛；盖"则"音嫌于"贼"也，"生"嫌于"僧"也，"帝扉"嫌于"帝非"也，"法坤"嫌于"发髡"也，"有道"嫌于"有盗"也，"藻饰太平"嫌于"早失太平"也。（【清】赵翼：《二十二史劄记·明初文字之祸》卷32）

从以上的几个文字狱案例来看，朱元璋主要对"则""道""生""取法"等一些字十分憎恶，它们"对应"的字分别为"贼""盗""僧""去发"（当和尚），这些都是朱元璋自身人生经历中难以启齿的隐痛。所以谁要"碰"了他的隐痛伤疤，可就倒大霉了。但皇帝的隐痛伤疤，一般人怎么会知道？即使知道一些，谁会想到那些音近字也算在里头？谁会想到那些荒唐可笑的类似于民间讨个好口禅也算在里头？

◇ 有人拍马屁把脑袋拍没了

从洪武年间文字狱的受害者来看，一般都是知识分子，但并不绝对，包括朱元璋过去的"老同行"和尚也有成为文字狱的牺牲品。有个叫来复的江西和尚，在明初较有名气，朱元璋经常将他召到南京来闲聊，并时不时留下来复在宫中"会餐"一下。来复觉得很过意不去，很想表达一下自己的一片谢意，于是就写了一首诗，送给了朱元璋，诗中有两句是这样的：

金盘苏合来殊域，玉盎醍醐出上方。

稠叠滥承天上赐，自惭无德颂陶唐。

这上联是赞美朱元璋的盛情款待，金盘里来自异国他乡的苏合香袅袅升起，玉碗里盛满了皇帝您赐给我的精美的酪浆；下联是来复在说自己，多次蒙受皇上您的恩赏，我这个平庸的人啊，不知有多惭愧，再多再好的语言都无法歌颂像尧舜一样的君主啊！

这本是一首地地道道的歌颂诗，马屁诗，意思十分明确。可谁也没想到，这个来复和尚却招来了杀身之祸。这到底是为什么？主要是皇帝对这首诗有特殊的解释，他说上联中"殊域"中"殊"分开来就是"歹""朱"，于是认为：来复和尚在骂姓朱的不是什么好东西；下联中"无德颂陶唐"是在骂大明皇帝缺德，不配比作尧舜一样的贤君。当即朱皇帝大怒："何物奸僧，敢如此大胆！"下令将来复杀了。可怜来复和尚真是倒了大霉，拍马屁也把自己的脑袋拍没了。（【明】吕毖：《明朝小史·洪武纪》卷1；【清】赵翼：《二十二史劄记·明初文字之祸》卷32）

◎ 笔祸的第二种形式就是因为写的内容和格调不合皇帝朱元璋的"口味"

洪武初年开始，朱元璋为了巩固专制主义中央集权而大施酷刑，引起了朝廷内外的一片恐慌与非议。洪武九年（1376）闰九月，山西平遥训导叶伯巨以天象星变为由头上书给皇帝，说："小臣综观中国历代的开国之君，他们没有一个不是以仁义、德礼来治理天下而赢得民心的，一味任用刑罚就会失掉民心。国祚长短的奥秘全部在于此。"这是叶伯巨上书的铺垫，接着他把话锋一转，直接切入正题，批评朱元璋用刑太繁太酷："皇上您严惩故元之流弊，制定了不可宽宥之刑罚，权衡快速变化着的法律，使得大家都知道了害怕，但又弄不清楚到底哪儿出了错。小臣认为不应该这样啊！开国之主，是为万世树立榜样的，一举一动，必定值得子孙所效仿，更何况刑罚使用不能不慎啊！小臣我私下认为，这些年来，我们国家诛杀了不少人啊，但犯罪者还是一个接一个，好坏也分不大清楚了，善恶也没办法区别了，议贤议能之法已经被废了，人们不能自为勉励而努力向善，这是多么危险啊！还有分封制……"

朱元璋接到叶伯巨的奏书，简直没办法读完，肺都气炸了，立即令人前往山西去，将那个腐儒逮到南京来，他要亲手杀了他。当时中书省还没被废除，中书省官员知道朱元璋在气头上会做出过激的事情，就因为一个县级教官说了几句劝谏的话，就把人家给杀了，这与古代圣君的做法相差太远了。于是他们将叶伯巨逮到南京的消息悄悄地隐瞒了下来，没马上上报。等到有一天皇帝心情好的时候，他们就来报告说："山西那个给皇上您提意见的腐儒给逮来了！"朱元璋随即命令将他放到监狱里去。最终这个因上书"忤逆"了君主意志的县级教官死在了监狱里。（《明史·叶伯巨传》卷139）

◇ 因为写得太多,也要被皇帝打

如果说叶伯巨的死是因为不知深浅地上书而自己招惹的话,那么刑部主事(相当于司法部部长助理)茹太素就是极为平常的上书,却因为不合皇帝朱元璋的口味而招来了一顿严酷的处罚,想来实在是冤。茹太素在洪武朝主要在司法与纪检部门担任过领导工作,先后出任监察御史、四川按察使、刑部侍郎等职。他性情刚直,有什么事都实话实说。为此,他吃了不少苦头,几次被朱元璋处以廷杖、降职,甚至还曾被处以像重刑犯一样镣足办公。

洪武八年,茹太素写了整整 17 000 字,满腔热情地叙说了自己对国家五六件大事的看法与建议,然后就给递了上去。朱元璋接到茹太素的上书后,叫中书郎王敏念给他听,第一个晚上读到 6 370 个字时,朱元璋还没有听到茹太素有什么"金点子",认为全都是废话,当场就来火了,令人将茹太素叫来,狠狠地训斥了一番,还不解气,又命令手下人将茹太素拖下去,廷杖一通。这个茹太素在朝几乎天天与皇帝打照面,居然还不清楚当今主子的行事风格?其实这该怪他太不了解山大王出身的武夫朱元璋。不过好在朱元璋深知茹太素正直敢言,赤心为国,因此在第二天晚上他又耐着性子,继续听读茹太素上书。当听到 16 500 个字以后,朱皇帝听懂了茹太素对五件国家大事的建议,觉得四件事情的主意很不错,当场决定,叫主管部门去施行。(《明史·茹太素传》卷 139)最后他颇有感慨地说:"这些酸秀才,就像臭豆腐,闻着臭吃着香。"这句对知识分子的形象"称誉"自此以后成为领袖们对中国知识分子评价的千古名言。

◇ 朱元璋认为:这些酸秀才,就像臭豆腐,闻着臭吃着香

万言上书事件发生以后,朱元璋可能觉得自己做得太过头了,人家茹太素什么都没错,就是上书的文字多了点,于是他亲自写文章讲述"万言上书事件",并规定了建言格式,后来立下《案牍减繁式》颁发各衙门,给底下人框死格式,看你们还能漫无边际地上书胡说乱侃?! 而对于茹太素本人,朱元璋皇恩浩荡,请他喝酒吃饭,亲自给他倒酒。不过大家千万别以为,这是朱元璋向臣下服输了,全国人民的最高领导永远都是正确的! 即使是请人喝酒吃饭,朱皇帝也没忘了"讲政治""讲原则",当即吟诗道:"金杯同汝饮,白刃不相饶。"直白地告诉茹太素:"如果你还要忤逆本皇帝的话,你也别自己臭美,以为自己多了不起,我告诉你,今天我们同饮,明天我就会白刀子进,红刀子出,绝不会轻饶!"茹太素愚忠地续韵吟诗:"丹诚图报国,不避圣心焦。"看来君臣还没有"达成政治上的高度一致",所以最终茹太素就因为愚

忠忤逆了朱元璋,而被处死了(名义上说是茹太素犯法了)。(《明史·茹太素传》卷139)

○“画祸”

“画祸”是本人新创的一个名词,学术界并无人专论过,为此在这儿专门讲讲。

“画祸”就是指因为画画画得不合皇帝朱元璋的口味而遭来的杀身之祸。前面我就讲了朱元璋的奇特长相,因为他长得丑陋不堪而形成了极度自卑的心理和让人无法琢磨的心中隐痛,进而导致了许多画工、画家莫名其妙地丢脑袋,这恐怕算得上是个连环“画祸”案吧。

还有我在前面讲过的一则在南京民间流传已久的传说:大脚淮西妇人怀抱大西瓜灯笼画所引发的血案,似乎不全是子虚乌有的传说吧!若不信,读者朋友可以查阅三湘马生龙著的《凤凰台纪事》和《梵天庐丛录》等几书中都有记载。

为了掩盖自己丑陋的长相和皇后老婆的“生理缺陷”(实际不能算生理缺陷,古今审美标准不同),朱元璋肆意滥杀。这不能不说是一种与文字狱本意相差无几的专制帝王的独裁,它为朱元璋的文字狱增添了“丰富的内涵”。

○“字画祸”

“字画祸”可以看作是“画祸”的延伸。传统社会里我们通常所说的“画”往往指的是在绘画的同时还配上合适的诗,这就有后世的“诗情画意”一说。原本在唐代以前中国绘画中的画就是画,没有诗的。大约是从宋朝开始中国画中逐渐增添了“诗”,以此来进一步地表达画中未能表达清楚的意境,起到了珠联璧合、相映生辉的效果。

洪武年间朱元璋滥刑不仅引起朝廷内外的政界恐慌,就连民间也有不少人被波及,好多人莫名其妙地丢了性命。不过,我们中国人历来就很聪明,明的反抗不成,就来暗的。下面要讲的这个“字画案”就是一个典型的例子。

据说有一天,朱元璋在南京城郊进行微行私访,走着走着,走到了一座破庙前。他喊了几声,里边没人应,于是他就走了进去想看看,结果发现庙里一片破落,没什么值得可看的,倒是庙的墙上画了一幅画,画中的主人公是个和尚(有人说画的就是布袋和尚),只见这个布袋和尚身上背着个大大的布袋。这本是佛教中的传说故事,能说明什么?一般人不是很能明白,但这不打紧,在这个布袋和尚的边上配了龙飞凤舞的一首诗:“大千世界浩茫茫,收拾都将一袋藏;毕竟有收还有放,放宽些子又何妨!”朱元璋一看到这诗,就什么都明白了,这是人家在讽刺他!几乎快要气疯了，他要杀了那个画画与写诗的人。可庙里一个人也没有，他能杀谁？朱元璋一行人再仔细看看“字画”，发现墨迹还没全干，于是下令叫手下的人将周围地区搜了个底朝天。但还是没找到什么人，一场大祸总算没有酿成。(【明】吕毖:《明朝小史·洪武纪》卷1;【明】徐祯卿:《翦胜野闻》;【明】蒋一葵:《尧山堂外纪·国朝》卷78;【清】褚人获:《坚瓠二集·布袋和尚》卷2)

○ 口祸

“口祸”就是因为嘴巴里说出来的话不合权贵者的心意或挖苦、讽刺当权者而遭来的杀身之祸。“口祸”在中国有着悠久的历史，有个成语不是说“祸从口出”么。从形式来看，好像“口祸”与“文字狱”似乎还不太一样。但就本质而言，“口祸”就是“文字口语化”而引发的，因此我将它放在文字狱里边一同来讲。

明初屡屡发生“口祸”，综观洪武年间的“口祸”，大致可分为两类：

◎ 因工作或公务而引发的“口祸”——御史王朴因为与朱元璋“斗嘴”而惨遭杀害

在专制主义时代，臣民随时都可能招来杀人之祸，但就社会各个阶层而言，官僚阶层是个最为一本万利的“行业”，又是个政治“高风险”最为频发的“行业”。在这个政治“高风险”最为频发的“行业”中，历代的“御史”就是最为危险的“工作岗位”。尽管我们的传统社会里形成了“不杀御史”的传统，但传统政治又以大一统君主专制主义为终极价值取向，所以只要君主不是成批地杀戮御史，过去的史官们还是“为尊者讳”;或者正如现在的某些人的观点——主要看这个帝王有没有对大一统政治有所贡献，如果有了，在某些已经官僚化、政治化的“学者”看来，这些帝王即使再凶残也可不提或少提他滥杀无辜或向他提意见的人。所以即使有御史被杀也往往被“忽略不计”，这些正直的御史就像近来有人戏说的那样是专门找茬的人，死了也白死。明初洪武朝的王朴就是这么因为“口祸”而“自己给自己找死的人”。

王朴，同州人，洪武晚年出任监察御史。所谓监察御史，品级不高，跟知县差不多，但他管的事特别多，百官们人正不正，皇帝做得好不好，他都有权力提出意见。而王朴这个人的性格很耿直，有一点事非要辩出个是非曲直来。但问题是要看你在跟谁辩了，可王朴管不了这么多，几次跟皇帝争辩起来，朱元璋发火差一点将他杀了。洪武二十九年(1396)九月，王朴又跟皇帝争辩起来了。其实，晚年朱元璋的脾气已经相当古怪，心理上出现了严重障碍，但他似乎对御史这个特殊的工种还是挺看重的，尽管这次又与王朴争了起来，且怒火冲冲地下令将他押到菜市场去杀了，可转而又马上下诏，将他从菜市场拖回来，不杀了。随后轻声地问王朴："你那个臭脾气能不能改一改？"从朱元璋的问话来看，他可能意识到了自己杀王朴是不对的，只是为自己的极度自尊才这么做。轻声问王朴，既给自己同时也给王朴找个台阶下。谁知这个王朴也是执著的、一条道跑到底的人，他回答说："陛下不认为我不才，提拔我做了监察御史，为什么现在这般轻慢我、摧残我！假如我没有罪的话，陛下您怎么又要杀我！假如确实是我有罪的话，又怎么使得我活着！小臣今天只想快快地死啊！"简直就是一根筋没有扭过来，王朴根本不顾皇帝的面子。朱元璋终于暴怒，催促手下人对王朴立即行刑。王朴在被押往执行死刑的路上，路过编纂史书的史馆门口，大声叫喊："刘三吾，听着记下了，某年某月某日，皇帝杀无罪御史王朴。"王朴因为嘴巴不饶人，最终还是被洪武皇帝给杀害了。（《明史·王朴传》卷139；【清】夏燮：《明通鉴》卷11）

王朴的"口祸"主要是因为工作关系，是他那不依不饶的犟脾气而引发的，而下面这个皇帝朱元璋的大舅子差一点得祸实在有点莫名其妙。

◎ 因日常生活或交往而无意识地引发的口祸

郭德成是朱元璋的大舅子，郭宁妃的哥哥，较早跟着闹革命，对大明开国前后的朱元璋还是相当了解的：以前的朱元璋虚怀若谷，礼贤下士，关爱将士；洪武中期开始逐渐变了，刚愎自用，疑神疑鬼，滥杀功臣，摧残儒士，坏事真做了不少。郭德成虽然从亲缘关系角度要喊朱元璋为妹夫，民间老百姓的郎舅关系应该是很亲热的，但郭德成的这个妹夫可不咋样，简直是个杀人恶魔，作为大舅子的郭德成看在眼里，心里就更加明白。人家说外戚占足便宜，出足风头，他可什么都不要，整天以酒为友，叫做"革命小酒天天醉"。而朱皇帝因为喜欢郭家的小美眉，所以听人说起了大舅子几乎成了酒鬼了，他就想要给大舅子弄点事做做，顺便享享福。想到这里，立即下令，要拜郭德成为都督官朗（可能是一种可以拿工资干不吃力活的官职），本以为大舅子会千恩万谢妹夫的皇恩，可没想到，才一说这事，郭德成就坚辞不接受。朱元璋好纳闷："你跟我不仅仅是郎舅关系，而且还是当年一起出来的老哥儿们，这么多年了，我给你这么个官就是要你享享天下太平之福。你怎么会推辞不干？"郭德成说："我这个人生性懒散又狂愚，喜欢每天醉一回。醉了，就不想起来了，压根儿也不识事情的轻重缓急。要是你叫我做了什么官，我没把工作做好，你就会把我给杀了，我还想多活几年呐！人的一生最大的快乐莫过于多得一些钱，多喝几口美酒，率性随意。我这一生能有这样，早已满足了。"朱元璋一听，觉得大舅子讲得有理，于是下令给郭德成送了100坛美酒，还有很多的金钱与丝绸等类的好

东西，这事也就过去了。(《明史·郭德成传》卷131;【明】郎瑛:《七修类稿·国事类》卷9)

◇ 与皇帝妹夫一起喝酒，大舅子喝出了“精神病”

忽然有一天，朱元璋想起了大舅子来了，叫人将他喊到明皇宫里来喝酒。郭德成接到皇命，赶紧前往。郎舅俩喝着喝着，妹夫朱元璋倒没什么反应，大舅子郭德成就喝醉了，趴在地上不停地给妹夫磕头谢恩，可没磕几个头，却把自己头上的帽子给磕没了，顿时一片“荒原”给露了出来。朱元璋一看，郭德成几乎是光头，只有几根零星的头发还勉强地坚守工作岗位，而大舅子不停地磕头，又好似一个摇晃的皮球，实在好玩。朱皇帝笑了，问大舅子:“醉鬼啊，我问你，你的头发为什么秃成这个样，是不是喝酒喝得太多了?”郭德成也打趣地回答:“就这几根了，我还嫌它多，干脆剃了个光头才痛快啊!”朱元璋一听这话“干脆剃了个光头才痛快”，脸就耷拉起来，不作声了。

当时醉酒的郭德成没有觉得有什么不妥的，等酒醒了，顿时意识到自己闯大祸了，好多文人不就是不知皇帝的禁忌而招来了杀身之祸，越想越觉得害怕，这可怎么办？最后想到了一个主意，一不做，二不休，干脆装起疯卖起傻来，剃光了头，吃斋念佛，当个疯和尚。

有人把郭德成“发疯成僧”的事情告诉了朱元璋，朱元璋不信，还亲自来看看大舅子到底怎么样。看到郭德成疯疯癫癫，嘴里不停地念着“佛语”，朱皇帝真信了，回去就跟郭宁妃说:“我原本以为你家哥哥是跟我说说笑话的，没想到如今他真的成了一个疯汉。”从此他就再也不留意郭德成了。郭德成算是聪明，躲过了一场由口误而引发的灾祸。(《明史·郭德成传》卷131;【明】郎瑛:《七修类稿·国事类》卷9)

朱元璋的大舅子因为人聪明与机灵，即使嘴巴“惹祸”了，赶紧采取补救办法，从而避免了杀身大祸。但在洪武极端专制底下，有的倒霉蛋甚至到死都不知道自己怎么会死的——因为他周围某个人的牢骚而引发的，于是一个又一个糊里糊涂成了朱元璋刀下的冤魂屈鬼。

◎ 因发牢骚，南京大中桥和淮清桥一带居民遭到了朱皇帝的屠杀

据《九朝野记》《凤凰台纪事》等书所载:有一次朱元璋在南京城里微服私访，走到今天夫子庙边上的大中桥一带，听到有人在抱怨当今朝廷法律的严酷与繁复，说着说着，他就说起了当朝天子的不好。朱元璋听后，万分恼怒。他想到附近的徐达

家去坐坐，思虑一番如何处置发牢骚者。可刚好徐达外出不在，徐达夫人听说皇帝驾到，赶紧出迎。一见面，朱元璋就问："大将军在哪里？"徐达夫人说："老爷因为某事到某地去了。"随即她吩咐下人，打算将徐达叫回家来，但被朱元璋制止住了。徐达夫人看到皇帝脸色铁青，生怕有大祸降临，想问又不敢问。朱元璋见此立马明白，反问徐达夫人："嫂嫂可知道我为什么发火？"徐达夫人说："不知道。"但见到皇帝这般怒气，担心他是冲着她丈夫徐达而来的，于是赶紧跪下，边磕头边问："陛下有什么事，民女不知能否为陛下分忧？"朱元璋说："我被人欺侮了！"徐达夫人又问什么事情。朱元璋的火发得更大了，好久都说不出话来。过了一会儿，他命令身边人马上出去，叫某兵官带上 3 000 名全副武装的将士赶赴这边，自己却在徐达家一声不吭地继续坐着、等着。徐达夫人不知朱元璋到底要干什么，害怕极了，以为皇帝要灭他们徐达家，但又不敢再派人去叫徐达。过了一阵子，3 000 名将士赶到徐达府上。朱元璋当即命令 2 名士兵守候在大中桥和淮清桥两条桥上，然后叫全体将士们从东杀向西，顷刻之间就灭了数千家。尽管外面哭爹喊娘、凄凄惨惨，但坐在徐府里边等待的朱皇帝却似乎什么反应也没有。一直到将士们杀完了来复命，他才满意地返回明皇宫的家中。（【明】祝允明：《九朝野记》卷 1；【明】马生龙：《凤凰台纪事》）

朱元璋的文字狱五花八门，上述列举的仅是几类比较典型的案例。通过这些案例，我们可以看出朱元璋的极端君主专制主义确实是到了家。

◉ 朱元璋屡兴文字狱的恶劣影响

通过文字狱，朱元璋在思想文化方面加强了君主专制主义，对大明帝国的政治思想大一统起到了强化的作用。但我们还必须看到，明初文字狱的大兴，给明清五六百年的历史开了很坏的恶例。以后的中国历史进入了文字狱的高发期，这不仅使得广大无辜的人民尤其是知识分子成为专制主义淫威的牺牲品，而且还钳制了人们的思想，阻碍了中国社会思想文化的进步。直到清末——清政府行将就木时还在大搞文字狱——苏报案，最终连革命思想家、革命军中"马前卒"邹容还被迫害至死于牢中，还有……

下章
千秋过功　治隆唐宋

经过十几年的亡命博弈，颠覆元廷，“驱逐胡虏，恢复中华”，重建“大一统”帝国，又花费了三十来年的时间立纲陈纪、使厚民生独揽乾纲、统一思想、科举成式，发动了不少于八场暴风骤雨式的大运动……在那个轰轰烈烈又令人痛苦不堪的“洪武”年代里，大明帝国到底治理得怎么样？如何来看待“洪武”的大明开国皇帝？有人说他是恶魔、是杀人不眨眼的刽子手、屠夫，也有人说他是英雄、“圣人”，甚至还有人称他为“千古一帝”。清圣祖康熙帝评价其为“治隆唐宋”，这到底有着怎样的含义？还有，作为政治人物，前面我们讲了很多很多朱元璋执政方面的事情，那么这位奇特的大明开国皇帝个人情感、家庭生活又是如何？最后他又是怎么死的？……

是是非非千秋过功　康熙评述“治隆唐宋”

从濒临死亡边缘的叫花子到定都南京君临四海的大明天子，朱元璋创造了中国帝王史上的绝无仅有的纪录；从建立大明帝国的那一刻起，废除中书省和丞相制，皇帝直接统领六部；废除大都督府，实行五军都督府制和卫所制，确立军权制约机制；改元四级制为三级制，实行地方“三司”分权，奠定明清 500 多年地方体制格局；制定各级官僚的行为规范与标准，完善权力制衡和监察系统；重典治国，严惩官吏贪污，净化官场风气；翦灭开国元勋将臣，消除潜在“政治危险”；实行廷杖制常态化，开创特务统治，加强极端皇权；阜民之财、息民之力、创导乡村“自治”，解决“三农”问题；首创粮长制，实现“良民治国”理想；构建大一统帝国官府可控制下的工商“有序”的经济生活秩序；打抑“新贵”和豪强富民，构建“和谐”的等级社会；编定大明法律，实行司法“三权分立”，加强极端专制主义中央集权；实施“四清”，发动八场

"大运动",将一个个所谓的"坏分子"或潜在的危险分子推向地狱;屡兴文字狱、强化思想专制主义;改革教育、实行科举常态化、成式化,强化文化教育专制主义……

朱元璋在其生命旅途的后半期开创了中华大一统帝国许许多多的历史之最,影响了以后中国社会600多年的历史。因此有人说他是"伟大领袖""圣人"、雄主,也有人说他是个奇特的皇帝,更有人说他是恶魔、屠夫……所有这些都涉及了一个问题:怎么来评述朱元璋,或者说朱元璋到底是有功还是有罪于历史?

清圣祖康熙皇帝屡屡南巡,数次驻跸南京:康熙二十三年十一月壬戌,"上驻江宁。癸亥,诣明陵致奠";康熙二十八年二月癸亥,"上驻跸江宁。甲子,祭明陵。赐江宁、京口驻防高年男妇白金";康熙三十八年四月己酉,"车驾次江宁。上阅兵"(《清史稿·圣祖本纪二》卷7)。南京紫金山麓明孝陵景区孝陵殿内有一方"治隆唐宋"大石刻碑,其落款为"康熙岁次己卯四月望日敬书",即说康熙己卯年清圣祖玄烨再次拜谒了明孝陵。康熙己卯年也就是《清史稿》里头所说的康熙三十八年(1699)。换言之,被人誉为有清一代"圣君"的康熙帝是在登基接近40年和在多次驻跸南京和拜谒明孝陵后,才在那里留下了御笔墨宝"治隆唐宋",由此可见其十分谨慎,或言深思熟虑后才为之。那么作为后朝"圣主"为前朝开国皇帝朱元璋写下的这四个字作何解释?

长期以来似乎没人对此做过专门的系统讨论。在笔者看来,"治隆唐宋"就是清圣祖康熙帝对朱元璋的整体评价。这四字里边有三个关节点:第一,"治",即"治理得好,安定太平"(陈复华主编:《古汉语词典》,商务印书馆1998年12月第1版,P2026);第二,"隆"即超过,多余;第三,"唐宋",是指中国传统文明的经典时代即唐朝、宋朝。四个字放在一起,就是说洪武时代朱元璋治理的大明帝国超过了中华文明经典时代的唐宋帝国。真是这样吗?最近有人在网上做了这样的解释:"治隆唐宋","这是康熙皇帝对朱元璋的称颂,也是对明朝的称颂。有人说,康熙皇帝写这几个字是故意给别人看的。其实如果单纯要给别人看,完全不必写这样称颂的字。英雄惜英雄,惺惺惜惺惺,作为一个有胸襟有胆略的帝王,康熙皇帝的这几个字应该是由衷之言"(http://baike.baidu.com)。康熙写下这四字由衷不由衷,只有去问康熙爷本人了。我们现在关心的是,清圣祖对朱元璋的这般评价合适吗?或者说符合历史实际吗?我们不妨从朱元璋治理下的帝国境内诸政、民族边疆、对外关系和个人皇家等诸层面分别加以讨论:

第一层面,从传统的中华帝国境内诸政治理角度来讲:前面数章我们都已做了较为详尽的论述,那么其效果怎么样呢?《明史》作者说:"治理得很好,明太祖的子孙们受益了二三百年。""(明)太祖以聪明神武之资,抱济世安民之志,乘时应运,豪杰景从，戡乱摧强，十五载而成帝业。崛起布衣，奄奠海宇，西汉以后所未有也。惩元政废弛，治尚严峻。而能礼致耆儒，考礼定乐，昭揭经义，尊崇正学，加恩胜国，澄清吏治，修人纪，崇风都，正后宫名义，内治肃清，禁宦竖不得干政，五府六部官职相维，置卫屯田，兵食俱足。武定祸乱，文致太平，太祖实身兼之。至于雅尚志节，听蔡子英北归。晚岁忧民益切，尝以一岁开支河暨塘堰数万以利农桑、备旱潦。用此子孙承业二百余年，士重名义，闾阎充实。至今苗裔蒙泽，尚如东楼、白马，世承先祀，有以哉。"(《明史·太祖本纪三》卷3)

第二个层面，朱元璋对于民族边疆地区的治理(简称"治边")又是如何？

说到明初民族边疆经营与治理，可能人们印象最深的就是《明史》中的那段赞语："威德遐被，四方宾服，受朝命而入贡者殆三十国。幅陨(通'员')之广，远迈汉、唐。成功骏烈，卓乎盛矣。"(《明史·成祖本纪三》卷7)其实这是明代疆域最广时候的状况，也是好大喜功、穷兵黩武的永乐皇帝时代的疆域范围。那么朱元璋时代又是如何一番境况？有人在网上说朱元璋在边疆问题上并无多大作为，人们更喜欢形象工程迭出的永乐皇帝，其实这是对历史的误读。从广泛和深层意义角度来讲，明初小朱皇帝永乐比不上老朱皇帝洪武。何出此言？

威德兼施因俗治夷　华夷归一铜墙铁壁

朱元璋自建国前后起就确立了比较稳妥的民族边疆国策，用他的原话来说："威德兼施"(《明太祖实录》卷149)，"以德为主"(《明太祖实录》卷148)。这里的"威"是指军事武威、军事武力；"德"是指德惠。威德兼施就是既要使用军事武力又要施以德惠，套用历代"有道"之君经常挂在嘴边的那句术语，叫"恩威并施"。

◉ 朱元璋"治蛮夷之道"："必威德兼施"

朱元璋的此项统御之术形成时间很早，洪武元年八月，湖广行省平章杨璟等前往南京觐见，朱元璋问起他治下的广西雨江、黄岑等地的边务。带有对少数民族偏见的杨璟这般回答道："蛮夷之人(对少数民族带有歧视性的称呼，这是很不对的，笔者注，以下略)性习顽犷，分散开来了，成了地方上的村民、山民；一旦聚集起来了就要与官方为敌，因此说对于他们实在很难实行文治，应该用大军压阵。只有这样，他们才会有所畏惧而不敢乱来！"朱元璋听后却不以为然："蛮夷之人的性情和习惯虽说与我们不一样，但好生恶死之心可没有什么不同。假如抚之以安静，待之以诚意，谕之以道理，难道他们还有不会被感化的?!”(《明太祖实录》卷34)

不过话得讲回来，光有“德惠”还不行，也不一定真能感化蛮夷之人，必须要有一定的“威”，即军事武力作为后盾。洪武七年七月，有个御史上广西公干回京，上呈《平蛮六策》。朱元璋看后为其中的“立威”一说做了如下批示：“盖蛮夷非威不畏，非惠不怀，然一于威则不能感其心，一于惠则不能慑其暴，惟威惠并行，此驭蛮夷之道也。”(《明太祖实录》卷91)这话是说，对于边地少数民族没有一定的军事武力，他们是不会怕你的；不给予一定的实惠，他们也不会真心感怀你的。但如果一味地任用军事与武力，他们当然不会真心服你；如果一味地给予实惠、恩惠，他们也不会敬畏你，只有威惠并行或言“威德兼施”，那才是驭蛮夷之道啊！(《明太祖实录》卷149)

尽管朱元璋的“驭蛮夷之道”并没有站在完全的民族平等的角度而提出，但相比于元朝采取的民族歧视和民族压迫政策，那绝对算得上是个历史的大进步。

可以这么说，“治蛮夷之道，必威德兼施”是朱元璋治理边地与少数民族的整体策略或言一项基本国策。

◉ 洪武灵活“德威”南北“夷虏”

相比于口头上说说，贯彻于治国理政实际中如何处理好威德兼施关系和治理好边地、少数民族，这可是一项非常复杂又十分繁琐的“巨大工程”。综观洪武时期这方面的治务实际，我们不难发现，其大致有以下三个方面的特征：

第一，“威德兼施”政策首先是以军事之威、军事武力作为实施的先决条件，这是一个硬道理。用军事上的话来说，就是取得不战而屈兵的效果。

相对于全国其他地方而言，江西、湖广等地区的少数民族可能是最早投靠朱元璋政权的。龙凤九年(1363)朱元璋在鄱阳湖大败陈友谅后，发兵乘胜追击，威震四方，沿路苗族、土家族诸土司官纷纷归降。龙凤十一年(1365)六月，云南思南宣慰使田仁智派遣都事杨琛前来归款，七月，思州宣抚使兼湖广行省左丞田仁厚派遣都事林宪、万户张思温来献其守地镇远、古州军民2府，婺州、功水、常宁等10县，龙泉、瑞溪沿河等34州。对此，朱元璋迅速作出反应，予以极大的“恩惠”“实惠”，让田仁智依然出任思南道宣慰使，并授予“归款”跑腿有功者都事杨琛为思州等处军民宣抚使兼新军万户，以三品银印给授之；对于思州的田仁厚也十分“优待”，仅将思州宣抚司改为思南镇西等处宣慰使司，任命其为宣慰使。(《明太祖实录》卷17)

洪武元年(1368)朱元璋派遣大将汤和、廖永忠、杨璟等两路南征，横扫东南福建陈友定、两广何真等割据势力，在强大的大明军军势下，七月"广西左江太平府土官黄英衍、右江田州府土官岑伯颜等遣使赍印章诣平章杨璟降"。(《明太祖实录》卷32)

洪武四年，朱元璋发动了西征，八月攻灭四川明氏夏国，大明军气吞山河。四个月后的洪武五年(1372)正月，紧靠四川重庆的云南(元末明初的云南应该包括今天的云南和贵州两省)东北三府故元地方土司官纷纷前来归降："播州宣慰使杨铿、同知罗琛，播州总管何婴、蛮夷总管郑瑚等来朝贡方物，纳元所授金牌、银印、铜印、宣敕，诏赐铿等绮帛、衣服，仍置播州宣慰使司，铿、琛皆仍旧职，改总管为长官司，以婴等为长官司长官"；"故元贵州宣慰使郑彦文及土官宣慰司霭翠、叔禹党，宣慰宋蒙古歹并男思忠来朝贡马及方物，诏赐文绮、袭衣各有差，彦文等皆仍旧职，宋蒙古歹、霭翠并世袭贵州宣慰司如故，又置贵竹等十一长官司"；"普定府(即今天的安顺)女总管适尔及其弟阿瓮等来朝贡马，赐罗衣及文绮，以适尔为知府世袭其官。"(《明太祖实录》卷71)

第二，相对于对南方少数民族与边地居民实行"威德兼施"和"以德怀之"的政策，洪武开始大明对于具有巨大威胁的北方故元残余势力则实行"以威服之"和"威德兼施"的策略。

从洪武二年起，朱元璋先后派遣大将军徐达、李文忠、傅友德、蓝玉等一流的军事人才率领大明军开展了10多次的"清沙漠"行动，从根本上打击和摧毁残元的有生力量，以此来确保大明的长治久安。但即使在这样狂风暴雨式的军事打击过程中，洪武帝也时不时地进行政治招抚即所谓的"德惠"之施予。因为他充分懂得兵法所言'穷寇勿迫'的道理，"若乘胜急追，彼必死斗，杀伤必多"(《明太祖实录》卷14)。其实这样做的积极意义还远不于此，在敌人困顿不堪之际，开展政治招抚，更多的是给人一条"生路"，看到了希望，以此来瓦解敌人阵营。由此看来，朱元璋确实是棋高一筹。

洪武二十年(1387)大明发动了第八次"清沙漠"行动，大将军冯胜率军兵围金山，逼降故元残余东北纳哈出20万大军；洪武二十年九月到洪武二十一年(1388)五月，大明发动了第九次"清沙漠"行动，征虏大将军、永昌侯蓝玉率军深入漠北极寒地带，从根本上摧毁了北元残存的有生力量。在这样的情势下，大明迎来了北疆蒙元高官旧将成群结队前来归降的高潮。其中以洪武二十一年八月辽东纳哈出原部属行省平章朱高、枢密院同知来兴等率领的1 000余人和洪武二十一年十月故元国公老撒、知院捏怯来、丞相失烈门、右丞火儿灰、副枢以剌哈、尚书答不歹等率部3 000人来降最为壮观、也最令人兴奋不已。详见下表：

洪武二十年下半年至二十一年下半年成群结队前来归降大明的主要故元高官旧将简表

归降时间	归降的高官旧将原职位	归降的高官旧将名字	史料出处
洪武二十年七月	纳哈出所部营王	失剌八秃	《明太祖实录》卷183
洪武二十年七月	纳哈出所部云安王	蛮吉儿的	《明太祖实录》卷183
洪武二十年七月	纳哈出所部郡王	桑哥失里	《明太祖实录》卷183
洪武二十年九月	故元太尉	纳哈出	《明太祖实录》卷185
洪武二十年九月	纳哈出所部诸王	哥列沙	《明太祖实录》卷185
洪武二十年九月	故元全国公	观童	《明太祖实录》卷185
洪武二十年九月	故元淮王	帖木儿不花	《明太祖实录》卷185
洪武二十一年八月	故元工部尚书	丑驴(后改名为李贤)	《明史·薛斌传附李贤传》卷156
洪武二十一年八月	纳哈出故部属行省平章	朱高	《明太祖实录》卷193
洪武二十一年八月	纳哈出故部属枢密院同知	来兴	《明太祖实录》卷193
洪武二十一年八月	陕西行省右丞	阿里沙	《明太祖实录》卷193
洪武二十一年八月	岭北行省参政	孛罗	《明太祖实录》卷193
洪武二十一年八月	辽阳行省左丞	末方	《明太祖实录》卷193
洪武二十一年八月	河南行省左丞	必剌秃	《明太祖实录》卷193
洪武二十一年八月	甘肃行省右丞	哈剌	《明太祖实录》卷193
洪武二十一年八月	中政院使	脱因	《明太祖实录》卷193
洪武二十一年八月	宣政院使	脱怜	《明太祖实录》卷193
洪武二十一年八月	太史院使	邦住	《明太祖实录》卷193
洪武二十一年八月	省都镇抚	完者秃	《明太祖实录》卷193
洪武二十一年八月	太常礼仪院使	台里帖木儿	《明太祖实录》卷193
洪武二十一年八月	翰林院学士	哈剌把都儿	《明太祖实录》卷193
洪武二十一年八月	行枢密院知院	纽怜	《明太祖实录》卷193
洪武二十一年八月	将作院使	梁三保奴	《明太祖实录》卷193
洪武二十一年八月	通政院使	扯里帖木儿	《明太祖实录》卷193
洪武二十一年八月	太府监卿	怯都古	《明太祖实录》卷193
洪武二十一年八月	都护府都护	速哥干	《明太祖实录》卷193

续表

归降时间	归降的高官旧将原职位	归降的高官旧将名字	史料出处
洪武二十一年八月	宣徽院同佥	灰里赤	《明太祖实录》卷193
洪武二十一年八月	行宣政院同知	怯古里不花	《明太祖实录》卷193
洪武二十一年八月	行宣政院千户	朵儿秃秃	《明太祖实录》卷193
洪武二十一年八月	甲爱马	忽鲁答	《明太祖实录》卷193
洪武二十一年八月	司农司丞	孛罗不花兴	《明太祖实录》卷193
洪武二十一年八月	和路府判	哈剌帖里温海西	《明太祖实录》卷193
洪武二十一年八月	宣慰司同知	剌八蒸	《明太祖实录》卷193
洪武二十一年八月	太仆寺少监	末里赤	《明太祖实录》卷193
洪武二十一年八月	内政司丞	蛮歹	《明太祖实录》卷193
洪武二十一年八月	大宁路同知	张德林	《明太祖实录》卷193
洪武二十一年八月	中瑞司卿	李不颜	《明太祖实录》卷193
洪武二十一年八月	内史佥院	哈剌曲赤	《明太祖实录》卷193
洪武二十一年八月	山东宣慰司同知	也提	《明太祖实录》卷193
洪武二十一年八月	河东宣慰司同知	帖木儿不花	《明太祖实录》卷193
洪武二十一年八月	大都督府总管	失列门	《明太祖实录》卷193
洪武二十一年八月	太医院同知	忭都	《明太祖实录》卷193
洪武二十一年八月	长秋司丞	失兰歹	《明太祖实录》卷193
洪武二十一年八月	御史	帖木儿	《明太祖实录》卷193
洪武二十一年十月	故元国公	老撒	《明太祖实录》卷194
洪武二十一年十月	故元知院	捏怯来	《明太祖实录》卷194
洪武二十一年十月	丞相	失烈门	《明太祖实录》卷194
洪武二十一年十月	右丞	火儿灰	《明太祖实录》卷194
洪武二十一年十月	副枢	以剌哈	《明太祖实录》卷194
洪武二十一年十月	尚书	答不歹	《明太祖实录》卷194
洪武二十一年十一月	故元辽王	阿札失里	《明太祖实录》卷194
洪武二十一年十一月	故元命宁王	塔宾帖木儿	《明太祖实录》卷194

对于前来归降的故元高官旧将，朱元璋很注意施予“德恩”，除了赏给优厚的财物外，还委以相应的官职，甚至还赐以姓名，“大胆”任用。由此，很多故元部将和官

员在原地或就近或调至大明帝国内担任职务。

洪武二十二年五月辛卯日，朱元璋决定在兀良哈旧地设置泰宁、朵颜、福余三卫指挥使司，就以故元辽王阿札失里等高官降将为卫指挥使司军官领导，并遣使赍敕往谕之，曰："覆载之间，生民之众，天必择君，以主之天之道，福善祸淫，始古至今，无有僭差，人君能上奉天道，勤政不贰，则福祚无期；若怠政殃民，天必改择焉。昔者二百年前，华夷异统，势分南北，奈何宋君失政，金主不仁，天择元君，起于草野，戡定朔方，抚有中夏，混一南北，逮其后嗣，不君于是，天更元运，以付于朕。自即位来，今二十余年，尔阿札失里等知天命有归，率众来附，朕甚嘉焉。朕每于故元来归臣民，悉加优待，况尔本元之亲属者乎，今特于泰宁等处立泰宁、福余、朵颜三卫，以阿札失里为泰宁卫指挥使、塔宾帖木儿为指挥同知、海撒男答溪为福余卫指挥同知、脱鲁忽察儿为朵颜卫指挥同知，各领所部，以安畜牧。自古胡人无城郭，不屋居，行则车为室，止则氈为庐，顺水草，便骑射为业，今一从本俗，俾遂其性，尔其安之。"（《明太祖实录》卷196）

但也有归降的鞑靼官员或将领被调至大明帝国内担任要职，譬如洪武二十一年下半年在故元高官旧将组团来降中担任翻译的丑驴就是这么一个典型的例子。丑驴，前元工部尚书。归降后，朱元璋觉得他的名字实在太难听了，于是御赐姓名"李贤"，并将他安排到临近北疆地区的燕王府去任职纪善（明代亲王府内掌讲授、教导之官职）。据说此人后来跟朱棣关系处得不错，就连"靖难"师起时，也甚有"劳绩，累迁都指挥同知"。其时"凡塞外表奏及朝廷所降诏敕，皆命（李）贤译。贤亦屡陈所见，成祖皆采纳之"。明仁宗当政时，丑驴即李贤被晋升为后军都督佥事，旋"再进右都督，赐赉甚渥"，最终被封为忠勤伯，食禄100石，真可谓恩遇不绝。（《明史·薛斌传附李贤传》卷156）

洪武二十三年正月，洪武帝朱元璋发动了第十次"清沙漠"运动，旨在彻底清除屡为边患的北元主"后时代"的残余势力。在征虏前将军、颍国公傅友德等大明老将的得力辅助下，小龙仔晋王朱棡和燕王朱棣等通过奇袭战术，取得了"迤都之捷"，逼迫故元太尉乃儿不花、丞相咬住、忽哥赤，知院阿鲁帖木儿等又一批文官旧将前来归降大明。对于这样顽固的"姗姗来迟"归降者，洪武帝朱元璋同样也予以了封赏和委职，其中以乃儿不花为留守中卫指挥同知，阿鲁帖木儿为燕山中护卫指挥同知，咬住为都察院右副都御史，忽哥赤为工部侍郎，"各赐纱帽金带钞锭，寻升乃儿不花、阿鲁帖木儿等为指挥使"。（《明太祖实录》卷201）

第三，针对不同的地区和不同的对象，洪武帝实行"威德兼施"政策时尽管有所侧重"德"或"威"，但在实际应用过程中就时不时地兼用；其手法相当之灵活，绝无后世人们概念中的朱元璋保守、刻板的影迹。譬如洪武前中期不断调整治藏方略和洪武后期大明军逼降纳哈出就是典型的事例。

元朝时藏区为帝国政权的重要组成部分，但相对于中原内地与北疆地区而言，它并不是元末明初天下大乱之际的争夺焦点。不过洪武皇帝朱元璋却对此予以极大的重视，在南京开国后没多久就确立了以军事武威为背景、德惠为主的治藏策略。

洪武二年(1369)春大明军攻入陇右地区，鉴于“临洮之地，西通番夷”(《明太祖实录》卷41)，朱元璋在下令设立临洮卫的前提下，派遣使者前往藏区，诏谕吐蕃诸部，宣告元君失政，天下归明。随后又派遣陕西行省员外郎许允德出“使吐番，令各族酋长举故官至京授职”(《明太祖实录》卷79)。洪武三年五月，大明北伐军“左副副将军邓愈自临洮进克河州，遣人招谕吐蕃诸酋”(《明太祖实录》卷52)。河州位于今日甘肃省南部的临夏自治州，是当年元朝吐蕃等处宣慰司都元帅府驻地。由此而言，明军攻克河州影响非凡。正是在这样的军事背景下，故元陕西行省吐蕃宣慰使何锁南普、镇西武靖王卜纳剌率吐蕃诸部等相继投降了大明。洪武四年，朱元璋派遣汤和、傅友德率领征西大军挺进四川，攻灭明氏夏国。明军一路进军势如破竹，故元阶州、文州、茂州、威州和松潘等地的藏族和蒙古族官员与头领纷纷前来归降。洪武五年，朵甘和乌思藏等地僧俗两界的藏族首领遣使来贡，转相招引，归降大明。(《明太祖实录》卷77)

在这样的大好形势下，朱元璋因地制宜地构建和不断完善大明在藏区的军事机构和军事力量部署。洪武四年二月，在故元吐蕃等处宣慰司都元帅府旧地设立河州卫，任命自己家乡人、“老革命”韦正为该卫指挥使，新近归降的故元陕西行省吐蕃宣慰使何锁南普为河州卫指挥同知。其下设立千户、百户等官职，皆以归降了的各族头领充任，且为世袭制。(《明史·西域二西番诸卫》卷330)

而就在此前后，故元摄帝师喃加巴藏卜和国公南哥思丹八亦监藏等一批乌思藏和朵甘地区的僧俗高层人士归顺了大明。朱元璋以此为契机，在藏区核心地带设置乌思藏卫指挥使司、朵甘卫指挥使司等一系列军政机构。洪武六年，藏区最为边远的俄力思即今天的阿里地区藏族头领搠思公失监也遣使向大明表示“委心效顺”。一年后的洪武八年正月庚午日，朱元璋下诏设置俄力思军民元帅府，委任搠思公失监为元帅。(《明太祖实录》卷96;《明太祖封俄力思军民元帅府诏书》)

至此，大明在西藏地区建立起了三大主要军政机构，即乌思藏卫指挥使司、朵甘卫指挥使司和俄力思军民元帅府。而就此三者而言，乌思藏卫指挥使司、朵甘卫指挥使司所治辖的地区更为重要。为此在洪武七年朱元璋又将乌思藏和朵甘两卫升格为行都指挥使司。行都指挥使司为明朝地方上相对独立性很大的高级别军政机构。朱皇帝的这般升格"德惠"乌思藏、朵甘两卫是不是考虑到大明帝国的长久统一与稳定?

答案是肯定的。因为就在对乌思藏、朵甘两卫进行升格的同时,洪武帝又下令在故元吐蕃等处宣慰司都元帅府旧地河州设置西安行都指挥使司(不久之后改为陕西行都指挥使司),直接统辖新升格的乌思藏行都司和朵甘行都司等(《明太祖实录》卷91;《明史·西域传》卷331)。这样一来就形成了乌思藏行都指挥使司、朵甘行都指挥使司隶属于西安行都指挥使司,西安行都指挥使司隶属于中央的三级隶属格局,大明朝廷对藏区的管辖与治理由此大为加强。

不过老朱皇帝并没有满足于此,就在构建新型的高级别治藏军政管理系统的前后,他还不断地遣使招谕藏区各级首领,德惠有加。其中在洪武六年二月癸酉日诏置乌思藏、朵甘卫指挥使司的谕文中,他这样说道:"我国家受天明命,统驭万方,恩抚善良,武威不服,凡在幅员之内,咸推一视之仁,近者摄帝师喃加巴藏卜以所举乌思藏、朵甘思地面故元国公、司徒、各宣慰司、招讨司、元帅府、万户、千户等官,自远来朝,陈请职名,以安各族。朕嘉其识达天命,慕义来庭,不劳师旅之征,俱效职方之贡,宜从所请,以绥远人,以摄帝师喃加巴藏卜为炽盛佛宝国师,给赐玉印;南哥思丹八亦监藏等为朵甘、乌思藏武卫诸司等官,镇抚军民,皆给诰印,自今为官者,务遵朝廷之法,抚安一方;为僧者,务敦化导之诚,率民为善,以共乐太平。"(《明太祖实录》卷79)

洪武帝招谕藏族首领和德惠藏区最为常见的做法,用通俗一点的话来说,只要你故元藏官前来归附我大明的,我朱元璋照样让你回本地去当官,甚至有时连官府和官名都不变。见诸史籍的有长官司、安抚司、安慰司、招讨司和万户府,等等。

洪武六年十二月壬寅日,四川雅州西部的故元六番招讨使高英派遣自己的儿子高敬严等前来大明朝贡方物,表示愿意归顺。朱元璋当即下令,赐以文绮袭衣。几天后朱皇帝又下诏,设置"四川天全六番招讨司,秩从五品,以前土官高英为正招讨,王藏卜为副招讨"。(《明太祖实录》卷86)

洪武七年五月,四川茂州、陇木头、静州、岳希蓬、汶山、汶川及寒水巡检司、威州宝宁等县土官同茂州权知州杨者七等入朝贡马,表示归降大明之意。朱元璋随即命令设立四川散毛沿边宣慰使司、堂压长官司和汶山、汶川、陇木头、静州、岳希蓬长官司等。(《明太祖实录》卷89)

洪武十六年三月,"西番打煎炉长河西土官故元右丞剌瓦蒙复遣理问高惟善及其侄万户若剌来朝贡马及方物"。朱元璋诏赐钞锭衣服有差,并于四月下诏设"置长河西等处军民安抚使司，以故元右丞剌瓦蒙为安抚使，赐文绮四十八匹，钞二百锭，以其理问高惟善为礼部主事”。（《明太祖实录》卷 153）

以上这些沿袭的故元机构都设在藏区东部边区地带，而在藏区的腹心地区，乌思藏行都司辖区内就以设置万户府居多，如必力公瓦万户府、怕木竹万户府、仰思多万户府、沙鲁万户府、着由万户府等；朵甘行都司辖区内则以设置招讨司居多，如朵甘丹招讨司，朵甘陇答招讨司、朵甘思招讨司、磨儿勘招讨司等。当然这样的“分类”也不是绝对的，朵甘行都司下也有万户府，如朵甘万户府、朵甘东道万户府等。（《明太祖实录》卷 170；参见谭其骧：《中国历史地图集·元明时期》，中华地图学社 1975 年第 1 版，P60～61）

话得讲回来，以军事武威为背景的洪武德惠藏区、大体沿用故元旧官的做法并不是无原则的，对于忠诚和敬顺大明的藏区首领，朱元璋确实是大讲德惠；而对于忤逆和背叛大明的，则立即予以坚决的镇压。洪武十年，松州藏族上层分子发动叛乱，朱元璋闻讯后马上下诏，命令平羌将军、御史大夫丁玉率师前去征讨；洪武十二年正月，洮州十八族番首三副使汪舒朵儿、瘿嗉子发动叛乱，洪武帝立即下令给征西将军沐英移兵讨之。（《明太祖实录》卷 122）而就在大明平乱过程中，朱元璋下诏相继设置了茂州、岷州、洮州、松州和威州诸卫（【明】谈迁：《国榷》卷 6），加强大明的军事武力控制；同时又对原来沿袭的故元藏区部分地方军政机构做了调整，把松潘等安抚司及所属的长官司划给新设的松州卫管辖，把陇木头等长官司划给茂州卫管辖……且“各降印信，仍立首领一人为土官，以世掌之。土官之下，每寨又有牌头寨之名，便于各卫所认纳青稞差役”。（《古今图书集成·边裔典·土番部》卷 71）

由此可见，朱元璋治藏既没有僵化地沿袭故元的做法，也没有刻板地固守针对其他边疆少数民族地区而惯行的那套德惠之术，而是因地制宜和因时制宜，十分灵活，绝无后世人们概念中的朱元璋保守、刻板的影迹。

上述这类朱皇帝灵活治边策略在洪武后期大明逼降辽东故元势力纳哈出的过程中再次得以实施，且获得了巨大的成功。

“纳哈出者，元木华黎裔孙，为太平路万户。太祖克太平被执，以名臣后，待之厚。知其不忘元，资遣北归。元既亡，纳哈出聚兵金山，畜牧蕃盛。帝遣使招谕之，终不报。”时“元太尉纳哈出拥众数十万屯金山，数为辽东边害。（洪武）二十年（洪武帝朱元璋）命（冯）胜为征虏大将军，颍国公傅友德、永昌侯蓝玉为左右副将军，帅南雄侯赵庸等以步骑二十万征之。郑国公常茂、曹国公李景隆、申国公邓镇等皆从。帝复遣故所获纳哈出部将乃剌吾者奉玺书往谕降。胜出松亭关，分筑大宁、宽河、会州、富峪四城。驻大宁逾两月，留兵五万守之，而以全师压金山。纳哈出见乃剌吾惊曰:'尔尚存乎!'乃剌吾述帝恩德。纳哈出喜,遣其左丞、探马赤等献马,且觇胜军。胜已深入,逾金山,至女直苦屯,降纳哈出之将全国公观童。大军奄至,纳哈出度不敌,因乃剌吾请降。胜使蓝玉轻骑受之。玉饮纳哈出酒,欢甚,解衣衣之。纳哈出不肯服,顾左右咄咄语,谋遁去。胜之婿常茂在坐,遽起砍其臂。都督耿忠拥以见胜。纳哈出将士妻子十余万屯松花河,闻纳哈出伤,惊溃。胜遣观童谕之乃降,得所部二十余万人,牛羊马驼辎重亘百余里。还至亦迷河,复收其残卒二万余、车马五万。而都督濮英殿后,为敌所杀。师还,以捷闻,并奏常茂激变状,尽将降众二十万人入关。帝大悦,使使者迎劳胜等,械系茂。会有言胜多匿良马,使阍者行酒于纳哈出之妻求大珠异宝,王子死二日强娶其女,失降附心,又失濮英三千骑,而茂亦讦胜过。帝怒,收胜大将军印,命就第凤阳,奉朝请,诸将士亦无赏。"(《明史·冯胜传》卷129)

因为领头的冯胜、常茂翁婿犯了错,大明军北征将士可跟着倒大霉了,拼死拼活居然最终没有得赏。与之相反,归降的纳哈出及其将士们可谓恩遇多多,赏物不绝。洪武二十年七月庚辰日,朱元璋"遣使赐故元降将纳哈出玉带一、金饰香带一、白金一千两、文绮帛各四十疋(匹)、钞一千贯,又以素金带百、花素银带七百、纱帽八百赐其将校那木罕等及银钞各有差,仍遣使赍钞三十万锭、织金文绮三千匹送赴燕府,以备赏赐来降纳哈出部众"。(《明太祖实录》卷183)洪武二十年八月丙辰日,朱元璋又遣使诏谕故元辽东降军 ,封纳哈出为海西侯,其"大小官员俱与名分"。(《明太祖实录》卷184)

当然,朱元璋通过赏赐高官厚禄等手段施惠于故元归降者的事例远不止上述这些,史称"明兴,诸番部怀太祖功德,多乐内附,赐姓名授官职者不可胜纪"。(《明史·吴允诚等传·赞》卷156)

◉ 因地制宜"德惠"边地少数民族

赐官与赏物说到底真正受到实惠也就是一小撮少数民族贵族与头领,与绝大多数底层百姓几乎毫不相干。对此,"草根"皇帝朱元璋似乎十分清楚,因此除了采取上述方式,他还推出了许多"德惠"少数民族与边疆居民的举措:"因其俗而治之","严明以驭吏,宽裕以待民",兴修水利,推行屯田,修筑驿道,发展边地经济,推行边地教育,扶持边贸,等等。

○ 因其俗而治之

前文已述,通过一系列的军事重压或武力威胁,天南海北的边地居民或少数民族归降了大明。那么对于这样的归降者究竟怎么治理呢？朱元璋“因其俗而治之”的主张(《明太祖实录》卷 15)，即在尊重归降者原有社会风俗与生活习惯的基础上因地制宜地进行管理。这也是朱元璋“德惠”少数民族与边疆居民第一方面的“善政”，其至少包含了三个层面的意思：

第一，天下黎民皆大明子民，我洪武皇帝一视同仁；各族人民随其所居之地，各随其业。

这种传统的大一统君临天下的概念在朱元璋那里很早就形成了。洪武元年大明开国后，朱元璋曾在《北伐宣言》中这样说道：“如蒙古、色目，虽非华夏族类(这里是指传统的汉民族)，然同生天地之间，有能知礼义，愿为臣民者，与中夏之人抚养无异。”(《明太祖实录》卷 26)后来他又强调：“圣人之治天下，四海内外，皆为赤子，所以广一视同仁之心。朕君主华夷，抚御之道，远迩无间。”(《明太祖实录》卷 134)洪武元年十月，大明军攻克元大都，朱元璋在“以元都平诏(告)天下”诏书中再次向全国人民公开表达他的民族政策：对于各族人等“听各还本业……朔方百姓及蒙古、色目诸人，向因兵革连年供给，久困弊政，自归附之后，各安生理，趁时耕作，所有羊马孳畜，从便牧养，有司常加存恤”。(《明太祖实录》卷 35)

明初因为归附的边地少数民族纷至沓来，当时中书省有官员向洪武皇帝提出了这样的建议：“西北边疆地区蒙古诸族人投降我大明的现在已经很多很多了，我们可不能就这么让他们就地安居下来。自古以来，夷狄之情反复无常，只有当他们势穷力蹙时才会来投降；一旦得到了休整安养后，他们又会开始观望、甚至密谋反叛。而一旦反侧，恐怕我们的边镇也不一定能制服得了了。倒不如我们采取釜底抽薪的办法，将他们全部迁移至内地，永绝后患！”(《明太祖实录》卷 59)洪武帝听后很不以为然，当即这样说道：“凡治胡虏，当顺其性，胡人所居习于苦寒，今迁之内地，必驱而南去寒凉而即炎热，失其本性，反易为乱，不若顺而抚之，使其归就边地，择水草孳牧，彼得遂其生，自然安矣。”(《明太祖实录》卷 59)

上述朱皇帝的最高指示用一句话来概括：对于归降边地少数民族，大明顺其自然居住、生活。

正因为采取了这样的治边策略，洪武初年开始大明北疆地区逐渐聚集了一批又一批的蒙古族居民。而在这么多的边疆居民中，有些人与漠北蒙古残元势力有着一定的联系，一旦北元发起扰边军事进攻，部分边民便充当其内应或向导，这给当时的大明北疆地区的安全构成了很大的隐患与危险。面对如等情势，朱元璋下令将北元降官旧将和塞外边民迁往关内、北平诸卫及其附近的府州县，甚至还有迁到大明帝国京师南京等地。譬如洪武六年八月时就有 2 250 个“鞑靼将士”被安置

在南京六合等县生活。(《明太祖实录》卷 84)

但内迁边民大多不习惯内地的农耕生活，有的走到半道上就逃了回去，有的到了目的地后不久又北逃。对此，洪武帝朱元璋做出这般指示："元运既终，天命归我中华。凡其遗民，皆吾赤子。今既来归又辄逸去，盖彼生长之日深，而此抚绥之意浅，故去之耳。自今凡有来归者，尔等善抚绥之。有欲就彼住者，择善地以居之，便其畜牧；有欲来京者，择善人以送之，毋使失所。"(《明太祖实录》卷 88)

不过随后出于北疆安全与国防军事考虑，洪武朝还是规定：北疆"塞外夷民，皆令迁入内地"(《明太祖实录》卷 88)。除此之外，大明南疆、西北、东北等地的各族人民一般皆可就地而居。

第二，继续任用归降的故元时代的少数民族旧官、头领或稍稍变化一下他们的官名对当地实行有效管理，并在要冲之处增设军事机构和布置军力。

譬如在南方少数民族和边疆地区，元朝时设置了两套平行统治机制：一套就是常规性的路、府、州、县等地方行政机构，另一套则为体现"以夷制夷"策略的土官制度。当时设立了很多的宣慰使、宣抚使、安抚司、长官司等，任命当地土人头领出任这样的土官。

朱元璋统一南方后基本上沿用了元朝的这两套平行统治机制，只是在行政区划上稍稍做了一些调整，取消了"路"这个行政级别，各行省布政司直接统辖府、州、县，各级地方行政官员由中央朝廷直接任命，这就是人们常说的"流官制"；与此同时，在少数民族聚居地则"皆因其俗，使之附辑诸蛮，谨守疆土，修职贡，供征调，无相携贰"(《明史·职官志五》卷 76)，这便是历史上有名的"土官制"，也称"土司制"。土司制下的土司官在自己的辖地内拥有很大的自主权，但他们作为大明帝国的地方官吏，除了谨守疆土外，还必须要做好向朝廷进贡和调兵从征等义务。尤其是当新老土司交接时，新即位的土司官一定要由朝廷正式任命才可履任，也就是说，即使你这个少数民族远在万里之遥，土司官践位必须得上南京正式受职。(《明史·土司传》卷 310)

朱元璋做出这么规定，主要是将土司管理权掌控在中央，以防地方势力坐大。但即使到了这一步，苛求完美的朱皇帝还不放心，为防止边地分裂和地方割据势力的出现，他还在这些边地要冲之处设置卫、所和巡检司等机构，派驻大明军，随时应对地方上发生的变故。这样一来，由原来的土官、流官混合体制又多了一层军事保险，大明帝国南方等地区的边疆治理得以稳固。

例如：洪武十四年，大明军攻灭故元宗室梁王政权后，朱元璋曾下令在云南东北的贵州地区设立贵州都指挥使司(《明太祖实录》卷 141)；洪武十五年二、三月间，设立云南都指挥使司和更定云南布政司(《明太祖实录》卷 143)。当时谁也没有注意到这样的设置有着多大的重要性。30 年后的永乐十一年，思州前宣慰使田仁厚的儿子田琛和思南前宣慰使田仁智的儿子田大雅(永乐八年死)之子田宗鼎为了争夺"边境"领土发动了"两田兵乱"。刚好坐镇在"两田"边上的贵州都指挥司的镇远侯顾成以迅雷不及掩耳之势平定了叛乱，维护了国家的统一，由此可见朱元璋开国时制定的国策可谓深谋又远虑！(《明史·贵州土司传》卷 316;《明太宗实录》卷 13～16)

第三，尊重各少数民族的生活习惯与风俗。

大明开国前夜，朱元璋提出了"驱逐胡虏，恢复中华"的口号，作为颠覆元廷、推翻元朝黑暗统治的一面大旗，为此他曾下诏"复衣冠如唐制……其辫发、椎髻、胡服、胡语、胡姓，一切禁止"，相比于"元世祖起自朔漠以有天下，悉以胡俗变易中国之制"，朱元璋此举的重大意义在于尽革"百有余年胡俗，悉复中国之旧矣"。(《明太祖实录》卷 30)

在举国上下"拨乱反正"的情势下，当年元朝民族压迫者蒙古人、色目人等感到了前所未有的紧张与恐惧，许多人开始更易自己的本族姓氏或风俗习惯，模仿起汉族人的做法。对此，洪武帝朱元璋非常开明，下令严"禁蒙古、色目人更易姓氏"，并诏示世人："天生斯民，族属姓氏，各有本源，古之圣王尤重之，所以别婚姻、重本始，以厚民俗也……比闻入仕之后，或多更姓名。朕虑岁久，其子孙相传，昧其本源，诚非先王致谨氏族之道。中书省其告谕之，如已更易者，听其改正"。(《明太祖实录》卷 51)除此之外，他还鼓励各族之间相互通婚，并带头做个示范，"娶"了蒙古女人为妃子，明成祖朱棣老妈碽妃就是一个蒙古族大美人，就连正宫马氏即有名的马皇后据说也不是汉族人，而是回族人。如此举措对于维护边疆稳固和民族融合起到了积极的作用。

由此不难看出，相比于蒙元立国起就实行民族歧视和民族压迫政策，朱元璋的开明民族国策不知要强出多少倍！

○ 严明以驭吏，宽裕以待民

朱元璋"德惠"少数民族与边疆居民第二方面的举措为"严明以驭吏，宽裕以待民"(《明太祖实录》卷 54)。"严明以驭吏"就是要对边疆与少数民族地区官吏的管理要严格，"宽裕以待民"就是对边民要宽厚、体恤。这实际上是朱元璋在中原地区实行严厉治官、整肃腐败、与民休息和使厚民生等一系列政策在边疆地区的延伸，具体地说，包括如下几个方面：

首先十分注意边疆地区各级军政官员的人选，将一些廉洁奉公、德才兼美的好官派往边地任职。

在历代王朝中，边地条件艰苦，一般官员都不愿意上那里工作。时间一长边地自然而然也就成了内地犯事官员的贬谪、“发配”地，历朝历代的官场都这么做，譬如宋朝苏东坡“犯事”后就曾被贬谪到海南儋州任职。朱元璋的思维与众不同，在他的眼里，边地距离中央朝廷遥远，而在这些“天高皇帝远”的地方，朝廷就更应该注意官吏的任用与管理。

云南虽说自元朝起正式归属中央政府管辖，但实际上除了元宗室梁王把匝剌瓦尔密和白族土酋段氏集团世代统治那里外，中央帝国政府很少插手当地的事务，实际上那时的云南已处于半独立状态。之所以如此，我想至少有两个方面的因素造成：第一，云南距离中原遥远，彩云之南，能不远吗？且有重重大山阻隔。第二，自唐宋时期起，以大理为中心的白族土酋段氏集团世代统治那里，中原帝国很难插手，说白了白族段氏是云南地区最大的土司或言“土皇帝”。

洪武十四年(1381)九月，在多次招抚无果的情势下，朱元璋任命颍川侯傅友德为征南将军，永昌侯蓝玉为左副将军，西平侯沐英为右副将军，统率将士往征云南(《明太祖实录》卷139)。云南攻下不久，朱元璋任命通政使司试左通政张纨等好官为云南布政使司左参政(《明太祖实录》卷142)等省级领导。

就说这个张纨，曾任东宫侍正，即朱标太子的老师，与宋濂为同类君子，老朱皇帝对他十分了解，因为工作认真踏实，就让他出任云南行省副省长一类的官职，不久又提升他为左布政使即一把手省长之职。洪武二十年三月张纨期满来朝，接受朝廷的考核。皇帝朱元璋从其他秘密途径早已掌握了相关情况，一见到张纨就说：“你在云南‘言出则诸蛮听服，令布则四野欢欣’，‘功出乎天下十二牧之首’，即说你的功劳位列全国十二个省省长之首，就不用参加考核了。作为对你的嘉奖，你还是回云南去继续当你的省长吧！”(《明太祖实录》卷181)

再说朱元璋留下镇守云南的养子、军事统帅“(沐)英沉毅寡言笑，好贤礼士，抚卒伍有恩，未尝妄杀。在滇，百务具举，简守令，课农桑，岁较屯田增损以为赏罚，垦田至百万余亩。滇池隘，浚而广之，无复水患。通盐井之利以来商旅，辨方物以定贡税，视民数以均力役。疏节阔目，民以便安”。(《明史·沐英传》卷126)

其次，边疆军政官吏上任后，洪武帝严加管束，禁止他们随意科敛，禁止他们扰害边地百姓。

洪武二年，徐达率领的大明北伐军会师会州，由于一路上将士们打的胜仗太多了，许多人都有点飘飘然，想从当地州、县的百姓处搜刮一些牛羊马匹来补充补充军用。一向严格执行皇帝朱元璋意志的徐达大将军发现后，立即下令严禁："西北之民素以畜牧马为生，今奉命吊伐，本以安民，若尽括其所资，彼将何以为生？"（《明太祖实录》卷41）

再说朱元璋自己也会时不时地派出监察御史上边疆地区去考核和督查，临行前常常叮嘱监察官们："如果你们到了那里发现有奸贪强暴、虐害无辜百姓的，给我当场拿下，就地鞫问审决，然后再上报上来。如果按照常规的做法，上报给朝廷，然后再作处理，京师到边疆多远啊，岂不耽误事情！"（《明太祖实录》卷54）

朱元璋说到做到，不管是谁，不管与自己有多近的关系，只要与边民过不去，他立马给予治罪。贵州都指挥使马晔（有的书上作马烨）"为开创贵阳功居第一"（弘治：《贵州图经新志·名宦》卷3），很为朱元璋喜欢。但马都督在任时立功心切，曾裸挞贵州土司宣慰使霭翠之妻奢香，引发了当地彝族民变。朱元璋获悉后，立即下令逮捕马都督马晔，并将他治以死罪。（【清】谷应泰：《明史纪事本末·开设贵州》卷19；民国《大定县志·官绩志》卷9；也可参见笔者《大明帝国》系列⑧《永乐帝卷下》）

再次，朱元璋多次下令减免边疆地区少数民族的赋役。

洪武十八年，云南乌蒙军民府知府亦德上言："我们乌蒙地区，实乃蛮夷之地，当地居民刀耕火种，本来就收获甚少。往年又连连遭受灾荒，霜灾、旱灾和疾疫接连不断，百姓们大多饥寒窘迫，朝廷规定的每年征粮数额看来是无法完成了。"朱元璋接到奏报后下诏，全部予以蠲免。（《明太祖实录》卷171）

同年，四川永宁宣抚使禄肇派遣自己的弟弟阿居来南京上奏说："历年以来我们永宁宣抚使对于朝廷征收的马匹数额都能如数上缴，只是税粮无法完成，缘由是大军南征，辖区内的蛮夷都给吓得四处逃窜了，耕种失时，加上战争过后瘟疫肆虐，好多好多人都死了……"没等阿居说完，朱元璋当即拍板："税粮全免了！"（《明太祖实录》卷170）洪武二十七年，朱元璋又下令蠲免四川永宁宣抚司积年无征税粮1 330余石。（《明太祖实录》卷234）

洪武二十二年，四川茂州汶山县知县来南京考绩，因为在任内没有完成朝廷规定的徭役，他赶紧上奏解释道："我汶山县自开县到现在已经有7个年头了，境内共有28寨羌民，大多贫穷，且言语不通，所以他们有'七年不听差役'了！"朱元璋听后不仅没有为难汶山知县，反而宽慰他："蛮俗素与中国（即中原）异，岂可拘其繇（通'徭'）役，能善抚之久，则自然服从。"（《明太祖实录》卷195）

洪武二十三年闰四月，大明户部官上奏请示："四川、贵州、芒部、马湖土官历年拖欠朝廷税粮已经不少了。陛下，您看怎么处理？"朱元璋："那些地方都很穷，算了，免了他们吧！"后又多次下诏，蠲免川贵边地赋税。（《明太祖实录》卷201）

○ 兴修水利、推行屯田，修筑驿道，发展边地经济

朱元璋“德惠”少数民族与边疆居民第三方面的举措为兴修水利、推行屯田，修筑驿道，发展边地经济。洪武时期在边疆地区兴修水利比较著名的有四处，其中两处属于原水利工程的整修：一处是洪武四年修治广西兴安县灵渠三十六陟。灵渠是秦始皇时代开凿的有名水利工程，东汉时大将军马援曾派人整修过。但因为年代久远，“堤岸圮坏”。明初朱元璋派人进行了维修，“可溉田万顷”(《明太祖实录》卷60)；另一处也是老的水利工程——滇池，“云南王”沐英留守时曾对滇池进行了“浚而广之，无复水患”(《明史·沐英传》卷126)。洪武时代还有两处属于边地新筑的有名水利工程：一处是洪武二十三年疏浚的永宁河，当时朱元璋诏令景川侯曹震带领军民将永宁境内的190处滩中的82处滩水流给浚通了，为当地居民生活与生产带了极大的便利(《明太祖实录》卷204)；另外一处是因广西郁林州民李友松上请，皇帝朱元璋诏令地方官府，将郁林州境内的北流、南流之间的20多里给浚通，“通舟楫，便行旅”。(《明太祖实录》卷235)

○ 如今云贵地区的屯堡居民是不是朱元璋时代军屯将士们的后代?

除了兴修水利外，洪武时期还在边地大力推行屯田。之所以如此，是因为在朱元璋看来，边地屯田意义非凡，“屯田以守要害，此驭夷狄之长策”(《明太祖实录》卷50)！

相对于中原内地，边疆地区土地宽广，资源丰富，人地之间关系呈现出与中原内地相反的情形：人少地多，缺少开发与利用。因此，自大明开国起，朱元璋就不遗余力地推广边地屯田。当时边地屯田的主要形式与内地相同，也有三种，即民屯、军屯和商屯。民屯主要是由政府组织，要么从人多地少的“狭乡”抽调人丁前往边地去开垦，如洪武二十年十月，朱元璋曾诏令“湖广常德、辰州二府民三丁以上者出一丁，往屯云南”(《明太祖实录》卷186)；要么谪发犯罪者前往边疆屯种，如洪武二十年六月前，洪武帝曾下诏：令一部分犯罪“吏民谪发辽东戍守”屯田(《明太祖实录》卷182)；还有一种就是招募流民屯田，如洪武前期朱元璋曾让人组织大批流民在北疆地区迤北、宁夏等地进行屯田。(《明太祖实录》卷81)

与民屯有着一定相似性的就是商屯，明政府招募盐商到边地去开中纳粮，由此明初起商屯在边疆地区发展起来，像前面讲过的北疆地区的商屯自洪武六年起就开始兴起了。(《明太祖实录》卷81)

第三种边地屯田方式叫军屯，军屯在洪武时期相当普遍，南疆、北疆各地都有。

从史料来看，洪武七年前，辽东地区的军屯已经开启了(《明太祖实录》卷87)；而西北边地军屯那时也很活跃，洪武十年时，仅陕西都指挥使司辖区内的庄浪卫的屯田军人数就达8 000人，出现"地狭人众，难于屯驻"的格局。(《明太祖实录》卷115)

差不多与此同时，南方边疆地区的军屯也如火如荼地开展起来。说起这事，我们不得不要说到当今云贵地区广为人们热议的古老话题——"屯堡"。

明代屯堡究竟始于何时？从正史记载来看，大致开始于洪武十四年大明军攻灭云南故元梁王政权之后，确切的正史最早记载为：洪武十六年五月，朱元璋"命六安侯王志、安庆侯仇成、凤翔侯张龙督兵往云南品甸缮城池，立屯堡，置邮传，安辑其民人"(《明太祖实录》卷154)。以后有关云贵地区的屯堡记载逐渐多了起来，贵州都指挥使司、安庄卫、普安卫(《明太祖实录》卷256)，云南洱海卫指挥使司并左右中前后五千户所所在地都曾建有好多的屯堡。(《明太祖实录》卷177)

屯堡里居住的不仅有屯田的军士，按照明代的军制规定，军士有专门的军籍，世代相袭，因此拖家带口屯守边地成了再正常不过的事情了。

再有一个问题，最近云贵地区有读者朋友通过各种方式联系我，有的自报门户是沈万三的后代，也有贵州屯堡居民后代自称是南京移民的后裔。不错，《明史》中有关江南首富沈万三的最后结局，确实地记载道："戍云南。"(《明史·后妃传一》卷113)明代文人笔记中也有所披露：云南平定后，朱元璋曾"迁江左良家闾左以实之，及有罪窜戍者，尽室以行"(【明】谢肇淛：《滇略》)。更有今日云贵屯堡居民后代尤其是女性服饰还保留了明代人的特色，甚至他们说话还带有南京腔、南京音。不过要将这些与600年前的边地军屯和屯堡完全挂上钩，还有待于进一步的挖掘与研究。

姑且不管屯堡居民究竟来自何方，但有一点不容我们忽视，那就是洪武年间，通过一系列的边地屯田，使得大明帝国四周边疆都得到了开发，且成就斐然。譬如，"黄河、迤北、宁夏所辖境内及四川西南至船城东北，至塔滩相去八百里土田膏沃"，通过政府招抚流民而得以开垦利用，"使军民足食"(《明太祖实录》卷81)；西南贵州在洪武四年设立永宁卫后，仅该一处屯田土地就达53 290亩(【明】陈子龙、徐孚远：《明经世文编·朱司马督蜀黔疏草·分界酌议黔蜀两便疏》卷487)；云南在洪武二十五年时已经垦田1 012 000亩(【明】焦竑：《国朝献征录·黔国公沐英传》卷5)；辽东屯田成就也不小，洪武二十四年屯田收粮就达530 000多石，到朱元璋死前半年即洪武三十年年底时，庞大的辽东驻军不仅已经"屯田自给"，而且还"颇有赢余"(《明太祖实录》卷255)，这是何等不凡的成就啊！

在发展边疆屯田的同时，内地一些先进的生产技术、生产工具和优良农作物品种也纷纷传入了边疆与少数民族地区，这对于促进边疆地区的经济发展起到了很大的作用。

○ 兴办边疆教育，发展边地文化教育

朱元璋"德惠"少数民族与边疆居民第四方面的举措为兴办边疆教育，发展地方文教。前章我们讲过，草根皇帝朱元璋自即位起就猛抓教育，洪武二年他曾"令郡县皆立学"(《明太祖实录》卷46)，由此迎来了各级官学纷纷涌现、大明帝国各地大办教育的喜人局面。不过这还限于传统帝国的内地，边疆与少数民族地区似乎一向是传统中华帝国推行教化的盲区。这或许要归咎于传统人们将"夷狄同夫禽兽"、视之为"不可以仁义教"的错误观念。朱元璋可能是来自社会底层的缘故吧，他却有着独特的见解："蛮夷僻远，其知畏朝廷，纳赋税，是能遵声教矣!"(《明太祖实录》卷188)这无疑是思想上的一大进步。正因为出于这样的认知，洪武时期，大明的边地教育才得以逐渐确立发展起来。

相比于内地教育的兴办，朱元璋时代的边地教育起步要晚，这与大明帝国对边疆地区的统一大相关联。洪武十四年，朱元璋派遣大军攻灭云南故元梁王政权，第二年他就发布榜文，命令云南(当时还包括贵州)各地府、州、县创办官学(【明】张纨：《云南机务抄黄》)。但战后的云南百业待兴，或许是精力、财力等方面的条件有限之缘故吧，教育事业一直拖到了十年后才逐渐兴办起来。洪武二十五年十月，贵州宣慰司开设儒学，设教授一员，训导四员(《明太祖实录》卷222)；同年十二月，云南沅江府开设儒学(《明太祖实录》卷223)；洪武二十七年，贵州普定卫开设儒学(《明太祖实录》卷231)；洪武二十八年六月，因户部知印张永清之请，洪武帝下令，在"云南、四川边夷土官(辖区内)皆设儒学，选其子孙弟侄之俊秀者以教之，使之知君臣父子之义而无悖礼争斗之事"(《明太祖实录》卷239)；同年九月，因监察御史裴承祖之请，朱元璋又下令在四川贵、播二州，湖广思南州宣慰使司及所属安抚司州县，贵州都指挥使司平越、龙里、新泰、都匀等卫，平浪等长官司所管辖的诸种苗蛮地区一一设立儒学，"使知诗书之教"(《明太祖实录》卷240)。可以这么说，到朱元璋晚年时，西南边疆少数民族地区的官学差不多都一一开办起来了。

与南疆地区大办教育相比，北疆地区也并不示弱。洪武十七年，辽东都司和金、复、海、盖四州开设儒学(《明太祖实录》卷167)；洪武二十六年，因人之请，朱元璋下令复设已经废弃了的开元、沈阳、广宁、义州等地的郡学……(《明太祖实录》卷225)

通过一系列的努力，到洪武末期时，大明帝国南北边疆地区的官学教育系统差

不多都建立起来了。但按照明代的教育体制来看，边疆地区的这些官学都属于中等教育，大明高等教育主要集中在京师南京。随着边地中等教育的发展，边民与少数民族尤其是土司贵族对于高等教育的向往也愈发强烈，他们陆续上请，要求派遣自己的子弟到京师国子监来深造。对此，洪武帝都予以积极的支持。洪武二十三年五月，播州、贵州宣慰使司并所属宣抚司官各遣其子来朝，请入太学。朱元璋当即特允其请，并关照国子监教官“俾有成就，庶不负远人慕学之心”(《明太祖实录》卷202)。从当时实际来看，贵州普定，云南彝族、乌撒、乌蒙、芒部，四川建昌、永宁等西南少数民族土司官子弟都曾来南京国子监进学，且受到朱元璋的关心与照顾(《明太祖实录》卷167;202;203;204;224;【明】黄佐:《南雍志·事纪》卷1)。在这么多的边民和少数民族土司子弟中，有些学子还学得相当不错，例如昆明有个叫李特的人在洪武时期还考中了进士，成为云南有史以来的第一位进士。(万历:《云南通志·人物》卷11)

总之，通过兴办边疆教育，朱元璋不仅贯彻了他的“德惠”边民的思想策略，而且也使得边疆少数民族地区特别是西南地区的文化教育有了很大的发展。洪武以后，经过百余年的发展，到了正德时，西南边地已经是“人才辈出，炳炳琅琅，与中州人士并埒”了。(【清】谢圣纶:《滇黔志略·云南·学校选举》卷6)

◉ 特殊西番国策:诏封藏区僧官、确立军事保障体系和开办茶马贸易

朱元璋“德惠”少数民族与边疆居民第五方面的举措为诏封藏区僧官、确立军事保障体系和开办茶马贸易。说起藏区，给人最深印象的可能莫过于那神秘的藏传佛教。而藏传佛教恰恰是元朝的国教，对于建立在元朝废墟上的大明帝国来说，如何处理好与藏传佛教、藏区之间的关系确实是个不得不要认真对待的大问题。

○ 朱元璋对元蒙宗教文化的无意识传承

南京鸡鸣山下有个万人坑，明初洪武年间曾在这一带建起了国子监。但据说国子监里老不太平，有人走到万人坑原址处，要么四足发僵，要么昏厥过去，最严重的还有人为之丧命。朱元璋听说这样的怪事后，请了很多的“神人”来“驱散”这里的“冤魂屈鬼”，但最终都无济于事。后来有人说，或许乌斯藏神人能解决这个难题。朱元璋接受了建议，“敕使迎取西番有道僧”，请来了惺吉坚藏等七位西藏喇嘛，结坛做法事，念了七天七夜的“唵嘛呢叭咪吽”，嗨，神了，“妖气始灭”。朱元璋

顿时龙颜大悦，“嘉其神妙，乃构西番殿与居”，“日命光禄寺厚馈饮馔”。（【明】葛寅亮：《金陵梵刹志》卷17；【明】释道果：《鸡鸣寺施食台记》）

但在对待藏传佛教与乌斯藏等问题上朱元璋却十分谨慎，老朱皇帝的此番举措有着深刻的含义：元朝崇尚藏传佛教，喇嘛教成为大元的国教，萨迦派五世祖八思巴被封为帝师和“大宝法王”，甚至元朝皇帝即位时还得要从帝师那儿接受戒条与灌顶。如此情势造成了有元一代藏传佛教大行其道，甚至有泛滥之势，喇嘛们“广兴法事”，耗费了元朝巨额的经济钱财，他们霸占田地，影响了大元帝国的经济收入；更为严重的是，他们还参与到国家政治中，干预皇室事务；最为恶劣的是，有些番僧还与元宫里的“妹妹们”有着说不清道不明的关系……因此有学者说元朝之亡有一半亡在番僧手里。虽然这个观点并不一定正确，但元朝纵容番僧所造成的严重后果，对于参加元末农民大起义的朱元璋来说还是十分清楚的。

○ 诏封藏区故元僧官与确立军事保障体系

元亡明兴之际，藏传佛教盛行的西藏、青海、四川等“藏区”故元曾经的“伙伴”们表现出与大明极大的合作。

洪武二年五月甲午，朱元璋“遣使持诏谕吐蕃，诏曰：‘昔我帝王之治中国以至德要道，民用和睦，推及四夷，莫不安靖。向者胡人窃据华夏百有余年，冠履倒置，凡百有心，孰不兴愤？比岁以来，胡君失政，四方云扰，群雄分争，生灵涂炭，朕乃命将率师悉平海内，臣民推戴为天下主，国号大明，建元洪武，式我前王之道，用康黎庶。惟尔吐蕃邦居西土，今中国一统，恐尚未闻，故兹诏示。’使者至吐蕃，吐蕃未即归命。”（《明太祖实录》卷之四十二）

大明北伐与“清沙漠”开始前后，朱元璋又“命陕西行省员外郎许允德招谕吐蕃十八族、大石门、铁城、洮州、岷州等处”。洪武三年（1370）六月，当大明军一路北伐到今天兰州附近时，“故元陕西行省吐蕃宣慰使何锁南普等，以元所授金银牌印宣敕诣左副将军邓愈军门降，及镇西武靖王卜纳剌亦以吐蕃诸部来降”。（《明太祖实录》卷53）

不久萨迦派故元摄帝师喃加巴藏卜等归降明朝，并举荐了乌斯藏、朵甘思等地的前元国公、司徒、各宣慰司、招讨司、元帅府、万户、千户等100多个元朝故官，喃加巴藏卜甚至还亲自带人到南京来，朝见大明开国皇帝。朱元璋十分高兴，就敕封他为“炽盛佛宝国师”，并对他举荐的藏区故官一一予以任用。这时大明河州卫向朝廷回报了这样的情形：控制乌斯藏大部分地区的帕木竹巴政权的原首领“故元灌顶国师章阳沙加”在当地有着很高的威望，如果朝廷能够招抚他（即故元大司徒绛曲坚赞的侄子释迦坚赞)的话,那么乌斯藏很大一部分地区就会安宁下来。朱元璋接受了建议,"诏章阳沙加仍灌顶国师之号,遣使赐玉印及彩缎、表里,俾居报恩寺,化导其民"。(《明太祖实录》卷 73)

洪武七年(1374)七月,"朵甘乌思藏僧答力麻八剌及故元帝师八思巴之后公哥坚藏巴藏卜遣使来朝请师号",朱元璋"诏以答力麻八剌为灌顶国师,……公哥坚藏巴藏卜为圆智妙觉弘教大国师"。(《明太祖实录》卷 91)

不过,这里必须要指出的是,整个洪武年间,朱元璋诏封藏区故元僧官相当有节制,不像后来他的那个神经病儿子朱棣那样滥封滥赏。其所授的僧官与封号也仅国师、大国师一级,且被授者人数少,"初,太祖招徕番僧,本借以化愚俗,弭边患,授国师、大国师者不过四五人"。(《明史·西域三》卷 331)

在诏封藏区故元僧官的同时,以军事起家的朱元璋始终没忘在该地确立军事保障体系。洪武六年二月癸酉朔,"诏置乌思藏、朵甘卫指挥使司、宣慰司二、元帅府一、招讨司四、万户府十三、千户所四。以故元国公南哥思丹八亦监藏等为指挥同知、佥事、宣慰使同知、副使、元帅、招讨、万户等官,凡六十人"。这 60 多名故元旧官就是由已经归降了且被封为炽盛佛宝国师的前元摄帝师喃加巴藏卜所举荐的,向来疑心病十足的朱元璋居然十分大度地一一照录任用。(《明太祖实录》卷 79)

洪武七年十二月壬辰朔,"炽盛佛宝国师喃加巴藏卜及朵甘行都指挥同知锁南兀即尔等遣使来朝,奏举土官赏竺监藏等五十六人。(朱元璋)诏增置朵甘思宣慰司及招讨等司"。(《明太祖实录》卷 95)

朱元璋的这般做法自有他的道理,要想将藏区全部按照内地的模式来管理是不可能,也没法办到的,与其这样还不如来个顺水人情。但从骨子里来讲,朱元璋的老辣就在于表面上对人予以极度的信任,却在暗中布置和强化自身的军事势力,建立一系列的卫所。洪武七年秋七月己卯日,"诏置西安行都指挥使司于河州,升河州卫指挥司韦正为都指挥使,总辖河州、朵甘、乌思藏三卫,升朵甘、乌思藏二卫为行都指挥使司,以锁南兀即尔为朵甘卫指挥同知,管招兀即尔为乌思藏都指挥同知"。朱元璋在给河州都指挥使韦正的诏谕中就说出了自己对藏区管理的心里话,"尚虑彼方地广民稠,不立重镇治之,何以宣布恩威"。(《明太祖实录》卷 91)

○ 改造藏区政教合一的管理机构,设立僧纲司,阴助王化

经过数年的不懈努力与苦心经营,朱元璋不仅完成了对藏教领袖的招抚和封赏归化工作,而且还在藏区及其周边地带建立起了一套有效的军事体系。即使如此,出生于元末、投身于红巾军大起义洪潮的朱元璋亲眼目睹了元末西番僧干政所

引发的国政紊乱直至败亡的景况，因此他在治藏国策的问题上有着更多的谨慎甚至可以说是高度的警惕。

大约到了洪武晚期，为了加强对藏区的管理，朱元璋决定对藏区政教合一的管理机构实施改造。“洪武二十六年三月丙寅，立西宁僧纲司，以僧三剌为都纲；河州卫汉僧纲司，以故元国师魏失剌监藏为都纲；河州卫番僧纲司，以僧端月监藏为都纲。盖西番崇尚浮屠，故立之，俾主其教，以绥来远人。”朱元璋还“赐以符曰：‘自古帝王致治无间远迩，设官以理庶务，稽诸典礼，复有僧官以掌其教者，非徒为僧荣也。欲其率修善道，阴助王化，非真诚寡欲淡泊自守者，奚足以任斯职，今设僧纲同授尔等，以官给尔符契，其体朕之心广佛功德化人为善，钦哉！’”（《明太祖实录》卷226）

看来朱元璋在藏区设立僧官不仅仅是要他们管理好那里的僧事俗务，而且还肩负起“率修善道，阴助王化”的政治使命。换句话来说，在藏区设僧官，布置军队，改造政教合一的藏区管理机构，其最终的核心是为大一统帝国政治服务。

○ 主倡汉藏茶马贸易和设立羁縻卫所——“西北六卫”

除此之外，朱元璋还因地制宜地开设茶马贸易，不仅促进了内地与藏区之间的经济文化交流，而且还使得藏区民众深受洪武朝的“德惠”。

元末明初的藏区概念不等于我们今天所说的西藏，还应该包括青海、四川、甘肃等部分地区，范围极为宽广。这里高山连绵，地势险峻，主要的生产以畜牧业为主，农业种植以耐寒抗旱和生长期短的青稞为主，由此决定藏区人们的生活食物结构中肉食和青稞占据了大头，而“腥肉之物，非茶不消，青稞之热，非茶不解”（【明】陈子龙、徐孚远：《明经世文编·王氏家藏文集·呈盛都宪公抚蜀七事》卷149），因此说藏区人特别需要内地的茶叶。而对于明朝来说，出于对北方蒙古战争的需要，也急需藏区出产的良马，此时“兵力有余，唯以马为急”（【明】王世贞：《弇山堂别集·市马考》卷89）。而从大明帝国西疆与北疆的整体战略考虑：“盖西陲藩篱，莫切于诸番。番人恃茶以生，故严法以禁之，易马以酬之，以制番人之死命，壮中国之藩篱，断匈奴之右臂，非可以常法论也。”（《明史·食货志四·茶法》卷80）这里所说的“匈奴”指的是北方蒙古。整个这段史料大概是讲：掌控住西番必需的茶叶，就等于卡住了他们的喉咙，也就断了蒙古人的右臂。因此说明代自洪武开国起就十分重视汉藏之间的茶马贸易，其意义非同寻常。

明朝茶马贸易由当时官方机构茶马司负责管理，洪武时期开设的茶马司主要有6个：位于今甘肃天水的秦州茶马司（后改为西宁茶马司）、今甘肃临夏的河州茶马司、今甘肃临潭的洮州茶马司、今四川叙永的永宁茶马司（后改在四川天全设立雅州碉门茶马司)、今四川松潘地区的岩州茶马司和广西设立的庆远裕民司等(《明史·职官志四》卷75)。从这些茶马司的分布地域来看,当时明朝的茶马贸易主要还是集中在川陕地区(甘肃、宁夏在明初都还没有独立成省,隶属于陕西行省)。

茶马贸易,顾名思义就是以内地茶叶换取藏区的马匹。据说这种贸易在宋代就有了,明初洪武时期朱元璋曾派宦官赵成到河州去买马,因为内地与藏区所用的货币不同,明朝不得不改用绫罗绸缎丝帛和巴茶同藏人交换马匹,藏人大悦。朱元璋获悉后,随即命令河州守将保护茶马贸易,给藏人丰厚的贸易利润,由此河州等地茶马贸易日益发展壮大起来。到洪武十一年时,仅河州、秦州两处的茶马司所买到的马匹就达1 691匹(【明】王世贞:《弇山堂别集·市马考》卷89)。按照那时的茶马贸易比率:大致是30斤茶叶就能换得一匹良马(《明太祖实录》卷217),因此说,茶马贸易的利润是相当之高的。明廷规定:全国各地的茶农或茶商在向官方宣课司缴纳1/30的课税后,即可自由贩卖了。为此,洪武年间在陕西、四川和京师应天府、苏州府、常州府、镇江府、徽州府和广德府以及浙江、湖广和广西等产茶区都曾设立了茶叶收税机构茶课司,确立各地的茶课税额。这样一来官府的收入是增加了,但管控的茶马贸易中明朝官方掌控的良马增加数量却大受影响。对此,洪武朝采取以下措施:

第一,推行"马赋差发"。洪武十六年正月,朱元璋给松州卫指挥佥事耿忠颁发敕谕,说:"西番藏区之民归附我大明,成为帝国子民已经很久了,可我们从来还没有向他们征收过什么赋税徭役。听说他们那里盛产良马,我大明就以他们那里土地的多少作为其贡赋的依据,凡是3 000户人家的有3户贡出1匹良马,40 00户人家的有4户贡出1匹良马,以此作为当地的特定的赋税徭役,也让他们知晓尊君亲上,敬奉朝廷之礼啊!"这就是明史上有名的"马赋差发"开始了。(《明太祖实录》卷151)

"马赋差发"令发出后,"诸蛮夷酋长来朝者,悉献其所乘马",朱元璋下诏"以钞偿之"(《明太祖实录》卷151)。换句话说,朱皇帝不让西番人吃亏,尽管强制征马了,但大明还是以丰厚的经济利润予以"偿还"。不过这里有个问题,那就是大明宝钞似乎在西番人那里不受欢迎,于是朝廷就改为以茶易马。

通过"马赋差发",大明帝国果然得到了许许多多的西番良马,但就此茶马私自贸易的问题还是没能解决。为此,明廷采取如下招数:

第二,实行金牌信符制度。洪武二十六年,朱元璋派遣特使前往甘肃、西宁、临洮、河州、岷州、巩昌等西北陕川地区去,给当地藏族各部颁发金牌信符,上书纳马数量等字样,作为征发马赋差发的凭证(【明】杨一葵:《裔乘·西夷》卷3)。有了金牌信符并按照明朝官方指定的地点与方式进行茶马贸易的,属于正常的合法交易,违者或金牌信符不符的，都要予以治罪(《明太祖实录》卷 225)，以此来确保官府控制汉藏茶马贸易。

第三，严控茶叶生产与流通。

洪武时期对于靠近藏区的陕西汉中府各地茶园的茶农，除了让他们缴纳茶课外，其余茶叶全部由官府来收购，其他地区的余茶由商人去收购。官府征收的茶课和收购的余茶，统称叫官茶，直接用于茶马贸易；商人收购、贩卖的茶叶叫商茶。商人买到茶叶后还不能直接贩卖，一来要向官府的宣课司缴纳“三十取一”(《明史·食货志四》卷 80)的商品税；二来要向官府交钱申请茶引(相当于茶叶贸易特许凭证)，“商茶每一百斤为一引，输官钱千文，其不及引者，纳六百文，给由帖，帖六十斤，量地定程以卖”(【清】傅维鳞:《明书·食货》卷 82)。通过这两关后，商人方可将茶叶运到官府指定的地点去出售，也可交给陕川地区的茶马司，茶马司给予一定的报酬。

第四，《大明律》中还专门制定律条，严厉打击贩卖私茶：“私茶出境与关隘失察者，并凌迟处死。”(《明史·食货志四·茶法》卷 80)茶农将茶叶卖给没有茶引的商人，“初犯笞三十，仍追原价没官；再犯笞五十；三犯杖八十，倍追原价没官”。(《大明律集解附例·户律·课程》卷 8)

通过这一系列的配套措施，茶马贸易牢牢地掌控到大明帝国官方手中。从受到“德惠”的西番各族来说，“明初设安定、阿端、曲先、罕东、赤斤、沙州诸卫(西北羁縻六卫)，给之金牌，令岁以马易茶，谓之差发。沙州、赤斤隶肃州，余悉隶西宁。时甘州西南尽皆番族，受边臣羁络，惟北面防寇”(《明史·西域二·西番诸卫》卷 330)。换言之，通过茶马贸易等一系列“德惠”举措，大明牢牢地掌控住了西域诸番，最终将斗争的焦点锁定为具有巨大潜在威胁的北方蒙古残余势力。

朱元璋的这等治理西疆国策，功不可没，它奠定了大明帝国后来近 300 年的稳固基础。

◉ 华夷归一与北疆三道防线、两个三角形军阵布防

因地制宜地“因其俗而治之”；“严明以驭吏，宽裕以待民”；兴修水利，推行屯田，修筑驿道，发展边地经济；兴办教育，发展边疆文化教育；诏封藏区僧官，确立军事保障体系和开办茶马贸易，等等。通过这一系列“德惠”与得力的举措，朱元璋为首的大明朝廷兼容并包，将全国各地、四面八方的苗、壮、瑶、黎、高山、畲、土家、彝、布依、白、傣、纳西、仡佬、傈僳、回、怒、独龙、佤、藏、蒙古、女真等数十个少数民族一

起融合到了中华民族的大家庭里，“从此华夷归一，统开帝业，庆升平安”。(《明太祖实录》卷 56)

“华夷归一，统开帝业”一类语是朱元璋君臣在洪武年间庆贺大明一统时的歌颂之词。其实大家谁都清楚，要说那时大明“庆升平安”的话，除了逃亡漠北的元蒙残余侵扰外，其他地区基本上都不成问题，而事实上自从开国起令大明帝国最为头疼的也就是这个北疆了。

○ 洪武时期的北疆政策：以军事打击为主，辅以招抚，恩威并施

明初北疆形势确实不容乐观，“若夫高皇(指朱元璋，笔者注)之定天下也，与汉、唐异。汉、唐之主，所称胜国之孽者，悉中原之人耳。乾符一御，丑类尽歼，宝箓攸归，余胤革面。然而汉围白登，唐苦突厥，内地既辑，边患乘之，强弩之末，殊未可以易视也。又况顺帝北出渔阳，旋舆大漠，整复故都，不失旧物，元亡而实未始亡耳。于时忽答一军驻云州，王保保一军驻沈儿塔(应为‘峪’，笔者注)，纳哈出一军驻金山，失喇罕一军驻西凉，引弓之士，不下百万众也，归附之部落，不下数千里也，资装铠仗，尚赖而用也，驼马牛羊，尚全而有也”。(【清】谷应泰:《明史纪事本末·故元遗兵》卷 10)

对此，朱元璋在建国后 20 多年的时间里组织大明军前后进行了 10 次“清沙漠”军事打击行动，而从当时实际来看这样的军事打击还是相当有效的。洪武三年(1370)，年仅 51 岁但已日暮途穷的北元主元顺帝因痢疾殂于应昌(《元史·顺帝本纪十》卷 47)。元顺帝死后，北元主的大位由其太子爱猷识理达腊继承，说是大位其实它的主人实在可怜，南京的“鞋拔子”脸皇帝实在厉害，不断地派出徐达、李文忠、傅友德、蓝玉等不要命的大将像猎鹰找兔子似地在漠北荒原上四处寻觅，弄得好歹也是一邦之主的爱猷识理达腊到处躲藏。过了 8 年不到的颠沛流离生活后，洪武十一年(1378)四月，年轻轻的北元主爱猷识理达腊居然也受不住了，去找他爱恨交加的老爸了。(《明太祖实录》卷 118)

北元主爱猷识理达腊死后，他的儿子脱古思帖木儿继立。当时北元的主要势力范围是在应昌与和林一带，但元蒙骑兵却“时出没塞下。(明)太祖屡赐玺书谕之，不从”。(《明史·外国八·鞑靼传》卷 327)

而就在这个“节骨眼”上，北元内部偏偏又发生了内讧，元顺帝孙子脱古思帖木儿被人“缢杀”，“自脱古思帖木儿后，(蒙古)部帅纷拏，五传至坤帖木儿，咸被弑，不复知帝号。有鬼力赤者篡立，称可汗，去国号，遂称鞑靼云”。(《明史·外国八·鞑靼传》卷 327)

其实在不断进行“清沙漠”军事打击的同时，大明开国皇帝朱元璋还时不时地辅之以招抚。可北元统治者压根儿就不吃这一套，他们一直没有正眼瞧过大明君主，这倒不是因为大明开国皇帝是叫花子出身的缘故，而是双方之间有着谁是正朔和如何互存的问题。按照元朝人的正统观念，朱元璋造反起家，是地地道道的乱臣贼子，是元蒙最大的敌人，现在反倒要主子向昔日底下的奴才服输称臣，无论如何他们也咽不下这口“恶气”。想当年“黄金家族”的祖先们就是从漠北这里起家的，而后大元立国将近百年，虽说现在在中原是输定了，但在广阔的漠北大地上到底鹿死谁手，这是很难说的事。

坦率而言，元帝国近百年的统治除了使得中华帝国疆域有了很大拓展和民族融合得到加强外，其他方面的成就乏善可陈，就连其入乡随俗的自身“本土化”问题都没有解决好。最为典型的例子，就是直到元顺帝北逃时，元帝国统治者连汉语还不会说。一个外来民族或外来文化如果没有真正做好“本土化”的话，那么最终只能被“本土”所排斥。当然完全做好“本土化”了又会怎么样？自身会“失真”吗？我们暂不展开深入讨论这个问题。

虽然蒙古人征服中国近百年后的最终结果是“黄金家族”的子孙们被朱元璋一行人赶回到北方老家蒙古草原上去放羊了，然而近百年的“汉化”熏染，使得蒙古人身上呈现出诸多汉族人的喜好，尽管他们还特别酷爱吃涮羊肉，但更多的则习惯于穿着柔软、舒适的真丝绸缎所做的衣袄。可这一切随着洪武元年徐达北伐军到来之前那一夜致命的北逃都给“逃”没了，现在有的是“天苍苍野茫茫，风吹草低见牛羊”，自恃为“红彤彤”出身的“黄金家族”子孙们怎么肯低下“高贵的”头颅向昔日的叫花子及其子孙们服输呢?! 不服输又能如何解决眼下极为焦灼的矛盾？这些向来桀骜不驯的蒙古人发挥着他们祖传的看家本领——跨上马背，风驰电掣地赶赴大明北疆城防底下，乘人不备，一阵“疯”抢。

○ 洪武时期构建起来的大明北疆第一道战略防线

蒙古人一抢，大明君主就恼火，除了军事打击与招抚笼络外，农家出身的老朱皇帝自然会想到农民看家护院的本领——筑起围墙，养狗护家。不过这位大明开国君主要是仅仅这样的话，那他充其量只能是个小地主。不愧为一代雄主，朱元璋有的是高招，先养了一批“大狼狗”——锦衣卫，专门用来对付国内的异己分子，这样朱明皇家院内可就安全多了；至于对付外面尤其是那些时不时前来骚扰的蒙古人，除了军事武力打击外，朱皇帝还下令在北疆上筑起长长的军事防线，建立许许多多的关隘烽堠。洪武二十七年(1394)五月六月乙酉，朱元璋还“命兵部遣官至北平布政使司，议置驿传。自大宁至广宁东路四百八十五里，置十驿；中路北平至开平七百六十五里，置十四驿；西路至开平六百三十里，置十三驿；土木至宣府一百里，置二驿”。(《明太祖实录》卷233)这样，到朱元璋晚年时大明北疆“自辽以西，数千里声势联络”。(《明史·兵三·边防志》卷91)

大明帝国北疆自西北经正北再向东北，洪武时期还曾设立了数百个军事卫所：

在西北今甘肃、内蒙古和新疆东北部相接之处的军事要冲地带，洪武时期广设的卫所主要有：安定卫、曲先卫、阿端卫、罕东卫、甘肃卫、岷州卫、肃州卫、镇番卫、镇夷千户所、古浪千户所、高台千户所等，在甘肃镇(今张掖)设置陕西行都司统摄这些卫或所。(《明史·西域二·西番诸卫》卷330；《明史·地理三·河南陕西》卷42；《明史·兵志二》卷90)

朱元璋西北边疆的这种军事布防“即法汉武创河西四郡隔绝羌、胡之意，建重镇于甘肃，以北拒蒙古，南捍诸番，俾不得相合。又遣西宁等西卫土官与汉官参治，令之世守。且多置茶课司，番人得以马易茶。而部族之长，亦许其岁时朝贡，自通名号于天子。彼势既分，又动于利，不敢为恶。即小有蠢动，边将以偏师制之，靡不应时底定。自边臣失防，北寇得越境阑入，与番族交通，西陲遂多事。然究其时之所患，终在寇而不在番，故议者以太祖制驭为善”。(《明史·西域二·西番诸卫》卷330)

在大明帝国正北地区设立陕西都司、山西行都司、大宁都指挥使司等几个“大军区”统制机构。陕西都司治所设在西安，下辖宁夏卫、宁夏中卫、山丹卫、永昌卫、凉州卫、庄浪卫、洮州卫、岷州卫、靖虏卫、西安诸卫。(《明史·地理三·河南陕西》卷42)

在陕西都司东北方向的山西大同设立山西行都司，下辖大同左卫、大同右卫、大同前卫、大同后卫、蔚州卫、朔州卫、天成卫、高山卫、阳和卫、玉林卫、东胜卫、万全左卫、万全右卫、怀安卫、怀来卫等；在山西行都司南边的太原则设立山西都司，下辖太原左卫、太原右卫、太原前卫、振武卫、蒲州千户所、雁门千户所等。(《明史·兵二·卫所》卷90)

由山西行都司向东在大宁(北京偏东北方向)设置大宁都指挥使司。“洪武二十年九月置，(治大宁卫)，二十一年七月更名(为北平都指挥使司)，领卫十。”它们是大宁左卫、大宁右卫、大宁中卫、大宁前卫、大宁后卫、新城卫、富峪卫、会州卫、榆木卫、全宁卫和开平卫等。(《明史·地理一》卷40；《明太祖实录》卷185)

从大宁开始，大明帝国北疆逐渐延伸到了辽东地区。而明初辽东局势十分复杂：如果将山海关与鸭绿江划一线的话，从东向西大明依次要搞定的对象有：辽东东南部是尊奉元帝国为正朔的高丽(即后来的朝鲜)，辽东西部是北元残余势力活动猖獗的地区，而在这两者之间夹着一个盘踞在金山的北元太尉纳哈出统帅的数十万人的军队。因此辽东局势十分严峻，朱元璋对其谋划与经略还颇费心神。

先是洪武元年十二月，朱元璋派“遣符宝郎偰(契)斯奉玺书赐高丽国王王颛”，告诉高丽国王：元朝已被推翻，现在是大明的天下了。(《明太祖实录》卷37)但高丽似乎反应很慢，直到第二年的八月，“高丽国王王颛遣其礼部尚书洪尚载等奉表贺即位、请封爵，且贡方物”。从此大明与高丽之间有了正式的往来。(《明太祖实录》卷44)

洪武二年八月丙子，朱元璋再“遣符宝郎偰(契)斯赍诏及金印诰文往高丽，封王颛为(高丽)国王”。“仪制、服用许从本俗”，并嘱咐王颛“保民社而肇封，式遵典礼；传子孙于永世，作镇边陲”。(《明太祖实录》卷44)

但高丽依然“脚踩两只船”，国王王颛既派使臣上南京向朱元璋上表，庆贺其即皇帝位，假模假样地请求大明君主给他王爵封号，又在暗地里同北元政权勾勾搭搭。一直到了洪武三年七月高丽国王王颛才正式下令改用大明洪武年号，奉明朝为正朔。

对于高丽首鼠两端的行为，朱元璋很为恼火，但也无奈，因为当时大明北边的元蒙残余势力还十分强悍，更有一个大难题摆在了朱元璋君臣的面前，那就是辽东故元势力和“元太尉纳哈出拥众数十万屯金山，数为辽东边害”。(《明史·冯胜传》卷129)

朱元璋在权衡北方军事局势后，决定首先对辽东故元势力采取招抚与打击并用的手段，在辽东地区建立大明自己的军事战略要地。洪武三年九月，朱元璋“遣断事官黄俦赍诏谕”辽阳等处官民，告诉他们：元顺帝已死，你们应该“见机审势，高谋远图”，只要来降，本皇帝给你们“官加擢用，民复旧业”，绝不食言。(《明太祖实录》卷56)

与此同时，朱元璋调集军队从山东半岛出发，直接渡海攻打辽东。洪武四年二月壬午日，“故元辽阳行省平章刘益以辽东州、郡地图并借其兵马钱粮之数，遣右丞董遵、佥院杨贤奉表来降”，朱元璋听到消息后十分高兴，大大表彰了刘益弃暗投明的明智之举，但考虑到辽东地区尚有很强的故元势力，他当即决定设置辽东卫指挥使司，以刘益为指挥同知，负责处理辽东卫指挥使司军务。(《明太祖实录》卷61)

可老江湖朱元璋这回低估了辽东故元势力的力量，大明君臣还没有高兴几天，辽东就出事了。洪武四年五月丙寅，故元平章洪保保、马彦翚、八丹等人因不愿叛元降明而发动了叛乱，他们袭杀了大明朝廷刚刚任命的辽东卫指挥同知刘益。(《明太祖实录》卷65)

朱元璋听到辽东传来的噩耗，立马下诏谕祭祀刘益，且这样说道："失此良将，朕甚悲怆，兹特遣人谕祭，且令有司护尔之柩归葬砀山。"朱元璋痛悼刘益倒不是因为他们之间有多深的感情，而是他意识到辽东问题的严重性，所以在解决叛乱后的辽东卫指挥使司的同时，他又下令设立"定辽都卫指挥使司，以马云、叶旺为都指挥使，吴泉、冯祥为同知，王德为佥事，总辖辽东诸卫军马，修治城池，以镇边疆"。(《明太祖实录》卷67)

而后，洪武八年九月癸丑日，大明又在辽阳将"定辽都卫(改建)为辽东都指挥使司，置定辽前卫指挥使司，以辽东卫为定辽后卫指挥使司"(《明太祖实录》卷101)。其"治定辽中卫，领卫二十五，州二"。(《明史·地理二》卷41)

到洪武晚期时辽东都指挥使司已发展到了相当广阔的区域，其下辖主要卫所有：定辽左卫、定辽右卫、定辽中卫、定辽前卫、定辽后卫、铁岭卫、东宁卫、沈阳中卫、海州卫、盖州卫、金州卫、复州卫、义州卫、辽海卫、三万卫、广宁左屯卫、广宁右屯卫、广宁前屯卫、广宁后屯卫、广宁中护卫、广宁卫、广宁后卫、广宁中屯所、广宁中左所、宁远卫、山海卫、安乐州等。(《明史·兵二·卫所》卷90；谭其骧：《中国历史地图集》第七册(元明时期)，中华地图学社出版1975年第1版)

从辽东都指挥使司的管辖与军事势力覆盖范围来看，它"东至鸭绿江，西至山海关，南至旅顺海口，北至开原"，可能相当于整个辽东半岛。(《明史·地理二》卷41)

这样，大致到了洪武晚期时，在大明帝国北疆上从西向东建立起了陕西行都指挥使司、陕西都指挥使司、山西行都指挥使司、山西都指挥使司、北平都指挥使司、大宁都指挥使司和辽东都指挥使司等环环相扣的七大"军事区"(《明太祖实录》卷249)，密布了数百个卫(所)，驻扎了近百万的军队，构成了严密的大明帝国北疆第一道军事防线，以此来阻挡和抵御剽悍的蒙古人南下侵扰与抢掠。

正因为有着这样严密又有力的军事防御保障，进入洪武晚期时北方强敌元蒙残余势力对大明就构不成巨大威胁了。差不多与此同时，大明开国皇帝朱元璋调集兵力从陆路进逼辽东金山故元纳哈出部，洪武二十年六月，纳哈出归降大明，辽东地区元蒙残余势力大体上被扫清。(《明太祖实录》卷182)大明"还师，城之，因置都司及营州五屯卫，而封皇子权为宁王，调各卫兵往守"。(《明史·兵三·边防》卷91)

此时的朱元璋心情极爽，腰杆子也觉得很硬了。洪武二十一年初高丽国王禑上表给大明开国皇帝，提出了领土要求："文高、和定等州本为高丽旧壤，铁岭地区是我们世守的地方，希望大明君主能将这些地方交给我们高丽国。"朱元璋寸步不让，他跟礼部官员说："高丽国王说什么文高等州原先是他们的，但按照地理角度来看这不可能，况且这些地方是故元旧地，如今当属辽东都司衙门管辖的地盘，铁岭老早就设立了军队卫所,因此说高丽人的说法是没有什么依据的。这样吧,我大明与高丽的国界还是以历来既定的鸭绿江为限。"随即令人以此复信给高丽国王。(《明太祖实录》卷 190)

朱元璋给高丽王的回信讲得十分明确,辽东领土是我大明的,你们好自为之吧!

○ 洪武时期构建起来的大明北疆第二道战略防线

当然朱皇帝不会相信在没有十分强固的军事防御保障的前提下能得到真正的和平。于是从洪武晚期起朱元璋一方面不断地增加北疆第一道防线上的卫所等机构设置与军事防御,另一方面又构建与加固大明帝国北疆第二道军事战略防线——分封诸子藩王。

洪武晚期时,大明北疆一线从西向东受封的藩王有:甘州肃王朱楧(诏王理陕西行都司甘州五卫军务)、宁夏庆王朱(诏王理庆阳、宁夏、延安、绥德诸卫军务)、西安秦王朱樉、山西太原晋王朱㭎、大同代王朱桂、宣府谷王朱橞、北平燕王朱棣、大宁宁王朱权、广宁辽王朱植、开原(今铁岭北开原市)韩王朱松(未就藩)等 10 多个"塞王",构筑起大明帝国北疆的第二道防线。(《明史·诸王二》卷 117;《明史·诸王三》卷 118;《明太祖实录》卷 249)

而这些"塞王"要说治学论道,可能就难为他们了,但看护北疆他们确实不赖。除国史《明实录》外,明代野史记载,秦王、晋王活着时都是了不得的边关猛将与军事统帅。有学者分析,在洪武中期时很可能是燕王朱棣跟着两个皇兄"混"的,只是到了洪武晚期秦王、晋王先后薨世后,燕王才崭露头角;更有年轻的辽王朱植"在边,习军旅,屡树军功",他对皇帝父亲朱元璋与父皇钦定的接班人朱允炆都忠心耿耿,是大明帝国不可多得的边疆藩王守将,难怪朱元璋临终之际还将北方军事统帅大权交由辽王。(详见前章和笔者的《大明帝国》系列④《建文帝卷》上;《明史·诸王二》卷 117)

到朱元璋死为止,不说他的二十子朱松因年幼尚未来得及就藩,单大宁"以善谋称"的宁王兵力就达到 80 000 人,加上辽东都司 140 000 兵士,应该讲朱元璋构建的这第二道防线是相当牢固的,且富有"弹性":其向西随时准备对付北元的侵扰,向东可以看住高丽的一举一动,而大明皇帝则可呆在南京明皇宫里"遥控"指挥。又,自从宁、辽两王就藩以后,高丽与北元给彻底隔开,与大明建立起友好关系,老朱皇帝晚年将朝鲜(洪武二十五年高丽更名为朝鲜)列为"不征之国",以训子孙(《皇明祖训·祖训首章》)。由此,北元与朝鲜联合进攻大明的希望全部落空,只能在漠北荒原上来回折腾了。

明末清初大思想家顾炎武曾高度评价朱元璋的这个北疆战略:“大宁居遵化之北一百里,沿山海以逮独石,一墙之外皆其地。独石、山海离京师皆七百里,与大宁正相等。国初建谷、宁、辽三王,与代朔若运雉,以屏藩东北,其为计深矣!”(【清】顾炎武:《天下郡国利病书·旧大宁论》卷9)

○ 洪武时期构建起来的大明北疆第三道战略防线(辅助)

朱元璋在北疆沿线构建的第三道防线就是在第一、第二防线之外围“缓冲区”设置羁縻卫所,如陕西、山西正北外围地区(相当于今天内蒙古包头、呼和浩特与集宁一带)设立的镇虏卫、玉林卫、云川卫、宣德卫、官山卫、察罕脑儿卫等(其再往北就是鞑靼地区)。大明东北边疆的第三道防线就是由大宁和广宁再往北推移的兀良哈地区设置的朵颜三卫。洪武二十二年夏四月辛卯,“置泰宁、朵颜、福余三卫,指挥使司于兀良哈之地,以居降胡”。(《明太祖实录》卷196;《明史·太祖三》卷3)

洪武时期大明北疆建起的三重战略防线中,这第三道多是由投降过来的蒙古人主司着,是最不可靠的防线,但它可以直接面对漠北鞑靼或瓦剌的进攻,起到辅助性抵挡与防御的作用,一旦失去了,也无大碍。而最为核心的是第二道,即老朱皇帝在北疆上分封的10个“血脉相连”的藩王所组成的强大军事战略防线,就连里边的第一道防线上的各指挥官也得听从藩王的指挥。当然这是有战事的情况下才会这样,平时大家各司其职,和睦相处。由此看来,朱元璋在北疆地区的军事设计正可谓用心良苦、深谋远虑!

○ 洪武时期大明北疆两个三角形军阵布防和朱棣的浅薄

更绝妙的是,洪武时期朱元璋在唐宋等传统中原帝国势力以外的漠北等地区巧妙地布置大明军事势力,以全宁、大宁、北平和开平四地为军事着力点,构成了菱形作战与布防军阵。如果我们将大宁与开平之间画一条线的话,就不难看出,这样的菱形军阵其实是由两个三角形军阵组成,第一个三角形就是大宁、全宁和开平,第二个则为大宁、开平和北平。据军事学专家研究发现,三角形军阵是最为保险和牢固的一种军事作战与防守的布阵,据说三国时代的军事家诸葛亮和司马懿在战争中就经常运用三角形军阵。几十年战争生涯中连连取胜的朱元璋在晚年完成了塞外三角形军阵的布置,已充分显现了他的杰出军事才干。一旦漠北元蒙残余东进,首先会进入大宁、全宁和开平组成的第一组三角形军阵,很容易遭受这三个军事着力点上大明军的打击;而一旦南下,又会陷入大宁、开平和北平组成的第二组三角形大明军阵。因此说，洪武晚期，大明北疆军事布防之水平已经达到了炉火纯青的地步，极富弹性，有张有弛、张弛结合，终使洪武晚期北虏“不敢近边者十余年”（【明】李贤、彭时等纂修：《大明一统志·鞑靼》卷90）

可谁曾想到，老朱皇帝如此精心构建的北疆军事战略防线到他的“好儿子”燕王朱棣发动“靖难”之役后就给毁了——永乐初年朱棣废大宁镇，“空其地，畀朵颜三卫”，并将洪武时期设在大宁的大明军事重要机构北平行都指挥使司迁徙到了北京南部的保定府。这样不仅使得原本用于抵御外虏的塞外军事重镇大宁不攻自毁，成为军事“不设防”区，而且还带来了一个十分可怕的后果：大宁自此以后成了大明帝国几乎不堪承受又无法医治的癌症病痛。“正统己巳，嘉靖庚戌，诸敌犯内，皆从此（大宁）至，则（朵颜三卫）阳顺阴逆，亦卧榻鼾睡故也”。（【清】顾炎武：《天下郡国利病书》卷9）

明代中叶兵部尚书马文升在研究和对比了朱元璋、朱棣“父子”的北疆军事战略后意味深长地说道：“太祖高皇帝平一四海之后，以西北边境与胡虏密迩，虑为边患，故于甘州设立陕西行都司，宁夏设立五卫所，大同设立山西行都司，宣府设立万全都司（马文升搞错了，万全都司是宣德五年时才设立的，笔者注），古营州设立大宁都司，于辽东古襄平设立辽东都司，各统属卫如臂指之相使，气脉之相属，以捍卫夷虏，又分封肃、庆、代、谷、宁、辽六王于甘州、宁夏、大同、宣府、大宁、辽东，凡百军马俱听节制，以藩屏王室。若有寇贼侵犯，就命各王挂印充总兵征剿，各边初无总兵镇守巡抚官之设，彼时胡虏远遁，边方宁谧。”（【明】马文升：《明经世文编·马端肃公奏疏三》卷64）

“胡虏远遁，边方宁谧”是马文升对洪武时期北疆军事战略影响的客观评价，由此不难看出老朱皇帝洪武帝治边的成功和小朱皇帝永乐帝的浅薄。再看康熙帝对朱元璋的评价“治隆唐宋”至少说在治边方面也是客观的、公允的。

说完了治边，我们再来看看洪武时期朱元璋治理的第三个层面——“治外”，即在对外关系方面又是如何进行治理？

和平对外厚往薄来　坚决抗倭严厉禁海

朱元璋草根出身，从小在农村长大，当了皇帝后就将天下看做更大的家天下。洪武皇帝位居中央，为天下“大宗主”，大明为“天朝上国”，周围邻邦皆为“藩属国”。大明与邻国的关系是宗主与藩属的关系，作为宗主的大明应该敕封周边的“藩属”邻邦，而作为藩属的邻邦就应该向大明“称臣”“朝贡”，即朱元璋所说的“朕观中原土壤，四方朝贡”（《明太祖实录》卷 34），这也是中国传统的“大中华一统天下”之理想境界。

洪武三年朱元璋在《平定沙漠诏》中就曾这样说：“自古为天下主者，视天地所覆载，日月所照临，若远若近，生人之类，无不欲其安土而乐生。然必中国治安而后四方外国来附。”（《明太祖实录》卷 53）后来在给爪哇国王的诏书中他进一步说道：“朕仿前代帝王，治理天下，惟欲中外人民，各安其所。又虑诸蕃僻在远方，未悉朕意，故遣使者往谕，咸使闻知。”（《明史·外国传五》卷 324）

正因为出于这样的认知，洪武二年九月大明帝国制定了《藩王朝贡礼》，规范天下四夷“藩属”朝贡“宗主”大明天子的礼仪。（《明太祖实录》卷 45）

◉“天朝上国”的“大宗主”奉行睦邻邦交和平主义对外国策

不过这里边有两个问题必须得解决：

第一，邻邦“藩属国”凭什么要认你大明天子为天下宗主？

这就要看你的自身实力了。一般来说，传统社会中看待国家实力的主要依据大约有三个：一个是经济实力，你的国家经济实力是不是在当时处于一流的地位，其常常表现在“朝贡贸易”中作为宗主国是否出手大方和特别优渥前来朝贡的藩属国；第二，传统软实力，往往体现在文明发达程度上，就看你的国家是不是走在邻邦国家的前列，具有绝对的文明“输出”的优势；第三，军事实力，这也是最为显眼、最让人能体悟到的硬实力。作为邻邦小国，你要是不服气或“忤逆”的话，那接下来就有你好看的了。元亡明兴，朱元璋开创的新帝国一一具备了这些条件，他打着“驱逐胡虏，恢复中华”的旗号，“参酌唐宋”，继承的是中华帝国经典时代的唐宋文明，富甲天下，打得曾经不可一世的大元帝国皇帝元顺帝及其子孙们一路北逃，最终只能在漠北荒原上当个“北漂族”。大明不是天下宗主，还有谁是？

第二，作为天下宗主的“天朝上国”（华夏）与邻邦（四夷）之间的关系如何处理？

中国传统儒家在先秦时代就形成了这样的华夷观：“夷蛮戎狄，谓之四夷，九服之制，地在要荒”，而“王者必居天下之中”（《诸子集成·孟子》），“天子有道，守在四夷”。依照先秦儒家理想中的“规划”与描绘：“先王之制，邦内甸服，邦外侯服，侯卫宾服，蛮夷要服，戎狄荒服。甸服者祭，侯服者祀，宾服者享，要服者贡，荒服者王。”（《国语·周语上》）传统中华帝国就该拥有“天子居中”，“德以柔中国，刑以威四夷”（《十三经注疏·左传》）和“四夷宾服”（《明太祖实录》卷 101）的华夷格局。

朱元璋开国前提出了要“恢复中华”，这不仅仅是要驱逐异族统治者，恢复华夏——汉民族的统治，而且还要匡复华夏文明正统，其中有一项内容就是要恢复“正统的”华夷格局。

鉴于这样的认知，以华夏正统之主自居的朱元璋在对待外邦“四夷”之间的是是非非方面继承了中华帝国传统的对外国策，即实行不干涉主义。洪武六年十一月，占城国(越南南部一国)遣使来南京上言：“安南国(越南北部一国)侵犯我国领土，仰仗大明天朝神威，我军打败了安南军，我占城国国王特派我来向皇帝陛下您报喜！”朱元璋听后没吭气，而后跟中书省大臣说道：“海外诸国，阻山隔海，各守境土，其来已久。前年安南国来人说，占城侵犯了他们的领土；今年可好了，占城国说安南扰边。占城、安南都是我大明的藩属国，敬奉我朝廷，但他们之间的是非曲直谁能搞得清楚啊。这样吧，你们中书省出面，派人上两国去劝谕双方，各自罢兵息争，不要再相互打来打去了！对于前来报喜的占城国王特使，依照礼节赐与一些文绮等，让他赶紧回去吧！”(《明太祖实录》卷86)

不掺和邻国与邻国之间的是是非非和实行不干涉邻国内政之国策，这不仅仅反映出朱元璋的精明与老辣，而且也表明了大明对外奉行的是和平主义和睦邻友邦的原则。其实这样的外交原则自朱元璋登基起就已经确立。洪武元年十二月，在派遣符玺郎偰斯、知府易济等分赴高丽、安南等国颁发即位诏书中，朱元璋就曾明确表示了大明奉行和平主义外交原则和政策：“昔帝王之治天下，凡日月所照，无有遐迩，一视同仁。故中国尊安，四方得所。非有意于臣服之也……朕肇基江左，扫群雄、定华夏，臣民推戴，已主中国，建国号曰‘大明’，改元‘洪武’。顷者克平元都，疆宇大同，已承正统，方与遐迩相安于无事，以共享太平之福。”(《明太祖实录》卷37)而后他又陆续派出使者前往占城、爪哇(印度尼西亚岛国)、日本、琐里(印度小国)、暹罗(今泰国)、真腊(今柬埔寨)、三佛齐(印度尼西亚旧港)、渤泥(印度尼西亚岛国)、琉球(近代被日本吞并后改名为冲绳县)、缅国(今缅甸)以及西洋诸国，颁赐玺书，赠予诸国王金绮绸缎纱罗，还有历书《大统历》等，重申大明的和平外交国策，欲使诸国“知正朔所在”，“能奉若天道”。(《明太祖实录》卷39)

那么朱元璋的这种和平外交国策的终极目标是什么？它给大明带来了什么样的影响？

◉ 重建“四夷宾服”和“万国朝宗”的华夷秩序

其实这样的和平外交国策之终极目标无非是要恢复和打造传统的“天朝上国”俯视下的“四夷宾服”华夷秩序，其最高境界也就是种好我中华帝国内的“一亩几分地”。不过话得说回来，洪武年间朱元璋在对外关系方面除了通商贸易乏善可陈外，其政治与国际环境领域还曾创造了许多的成就。详细说来有以下几个方面：

○ 不干涉别国内政

大明开国之际，高丽国内也面临着改朝换代。洪武七年，高丽王朝国王王颛为权相李仁人所杀，因为没有子嗣，随即立了宠臣辛肫的儿子辛禑为国王，其实这也不过是个过渡国君。那时的高丽国大权已落入了大将李成桂手中。洪武二十一年，李成桂发动军事政变，迫使辛禑让位给儿子辛昌。第二年又废了辛昌，立了一个据说是高丽国王王颛的后裔王瑶为王。三年后李成桂干脆将王瑶也给废了，自己当起了国王。

对于藩属国高丽国内的这一系列政变，朱元璋十分睿智，从不插手。当李成桂政变成功后遣使前来南京向洪武皇帝通报时，朱元璋一语中的地说道：“尔恭愍王死，称其有子，请立子。后来又说不是。又以王瑶为王孙正派，请立之，今又去了。再三差人来，大概要自做王。我不问，教他自做。自要抚绥百姓，相通往来。”（吴晗辑：《朝鲜李朝实录中的中国史料上编卷一・太祖康献大王实录》，第 1 册，P112，中华书局 1980 年 3 月第 1 版）

无独有偶，安南国也发生了性质与朝鲜差不多的政变。安南国王陈日熞让伯父陈叔明给逼死了，随即陈叔明自己执掌起朝政来。朱元璋知道后口头谴责：“（陈）叔明王法所必诛，速择日熞亲贤立之。”（【清】谷应泰：《明史纪事本末・安南叛服》卷 22；《明史・外国二・安南传》卷 321）陈叔明听说后十分恐惧，赶紧让位给弟弟陈日煓。但就此陈叔明和陈日煓心里还不踏实，生怕朱元璋发兵前去“匡正”，于是几次三番派人上南京来进献方物。老辣的朱元璋收下了方物，并降下诏书，明确表达他不干涉别国内政的和平主义外交国策：“今朕统一天下，惟愿安民而已，无强凌弱，众暴寡之为。安南新王，自当高枕，无忧加兵也。”（【明】张燮：《东西洋考・艺文考》卷 10）

○ 通过外交途径解决外国侵害中国利益事件

洪武中期，广西思明府来人报告说：安南国派军侵犯我国境。洪武帝派人前去了解情况，安南居然倒钉一耙，反说广西思明府入侵了安南。朱元璋听后很生气，“刚好”安南新国王陈炜派大中大夫罗伯长来南京进贡方物，实际上很有可能就是来窥测大明天子的意向。朱元璋“以其诈命”，当即退还了安南方物，并降下敕书，严厉诘责陈炜，指摘他作奸肆侮，生隙构患，犯下“欺诳中国之罪”，并敕令广西布政

使司:“自今以后,凡安南入贡之事一律予以拒绝!”(《明太祖实录》卷 137)

○ 谨慎用兵,制定对外军事底线

与历代帝王相比,在对外关系上老谋深算的朱元璋显得格外小心,虽然一生以军事和政治作为自己的“主业”,但他似乎特别谨慎用兵。洪武二十年十月,在与诸将论及兵政时,朱元璋这般说道:“国家用兵,犹如医生用药。开了一大堆的药,目的是要治病,不能没什么病就吃吃药,那可要吃坏的!治国也如此,国家不太平,用兵来勘定祸乱。等天下太平了,只需整修甲兵,操练士卒,备作国防而已。为什么这么说呢?大家应该要知道:用兵能消除祸乱,但也能招致祸乱,倘若恃富逞强,好大喜功,惹是生非,就会结怨挑衅,这不恰恰招惹了祸乱!正如医生乱开瞑眩之药,强迫无病之人服用,虽然不至于造成身体残疾或送命,但足以大伤元气!所以为国当政者应该常讲军事,但千万不能穷兵黩武!”(《明太祖实录》卷 186)

这是一生讲究“洪武”“尚武”的老辣皇帝的“谆谆教导”,一句话,军事不好玩,谨慎用兵。这更是朱元璋从历史经验教训中得到的顿悟。洪武四年九月,他在南京明皇宫奉天门给各部大臣做了这番告谕:“海外蛮夷之国有为患于中国者,不可不讨;不为中国患者,不可辄自兴兵。古人有言,地广非久安之计,民劳乃易乱之源。如隋炀帝妄兴师旅,征讨琉球,杀害夷人,焚其宫室,俘虏男女数千人,得其地不足以供给,得其民不足以使令,徒慕虚名,自弊中土,载诸史册,为后世讥。朕以诸蛮夷小国,阻山越海,僻在一隅,彼不为中国患者,朕决不伐之,惟西北胡戎(指漠北蒙古),世为中国患,不可不谨备之耳,卿等当记所言,知朕此意。”(《明太祖实录》卷 68)

洪武晚年,老朱皇帝生怕子孙后代狂妄、轻浮、率意用兵,从而招惹祸害,特地将自己的谨慎对外用兵之国策写入了《皇明祖训》之中:“四方诸夷,皆限山隔海,僻在一隅;得其地不足以供给,得其民不足以使令。若其自不揣量,来扰我边,则彼为不祥。彼既不为中国患,而我兴兵轻伐,亦不祥也。吾恐后世子孙,倚中国富强,贪一时战功,无故兴兵,致伤人命,切记不可。但胡戎与西北边境,互相密迩,累世战争,必选将练兵,时谨备之。”(《皇明祖训·祖训首章》)接着朱元璋开列了 15 个亚洲邻国为大明的“不征之国”,即规定子孙后代不得无故去侵犯,它们是:“东北:朝鲜国;正东偏北:日本国(虽朝实诈,暗通奸臣胡惟庸,谋为不轨,故绝之);正南偏东:大琉球国(朝贡不时,王子及陪臣之子,皆入太学读书,礼待甚厚),小琉球国(不通往来,不曾朝贡);西南:安南国(三年一贡),真腊国(朝贡如常,其国滨海),暹罗国(朝贡如常,其国滨海),占城国(自占城以下诸国来朝贡时,内带行商,多行谲诈,故沮之。自洪武八年沮至洪武十二年，方乃得止。其国滨海），苏门答剌（其国滨海），西洋国（其国滨海），爪洼（哇）国（其国居海中），湓亨国（其国居海中），白（百）花国（其国居海中），三弗（佛）齐国（其国居海中）。渤泥国（其国居海中）”。（《皇明祖训·祖训首章》；万历：《大明会典·礼部·朝贡》卷105）

每当笔者读到这段史料时，再想想老朱皇帝躺下后10年时间都不到的永乐四年（1406），轻浮、狂妄甚至可能精神不太正常的小朱皇帝朱棣发动了平定安南之乱的战争，将百万大明军拖入了安南战场的泥潭，由此我们不得不为朱元璋的老辣所折服！甚至可以说，在有明一代君主中以如等智慧治国理政和对外交往的，几乎无人能与之相比。那个自称为“好儿子”又被某些人万般称颂的“一代圣君”朱棣与乃“父”相差十万八千里。但是朱棣的儿子朱高炽倒是有点皇爷爷的遗风，他一亲政就勇敢地决断，要将大明军从安南战场上撤回来——这些都是在以后的专著中我们要详述的。（详见笔者《大明帝国》系列⑨《洪熙、宣德帝卷》上）

而从上述朱元璋对外国策的“祖训”或言“遗训”中，我们同时也不难看出大明开国君主身上的那种自我感觉良好的天朝上国思想，但整个“遗训”的基本精神还是国际和平主义，你不犯我，我不犯人。直至今日这笔文化遗产还是值得我们后人传承的。

○ 主倡朝贡贸易，重建“四夷宾服”的“天朝上国”华夷统治秩序

既然是和平主义，远夷们完全可以不理睬你大明。如此一来，岂不与传统儒家所极力推崇的“四夷来朝”和“万国朝宗”的中国古代圣君治国理想境界相悖？

没有，中国传统儒家还有一个重要的“对外国策”精髓，那就是德治天下，怀柔远夷。那么怎么做到这一步？

在朱元璋君臣看来，我们四周的远夷都是未开化之人，他们仰慕我中华文明，一门心思想来归化。洪武十六年五月，洪武帝曾跟礼部大臣说：“诸蛮夷酋长来朝，涉履山海，动经数万里。彼既慕义来归，则赉予之物宜厚，以示朝廷怀柔之意。”（《明太祖实录》卷154）

正因为拥有这样的认知，朱元璋在登基以后就仿效前朝，派遣特使出访远夷和海外诸国，并给予极大的赏赐；以此来笼络四夷，宣扬我大明君主之恩德，使其感到天朝圣主的关怀，进而从内心深处归化大明，最后达到怀柔远夷、德化天下之理想目的。

◎ 通贡贸易、赉赐贸易和通商贸易

为了实现这个理想目标，朱元璋还制定以“通贡贸易”为主体的对外交往国策。

“通贡贸易”或称“朝贡贸易”“贡赐贸易”，一般是指境外国家因仰慕中华文明而主动前来，向朝廷献纳货物、特产等，而朝廷往往予以超过贡物价值一倍甚至几倍的回赐。通贡贸易基本上不存在等价交换，它是“四夷来朝”和“万国朝宗”的一种象征。

但有时中国等不到境外国家主动前来，而是自己政治或经济上有急需，朝廷就派宫中太监或朝廷官员赉具敕书，带了赐物，前往想要贸易的国家和地区进行颁赐。接收国在收到了敕书和赐物后，就按中国朝廷所需之物置办，以回应中国的赐物，或主动派出他们的特使带上贡物前往中国朝廷“回贡”，朝见大国宗主。这种贸易就叫“颁赐贸易”，又名“赉赐贸易”，它实际上是“朝贡贸易”的延伸或言变体。

与“朝贡贸易”相对应的叫“通商贸易”，这是一种建立于基本上等价交换基础之上的对外民间自由贸易。

◎ 宋元历史遗产与明初四大海外贸易管理机构的设立与撤销

中国古代对外通商贸易黄金时代不在明清而在唐宋元时期。明朝一开始朱元璋接受了元朝海外贸易丰厚的遗产，继承了元朝的对外开放政策，不仅保留了元朝在南方的广州、泉州和宁波（当时称明州）的三个对外贸易管理机构市舶司，而且还于大明帝国正式建立前的一年即吴元年（1367），在太仓州的黄渡镇增设了一个市舶司。

但这个太仓市舶司只存在了 4 年的时间就被朱元璋撤了。洪武三年二月甲戌日，“罢太仓黄渡市舶司，凡番舶至太仓者，令军卫有司同封籍其数，送赴京师”（《明太祖实录》卷 49）。撤的理由是太仓距离南京太近，有了这个市舶司，经常有奸人混杂在海外贸易者行列，刺探京师及其他要隘地区的机密，十分危险。“初以太仓为‘六国码头’，旋以近京师，恐生他变，遂徙之宁波诸处”。（【清】傅维鳞：《明书》卷 83）

在太仓市舶司撤销后的第五年，即洪武七年九月辛未日，“罢福建泉州、浙江明州、广东广州三市舶司”（《明太祖实录》卷 93）。朱元璋得了恐惧狂想症似地一口气将元朝留下的广州、泉州、明州三处市舶司全给撤了。差不多与此同时，他开始实行“海禁”或称“禁海”。洪武四年十二月丙戌，下令“濒海民不得私出海”（《明太祖实录》卷 70）……

由此一来，中外通商贸易一途完全被堵，剩下的只有大明官方主倡和掌控的“通贡贸易”或称“贡赐贸易”。

◎ 洪武只开“厚往薄来”的通贡贸易，多少也促进了中外经济文化交流

通贡贸易是洪武初期大明朝廷所竭力提倡的，因为从大元帝国转向了大明帝

国，当时的朱元璋就怕天下四方远夷不认可自己的“宗主”地位，所以一上来就不断地派遣使臣主动外出，进行赉赐贸易，他曾跟底下的大臣这样说道：“西洋诸国素称远蕃(番)，涉海而来，难计岁月。其朝贡无论疏数，厚往薄来可也。”(《明史·外国传六》卷325;《明太祖实录》卷71)

“厚往薄来”就是说，你们“老外”来我们中国带不带方物、带多带少都无所谓，只要你们来朝贡了，意思到了就行，我大明“皇帝富有四海，岂有所求于(夷)王？但欲(夷)王之称藩，一示无外尔！”(【明】宋濂:《宋文宪公全集·渤泥国入贡记》卷26)朱元璋直言：“中国岂少这些(贡物)，但试他那心！”(【朝鲜】郑麟趾:《高丽史·辛禑传》卷136)换句话来讲，只要你们“老外”承认我朱元璋为天下共主地位了，我大明绝不亏待你们，会给出你们进贡方物价值几倍、几十倍甚至上百倍的钱币、金织文绮、纱罗等“回贡”礼物！

这下可把“老外”们给乐癫了，都说天上不会掉馅饼，你还真别说，在大明可有馅饼从天上掉下来。于是四面八方的“老外”们屁颠屁颠地向南京方向赶去，到明皇宫向那“鞋拔子脸”皇帝磕几个响头，然后满载而归，何乐而不为！因此，明初四方远夷们络绎不绝地来朝，中外交通甚是热闹，中国四周邻邦“凡三十国”都来一一“报到”了。(《明太祖实录》卷254)

这30国所在的地理位置按照现在人们地域概念来讲，大致相当于东亚的朝鲜、日本、冲绳，东南亚的越南、柬埔寨、泰国、缅甸、印度尼西亚、菲律宾，南亚的印度、巴基斯坦和中亚细亚诸国等。有意思的是，在永乐时期差一点与中国打起来的中亚帖木儿帝国在朱元璋屡遣使招谕下，也在洪武二十年九月派遣了“回回满剌哈非思等来朝，贡马十五，驼二”，“自是频岁贡马驼”(《明史·西域四·撒马儿罕传》卷332)，甚至连远在欧洲的东罗马帝国也曾遣使来我南京朝见大明天子。据说元末拂菻国即东罗马帝国有个商人叫捏古伦的来中国做生意，元朝灭亡后他没法回去。明太祖朱元璋听说后召见了他，命他带一封诏书给东罗马皇帝，后来又正式派遣使臣普剌等携带敕书、彩币前往欧洲，出访东罗马帝国，“其国乃遣使入贡”。(《明史·外国七·拂菻传》卷326)

由此看来，洪武时期的大明帝国对外交往之广，绝对不逊色于当下某些功利主义史学家一向吹捧的“永乐盛世”时代(特注：永乐时代也是官方主倡和掌控朝贡贸易，严厉禁止通商贸易，详见笔者的《大明帝国》系列⑧《永乐帝卷》下)。更为人们所长期忽视的是，洪武时期，通过官方主倡和掌控朝贡贸易，中外经济与文化得到了一定的交流。

从纯经济层面角度来讲，朝贡贸易尽管有着绝对的官方政治意义，但也隐含一定的中外经济交流成分。“太祖高皇帝时，诸番国遣使来朝，一皆遇之以诚，其以土物来市易者，悉听其便，或有不知避忌而误干宪条皆宽宥之，以怀远人”(《明太宗实录》卷12)。自踏上中国领土起，中国官方就提供“三赔”服务，即免费为“老外”们提供住宿、吃喝和交通，京师南京设有会同馆和乌蛮驿，建有江东楼、醉仙楼、集贤楼、鹤鸣楼、讴歌楼、鼓腹楼、重译楼、叫佛楼、来宾楼、淡粉楼、梅妍楼、翠柳楼、轻烟楼、北市楼、南市楼、乐民楼等十六楼，供四方宾客嬉戏娱乐和休息(【明】王俊华：《洪武京城图志·楼馆》)。来华的朝贡使者除了所献方物外，还可以携带一些番货，顺路来中国做些买卖。一般来说，这些番货中的60%由中国官方充当“冤大头”，高价“吃进”，剩下的40%在朝贡朱元璋和领取赏钱赏物后，拿到大明会同馆去同中国商人进行交易，这里边就有民间中外经济贸易的成分了。但即使这样的交易也是在中国官方监控之下进行的。因为朝鲜与琉球(今日本冲绳)与中国关系非同一般，明廷规定：各处夷人朝贡领赏之后，许于会同馆开市三日或五日，惟朝鲜、琉球，不拘期限。(万历：《大明会典·礼部·朝贡通例》卷108)

从文化层面角度来讲，朝贡贸易多少也带动了中外文化交流。当然这种交流主要还是以处于文明高势能状态的中华文化输出的为多。譬如洪武五年在朱元璋下令赏赐西洋琐里时，大明回贡礼物中除了织金、文绮、纱罗外，还有就是历书——《大统历》(《明太祖实录》卷71)。这《大统历》就像我们今天民间常见的所谓“老黄历”，上有生活与生产百科知识，什么时候宜做什么和不宜做什么，都标注得清清楚楚，祭祀、冠带、宴会、出师、入学、栽种、婚丧嫁娶、开市、交易、修造、开渠、伐木，等等，总计有32事(万历：《大明会典·钦天监》卷223)。这样的历书在洪武初年朱元璋一次就给了占城3 000本，而那时的占城根本就不懂什么历法，“但看月生为初，月晦为满，如此十次盈亏为一岁，昼夜以善鼓十更为法。酋长及民下非至午不起，非至子不睡。见月则饮酒歌舞为美”。(【明】费信：《星槎胜览》卷1)除了历书，还有“四书”“六经”《汉书》等书籍也作为大明帝国的赏物赏赐给了朝鲜等国。(【朝鲜】郑麟趾：《高丽史·恭愍王世家》卷42)

在这个过程中，文化教育“输出”也在并行不悖地进行着。当时高丽(朝鲜)、琉球、暹罗(泰国)和日本的留学生到南京国子监来学习，其中以琉球的留学生为最多，更有意思的是当时琉球中山王察度还派了女官生姑鲁妹到大明来留学。对此明代文人沈德符感慨道：“本朝外国如朝鲜，号知诗书者，间游国学，或至登第，然未闻妇人亦来中国诵读。向慕华风至此，真史策未见。”(【明】沈德符：《万历野获编·琉球女入学》卷30)有个日本留学生叫滕祐寿的在大明国子监就读毕业后，还曾在洪武朝廷当观察使之官(《明太祖实录》卷208；《明史·外国三·日本传》卷322)。

还有前面说过的那3名朝鲜学子参加了洪武四年的科举考试，其中一个叫金涛的考中了进士，曾被朱元璋授予东昌高丘县丞，但因他不会说汉语而回了朝鲜，其后"为其国相"。(【明】王世贞:《弇山堂别集·外国人进士》卷18)

除了俗界，洪武年间的宗教界中外之间的交流也在进行着。那时日本尽管处于战乱之中，但还是不断有高僧、名僧前来大明切磋佛学，学习中国诗歌、文字、绘画与书法，其中以擅长作诗的绝海中律和汝霖良佐最为著名。他们来到南京后受到了大明朝廷的特殊关照，朱元璋曾在明皇宫的英武楼召见了他们，并向他们询问了日本人如何祭祀早期中国友好特使徐福的。绝海中律来华前曾受日本义堂周信委托，请求大明"第一老秘"、名儒宋濂为日本著名寺院天龙禅寺开山梦窗正觉心宗普济国师撰写碑铭。洪武九年，宋濂根据洪武皇帝的指示，撰写了《日本梦窗正觉心宗普济国师碑铭》(【明】宋濂:《宋文宪公全集》卷20)。用今天时髦话来说，以上这些都可以叫做"走进来"；当时还有一种叫做"走出去"的，譬如，洪武五年五月，朱元璋派了南京瓦官寺法师无逸即后来朱皇帝宠臣密探华克勤和明州即后来的宁波天宁寺法师祖阐护送日本使者祖来回国时，曾在京都等地做了逗留，访问了五山寺，留下了不少的墨宝。(【日本】义堂周信:《空华日工集》)

◎ 难道就朱元璋实行闭门锁国主义而他的"儿子"朱棣大搞改革开放？

由此可见我们长期沿用传统史学家所说的朱元璋完全关起国门，搞闭门锁国主义之论调是没有史实依据的。要说朱元璋的保守就在于维护"崇本抑末"基础上只开官方可控的朝贡贸易一途，这与当今某些人所竭力歌颂的"改革开放"的永乐皇帝所实施的国策并没有什么实质性的差异(笔者将在《大明帝国》系列⑧《永乐帝卷》下中详述)。如果硬要区分的话，那就是老朱皇帝主创官方的朝贡贸易还比较理性，而小朱皇帝朱棣就好比现在有些"富二代""官二代"一般，反正"老子"手里有的是钱，有的是权。有钱不用，呆子；有权不用，过期作废。朱棣就是这么一个败家子，但他的父亲朱元璋可不是这样的。因为朝贡贸易对于大明来说纯粹是赔本买卖，明廷"贡赐盖用以怀柔远人，实无所利其入也"(【明】丘浚:《大学衍义补·市籴之令》卷25)。时间一长，老朱皇帝感觉不太对劲:我总不能老当"冤大头"啊！而"老外"们也已人人明白:到中国去，接受天朝皇帝的丰厚赏赐，随后便在南京住上一段时间，吃香的喝辣的甚至找些小妹妹陪陪的，都由大明帝国公费报销，优哉游哉。这是哪辈子修来的福分啊！所以远夷们争先恐后前来大明，甚至不具备资格的也来凑热闹，像日本的怀良亲王就是这么一个远夷。

当时日本正处于南北朝时期，怀良亲王属于南朝的，连幕府将军都不是，更不是什么天皇了，但他却一次次派人来华进行所谓的“朝贡”。不料为朱元璋所识破，随后朱皇帝“却其贡，遣使赍诏谯让”（《明史·外国三·日本传》卷322）。再联想起有的远夷有事没事老往我南京跑，一年要来好几次，就我大明公款接待费就不得了啊，且还会加重进贡国百姓的负担。于是从洪武五年开始，朱元璋对外国远夷来朝的次数作了限定。那年九月，他在遣使高丽的诏谕中就明确讲到“宜令遵三年一聘之礼，或比年一来，所贡方物止以所产之布十匹，足矣！毋令过多”（《明太祖实录》卷76）；洪武九年，针对安南国要求增加朝贡次数，朱元璋谕旨中书省大臣：诸夷限山隔海，若朝贡无节，实劳远人，非所以绥辑之也。……其更以朕意谕之：番夷外国，当守常制，三年一贡，无更烦数，来朝使臣，亦惟三五人而止，奉贡之物，不必过厚，得存其诚敬可也。（《明太祖实录》卷106）

◎ 朱元璋限制“老外”来华的经济原因与大明实行远夷朝贡勘合制

可远夷们就是不乐意，一心想要来南京孝敬一下“伟大圣君”、当今宗主，说到底就是朝贡贸易的利润太丰厚了。举个例子来说：洪武十六年（1383），占城进贡了200根象牙和其他一些方物。朱元璋下令回贡，赏赐织金文绮32匹，瓷器19 000件。同样分量的回贡礼物那年还给了暹罗、真腊等国（《明史·外国五·占城、真腊、暹罗、爪哇、三佛齐传》卷324）。近20 000件瓷器，在那个年代该值多少钱？我们没有直接的计算比率依据，倒是300年后的中外交流中有个经济比率可作参考：据说1717年4月19日普鲁士王兼萨克森选举侯奥克斯特通过外交手腕，以600名（一说782名）萨克森骑兵，交换127件中国陶瓷之事。也就是说一件中国瓷器可以换四五个萨克森骑兵（马渭源：《论西画东渐对明清中华帝国社会的影响》，澳门《中西文化研究》2009年第1期；谢明良：《十七至十八世纪中国对欧洲贸易中的瓷器》，台北《故宫文物》36期，1986年3月第3卷第12期）。由此可见，20 000件瓷器在远夷们那里简直就是天文数字的财富啊！所以那些远夷“老外”们才不顾你洪武皇帝限不限定，反正我们远夷来了，你大明总不能赶我们走吧！

对此，朱元璋后来想到了很绝的一招：对朝贡贸易实行勘合制。那什么叫朝贡勘合制？大致是大明礼部制定一种勘合簿，每个远夷国一本，内府留有存根，地方布政司有对应的相同一份。勘合簿上规定朝贡的次数、路线等，一旦远夷们要来大明朝贡，就必须持有勘合簿册与本国的表文，到所要经过的省份向当地布政司交验表文，比对勘合。全部符合了，方才放行。这样一来，将远夷朝贡给严格地控制住了。（《大明会典·礼部·朝贡通例》卷108）

◉ 坚决抗倭与严厉禁海

与严格控制远夷朝贡几乎差不多同时，朱元璋又不断地下令，实行禁海政策。这就是人们常说的洪武帝闭关自守国策的主要体现。问题是为什么在明初十年不到的时间里朱元璋实行的对外政策由自由贸易迅速地走向“闭关自守”？

○ 朱元璋最终闭关自守的缘由

在笔者看来大致有以下几方面原因：

第一，朱元璋缺乏商品经济洞察力与战略眼光，固守重农抑商的传统观念。

朱元璋农民出身，童年、少年和青年时代一直在农村和军队中长大和发展，他对自然经济再熟悉不过了，而对活跃多变的商品经济相当之陌生，对变幻莫测的汪洋大海心怀疑虑，更多的是害怕。所以与军事和政治领域不同，朱元璋在经济领域尤其在商品经济领域内缺少洞察力与战略眼光，只能固守他所熟悉的千年相传的正统观念，相信无商不奸，无奸不商，坚持重农抑商、“厚本抑末”“自然家给人足”的治国理念。(《明太祖实录》卷177)

第二，海上尚有敌对势力的残余在活动，朱元璋害怕内外敌对势力勾结起来颠覆大明政权。

朱元璋统一全国时，南方的统一战争进行得比较顺利，就连朝秦暮楚的浙江割据势力方国珍等最终也被俘获了；但方国珍的一些“弟兄们”可没全上岸，他们原本就以贩盐浮海为业，海上活动运行自如，兵败后盘踞在海上。鉴于昔日老领导方国珍还在南京“享着清福”，这些“弟兄们”还算老实一点。洪武七年三月，方国珍突然病逝(《明太祖实录》卷88)，这下方氏部下可就没有什么顾忌了，专门与明朝为敌。还有福建的陈友定可能是南方割据政权中惟一不肯投降的硬汉，虽然他与儿子最后都被朱元璋杀了，可他的部下有不少人逃到了海上。这两股势力再与日本的浪人(中国人称之为倭寇)搅在一起，“诸贼强豪者悉航海，纠岛倭入寇”(【明】张瀚：《松窗梦语·东倭记》卷3)，时常骚扰明朝东南沿海。

洪武十三年爆发“胡惟庸谋反案”，涉案者供出：胡惟庸曾想勾结倭寇谋反(到底有没有这事，整个明朝一直没拿出确切的依据来)；洪武中晚期京师南京发生了“三佛齐间谍案”。朱元璋越来越觉得对外交往具有极大的风险性，他害怕内外敌对势力勾结起来，颠覆新兴的大明帝国，最后他干脆就将内外勾结的惟一可能的通道给堵了，将危险消灭在萌芽状态，以为这样一来，大明就可高枕无忧。于是从洪武十四年起他不断地下令：“禁濒海民私通海外诸国。”(《明太祖实录》卷139)

第三，个别海外国家利用朝贡贸易搞间谍活动，引发了朱元璋对外交往的恐惧。

今天的印度尼西亚有个地方叫旧港，元末明初曾有个小国，叫三佛齐。洪武三年，朱元璋遣使行人赵述诏谕该国，第二年他们的国王就遣使奉金叶表进贡朝见大明天子，自此确立了宗藩关系。那时的三佛齐还算有"孝心"，几乎每年都会派遣使臣到南京来朝贡。大约在洪武十年时，朱元璋正式敕封该国老国王怛麻沙那阿者的儿子麻那者巫里为三佛齐新国王，且表扬了他对大明的忠义。可就在这时，三佛齐的邻国爪哇逐渐强盛起来，并征服了三佛齐。朱元璋对于海外各国之间的你争我斗向来不掺和，奉行和平主义外交原则。爪哇强盛了，派人上南京朝贡。朱元璋履行天下"大家长""大宗主"的职责，敕封爪哇国头领为其国王。这样一来，使得爪哇的国际地位骤升，但也让三佛齐感觉浑身的不舒服。他们派出了间谍，冒充使臣来南京，假模假样地朝见朱元璋。朱元璋对于爪哇与三佛齐之间的疙疙瘩瘩没搞清楚，更没想到三佛齐会派出间谍来"图谋不轨"，他一如既然地派出使臣护送三佛齐"朝贡使者"回国。可等到了三佛齐，情况就变了，大明使者被扣，有的说被杀。这就是所谓的"三佛齐间谍案"。（《明史·外国五·三佛齐传》卷324）

从"三佛齐间谍案"发生的前后经过来看，严格意义上来讲，它是算不上什么间谍案的，至多算是国际绑票案。因为当时大明天子对海外各国之间的关系不是很清楚，所以案件一发生，朱元璋就很惊慌，听说三佛齐被爪哇征服了，他就诏谕爪哇国王，叫他设法让三佛齐释放被扣押的中国使臣。后来爪哇国王似乎还不错，"遣人戒饬，礼送还朝"。但就此三佛齐与大明之间的关系愈发恶化，他们利用自身有利的交通条件，卡住了东西方交往的通道，阻遏了载运朝贡货品的西洋诸国贡舶自由航行，"由是商旅阻遏，诸国之意不通"（《明史·外国五·三佛齐传》卷324）。朱元璋本来就洞悉海外远夷热衷朝贡大明帝国的真实动机："虽云修贡，实则慕利。"（《明太祖实录》卷134）"三佛齐间谍案"后，朱皇帝愈发疑惑了："我视诸国不薄，未知诸国心若何。"（《明史·外国五·三佛齐传》卷324）由怀疑到恐惧，最后为了省事，干脆就采取严厉禁海的举措，免得费心多事。

第四，元明之际，倭寇日渐猖獗，也影响了大明帝国的对外开放。

如果仔细考察历史的话，我们不难发现，洪武年间国际形势并不简单，尤其是东南沿海时不时地出现倭寇，其背后问题相当之复杂。从维护国家海防、帝国安全与省事角度考虑，朱元璋由禁止中外民间自由贸易和交往发展到限制官方主倡的朝贡贸易，再到后来实行远夷朝贡勘合制和最后严厉禁海，似乎也在一定程度上符合当时的实际。

○ 元末明初的倭寇祸害的由来

长期以来，说起倭寇，"改革开放史学家"一直在说是朱元璋这个老农民当了皇帝，搞闭关自守了，抑制了中外正常交往，这才导致了中国民间走私和日本倭寇的猖獗。笔者以前就曾接受这样的观点。但仔细阅读史料后发现事实并非完全如此。

"日本国在东海之东，古称倭奴国，或云恶其旧名，故改名日本，以其国近日所出也"(《元史·外夷一·日本传》卷208)。这是元明之际的人们对日本的认知，正因为日本古名倭奴，所以那些入侵中国的日本海盗就被中国人称之为"倭寇"。不过元朝的史料文献中还没有这两个字连称，但不是说那时就没有倭寇，事实上倭寇这个"结"在一定程度上还是元朝时系下的。

元朝建立后，元世祖忽必烈曾派人两度出使日本，但都遭到了杀害。至元十一年(1274)和至元十八年(1281)元廷又两度派军远征日本，均以遭受海上飓风而惨败。其中后一次远征败得很不像样，14万大军最后"十存一二"(《元史·世祖本纪八》卷11)。这些事情对中日双方都投下了一定的阴影。终元之世，日本官方都不与元朝通使往来。

即便这样，大元帝国仍不失大国风范，元世祖忽必烈在泉州、庆元、上海、澉浦、杭州、温州和广东等地相继设立了市舶司，并"诏谕沿海官司通日本国人市舶"(《元朝·世祖本纪七》卷10)。元世祖晚年，一些日本武士与商人相勾结，在来华的船只中暗藏兵器，在做生意不顺利的情势下，拿起武器，实施抢掠，倭寇由此而形成。元世祖知道后下令在浙江成立都元帅府，"令哈剌带将之，以防海道"(《元朝·世祖本纪十四》卷17)。而后倭寇时常袭击大元浙江沿海，甚至将明州的都元帅府等衙门都给烧了，还祸及了百姓，居民几尽(《明州系年录》卷4)。元廷接到地方上的奏报后不得不罢革市舶司，直到3年后形势稍稍好转些，大元才重开市舶司，中日贸易又恢复起来。

可就在这时日本国内发生了政变，1333年日本第96代后醍醐天皇在一些武士支持下，推翻了镰仓幕府统治，恢复了王政。但政变后的后醍醐天皇在有些问题上没有满足一些武士的利益要求，引发了新的不满。3年后的1336年北条氏部将足利尊氏发动兵变，攻入京都，废掉后醍醐天皇，立皇太子为光明天皇，并在京都建立室町幕府，自任征夷大将军，形成了北朝；再说被废的后醍醐天皇一路南逃，在奈良建立朝廷，史称南朝，日本历史上南北朝由此开始。

南北朝之间长期对立，相互征战不已，有许许多多的武士失去了军职，成为了

"浪人",开始干些抢劫勾当。他们还与日本商人一起乘着元末社会动乱之际,到中国东南沿海地区去打家劫舍,由此倭寇侵犯给大元帝国造成极大的祸害。元顺帝至元十八年,倭人攻金复州(《元史·纽的该传》卷139);至正二十三年正月八月丁酉朔,"倭人寇蓬州,守将刘暹击败之。自十八年以来,倭人连寇濒海郡县",至此稍有收敛。(《元史·顺帝本纪九》卷46)

元亡明兴之际,倭寇乘乱继续发动侵扰活动,而"张士诚、方国珍余党导倭寇出没海上,焚民居,掠货财,北自辽海、山东,南抵闽、浙、东粤,滨海之区,无岁不被其害"(【清】谷应泰:《明史纪事本末·沿海倭乱》卷55)。更令大明天子心神不宁的是,倭害祸及京师近畿地区,"倭寇出没海岛中,数侵掠苏州、崇明,杀伤居民、夺财货,沿海之地皆患之"。(《明太祖实录》卷41)

在如此严峻的情势下,朱元璋两手出击:一面力求外交手段予以解决;另一面加强军事防御,对于来犯之敌坚决痛击。洪武二年,倭寇入侵苏州太仓,当地卫指挥佥事翁德率军出击,俘获了倭寇92人,"得其兵器、海艘"。朱元璋闻讯后,不仅褒奖了翁德,而且还将他提升为太仓卫指挥副使。(《明太祖实录》卷41)

当时蒙受倭寇之祸的还不仅仅是中国,高丽(朝鲜)也深受其害,他们曾遣使赴日,致书日本室町幕府将军足利义诠,让他好好管管这些倭寇。可结果这位日本大将军却居然回答说:"九州海贼所为,日廷不与闻。"意思是说:我们没听说有什么海贼呀!这与600年后的今天将核泄漏反应堆的高浓度核反应水倒入大海后日本政府正式公开表态几乎一模一样:"我们不知道有这么多的高浓度核反应水在排入公海啊!"有这样的政府,其自身国家所产生的国际公害问题就别指望他们会解决了。可由于当时的信息交流不发达,朱元璋还不知道高丽人在超级国际无赖那里碰了软钉子了,相反他抱着无限的希望,于洪武二年(1369)、洪武三年(1370)和洪武五年(1372)分别派了杨载、赵秩和明州天宁寺僧祖阐、南京瓦官寺僧无逸等人三度出使日本,递上国书,希望日本官方与明朝合作,消除倭寇之患(《明太祖实录》卷38;《明太祖实录》卷50;《明史·外国三·日本传》卷322;【明】宋濂:《宋文宪公全集·送无逸勤公序》卷13)。但日本方面却与大明"大打太极",甚至装聋作哑,只想利用朝贡贸易,从中国捞取好处,对于倭寇为害之事置若罔闻。为此,朱元璋很生气,本想采取军师远征,但鉴于元朝对日本用兵失败的经验教训和李文忠的"谏帝征日本"而没有立即付诸行动。(《明史·外国三·日本传》卷322;《明史·李文忠传》卷126)

○ 朱元璋坚决抗倭和构建东南海疆"长城"

与此同时,朱元璋采取一系列措施,加强东南海疆军事防御。

首先自洪武元年起到洪武中晚期，他先后命令将领朱亮祖、李文忠、汤和、周德兴等在东南沿海地区建立了一系列的军事卫所机构，广修城池。从地区跨度来讲，南起广东、福建，中经浙江、江苏，北抵辽东，大明当时建有 50 多个卫，其中广东沿海有 9 个卫，福建沿海有 6 个卫，浙江沿海有 11 个卫，山东沿海有 7 个卫，辽东沿海有 8 个卫，总兵力达 30 万(陈懋恒:《明代倭寇考略》，人民出版社 1957 年版，P164～171)。而洪武四年十二月在南京地区的京军兵力才 204 900 余人(《明太祖实录》卷 70)，这就是说，朱元璋将全国的军事重兵一个布置在北疆，另一个布置在东南海疆，锁定大明国防重点为"北虏南倭"。

不仅在布兵数量上，朱元璋还十分注意讲究国防的质量，一方面大造战船，加强大明海军硬件建设。洪武初年，除了京师南京设有造船厂外，沿海的福建、广东和浙江等地都有打造海船、快船的机构。洪武二十三年，朱元璋采纳了镇海卫军士陈仁的建议，在"大海之口，倭寇必由之地"的苏州太仓卫打造海船(《明太祖实录》卷 199)，随后又下"诏滨海卫所每百户置船二艘，巡逻海上盗贼，巡检司亦如之"(《明太祖实录》卷 201)。按照朱皇帝的这道诏令，每百户添置 2 艘海船，每卫就有海船 100 艘，整个东南沿海共有 50 个卫，也就拥有了 5 000 艘海船，这是何等庞大的海军啊!

另一方面朱元璋还注意加强沿海水师的兵力质量。水师不同于步兵，不是什么人都能当水师兵士的。洪武四年十二月，他诏令"吴王左相靖海侯吴祯籍、方国珍所部，温、台、庆元三府军士及兰秀山无田粮之民尝充船户者"，一下子扩充了熟悉海边地形和长于水战的水师兵力 111 730 人(《明太祖实录》卷 70)。洪武中晚期，朱元璋还采纳了熟悉海事的方国珍侄儿方鸣谦的建议，命令在广东的南雄侯赵庸、在福建的江夏侯周德兴、在浙江的大将汤和等从沿海居民中抽取民丁，各自增添水师新兵数万人，其中以汤和与方鸣谦在浙东抽取和选练的最多，一次就有 58 700余人。(《明史·汤和传》卷 126;《明太祖实录》卷 143;《明太祖实录》卷 181)

洪武朝第三方面坚决抗倭举措为建立赏罚制度，鼓励将士英勇杀敌。洪武六年，福建都司都指挥同知张赫"率舟师巡海上遇倭寇，追及于琉球大洋中，杀戮甚众，获其弓刀以还"。因作战勇敢，屡立军功，张赫后来被朱元璋封为了航海侯(《明太祖实录》卷 203)。相反，对于贪生怕死、玩忽职守者，则予以坚决严惩。洪武二十六年福建镇海卫千户黎旻率领水师 400 人巡海，这对于流寇来说足够震慑了，但黎旻等这些海军领导本身可能就是只知当官不知为国尽忠尽力的混混。当他们巡逻到潮州南澳时，突然遇上了一股倭寇，平时可能办公室里坐惯了，黎旻怎么也没有胆量与之交战，好汉不吃眼前亏，赶紧保命溜吧! 倒是他的手下一个叫韩观的百户和40多名普通兵士还不赖，甚至可以说个个都是顶天立地的英雄，在海战中为大明帝国献出了自己的宝贵生命。朱元璋闻讯后又惊又怒，下令著录韩观等人军功，同时将临阵脱逃的黎旻等海军领导以军法处死。（《明太祖实录》卷227）

为了鼓励大明将士英勇杀敌，洪武二十九年正月，大明制定了《擒获倭贼升赏格》，明确规定："凡各卫指挥获倭船一艘及贼者，佥事升同知，同知升指挥使，仍赏白金五十两、钞五十锭；千户擒获者升指挥佥事，百户擒获者升千户，其赏俱与指挥同；在船军士能生擒及杀获倭贼一人者，赏白金五十两。将校军士与倭贼陆地交战，能生擒或杀获一人者，赏白金二十两、钞二十锭。"（《明太祖实录》卷244）

○ 令人不寒而栗的洪武"海禁"政策与"迁海令"

按理说，通过采取上述一系列举措后，北至辽东、南至广东的东部海疆地区已经筑起纵深有度、层次分明的沿海"长城"了，大明帝国可称得上是铜墙铁壁，够安稳的了。但在苛求完美的洪武帝朱元璋看来这还远远不够，鉴于东南沿海倭寇时不时前来扰害，而该地区又有些张士诚、陈友定等敌对势力残余为之向导，本来就对商品经济一窍不通、对海洋和中外交流有着恐惧的"一代圣主"干脆实行"海禁""迁海"国策，想来个一了百了。

综合洪武时期的海禁史实，其分为两个层面：

第一，禁止非官方海外交通。从《明实录》记载来看，最早下达此类诏令的是在大明开国后不久，洪武四年十二月丙戌日，朱元璋"仍禁濒海民不得私出海"（《明太祖实录》卷70）；洪武七年，取消泉州、宁波和广州等3个市舶司，开始严禁私人海外贸易（《明太祖实录》卷93）。以后多次重申禁令，洪武十四年十月，"禁濒海民私通海外诸国"（《明太祖实录》卷139）；洪武二十一年正月，"严交通外夷之禁"（《明太祖实录》卷188）；洪武二十三年十月，"诏户部申严交通外番之禁。上（指朱元璋）以中国金银、铜钱、缎匹、兵器等物自前代以来不许出番，今两广、浙江、福建愚民无知，往往交通外番，私易货物，故严禁之。沿海军民官司纵令私相交易者，悉治以罪"。（《明太祖实录》卷205）洪武二十七年正月甲寅日，朱元璋又严"禁民间用番香番货。先是，上以海外诸夷多诈，绝其往来，唯琉球、真腊、暹罗许入贡，而缘海之人，往往私下诸番，贸易香货，因诱蛮夷为盗。命礼部严禁绝之，敢有私下诸番互市者，必寘之重法。凡番香番货，皆不许贩鬻，其见有者，限以三月销尽。民间祷祀，止用松柏枫桃诸香，违者罪之。其两广所产香木，听土人自用，亦不许越岭贩卖，盖虑其杂市番香，故并及之"。（《明太祖实录》卷231）洪武三十年四月乙酉日，"申禁人民无得擅出海与外国互市"。（《明太祖实录》卷252）

从朱元璋晚年的对外关系的禁令来看，所禁的力度很大，“敢有私下诸番互市者，必寘之重法”；所禁的范围也很广，中外民间的一切往来都在禁止的范围，甚至连番香这类祭祀用品也被列入严禁的行列。这样的对外限禁或言严禁政策不仅仅贯彻于“通商贸易”领域，而且还波及了“通贡贸易”：一方面，朱元璋下令简化番国朝贡礼仪（《明太祖实录》卷 232）；另一方面他又不断限制远夷朝贡，“唯琉球、真腊、暹罗许入贡”，加上大明周边两个属国朝鲜与安南，因此说到了洪武晚期时，大明对外交往的主要国家由原来的几十个锐减到了 5 个。（《明太祖实录》卷 231）

第二，由严禁非官方海外交通发展到了“迁海”。所谓“迁海”，就是指洪武时期将广东、福建、浙江等省份的沿海附近岛屿上居民迁入大陆，防止他们被倭寇利用或要挟。譬如，浙江的台州、温州和宁波等滨海岛屿，“其中都鄙或与城市半，或十之三，咸大姓聚居。国初汤信国（公和）奉敕行海，惧引倭，徙其民市居之，约午前迁者为民，午后迁者为军”。（【明】王士性：《广志绎・江南诸省》卷 4）即说汤和奉行朱皇帝之令在浙江搞得很严酷，当时规定：凡是午前搬离海岛的还能继续当老百姓；如果午后搬家的就要罚作军士。无独有偶，广东、福建、澎湖 36 个岛屿上的居民也在洪武二十年全部给内迁，且搞得很过火，“以三日为期，限民徙内，后者死（即落后的、拖后腿的要被处死）”。（郝玉麟：《福建通志・杂志》卷 66）

禁海、迁海后，大明东南沿海剩下的就是从南到北的成百上千个军事卫所，这些卫所城寨遥相呼应、墩堡烽堠星罗棋布，陆上有步兵重点把手，海上有水师巡逻，用句耳熟能详的话来说，一旦倭寇来犯，顿时葬身于中国军民汪洋大海的战争之中。

因此可以说，洪武末年，不仅大明北疆故元余虏“不敢近边者十余年”（【明】李贤、彭时等纂修：《大明一统志・鞑靼》卷 90），而且南疆地区的倭寇也相对较少来犯了。朱元璋治国、治边、治外达到如此境地，恐怕在中国历史上很少能见到。

对此，明朝人陆不无自傲地说道：“洪惟我国朝太祖开基，胡元终运，乾坤再整，日月重明。而其应天顺人，创业重统，立纲陈纪，尽制尽伦，巍乎成功，焕乎文章，一时臣工仰名言之莫尽，幸亲见之。有知贤者识其大者，不贤者识其小者，莫不有作，类而述之。涵泳之余，庶得以知识乎盛美云。”（【明】陆钱：《贤识录》）

由此我们再回想起清初康熙皇帝在拜谒明孝陵时留下的那盛赞朱元璋的四字墨宝“治隆唐宋”，看来绝非是溢美之词。如果站在帝王统治角度来讲，康熙的评价还是十分到位的。不过当站在历史的角度再度审视的话，我们就会发现：朱元璋的“海禁”政策与“迁海令”所带来的消极影响不容小觑。

首先，严格的“海禁”不仅完全堵塞了民间海外贸易，而且也影响了大明官方主倡的朝贡贸易。由于实行严厉“海禁”，对“老外”们来华的次数和所走的路径都曾做了规定，但在科技不甚发达的古代，海上远行绝没有人们想象的那么精确，遇上台风“走”偏了很正常，可在朱元璋的完美理想中就不行了。洪武六年，他干脆就跟经常前来朝贡的高丽使臣说：“见海上难过，有许多艰难，与恁船只脚力，教恁官人每(们)往登州过海，三个日头过的，今后不要海里来，我如今静(白字，应为‘禁’，笔者注)海，有如海里来呵，我不答应。恁如海里来的廉干好秀才吏员，著小船上送将来，我便答应，不要贪(应为‘偷’，朱皇帝写白字)的来。今后其余的海里，不要通连。”(【朝鲜】郑麟趾：《高丽史·恭愍王世家》卷44)其实老农民出身的朱皇帝就是实在，看到远夷们争先恐后来华朝贡，不就是贪图丰厚的利润(实则慕利，《明太祖实录》卷134)，“海外诸夷多诈”，我朱元璋就来个实在做法，洪武二十七年下令，停止外国朝贡。由此，中外官方朝贡贸易所带来的那些仅有的经济、文化交流又受到了很大的阻隔。

第二，严厉“海禁”与“迁海令”不仅完全堵塞了民间海外贸易，还给东南沿海人民带来了巨大的灾难。从明代法律规定来看，近海地区的人民是可以下海打渔捕捞的，“其小民撑使单桅小船，给有执照，于海边近处捕鱼打柴，巡捕官军不许扰害”(万历：《大明会典·刑部·律例》卷167)。但在实际的执行过程中，为了贯彻好朝廷“海禁”政策的精神，负责东南沿海的军政官员往往是“禁民入海捕鱼”(《明太祖实录》卷157)。如此一来，就等于断了沿海人民的生活来源。海禁后东南居民“不得下水，断其生活，若辈悉健有力，势不肯挎手困穷，于是所在连结为乱，溃裂以出。其久潜踪于外者，既触网不敢归，又连结远夷，乡导以入”。(【明】张燮：《东西洋考·饷税考》卷1)“迁海令”的实行更是给东南沿海人民带来了空前的劫难，许多走投无路的人，要么举兵反抗，要么“常从倭为寇”，而所谓的倭寇之成分也由此变得更加复杂，社会矛盾激化。

第三，严厉“海禁”和闭关锁国不仅使得中国民间海外贸易受到严重抑制和摧残，而且还影响到了工商手工业和商品经济的发展，窒息了明代社会。

当然这些都是我们后人站在客观的历史观角度所看到的，但在传统人们的眼里，从传统的国家治理角度来讲，作为一个完美人格的标准应该是“齐家治国平天下”。我们前面说了朱元璋的“治国平天下”做得很是不错，或者说至少在清“圣祖”康熙的眼里是如此。那么作为开国君主朱元璋治理的第四个层面个人家庭或言“齐家”“治己”又是如何呢？

雷厉风行旷世勤政　从严治家俭朴一生

◉ 朱元璋的个人工作作风

○ 贵于勤政——朱元璋穿着"鹌鹑衣"上朝

在中国历史上，朱元璋是一位少有的勤政的皇帝，他常常以勤励自勉，天还没有亮就起床上朝听政，太阳下山之后才返回后宫。夜里睡觉也睡不安稳，往往会想到一件事情就马上披了衣服起来，把要想做的事情按照次序一一写下来，等到天一亮便派人去处理。他自叹"**寝不安枕，忧悬于心**"(《明太祖实录》卷 29)，就是讲"我不是不想睡觉啊，而客观形势不能不使我这样做！"

在这一点上朱元璋与同样平民出身的汉高祖刘邦大不一样。刘邦登基后，尽管事情很多，但他始终未改特别好色的本性，一见到小美眉戚夫人的美貌与柔情，就不想走了。朱元璋似乎没有这样，否则的话，那么多的国家事务怎么能忙得过来啊。

有人曾对朱元璋一天的活动做了研究，将他每日的日程安排理了个"头绪"：大约天亮之前的两三个小时就起床。我们按照夏天来计算，5 点半左右天就亮了，也就是说朱元璋要在后半夜 3 点左右起床。起来干什么？据说他有一个生活习惯叫"**默坐审思**"(《明太祖实录》卷 173)，就是静坐默思，当然不是念佛忏悔，佛教在他的心目中可能早已荡然无存了，否则的话，他绝不会魔鬼般地屠杀那么多的无辜生命；当然还有一点就是打从参加郭子兴起义军那天起，他就与佛界道了别，从"彼岸"走向了"此岸"，否则不可能是他当皇帝的。凌晨 4～5 点钟时朱元璋出乾清门到奉天殿去听政，由此推算，一般大臣都得在夜里 3 点就要起床，并开始准备出发去上班。因此那时在南京城里只要有朝官住的地方，经常是后半夜大户庭院里一片忙碌，即使这样还弄不好，做大臣的赶到明皇宫时已经迟到了。一次、两次还可以，但天天这样"闹着"上班，不要搞出什么精神病来？所以好多大臣都受不了，前章讲的那个文人钱宰就是这么一个私下喊苦的人，但大多数的大臣是敢怒而不敢言。

那么朱元璋每天这样做是不是真的那么忙？会不会是他"作秀"？我们不妨来看看史书的记载：**从洪武十七年(1384)九月十四日至二十一日这 8 天的时间里，朱元璋一共批阅内外各个衙门的奏札共 1 660 件，处理国事约 3391 件**(《明太祖实录》卷 165)。这样给它平均算一下，就是说朱元璋每天要处理国事 400 多件，批阅奏札多达 200 多件。我们按照每件奏札最少 500 字来计算(否则什么问题也没讲明),那么朱元璋每天光阅读文字数就要10万字。

一般来说,朱元璋每天上两次朝,天亮时分的叫早朝;下午后三五点钟左右再次听政一次,这叫午朝,天色昏黑时分他才回宫。自朱元璋起明代皇帝形成了一天两次听朝的习惯。明朝前期五帝都遵守,即使是那个身子骨不是太好的明仁宗也没有破坏这个规矩,只是到了明中期英宗时才开始改了。因为英宗即位时还是个不到10岁的娃娃,受不了这么高强度的工作节奏。而朱元璋的勤政贵在坚持,“隆寒甚暑,未尝少变”,这实在是难得。所以史书说他是“振古罕俪”,就是说这么勤政的皇帝历史上再也没有第二位。

以上是我们从一天的工作“行程”来看的,那么在平时的生活中朱元璋是如何对待国事的?

在工作之余,或者说稍微有点闲暇,他就要和儒臣讲论经史,这是史书的记载,按现在的说法,很可能就是进行扫盲与进修一般“充电”;即使在吃饭时,他也不忘国事,一旦想到了,就马上记在小纸片上,然后挂到自己衣服里,“累累满身”,所以朱皇帝的衣服成了“鹌鹑衣”了,即像鹌鹑的花条羽毛一般。一旦到了上朝时,他会将它们一一取下来,然后叫底下的人去办理。(【明】徐祯卿:《翦胜野闻》;【明】吕毖:《明朝小史·洪武纪》卷1)

有人说,朱元璋这样做到底累不累?累啊!他自己曾写下这样的诗来自嘲的:“百僚未起朕先起,百僚已睡朕未睡。不如江南富足翁,日高丈五犹拥被。”既然这么累了为什么还要这样?问题关键在于好多事情都得他自己去做,这叫事必躬亲。那么朱元璋为什么要事必躬亲?

○ 事必躬亲——刘基等拿了一块不该拿的肉,被朱元璋扣了一个月的工资

我认为朱元璋事必躬亲至少有三个方面的原因:第一,他猜忌性很强,对什么人都不怎么放心,前面我们已经讲过,这里就不再重复了;第二,他苛求完美,对别人做事总不满意,只有自己做了才会心里好受一点;第三,他平民出身,几十年的艰苦环境使他一直保持着平民的生活习惯,没有和平年代的“太平”皇帝那样讲究闲情逸致。《明实录》说他“泊然无所好”(《明太祖实录》卷257),即说他没什么特别的爱好或言嗜好,相反倒是对细民小事乐此不疲,事必躬亲。当领导的这种事必躬亲的工作作风不是一无是处,至少可以解决一些“高处不胜寒”的社会顽疾,但缺点也明显,弄得手下人不知所措,甚至还会侵夺了相关衙门的权限或者小题大做。而朱元璋这种事必躬亲在历史上也确实少见。

洪武四年(1371)十二月,有人奏报说,镇江府等地的一些饲养官鹅的老百姓将

鹅养瘦了，按律不仅要赔偿价钱，而且还要治罪。朱元璋听后马上就过问起这事了，他说："以微物而厉民，岂为政之体乎？"因为一件小小的事情而严加制裁百姓，这难道是我们为政所要做的吗？最终由于他的插手，这些养鹅人才没被处理。(《明太祖实录》卷 70)

洪武六年(1373)八月，御史大夫陈宁受皇帝朱元璋的委托举行了祭孔典礼，按朝廷规制，典礼结束时每个参加祭孔的高官都能分享到一份礼物——祭祀用的肉，但丞相胡惟庸、诚意伯刘基、参政冯冕等人并没有参加祭礼，陈宁在分肉时可能照顾到大家都在朝为官，就一块享肉没什么了不得的，大家都有份，给胡惟庸、刘基等都分了。可哪知道皇帝朱元璋知道后很不高兴。按理这样的事情再怎么讲也是件芝麻大的事，但他没有放过，下令停发刘基等人一个月的工资，御史大夫陈宁知情不举，就得要为此连坐，皇帝下令扣他半个月的工资。不就拿了一块不该拿的肉，值得一个堂堂大明帝国天子去追问处理此等小事？由此可见朱元璋做事做得也够细心的了。(《明太祖实录》卷 84)

○ 雷厉风行：他想干就干，想杀谁就杀谁……

朱元璋的工作作风还有一个明显的特征，那就是雷厉风行。大明开国时朱元璋刚刚四十出头一点，正值壮年时代，加上十几年的杀伐，成功领袖的优越感，使得他十分自信，工作起来雷厉风行。这样的事例太多了，譬如，明初，帝国各部衙门所进之表笺沿用了元末以来四六对偶的文式，这样的文体格式中不仅有许多与朱元璋的忌讳相冲撞，如"与民作则""质本生知"等语句，而且还显得啰嗦，加上所用文字生僻甚多，半文盲的朱元璋见此就深恶痛绝，下令"今后笺文只令文意平实，勿以虚辞为美也"(《明太祖实录》卷 22)。就是说今后臣下上奏只要简单地讲事，不要用一大堆优美的客套语，并要求用口语直解编集文章。洪武六年(1373)，他命令翰林儒臣，选取唐代柳宗元写的《代柳公绰谢表》和韩愈写的《贺雨表》作为表笺统一格式，颁行全国，要求臣民的表笺奏疏一概"毋用四六对偶，悉从典雅"(《明太祖实录》卷 85)，即禁止政府官员的文书使用长期以来官场习用的骈俪四六文体。这样使得大明初期的"官样文章"变得文牍简约，一目了然。有人戏称：朱元璋是中国文字白话化的老鼻祖，我看也差不多。

◎ 监察部副部长严德珉因为有点情绪而装病，马上被朱元璋罚做罪犯……

朱元璋在工作中遇到不称心的事情，就会立即发怒，且一不做二不休。

有个叫严德珉的苏州人，在洪武初年出任大明帝国都察院的御史，工作很稳重，所以在历次政治大风大浪中都能挺过去。后来朱皇帝擢升他为左佥都御史，可能相当于“监察部副部长”(《明太祖实录》卷236)。但严德珉是个地道的苏南人，十分乖巧，不好当着皇帝面说自己不想干了，而是找了个适当的机会提出自己的辞职请求，理由是身体不好。可朱元璋不信，“你说有病就有病了”？他发火了，下令将严德珉抓起来，处以黥刑(这又是一种法外刑，秦汉以后逐渐退出了历史舞台)，即在严德珉的脸上刺上字，还要在刺字的地方涂上墨，就像《水浒》中林冲那样，这就意味着严德珉的脸上永远保留着那令其耻辱的刺字。事情到了这一步，洪武皇帝还不放过，又将他谪戍广西南丹。(《明史·严德珉传》卷138)

一晃严德珉在广西劳改了好多年，后来遇上了大赦，才得以回去。那时已是朱元璋的玄孙朱瞻基当政了。有一次，严德珉被扯到一桩案子里头，御史将他带到了公堂上，给他讲起了法规的事情来。没想到严德珉如数家珍地跟着说了，还不时给御史大人补补漏，这下可把御史大人惊讶得说不出话来。他赶紧问：“你是什么人？怎么会这般通晓法度？”严德珉说：“洪武初年，有个叫严德珉的人曾经出任过你们都察院的主要负责人，你听说过没有？”御史说：“我听前辈们说过此事，好像他后来不知怎么……反正我也说不清楚。老人家，莫非你就是……”没等御史说完，严德珉就自报门户了：“老夫便是当年你们都察院的台长(洪武十五年前，都察院叫御史台)。”这下完全将御史给惊呆了，缓过神后，赶紧上前将严德珉扶上座，余下什么公事也不说了。两人礼节性地谈了一阵，严德珉就告辞了。(《明史·严德珉传》卷138)

回到住处，严德珉想想不对劲，自己怕当官，万一……还是赶紧整理行装，一走了之。

果不出所料，第二天那位御史大人就来拜访了，但他吃了闭门羹，人家严德珉又躲了起来。就这样，这位江南文臣隐名埋姓又战战兢兢地在民间生活了好多年。后来他老了，但脸上的刺字还清晰可见，为此他经常用一顶破帽子将脸部遮盖住。可有一次喝酒，一不小心将帽子给撩了下来，让一个府学校长看到了刺字。府学校长算是见过世面的人，他立马明白，眼前这个人有故事，便问了起来：“您老到底是怎么一回事？”严德珉长叹一声，随即说道：“洪武年间，皇上那儿我不慎得罪了。那时国法太严，我这顶破帽子戴上去可不容易啊！”说完赶紧向京城方向拱拱手，并连声说道：“皇上圣恩，皇上圣恩！”(《明史·严德珉传》卷138)

一个大臣因为有一点情绪就施以如此的酷刑，且雷厉风行，不依不饶。所以说，洪武年间朱元璋的工作作风实在是让人不寒而栗。由此我们说，为政者的主观愿望即使再好，但也得要看看社会群体与社会个体——人是否能接受，如果能接受那就是一项善政；如果无法为人们所接受，即使有再多的美妙理由都无法改变客观的恶果。

○ 苛求"完美"——太子朱标老师的孙子犯事,朱元璋还不放过退休的老爷爷

工作也吧,人生也吧,朱元璋太多追求完美,确切地说是苛求完美。这种对完美的苛求几乎到了不近情理,更无章法可言的病态或言疯狂的地步,怎么想就怎么干,反正手中有的是权,于是无数颗人头莫名其妙地落地了。前面讲过了,在此不再赘言。这里我们讲个朱元璋眼中的"完美之人"与朱元璋关系的故事。

朱标的老师宋濂谨小慎微地服侍了朱皇帝近20年,从来不说别的大臣一句坏话,性情持重,也没有犯什么过错,且从不顶撞"天生圣人",更不会"忤逆",因此朱元璋在大臣们面前高度赞扬宋濂:"朕闻太上为圣,其次为贤,其次为君子。宋景濂事朕十九年,未尝有一言之伪,诮一人之短,始终无二,非止君子,抑可谓贤矣。"(《明史·宋濂传》卷128)可就是这么一个朱皇帝眼里的大贤人,在退休后因"坐孙(宋)慎罪,逮至,论死,(马皇)后谏曰:'民家为子弟延师,尚以礼全终始,况天子乎?且濂家居,必不知情。'帝不听。会后侍帝食,不御酒肉。帝问故。对曰:'妾为宋先生作福事也。'帝恻然,投箸起。明日赦濂,安置茂州。"(《明史·后妃一·太祖孝慈高皇后传》卷113)

○ 冲动偏执——明代皇帝十个九个凶

在中国历代的帝王中,真正称得上是好皇帝的实在少之又少,像唐太宗、宋太祖那样的真是凤毛麟角。明代的皇帝好的少,差的多。有人说,明代皇帝十个九个凶,这话讲得大致吻合实际。人们看待皇帝的视角不同,因此各人眼里的皇帝也不一样。政治家看皇帝看重的是政治术,军事家看皇帝看重的是他的军事谋略,老百姓看皇帝看重的是他对百姓好不好,不好且很凶,老百姓会骂他。时下戏说中的皇帝个个都变了,似乎全是"情种",似乎都成了爱民如子的好皇帝了。我不知道戏说的编导们欠了那些皇帝老爷几辈子的感情债要在今世来还?从理性角度而言,明代除了第二位皇帝朱允炆、第四位皇帝朱高炽等极个别比较仁慈一点外,其余的几乎都是凶神恶煞一般。如果从遗产基因角度来看,大概可以追溯到朱元璋的头上(当然不排除制度层面与精神文化影响,因为明初"二祖"是否真为父子,还有待进一步研究)。因为朱元璋的个性中就有一种冲动偏执型的人格特征。严格来说,偏执型人格的人当皇帝或政治家本身就是件很糟糕的事情。麻烦出在中国自古以来的政治法则,就是如今我们能看到的非洲大草原上那血淋淋的动物间的"优胜劣汰",胜利者总是"正确"的。朱元璋就是这么看待他胜利后的各种关系的,因此一

旦那冲动劲上来，一般是无人能挡得住的；冲动过后，理性的人们会反思和忏悔，但朱元璋是个死不认错、极端偏执的人。当然，他的这些性格缺陷是在大明建国后开始恶性膨胀和无限放大的。

◉ 朱元璋的个人习性爱好

○ 马屁与造神——头发变龙须

上面我们大致讲了洪武皇帝的工作作风。其实朱元璋本来就是我们普普通通的老百姓中的一员，时代给了他机遇，让他从一个叫花子最终坐上了帝国皇帝的宝座。社会的不公与战争的残酷，又赋予他与我们普通人不一样的心境——冷酷。但无论怎么说，朱元璋还是人，只不过是人当中的另类。正因为如此，我们来说说朱元璋作为我们人类一员的个性爱好。

◎ 朱元璋的老祖宗是朱熹吗？

人类不知从何时起就发生了变化，好生恶死，好利害义，好逸恶劳……我这么说可能有人不同意，认为我说得过头了，甚至可能还会有人振振有词地说道："我才不会这样啦！"其实，理性而言，只要条件允许，人都可能会这样，当然这不是绝对的。尤其我们生活在社会底层的老百姓最讨厌上述这种所谓特色品德、永远正确的人。朱元璋来自民间，他也曾经跟我们一样，明人记载史料中说："太祖开国之初，所降诏书一则曰：朕本淮右小民。一则曰：朕本淮右布衣。"(【明】皇甫录：《皇明纪略》；《明太祖实录》卷24；卷26；卷29；卷31；卷34等)

这是朱元璋刚当皇帝时的心态，他讲的是大实话。曾经有人要给贵为"九五之尊"的朱天子找个尊贵的"出身"，最好是越高贵越好。马屁精们费尽了心思，在龙种或皇族甲胄的祖先中给朱重八找个"出处"，可中国历史上压根儿就没有这样姓朱的祖先能让朱元璋增光添彩的。姓朱的当皇帝倒是有过，他就是唐末农民起义军的叛徒朱温朱全忠，曾经建立后梁王朝(五代之一)的皇帝，可那是个声名狼藉的大坏蛋，杀人如麻，这倒与朱元璋有点类似。但有哪个不要脑袋的人敢将这个屎盆子扣在洪武皇帝的头上？所以马屁精们只好重新在历史的线索中睁大了眼睛继续找了。嗨，还真给他们找着了，宋代大理学家朱熹不就跟朱元璋一样，都姓朱？人家朱熹一生当的官可不算大，但他将儒家的经典进行理学化，一副孔圣人的道学后继者面目著称于世，当今皇上还钦定了朱熹的《四书集注》作为科举与学校的教科书，就连朱老先生的"五经"注释也成为科举的标准答案，如此"圣人"祖先放到朱皇帝的头上该会发出多少的光彩！可朱元璋是老农民的儿子，讲的就是实在，针对当时的马屁氛围，他发表了一篇文章叫《辟阿奉文》(《全明文》卷 11，上海古籍出版社 1992 年第 1 版，P167)。在文章中他无情地嘲弄了阿谀奉承的人们，认为这样的马屁精们挖空心思地讨好君主与他们的领导，无非是为了获得高官厚禄，名扬于世。可惜他没说要惩治马屁文化的奉献者，而是让他们改过自新，自觉自律。同时还规定，凡是大臣祝贺君王的那些没有什么意义的祝语都给我改了，只说“天辅有德”“海宇咸宁”和“圣躬万福”。(《明太祖实录》卷 38)

◎ 朱元璋吃饭吃到头发，转眼间这头发变成了龙须。怪吗？

但马屁精有个最大的“特长”，让人在不经意间感觉舒服、顺耳。正如卡内基在《人性的弱点》中所强调的，人性天然有所好，那就是人性的弱点，而这种弱点往往是一个人无法意识到的。朱元璋就是这样慢慢地中了马屁的“毒”。据说有一次，洪武帝正在用膳，吃着吃着，忽然发现饭里有根头发，于是立马将负责饮食的光禄寺官员找来问话：“你管教的下人怎么干活的，连饭里都有头发了？”没想到这位光禄寺官员还挺会说话：“禀告陛下，您碗里头不是头发。”朱元璋听到这话，一下子火就腾腾上来了：“不是头发，那是什么东西？”那官员说：“是龙须也！”就这么一句马屁话，可把朱元璋臭美得不停地捋起了胡须。朱重八最怕别人不说他是龙，这下连龙须都有了，还有谁说不是的！多美啊！(【明】祝允明：《前闻记》)

明初洪武年间的马屁文化就是这样在不经意间慢慢地蔓延开来，一场“造神”运动由此也在全国各地逐渐地开展起来了：朱元璋他妈当年怀孕不是由于跟他爸在床上一起运动而得来的，而是吃了仙道的药丸；朱元璋出身时家中满屋子都是红光；又有人回忆起了当年他见过一条黄龙从朱家的破茅屋上游过；甚至朱元璋祖上逃债也成为“光荣”历史了，祖先从镇江句容的朱家巷搬走不是什么躲债——那多难听，说了岂不是有损当今圣上的光辉形象啊，人家老朱家搬迁是受了神的指点，这才搬到了泗州的杨家墩；想当年老朱爷爷在田间劳动躺的那块地也是神地，寸草不长啊，神仙谕旨：这里的后人要当天子！不是么，当今圣上就是当年那个朱家爷爷的孙子啊；还有……(《明太祖实录》卷 1；【明】王文禄：《龙兴慈记》；【明】郎瑛：《七修类稿·国事类》卷 7；【明】吕毖：《明朝小史》卷 1)

◎ 神乎？中国科技大学少年班一个 7 岁男孩一眼就认出“鞋拔子”脸就是朱皇帝

朱元璋自己也开始飘飘然，后又忘乎所以了，就连自己在南京城溜达一圈，感觉也不同于以前。据说有一次，他到驿站去微服私访，想看看驿夫的生活，但到了那里没见到驿夫,倒是有一个小男孩在里头。朱皇帝就问了:“你爸呢?”小男孩说:“我爸死了,最近死的,我来代他服役。”朱元璋又问了:“那你几岁了?”小男孩说:“7岁。”朱元璋问:“你能作对子么?”小男孩说:“会!”朱元璋随即出了一句:“七岁孩儿当马驿。”话音刚落,小男孩马上对了上来:“万年天子坐龙庭。”(【明】祝允明:《前闻记》;【明】蒋一葵:《尧山堂外纪·国朝》卷78)神了!600年前又没有电视和网络,也不知道这7岁男孩是不是从中国科技大学少年班跑出来的,怎么会一眼就认出眼前这个“鞋拔子”脸的老男人就是当今圣上,怪不得把朱皇帝美得一癫一癫,“乃蠲其役”。(【明】吕毖:《明朝小史·洪武纪》卷1)

不过洪武帝毕竟不是一个昏君,他还没有到了迷信这类事的地步,所以传说就让它传吧。

○ 好财与好廉——富有天下的大明皇帝大多有个人“小金库”,朱元璋没有

在明代的皇帝中,大多数不是凶残就是好色好财。令人似乎不可理解的是,富有天下的大明天子好多都建有个人“小金库”。明宪宗曾将宦官曹吉祥占有的田地给没收了,当作宫中庄田,从此大明天子有了皇庄作为皇帝私人财产的先例;明武宗的私产皇庄有7处;明神宗更是变本加厉。十分有趣的是,这些皇帝还内藏宝库,相当于我们现在政府大张旗鼓要消灭的“小金库”。明代的万历帝曾暗暗跟他妈皇太后比赛,看谁藏得多?连西洋传教士利玛窦来时进献的西洋报时钟他都舍不得给,但碍于宫中规制,最终不得不将两只西洋报时钟中的一只送给了太后老妈。可这个万历帝真够绝的,不喜欢治国理政,原来他的小聪明劲全用在邪道上了,将报时钟零件拆了,让他妈见到的是一只不会“走”的死钟。老太太提不起精神,看了那西洋“死”钟一面,就叫人送还给了儿子万历帝。(利玛窦、金尼阁,著:《利玛窦中国札记》,何高济、王遵仲、李申,译,何兆武,校,中华书局1983年3月第1版)

朱家的这个“光荣传统”到了末代皇帝崇祯时更绝了,崇祯帝口口声声说没钱去打李自成的农民军与关外的满族叛逆军,但他在景山上吊以后,人们在他的小金库里发现的钱财就达几百万两,可能相当于当时明朝几年的实际财政收入。

不过当年的朱元璋可不知他的这些“宝贝儿孙”们如此好财,要是地下有知的话,恐怕血都喷出来了,因为他就是一个好廉不好利的皇帝。有一次,在读《宋史》时,朱元璋看到宋太宗赵光义改封椿库为内藏库,即设立皇帝私人小金库,顿时颇为感慨道:“人君以四海为家,因天下之财供天下之用,何用公私之别?太宗宋之贤君,亦复如此,他如汉灵帝之西园,唐德宗之琼林大盈库,不必深责也。”(《明太祖实

录》卷 179;【清】毕沅:《续资治通鉴》卷 9)

朱元璋不仅批评别的帝王好财,而且还身体力行恪守好廉信条,生活朴实,更不用说什么“小金库”“皇庄”了,他一个都没有。洪武朝廷还重拳出击,严厉治贪,号召人们共同创造清廉社会。可以这么说,朱元璋是历史上少有的清廉皇帝!

○ 窥隐与嫖妓——只认自己的骨肉,不认曾经带给他快乐的美眉?

据说,朱元璋有两大见不得人的癖好:窥隐与嫖妓。对此,正史都没有直接记载下来,或者说是记了,可很隐晦,藏在只言片语里边,倒是民间传闻与野史给留下来了。窥隐在正常人看来是一种不齿的行为,但人生来就有好奇心,或者说一个人或多或少都有一些窥隐的念头,但限于道德、法律和条件等方面的因素,一般人都不会去干这种令人不齿的行为。既然窥的是隐,那自然是见不得阳光的,常人也就想想而已,转瞬即逝。但病态的人常常会乐此不疲,这种病态的人从表面上来看,与正常人没有什么两样,但他的这种病态时时都会发作,只要有条件“允许”,他就要满足一下自己的“欲念”。朱元璋就是这么一个病态的人。他有着极强的窥隐癖好,当然这个“隐”不仅仅指的是别人家的男女之事,而且还包括别人在背后搞什么,做什么,想什么……

◎ 窥隐——朱元璋本来到民间窥隐偷听,没想到最后被弄得汗流浃背

《明史·宋濂传》中间接地记下了朱皇帝的这个上不了台面的癖好:宋濂在家中请客,这是个人的私事。可朱元璋一个堂堂的皇帝连大臣家请客喝酒吃菜这样的小事也得“过问”,甚至事后还要“核对”客人名字与菜谱,这恐怕不仅仅是用好猜忌的个性特征所能解释的。有人说,这还不能说明问题,因为宋濂是朱标太子的老师,所以朱皇帝才特别关心他。但史料上还留下了朱元璋派锦衣卫窥视文臣钱宰、国子监校长宋讷、退休的人事组织部长吴琳、御史袁凯……甚至连袁凯“发疯”后的事情,朱皇帝都兴趣盎然地一一“查问”,其“窥隐”病还真病得不轻。

其实不仅对大臣如此,朱元璋对老百姓也是如此。

清代时流传的一本叫《刘氏鸿书》中说,朱元璋在南京当皇帝时经常外出微服私访,名为察看民心的向背。有一次他夜间外出,临时住在一家平民旅馆里,头枕着石头,脚蹬着草垫子,将就地躺在草席上。到了半夜时分,忽然听到外边有人在说话,朱元璋立马竖起耳朵偷听。就说那两个说话的人,一个在院子里,一个在屋子里。在院子里的人喊着屋子里的人说:“嗨!今天夜里那个老头又出来了。我观这天上的玄象可知,这老头儿今夜应该住在老百姓屋子里,头枕着石头,脚蹬着草

席子，目前正躺着呐。”屋子里的人笑着说：“你不会搞错吧？”朱元璋正偷听在兴头上，觉得这实在是不可思议，他们不是在说我吗！于是他赶紧将头脚倒个了个儿再躺下。不一会儿，屋子里的人跑到庭院中，对庭院中的人说：“你果然搞错了，那老头是头枕着草垫子，脚蹬着石头，现在正躺着。”听到这里，朱元璋禁不住汗流浃背。当天夜里就偷偷地赶回明皇宫去。马上悬赏，捉拿那旅店里的两个高人，可没抓到。据说从此以后，朱皇帝微服私访的事就少了。（【清】褚人获：《坚瓠集》卷 2）

◎ 嫖妓——朱元璋一夜情后，孩子他妈找到南京明皇宫来。朱元璋认账吗？

朱元璋的第二大见不得人的癖好是嫖妓。据说朱家龙仔第十三子代王的母亲（邳县人）就是妓女，有一回朱元璋打了败仗，无路可逃，就逃到了代王母亲那儿。代王母亲说：“你就是朱某人吗？人家都说你将来要当皇帝的啊！”于是就留下他过夜了。第二天早上朱元璋起身告辞，代王母亲说：“我日后要是怀上了你的骨肉怎么办？”身无分文的朱元璋只好将一把旧梳子留了下来，给她作质当。代王母亲从自己的小金库里取出些金银财宝送给“一夜丈夫”做路上的盘缠。再说爽过后的朱元璋兴奋不已地回到了部队，很快也就将这事给忘了。

可自从那次一夜情后，代王母亲还真的怀上了孩子，她发现后赶紧闭门谢客，再也不做皮肉生意了。

朱元璋在南京称帝以后，那一夜情的“成果”也在逐渐地“丰硕”起来——孩子快要长成大人了。孩子母亲听说“一夜丈夫”当上了皇帝，就带了孩子和那把破梳子来到南京，要求见见当年的一夜夫君，当今的大明天子。有人偷偷地通报了上去，可朱元璋没同意，更不可能让她住进宫里去，而是叫工部即建设部简单地盖了座木房子，让娘儿俩先住下。后来朱元璋大封儿子们为地方藩王，这一夜情带来的孩子被封为代王。代王府修成后，代王与他的母亲住了进去，他得到终身奉养母亲的“待遇”，这样的规制超过了明初的一般制度。（【明】徐祯卿：《翦胜野闻》；【明】吕毖：《明朝小史·洪武纪·弊梳为质》卷 1）

◎ 后宫至少有 46 个美女提供性服务，可朱元璋还要偷偷出去嫖妓？病态？

上述这事属不属实？查《明史·诸王列传》，其记载道：代王又名代简王，名字叫朱桂，明太祖十三子，先封为豫王。洪武二十五年，改封为代王，就藩大同（《明史·诸王二》卷 117）。那么代王母亲是不是妓女？正史说：代王是由郭惠妃所生，郭惠妃是郭子兴的宝贝千金，“小张夫人出者，事太祖为惠妃，生蜀、谷、代三王”（《明史·郭子兴传》卷 122）。由此看来，说得有鼻子有眼的朱元璋嫖娼之事还没法“坐实”。但有人说，朱元璋嫖妓是事实，而且还是他的一大嗜好，即使是当了皇帝，后宫几十号漂亮美眉都没法满足他的那个邪欲，有人甚至举出明初著名诗人高启的诗为证：“女奴扶醉踏苍苔，明月西园侍宴回。小犬隔花空吠影，夜深宫禁有谁来？”（【明】高启：《宫女图诗》）有人认为后来朱元璋搞文字狱，将高启腰斩了，就是因为高诗人写诗嘲讽了朱皇帝，说他当了皇帝还忘不了自己的昔日爱好。不过，有关高启写诗被腰斩还有一种说法，即前面我们讲过的他的好友魏观因为写了讳忌的上梁文而被株连的。反正这个“因果”关系现在已经成为一个公案了，没人能搞得清楚。但朱元璋当了皇帝后至少有 46 个美女提供性服务了，还要出去嫖妓，那可不是一般的性饥渴问题，应该算是另一种的变态了。

○ 著书与立说——朱元璋真“有才？”

朱元璋原本家里穷，没有机会进学校门，所以当他来到皇觉寺出家时，基本上是目不识丁的文盲。后来就去要饭了，断断续续要饭、流亡了 8 年，中间回到过庙里，可又出去，直到最后离开了佛门，参加农民军。我们不再重复朱元璋的早期人生经历，但从中可以看出他读书的机会太少了。可出人意料的是，明代相关史料显示，朱元璋著作等身，《明太祖实录》等经过美化的史料更是说朱元璋如何地天生圣人一般。坦率而言，朱元璋自身人还是比较聪明的，这果然是事实，他有这么几个机会学习：第一个机会是在皇觉寺接受“扫盲”。读书只有在温饱不成问题和生命无忧的情势下才有可能，可那时灾荒频仍，皇觉寺自身都难以为继，所以说当年朱元璋在那里充其量是扫扫盲；第二个机会是朱元璋参军后直到大明帝国建立前后，在这段时间里，一切条件都发生了巨变，朱重八身边已经云集了一大帮的儒生。人家是来投奔他的，他是公司的“董事长”，第一号老板要读书识字还不容易，当年还不流行“小秘”，有的是宋濂、刘基一类的“老秘”，这样的老秘可比现今流行的“小秘”之学问要深得多。在这期间，朱元璋长了不少知识。只可惜朱“大老板”实在太忙了，开国前后惊心动魄的战争，随后的建设时期忙于搞政治运动，一会儿反贪倡廉，一搞起来就是大案要案；一会儿要接见上访农民与粮长；一会儿又要过问司法部门的审案，还要顾及后宫佳丽的“自留地”，时不时地给她们撒点雨露，至少有 40 颗种子在发芽；再有前面说过的，朱元璋每天要处理国事 400 多件，如果按一天 24 小时为计的话，朱皇帝不吃不喝不睡，每小时处理 16 件国家公事，这还不包含他还要阅读数十万文字的公文奏折什么的。朱元璋如此繁忙，还有多少的时间读书、进修和“充电”？结论是根本不可能！

既然如此，那朱元璋哪来那么多的著作？我认为有两种可能：第一种是“挂羊头卖狗肉”，就像现在的一些领导，当了头什么都比别人强。当然也有“聪明”的下属，主动要求领导当主编和顾问；第二种可能就是朱元璋自己写了，或口述了，别的文人帮助润色。这一类现在个别地方还能见到，类似于朱元璋的批示与批条。但读来让今人怀疑这是一个皇帝的批示（错别字连篇）？可考证的结果，这类恰恰就是朱元璋的“御作”。那么朱元璋到底留下了哪些大作呢？

大致有这样几部：第一部叫《御制文集》，又名《高皇帝御制文集》，冠名为御制，现在通行本叫《明太祖集》，共计 20 卷，实际上是由翰林学士乐韶凤与宋濂编录，涉及的内容很丰富，有政治、经济、民族、宗教、文化、对外等方面，这是当时的一部领袖文选。洪武十年正月，老秘宋濂退休，朱元璋将这部“皇帝宝书”作为礼物送给了他，可见其在洪武君臣心目中的地位是何等之高啊！（《明太祖实录》卷 111）而使今人留意的是该书的史料价值，其相对真实地记录了当年的一些人和一些事。譬如，《皇陵碑》和《纪梦》中就有有关朱元璋的出身和早年活动的回忆记载。

朱元璋的第二部大作叫《祖训录》。《祖训录》最早成书于洪武六年五月，这是祖先留给子孙的特殊家训，本该由老祖宗自己动笔定稿，但实际上具体负责编纂的是礼部尚书陶凯，所以今人读来感觉文气十足，一般不知内情的人还真以为朱皇帝很“有才”。该书文绉绉地表达了朱元璋的一片苦心和对子孙守业的嘱托，内容完全体现了他的思想。书编成后，洪武皇帝曾下令将其“颁赐诸王且录于谨身殿东庑、乾清宫东壁，仍令诸王书于王宫正殿内宫东壁，以时观省”，即要求诸王写在王宫正殿内宫东壁，随时阅览照行（《明太祖实录》卷 80；《明史·太祖本纪二》卷 2）。洪武二十八年，朱元璋又下令重定《祖训录》，“名为《皇明祖训》，其目仍旧，而更其箴戒章为《祖训首章》”，以其“作将垂之万世，命大书揭于右顺门内西南廊下，朝夕谛览，斟酌损益，久而后定。既而遣使，召诸王至京，谕以量减禄米之故，且以《皇明祖训》赐之”。（《明太祖实录》卷 242）

朱元璋的第三部著作是《昭鉴录》。其以历史上的汉、唐以来藩王们事迹为主线，将他们的善恶直录下来，好似一面镜子，昭示后人以此为鉴，除恶扬善，永保大明江山。朱元璋曾对大臣文原吉等说过他要编写此书的目的：“朕于诸子常切谕之，一举动戒其轻，一言笑斥其妄，一饮食教之节，一服用教之俭。”但实际上这书也是礼部尚书陶凯等一拨子人帮洪武皇帝编的，朱元璋仅仅是赐名《昭鉴录》和作了个序，然后就颁给诸王好生收藏，作为朱家子孙治家的宝鉴。（《明太祖实录》卷 80）

朱元璋的第四部著作为《永鉴录》，是与《祖训录》《纪非录》相配合的对藩王的训谕，洪武二十六年十二月编成。该书辑历代宗室诸王为恶悖逆者，以类为编，直叙其事，颁赐诸王。（《明太祖实录》卷 230）

朱元璋的第五部著作是《女戒》，由儒臣朱升等人受命编撰而成。该书以历代后妃事为线索，昭示大明后宫妃嫔们，善可为法，恶可为戒，你们尽好本职，传好宗接好代，少管朝中事。（《明太祖实录》卷 31）

朱元璋的第六部著作是《御制资世通训》。作为开国天子，给子孙们留了这个训、那个训的，朱元璋最终也没忘给他的臣民们无论如何也要搞个什么训。该书共十四章，“其一君道，章曰勤俭、仁敬之类，十有八事；其次臣道，章曰忠、曰孝、曰勿欺勿蔽之类，十有七事；又其次曰民用、士用、工用等十二章，皆申戒士庶之意”。（《明太祖实录》卷 97）

朱元璋的第七部著作是《洪武正韵》。这是一部音韵学著作，实际撰写者是翰林侍讲学士乐韶凤、宋濂等，洪武八年三月编成（《明太祖实录》卷 98）。永乐年间编撰《水乐大典》就以此韵分类。

朱元璋的第八部著作为《华夷译语》。实际上这是一部“汉蒙语言辞典”，由大臣文原吉、马沙亦黑等人于洪武十五年正月撰成，“凡天文、地理、人事、物类、服食、器用，靡不具载，复取元秘史参考，纽切其字，以谐其声音”。（《明太祖实录》卷 141）

朱元璋的第九部著作是《尚书洪范注》。这是一部儒家经典的御定注释本，由明初一些文臣编定，朱元璋仅冠名而已。（《明太祖实录》卷 21）

朱元璋的第十、十一、十二、十三部著作分别是《御制大诰》（《明太祖实录》卷 176）、《御制大诰续编》（《明太祖实录》卷 177）、《御制大诰三编》（《明太祖实录》卷 179）、《大诰武臣》（《明太祖实录》卷 187）。前章我们已经讲过了，在此不再赘述了。

朱元璋甚至还写诗歌，至今留下一些。不过我一直怀疑，一个半文盲的人怎么能写出这么好的诗歌。为了方便读者朋友鉴别，姑且选录几首：

《咏雪竹》：“雪压竹枝低，虽低不着泥。明朝红日出，依旧与雪齐。”

《咏雪诗》：“腊前三白旷无涯，知是天宫降六花。九曲河深凝底冻，张骞无处再乘槎。”

《咏菊花》：“百花发时我不发，我若发时都吓杀。要与西风战一场，遍身穿就黄金甲。”

《接树》：“老干将去伐去烧，从新接起旧枝条。虽然未历风霜苦，自是先沾雨露饶。三四锹泥牢护足，二三皮篾紧缠腰。东君看顾归家后，分付儿童莫去摇。”

《题西施》：“天生两奇绝，越地多群山。万古垂青史，西施世美颜。窈窕精神缓，悠悠体态闲。笑拥丹唇脸，皓齿出其间。一召起闾里，勾践扼雄关。伐谋应得志，西浙径亲攀。铁甲乘湖渡，黄池兵未还。”（《明太祖文集》卷 20）

○ 雅与俗共赏——南京地方风俗文化

除了弄文舞墨留下等身著作外，据说朱元璋还有一大文化特长，那就是“对对子”，由此带动了南京地方风俗文化，甚至影响了全国的民俗文化。

◎ 朱元璋与南京城、全国的春联

有民俗学家考证，明代以前我们民俗中没有过年贴春联的习惯。贴春联是洪武皇帝无意识地拥有了此项“发明”专利。

据说朱元璋很早起就喜欢写对联，但一般就在周围圈子里写写，相互送送。他曾送给徐达的对联为：“从予起兵于濠上，先存捧日之心；来兹定鼎于江南，遂作擎天之柱。”这倒似乎吻合朱元璋的水平，写得直白，一篇极短的部队通用式样的“记叙文”；另一副对联为：“破虏平蛮，功贯古今，人第一；出将入相，才兼文武，世无双。”(【明】周晖：《金陵琐事·春联》卷1)他给文臣陶安的对联是：“国朝谋略无双士，翰苑文章第一家。”(《明史·陶安传》卷136)朱元璋很喜欢用对联方式进行感情交流，这似乎没有多大疑问。

据说有一年年尾的一大清早，朱元璋想到民间去微服私访，了解一下百姓的生活疾苦。可刚走出午门忽然想到：我这一走，别的大臣来上朝，岂不找不到我。怎么办？随即想到“对联”留言，令人马上取来笔墨，当场写了一副，贴在午门上，然后带着几个随从出去了。五更时分，群臣们照常来上朝奏事，但见午门不开，上有这样一副对联：上联为“过年不朝回乡去”；下联为“开春奏来民里情”，横批是“与民同乐”。大臣们一看什么都明白了，对联太直白了，皇帝叫我们回乡去，接触民情，与百姓们一起欢乐过年！

开春后回京，大臣们的心情好极了。有的已经好久没有回老家了，激动之下也写了些对联贴在自家的门上，但这只限于朝廷显贵圈子之内。春节期间给自家门上贴对联，来来往往多少人来看、来美语，一些老百姓见了就十分眼馋，但因为身份低，不敢效仿。据说后来朱元璋知道了，决定将这个“政策”放开：过年老百姓家也可贴对联。这下南京城里的老百姓家家户户都忙开了，过春节大门上贴春联不仅增加节日的喜庆，还能表达对新年的祝福，多美的事！朱皇帝也高兴啊，不过他是细致之人，想起贴春联要有人会写啊，万一人家不会写，怎么办？想到这里，他又出去微服私访了。

这一路上到处可见，每家每户都在忙乎着过年贴春联。当走到一个巷口时，他突然发现有户人家很异样，没有什么动静。朱皇帝好奇地走到门口，见一个长得五大三粗的男人，就问："你们家为什么不贴个春联喜庆一番？"那男人说："回大人，我是屠夫，除了杀猪，什么字也不认识。"朱元璋说："你去准备笔墨纸砚，我来帮你们写！"不一会儿屠夫借来了文房四宝，只见朱元璋挥毫而书："双手劈开生死路，一刀割断是非根。"写好后他就走了。

见此，有人问屠夫："你知道刚才那个人是谁？"屠夫说："我哪能知道他是谁？"有人告诉说："那是当今圣上。"这下可将屠夫给吓死了，他赶紧朝着朱元璋走的方向拼命磕头谢恩。

第二天朱元璋又出来转悠了，见屠夫家的门上还没有贴上春联，就很好奇地问："昨天我帮你家写的春联，你怎么不贴出来？"屠夫回答道："小的有眼无珠，昨天一下子没认出圣上来，后来才知道的。那对联可是圣上的御书，小的岂敢贴在门上，已将它高悬在中堂内，燃香祝圣，祈求新年瑞祥啊！"屠夫的一番美语可将人灌得快醉了，朱元璋当即赏赐屠夫 50 两银子，并叫他马上改行。（【清】陈尚古：《簪云楼杂说·春联》）

由于洪武帝的大力提倡，过年贴春联率先风靡南京，后来传至全国。如今已经 600 多年了，它已完全融入了我们民俗文化血液之中。

◎ 朱元璋与南京土地神

朱元璋生命历程中 40 来年的时间是在南京度过的，他给南京地方风俗文化带来的影响不容小觑。下面要讲的是南京颇具地方特色的土地神祭拜也跟他有关。

据说有一次，朱元璋在南京城里微行私访，走到一家酒馆门口，刚巧碰到一个国子监的大学生也到这家酒家去。因为当时大明规定国子监生统一着装，即相当于我们现在中小学生统一校服，所以当朱元璋看见那穿了统一服装的监生时就一下子知道：他是个大学生，于是就主动上前打招呼："先生也到酒家饮几口？"大学生回答说："刚巧有点空，聊寄小食而已。"说着，两人一同走进了酒馆。可谁知酒馆里早已坐满了人，两人找不到空位，只好站着聊天。朱元璋先问："先生何处人？"大学生说："四川重庆府人。"朱皇帝顺口来一句："千里为重，重水重山重庆府。"国子监大学生反应也快，马上回应说："一人成大，大邦大国大明君。"这下可把朱皇帝美得心里乐开了花，想坐下好好侃侃。可到哪里去找座位？忽然朱元璋眼前一亮，酒家供的土地神的桌子尚有"空位"，于是走了过去，将土地神拿起来，然后放置地上，嘴里同时念道："土地老爷姑且借我坐！"这土地老爷还真听话，"他"自己坐地上，把位置让给了大明天子，朱元璋这下可舒心地与大学生交谈起来。因为朱元璋是皇帝，是上天的儿子，土地神是个小神，对天子朱皇帝也得要让三分。于是南京地方上流行起将土地神供在地上的风俗了，并影响到江南其他一些地方。(【明】徐祯卿：《翦胜野闻》；【明】郎瑛：《七修类稿·国事类》卷14；【明】蒋一葵：《尧山堂外纪·国朝》卷78；【清】褚人获：《坚瓠集》卷2)

◎ 朱元璋与中秋月饼

中秋节家人团圆吃月饼，现在已成为海内外华人妇孺皆知的礼俗，但大多数人可能并不清楚这中秋节为什么要吃月饼，而且这传统的月饼为什么都是甜心的？

民间传说，当年元末红巾军起义时，为了传递起义的信息而又能防止被元朝人发现，起义军中做了一种甜心的圆形饼(甜心，不易坏掉)在起义军中相互传着吃——传递起义信息。朱元璋是由红巾军起家的，熟悉这些事情。据说洪武元年中秋前夕，徐达北伐不断传来喜讯，朱元璋十分激动，下令：马上中秋了，多做些当年起义军中传递起义信息的甜心圆饼，作为节令糕点犒劳将士们；与此同时还将这类圆饼当作节日赏物，赏赐给南京城的朝臣。八月十五日，朱皇帝让大明的大小臣工与南京市民们一起共享节日的快乐。那天夜里南京人燃点斗香，放水灯增添喜庆的气氛，有些人团坐聚饮，称为"圆月"；有些人出游街市，称为"走月"。由于是在八月十五日月圆之际人们欢庆喜悦与团聚之时品尝这种圆形饼，故有"月饼"之称。从此以后，中华民族的传统节日中秋节又多了一种很有特色的风俗文化(一说月饼在唐宋时代就有了)。

◎ 朱元璋与方顶大巾、网巾——网住天下

清兵入关以前的明朝人有一种头饰，叫方顶大巾，也叫"四方平定巾"，它的推广就与明朝开国皇帝朱元璋大相关联。据史料记载，朱元璋平定江南以后，会稽郡人杨维祯头戴一顶方巾来南京，朝见朱元璋。因为这种方巾原本只有绍兴、宁波一带才有，朱元璋见了杨维祯的方巾，就觉得很好奇地问了："这是什么头巾？"杨维祯说："这叫四方平定巾。"听到这话，朱元璋连声说："好！"他不仅要平定四方，而且还要整个天下四方都太平，由此下令：不论官僚还是百姓一律都以"四方平定巾"即方顶头巾为头饰，作为大明臣民的统一装束。(【明】祝允明：《前闻记》；【明】吕毖：《明朝小史·洪武纪》卷1)这种"四方平定巾"在清朝时，因为官方强令臣民百姓剃发而逐渐被人们忘却。

倒是另一种网巾头饰却被保留了下来。据说这种网巾也是由朱元璋在民间发现而推广的。有一次朱元璋在南京城里微服私访，来到城南神乐观前，看见一个道士在灯火下正在编织网巾。由于以前从没见过，他就好奇地上前问了："你织的这个叫什么来着?"道士说:"这叫网巾,是用来裹住我们头发的。有了它,则万发皆齐矣。"朱元璋听成用了它可以网住天下,那好啊!他当场就向道士定购了13顶网巾,不久就向全国13个布政使司(洪武中晚期大明全国划了13个省)发出通告,以此作为人们束发的头饰。于是这种网巾从南京开始流传到了全国。(【明】郎瑛:《七修类稿·国事类·平头巾网巾》卷14;【明】吕毖:《明朝小史·洪武纪》卷1)清兵入关后强令汉族男子剃发,方顶头巾装束在中原地区逐渐失去了"市场",但网巾在汉族女性中继续流传。笔者小时候曾经见过这等网巾,但现在越来越少,可能在偏僻山区百岁老太太那里可能还有保存。

◉ 朱元璋的个人生活习惯

朱元璋的个人生活习惯有两个特点:第一是节俭为本;第二是农民本色。

○ 节俭为本

在中国历代皇帝中,朱元璋算得上是个典型的节俭皇帝。他平民出身,当上皇帝前后,数十年如一日,直至生命的最终。这是十分难能可贵的。

朱元璋的简朴可以用四个"禁"来概括:

◎ 禁金银——朱元璋名言:"珠玉非宝,节约是宝"

浙江割据势力方国珍迫于朱元璋军进攻的强大压力,派人到南京来进献金玉装饰的马鞍辔子,表示愿意归降。朱元璋对他的请降表示欢迎,但把进献的金玉装饰的马鞍辔子给退了回去,并告诉他:"吾有事四方,所需者,文武材能;所有者,谷粟布帛。其他宝玩,非所好也!"方国珍后来成为朱元璋的俘虏固然原因很多,但从两人的爱好就能看出高下来了。(《明太祖实录》卷九;《明史·方国珍传》卷123)

朱元璋有句名言:"珠玉非宝,节约是宝。"(《明太祖实录》卷22)这话尽管已经说了600多年,但在我们现在的奢靡成风、什么都要讲气派、讲档次、讲品位的"三讲"社会里,朱元璋朴实的人生观念还是值得我们多多品味与承继的。

当了皇帝,贵而不奢,这本身就不易。朱元璋还要求他的宫中设施不带金,以免浪费了百姓的钱财。它们都以铜器来代替,就连乘舆服御这类出门在百姓面前很为炫耀的、历代都是用金打造的、代表皇家尊贵的行头,类似于今天暴发户的"子弹头"和"林肯"一类出门代步工具,朱元璋也舍不得花费,要用铜的来代替。祭祀郊庙,"拜褥之心以江布为之";"乾清宫御床,若无金龙在上,与中人之家卧榻无异”，即说朱元璋在乾清宫的御床平常得很，如果不注意看它上面一个标志性的“金龙”的话，人们还以为这是一般中等人家里用的床。

◎ 禁奢侈——当了皇帝的朱元璋十来年不过生日，抠门？

大明开国前夕起，朱元璋住入了新建的明皇宫。皇宫很大很宽敞，但不奢靡，原本宫殿设计中浮华雕刻全部被他取消了。这还不算，他叫人在宫室的墙壁上画上历代帝王兴亡的故事，在自己的起居办公之殿堂里，用工笔写上历代治平之典章与格言。在后宫妃嫔们住处的墙壁与屏风上，他叫人全部给画上耕织图；在太子东宫的墙壁上他叫人画上自己的生平事迹图，让太子记住父辈创业之艰辛。如此设计在历代的宫廷装修中恐怕也是不多见的。(《明太祖实录》卷 116)

朱元璋不仅自己在宫中禁奢侈，还不时地用身边的事来教育人们。有一次，他在退朝以后看见有两个太监在雨中穿了新靴子走路，立即将他们叫来，严加训斥：“靴虽微，皆出民力，民之为此，非旦夕可成。汝何不爱惜，乃暴殄如此！”(《明太祖实录》卷 57)说完命人对两个宦官处以杖刑。

还有一件更为细小的事情，有一天，在后宫里朱元璋捡到了一段丝线，当场就很不高兴，后查问下来才知是一个小宫女不小心丢的。尽管他没给她施刑，但还是好好地教育一番：“一段丝线虽不起眼，但它含有多少百姓的血汗？！”(【明】徐祯卿：《翦胜野闻》)

明代正史上记载着这么一件事：有一天朱元璋拿了一锭黄金，向身边的大臣示意着，并问大家：“你们知道这一锭黄金哪来的？”有人说：“是某人进献的吧！”朱元璋说：“不是的，这是我让后宫宫人们将表笺袱盘上金龙装饰薄片削下来，逐渐逐渐地积聚而打造成了这一锭黄金！”众臣听了半天都说不出话来。朱皇帝的节俭禁奢真不愧说是到了家！(《明太祖实录》卷 48)

朱元璋禁奢侈倡节俭还体现在自己吃的方面很简单，每天早餐，不吃荤，只吃素，正餐也大致是“四菜一汤”；他不大喜欢饮酒，即使碰上喜宴，也就意思几口。除犒赏将士、宴请百官外，朱元璋是不举行宴会的，甚至有十来年他不准手下人为他大办生日酒宴。所以有人说他抠门，但他却坦然地告诉儿女们自己的简朴特点：“无优伶近枕之狎，无酣歌夜饮之娱”(《皇明祖训·持守》)，且“还命画古孝行及身所经历、艰难起家、战伐之事为图，以示子孙，谓侍臣曰：‘朕家本业农，祖、父皆长者，世承忠厚、积善余庆以及于朕。今图此者，使后世观之知王业艰难也！’”他是这么认为的：“富贵易骄，艰难易忽，久远易忘。后世子孙生长深宫，惟见富贵习于奢侈，不知祖宗积累之难。故示之以此，使朝夕览观，庶有所警也！”(《明太祖实录》卷 31)

◎ 禁群饮

朱元璋定都南京后，好多将士都以为胜利了，可以自由放松点了。闲暇之际，他们在京城里群饮豪喝，有的甚至一醉方休。朱元璋听说后将他们狠狠地痛斥了一通："勤俭为治身之本，奢侈为丧家之源。近闻尔等耽嗜于酒，一醉之费，不知其几，以有限之资，供无厌之费，岁月滋久，岂得不乏？且男不知耕，女不知织，而饮食衣服必欲奢靡。夫习奢不已，入俭良难，非保家之道。自今宜量入为出，裁省妄费，宁使有余，毋令不足。"(《明太祖实录》卷69)

据明朝历史学家谈迁的史学著作《国榷》所载，朱元璋对群饮豪喝的禁止是相当严厉的(喜庆除外)，且落实到位，一旦被抓住了就要充军。有人可能要说，我喝我的酒，关你朱元璋什么事！可朱元璋不这么认为，因为在他看来，群饮会意气用事，会带坏社会风气，这叫"革命小酒天天醉，喝坏了官风喝坏了胃，喝得老婆去跟别人睡……"因此坚决要禁止！

◎ 禁进献——后宫美眉再漂亮，有那么一个"老土"老公，没机缘享用外国"化妆品"？

朱元璋的生活极其简朴，好多官员都知道。据说有一次在宫殿上朱元璋一不小心将自己穿在里边的一件已经破烂了的内衣袖口露了出来，这下可将在场的官员惊讶得说不出话来。事后有人在揣摩：这个土包子出身的，会不会是舍不得花钱?！于是百官之中有人暗暗地动起了"进献"的念头。蕲州地方官热爱大明帝国的伟大领袖，想想盛夏"火炉"里(南京俗称四大火炉之一)的皇上可能生活得很不好受，于是就进献了一种叫竹簟的凉席，据说十分凉爽。朱元璋认为，朝廷事先没有下旨让他们进献，现在地方官将东西送到南京来了，如果我收了下来，万一传开来了，全国各地就会竞相仿效，岂不成了劳民伤财的"苦民之政"了。想到这些，他当即下令拒受，并诏谕全国各地："非朝廷所需，毋得妄有所献。"就是说，朝廷不派人或下发文件来要的，就不能私自送到南京来。(《明太祖实录》卷31)

浙江金华产香米，山西太原产葡萄酒，潞州产人参，均有人送给朱元璋享用。但这个平民皇帝就是体察民情，坚决予以制止，他说："国家以养民为务，岂以口腹累人哉？"(《明太祖实录》卷86)

当时有个专门做中外贸易的回回商人赠送给洪武帝一种叫番香阿刺吉(中国人称之为蔷薇露)的礼品，据说它不仅可以治疗心痛病，也可调成粉状供妇女做化妆品。朱元璋宫中有好多漂亮"妹妹"，但她们再漂亮也没有用，因为有这么一个

“土包子”老公也就没法享用到了。朱元璋接到进献报告后，当场就下令，将礼物退回去，并解释道：“中国药物可疗疾者甚多，此特为容饰之资，徒启奢靡耳！”朱元璋的这个“土”，“土”得可爱，因为他体察了民情。（《明太祖实录》卷79）

朱元璋的个人生活习惯的第二个特点是农民本色。

○ 农民本色——朱元璋的三大怪事？

尽管当了皇帝，但朱元璋始终不改农民本色，上述讲的他的简朴就是有力的例证。朱元璋之所以能长期保持农民的本色主要归结于他童年那段悲惨的经历，这种内心的伤痛是一辈子都难以磨灭的。据说朱元璋在南京称帝以后经常在宫殿里放声大哭，原因就是看到眼前的锦衣玉食时他会想起自己童年时与父母吃糠咽菜的悲惨岁月。所以他十分珍惜这样的好日子，保持了农民的朴实品质。农历九月十八是他的生日时称万寿节，帝国百官本可以喜庆一番，美餐一顿，可朱元璋连续十年停办这样的酒宴，目的就是节省百姓的财力。这是何等可贵！

◎ 停建南京阅江楼——江南四大名楼只有阅江楼有记无楼，怪否？

在中国文学史上有个公案，武汉黄鹤楼、湖南岳阳楼、南昌滕王阁和南京阅江楼，一起被人誉为江南四大名楼，可在这四大名楼中前三者早已闻名遐迩（参见baike. baidu. com）。千百年来，无数文人骚客为之留下众多佳文名句。唐代诗人崔颢曾吟咏黄鹤楼：“昔人已乘黄鹤去，此地空余黄鹤楼。黄鹤一去不复返，白云千载空悠悠。”北宋宰相范仲淹在《岳阳楼记》中写下了一个政治家的伟大情怀：“先天下之忧而忧，后天下之乐而乐。”初唐诗人王勃在《滕王阁序》中给世人留下了天地合一的美景：“落霞与孤鹜齐飞，秋水共长天一色。”楼因文名，文以楼传，名楼与美文，流芳千古。唯独南京阅江楼十分奇特，一直有记无楼，直到600年后的2001年才建成。这是为何？

我们不妨将时钟倒拨到600多年前，那是公元1374年即洪武七年，47岁的洪武帝朱元璋在游览了狮子山和长江美景后跟大臣们说，想在自己曾经指挥战斗过的龙湾之战旧址上建座阅江楼，当即得到了大家的拥护。于是朱皇帝就命令众臣为行将开建的阅江楼作记。据说，众臣中唯宋濂的《阅江楼记》写得最好，后被清代人收入《古文观止》里头。当时的朱元璋兴致勃勃，也曾做了一篇《阅江楼记》，随后便筹划营建这座江南名楼。可刚开建，天上就出现了异常的天象，朱皇帝诚惶诚恐地自责、反思自己的行为，发现这样营造费用太高，劳民太甚，于是立即喊停，为此他还专门写了《又阅江楼记》，说明了为何喊停的缘由，就是为了节省民力，以合天象。由此一来，就形成了《阅江楼记》在中国文学史上留下了美名却没有真正“成”楼的奇事。(【明】朱元璋：《阅江楼记》，《又阅江楼记》，《全明文》第1册，上海古籍出版社1992年第1版，P173～176)

◎ 朱元璋在大明皇苑中种了几十亩的庄稼，怪吗？

朱元璋不忘本还体现在：在皇家苑中空地上他不是养花弄草，而是辟出地来，专门栽种庄稼和应时蔬菜，他叫下人去干活，还时不时去看看他们锄草捉虫、浇水施肥，发现工序不对，还会指导一番。据朱元璋自述，当年他还在皇家苑中种植了几十亩的庄稼，每到播种、管理和收割的季节，“草根”皇帝就会亲临现场，指挥劳作。(《明太祖实录》卷86)

大明开国前，朱元璋还曾带了太子朱标到南京郊外农民破茅草棚屋里考察民情，告诫朱标曰：“农民四季劳苦，粗衣恶食，国家之钱粮全靠他们供给。你要记住君主的责任，不可陷他们于饥寒。否则，于心何忍？”(《明太祖实录》卷27)通过现场教育未来帝国事业的接班人，再次显现出朱皇帝内心爱民和忧民之情结。对于农民来说，朱元璋确实是千古一帝。

◎ 看见“官二代”穿了“品牌”衣服，朱皇帝狠狠地教育了他一番，怪吗？

朱元璋这种对农民的感情是自然的，并会时不时地流露出来。因为曾经是农民，他太了解农民的疾苦了，常常以此告诫臣下要珍惜农民的劳动。有一次，他看见一个年轻的官宦子弟穿了一身极品衣服——价值五百贯，就马上批评起这个后生：“今汝席父兄之庇，生长膏粱纨绮之下，农桑勤苦，邈无闻知，一衣制及五百贯，此农民数口之家一岁之资也，而尔费之于一衣，骄奢若此，岂不暴殄？自今宜切戒之！”(《明太祖实录》卷255)

当了皇帝，个人生活习惯依然保持着节俭为本与农民本色的特征，固然主要原因在于朱元璋自身，但他身边的那个贤明、善良的马皇后也起到了很大的影响作用。当北伐军攻下大都后，大明军缴获了不少的宝石。朱元璋拿了一些送给马皇后。按一般的女人观点，老公已经拥有这么高的地位，做老婆的还不好好地享受享受，就真是不懂得生活与品位！但马皇后拒绝了，相反，她对朱元璋说了这么一番话：“我与陛下是从贫贱当中走过来的，我也为国事每天都在帮你操心啊！骄纵往往产生于奢侈，危亡来自细微之过。妾身愿与陛下能得贤人共同治理好国家，那才是我所最需要的和所想要的！”马皇后的一番“高见”直把朱元璋给“震服”了，他马上下令，将马皇后的话记下来，以此来检验未来国家的政策。(《明太祖实录》卷147)

◉ 朱元璋的个人朋友交往

帝王,自古以来就自称"寡人",想当然皇帝的情感世界肯定很孤独,其实也不尽然。尤其是平民出身的皇帝,他们的情感世界比贵族帝王要丰富多,因为他们经历了人生的大落和大起,社会交往层面宽广。朱元璋就属于这一类的皇帝。

朱元璋早年的经历动荡不已,孤苦伶仃。但自参加起义军起,他的个人交往的圈子有了根本性的扩大,几乎大明帝国的高层领导都是他曾经的朋友。但这些昔日的朋友随着大明帝国的建立和洪武年间的一场又一场大运动的开展,"兔死狗烹",全让朱元璋一一送上了西天。唯独有两个人,他俩可以真正说得上是与朱元璋有着很深感情的铁哥儿们,一个就是朱元璋小时候一起放牛的小玩伴汤和。

汤和这个人很精,精到了一般人都难以想象的地步。或许是曾经一起玩大的,他对朱元璋的内心世界可谓最为了解。想当年朱重八走投无路了才去当兵,可一到军营,别人都瞧不起他,唯独汤和不同。尽管他比朱元璋年长且在军中职位要高,但一遇上这小兄弟整个就倒了个个似的,在朱元璋面前,汤和像是个部下或者说是个小学生。而汤将军之所以如此,倒不是因为自贱,而是他太了解这个小时候的玩伴,此人太鬼、太狠啦,既然来到军营他还是倒着个儿,反正自己也不损失什么。镇守常州时,汤和酒后失言,朱元璋将其过载入了铁券。自此以后,他格外小心,也更加精明,第一个交出兵权,喝喝美酒,找找美女。汤将军晚年得了脑溢血,处于半瘫状态,这与他中晚年的这种放荡生活大相关联。其实这也是自保的良策,唯恐朱皇帝怀疑上自己。朱、汤之间的友谊最终"修得正果"。(《明史·汤和传》卷 126)

朱元璋的第二个好朋友、铁哥儿们就是徐达。徐达比朱元璋小几岁,但他是参加朱元璋队伍的武将中最早的一批。那时朱元璋还没有发迹,徐达、邵荣等人似乎都是在跟着"混"的,且邵荣地位还在徐达之上,但他有个性、有"想法"。在专制魔王那里,有个性、有想法可就麻烦了,最终邵荣得了个谋反罪名而被处死。只有徐达忠心耿耿地辅助朱元璋,几十年如一日,因此说,他是朱元璋最为称心的患难之友了。之所以如此,关键还在于徐达听话,对朱元璋没有半点"忤逆",不像刘基老先生那样老喜欢提意见,挺讨厌的;更没有像邵荣那样让人心惊肉跳、唏嘘不已。他与汤和有个共同点,除了听话外,还能正确地观察形势,及时调整自己,用句时髦话来讲就是"与时俱进",在内在外一丝一毫的言行举止中,突出表现出自己是洪武皇帝的忠实臣子和信徒,而这样的"品格"在别人身上是不曾拥有的。所以洪武中晚年朱元璋对他俩十分喜欢。中年之时,马皇后死了,朱皇帝内心十分痛苦,经常找徐达下棋,可以说徐达家是马皇后死后的朱元璋伤心情感转移的好去处,但可惜徐达不久也病死了。(《明史・徐达传》卷125)晚年的朱元璋才是真正的孤家寡人,加上太子朱标的早逝,已处于精神崩溃边缘的洪武帝常常表现出暴怒无常的性格特征,最终导致了肆意滥杀。

朱元璋的第三个好朋友可能就要数常遇春了,常遇春很受朱元璋喜欢是因为他很能打仗,且忠心耿耿。但从内心深处来看,朱元璋似乎更多地将常遇春当做臣子,而不是朋友。不过常家"忠义"特征似乎在朱皇帝那里打下了很深的烙印,为了自己的江山社稷万古长青,洪武四年四月,朱元璋在常遇春已经不在世的情况下,还将常家闺女娶为自家皇太子朱标的媳妇,由此可见常遇春在朱元璋心目中的地位不低啊!(《明太祖实录》卷64)

◉ 朱元璋的男女情感世界

○ 朱元璋与46个提供性服务的漂亮"妹妹们"

朱元璋的两性世界历来民间有不少传说,附会甚多。那么其真实的男女情感世界到底如何?由于现在我们看到的史料包括《明太祖实录》在内的都给朱棣篡改了,所以很难找到十分正确的信息。但从客观事实来看,朱元璋一共生了42个"小龙小凤",算得上是位"高产"皇帝。历史上有五位"高产"皇帝,他们的排名依次为:① 宋徽宗赵佶生了65个;② 唐明皇李隆基生了59个;③ 康熙皇帝生了55个;④ 朱元璋生了42个,居于大明帝国17帝之首;⑤ 唐高祖李渊生了41个。(李亚平:《帝国政界往事・大明王朝纪事》,北京出版社2005年10月版)

从来南京算起到最后"离去",朱元璋在南京前后呆了40年。那么由此可以算出他每年都有"种子"收获。

坦率地说,朱元璋的后宫并不算多。据明代文人笔记记载:"高皇帝之葬,帝后以下祔葬者,妃嫔共四十人。"(【明】沈德符:《万历野获编・谢韩二公论选妃》卷3)这话是讲朱元璋最终带走了40个妃嫔,在这之前郭山甫女儿郭宁妃与唐王母亲李贤妃和伊王母亲葛丽妃已被处死下葬,马皇后于洪武十五年去世;楚王朱桢之母胡妃也早已被处死,加上成穆贵妃孙氏在洪武七年九月时就已经薨世(《明史・后妃一・成穆贵妃孙氏传》卷113)。因此说,有史可靠记载的为朱元璋提供性服务的后宫有名分美眉不会少于46人。那么,朱元璋跟这46个美眉关系如何呢?我们看不到他们之间的真爱记录,但从结果倒推,想必还过得去吧,否则这42条小龙小凤怎么会冒出来的?

可能有人不认同我的观点，认为朱元璋的情感世界还有许多精彩篇章，46 个美眉太少，还不如我们当代的某市委书记的 108 个“二奶”了，不是说古代的皇帝三宫六院 72 妃，光有名份的“大牌”妃子就要有 72 个，像历史上的晋武帝、隋炀帝等后宫就有 10 000 多名(《曾拥有 108 个女人，“色贪”张二江狱中著书获减刑》，新华网 2009 年 6 月 10 日)，怎么朱元璋的“二奶”就这么少的？我们不妨先来看看朱元璋是怎么看待男女两性的：

洪武六年，朱元璋与儒臣詹同这般说道：“朕曾反复思虑这么一件事，悦乐和美色是砍伐男性的斧子，漂亮女人很容易使男人沉迷，而一旦沉迷了，男人的祸患与败亡就会马上到来。所以说女色之祸绝对不亚于剧烈毒药。朕观前代君主因女色而败亡的还真不在少数。因为君主为天下第一人，四海之内一草一木莫不归他所有，所以他想要享受天下最美妙的音乐和最漂亮的美眉服务还不是小菜一碟。但因此而沉溺，不知适度地远离，那么小人们就乘机耍滑使奸，不为他们迷惑的没几个人。更何况创业垂统之君的所作所为，要为子孙后代所效法的，所以尤其不能不谨慎啊！”(《明太祖实录》卷 78)那么到底怎么处理男女两性关系？从洪武时期后宫实际来看，朱元璋大致贯彻了“三项基本原则”：

第一，“节俭”原则，说白了就是不浪费。洪武时期后宫有名分的妃嫔只有四五十个，确实不多，似乎也符合老农民出身的草根皇帝始终秉承的“节俭”原则。朱元璋是个实在人，他活着是这样，死了也要这样，所以最终他要“带”的全“带走”了，包括生前的女人。但话得说回来，并不是说朱元璋不好色，洪武二十六年也就是朱元璋归天前的 5 年，已经 66 岁的老朱皇帝一口气封了 3 个皇妃，当年度还有第 26 个皇子朱楠降生，由此看来这个老爷爷还真是生命不息，“运动”不止。(《明太祖实录》卷 230)

第二，确立绝对政治为本的原则。朱元璋绝对讲究政治为本，绝不会因为儿女情长而影响了自己的政治稳定和事业的拓展，他进退自由，做到绝对“完美”，甚至做绝。

自古以来对于一些男人来说，在江山与美人之间的抉择是十分艰难的。可对于朱元璋来说，他可不会有这么多的烦恼，该出手时就出手。

○ 皇帝朱元璋与情敌争美女，却被人搅了“好事”……

洪武年间曾经有一次选宫女，有人寻访得熊宣使家一个十多岁的妹妹，长得如花似玉。朱元璋听说后甚为欢喜，想召之入宫。不曾想到，有个员外郎叫张来硕的出来规谏了：“陛下，小的听说熊氏已经许配给了在朝为官的参议(可能相当于中央司局级干部)杨希圣为妻。如果陛下明摆着这些事实不顾而要强娶那美貌小女子的话，恐怕就不符合礼法与人间常理啊！”（按：古时候男女订了婚等于现在人拿了结婚证没办酒宴，一般来说，男女双方都不能随意退婚）没等张来硕说完，朱元璋就已经火冒三丈了，按照他的思维逻辑：我是谁？要个把小女子又碍你什么事？再说这小女子又不是你家的什么人，他当即怒不可遏地咆哮：“你如此不恭地谏君，太不成体统了！”马上命令宫中壮士一齐动手，将张来硕的牙齿打碎。（【明】刘辰：《国初事迹》）

本来可以来个老牛吃嫩草、享受享受绝色美眉带来的快感，谁料到全让那个该死的员外郎给搅了。还有那个熊美女的未婚夫杨希圣……朱皇帝心中有着说不尽的醋劲，可就没合适的机会过过瘾，哪怕“意淫”一番也好。嗨，你还真别说，有人已经看出了朱皇帝的心思。有一天，丞相李善长出来告发，说杨希圣等人在朝中弄权不法。这个李善长本来就与杨希圣的哥哥杨宪及杨宪的朋友刘基之间有矛盾，自从可以做小美女爷爷的朱元璋与小美女的未婚夫杨希圣成了“情敌”以后，老谋深算的李善长多了个心眼，找了个无法查证的事由来整到老冤家杨宪的弟弟，于是原本一场“情敌战”迅速演变成了“爱情与阴谋”惨剧。朱元璋接到丞相李善长的举报后，便开始在“帅哥”杨希圣身上“做文章”，熊氏小美女，你不是爱帅哥吗？我就成全你们！朱元璋当即下令将杨希圣等“犯事”者处以“黥刑”（脸上刺字），还削了他的鼻子，最终把他发配到苏北淮安去安置（等于永久性充军苏北）。（【明】刘辰：《国初事迹》）

不久在江西省任参政的杨希圣哥哥杨宪到南京来朝见大明天子，朱元璋一见到杨宪，就跟他打招呼：“你家弟弟玩弄权术，我已经将他处罚了。这样吧，熊家的那个小女子仍然给他使用！”杨宪吓死了，赶紧磕头说：“臣弟犯法，罪该万死，焉敢再娶那熊家妹子！”但朱元璋是个“有道之君”，做事就是“讲政治”“讲原则”，坚持自己的主张：“让熊氏随你家弟弟一起生活吧！”（【明】刘辰：《国初事迹》）

其实朱元璋这一招很损，一来他要表示自己是贤明君主，不会因为一件漂亮衣服（刘备语：妻子如衣服）而毁坏了自己的名声。二来他从未动过熊氏一根毫毛，那是不能动的，否则要背上昏君的骂名，别的昏君会干，精明透顶的朱皇帝才不会那么傻呐。不过，熊家小妹妹，你不随我，我可要让你天天看看一个没有鼻子的、脸上又刺了字的帅哥到底有多帅！且让你看个够，直到最终。三来对于情敌杨希圣来说，花出的成本太高、太大，你娶到了美女，但你得为此付出一辈子的代价。这就是朱元璋！

第三，减少女眷，严格管理原则。鉴于历代的女色之患，朱元璋较少拥有嫔妃，主要是从减少有可能产生外戚之祸的角度来考虑问题。

○ 美女与宦官都应该是“工具”、朱棣生母是穿铁裙而死的

从历代兴衰史中，朱元璋悟出了许多道理，其中有一条引起了他的特别留意，那就是女宠、外戚、宦官等干预朝政。对此，除了尽可能减少女色外，洪武皇帝还制定了十分严厉的后宫制度、外戚制度和宦官制度，并予以严格的执行。譬如，有一年，南京明皇宫内河里发现了一个堕胎，有人报告给了朱皇帝。朱皇帝立即开始追查，宫中内侍等都十分害怕，胡乱说是胡妃干的。胡妃就是前章里我们讲到的朱元璋费尽心机追求到手的漂亮老乡胡寡妇，这个胡寡妇还算不赖，肚子争气，为猪腰子脸生了个龙仔楚王朱桢，但她莫名其妙地给摊上了“堕胎”的罪名，随后被处死，尸体被扔到了南京城外。儿子楚王苦苦相求，想弄个母亲尸体入藏，却最终只弄到一条连带，迎葬楚王府。(【清】查继佐:《罪惟录·马皇后传附诸妃美人传》列传卷3)

还有前章讲过的算命先生郭山甫主动将女儿送给朱元璋享用，这个郭氏起初很受重视、很得欢喜，但后来与唐王母亲李贤妃和伊王母亲葛丽妃一起因一小事而“得罪死”。死后随即被装入一个大箩筐，埋在了南京城东北的太平门外。过了些日子，朱元璋想起，颇感自己做过头了，想叫人将三个被乱葬的美人给分开安葬。但当人们刨开坟堆时，发现情势不妙，三具美人尸体已经高度腐烂，分不清谁是谁了，最终只好隆起三个坟堆了事。(【清】查继佐:《罪惟录·马皇后传附诸妃美人传》列传卷3)

朱棣母亲碽妃是蒙古女人，怎么得来的，至今仍是个谜。据相关史料来看，碽妃来到明皇宫仅六月就生下朱棣，最后被朱元璋赐予铁裙而死。(张惠衣:《金陵大报恩寺塔志》，南京出版社2007年9月第1版，P119，详见笔者《大明帝国》系列⑦《永乐帝卷》上)

尽管朱元璋治家残酷了点，但不得不承认明初大明皇家治理得还是很不错的，不仅没有女宠之患，就连历朝之顽疾——宦官之祸也被制止住了。后来坏事就开始坏在自称是他的最为宠爱的儿子朱棣手里——宦官一下子从朱元璋设置的笼中跑出来了，且越往后面越是一团糟。不过在女宠与外戚之祸的防范上，朱元璋立下的规矩倒是被他的子孙们一直较好地遵守着。当然，这里边还有一个很重要的原因，那就是马皇后开了一个好头。

○ 朱元璋与马皇后——一个了不起的好妻子、好母亲、好皇后

朱元璋治国齐家取得了一系列成就，纵然原因有很多，但这里边还有他的贤妻马皇后的功劳。有关马皇后的早期有些事，我们在前面章节里已经讲过，这里重点

讲讲立国后的。

马皇后是个了不起的女性，自嫁给了朱元璋后，没少为朱家“穷二代”操心。实事求是地讲，马皇后是一个集中国传统女性美德于一身的了不起的好妻子、好母亲、好皇后，她对朱元璋、朱元璋家族和大明帝国影响甚大。具体来说，主要表现在如下几个方面：

第一，谢绝封赏皇后宗族，主动上请立法禁止后妃干政。

马皇后是个深明大义的人，洪武元年正月朱元璋在南京建立大明帝国时，就册封了马氏为皇后。尽管文化程度不高，但她心情温和，说话做事通情达理。当时朱元璋刚开国，不仅要大封群臣，而且还多次要对皇后家的宗族封赏爵禄。马皇后听说后坚决反对，她说：“把朝廷的爵禄私赐外戚，不合周公之法。再说，妾家亲属未必有可用之才，一旦高官厚禄，骄奢淫逸，不守法度，只会有损于社稷，万万不能违背法度。陛下如要加恩妾族，只需赐禄，使其丰饱就行了。”她还反过来提醒朱元璋“妾读史书，见汉、晋、隋、唐各代，皆因外戚擅权，后妃干政而导致倾覆。妾请陛下不封外戚爵位，后妃不准参与朝政，将这两条定为家法。”马皇后的一番言语可把朱元璋给激动得说不出话来。（《明太祖实录》卷25；147）

第二，带头遵守《女诫》——大明后宫的“高压线”，示范大明后宫近300年。

马皇后绝非作秀，确实也给朱元璋的大明朝后宫开了一个好头。当时朱元璋已经认识到后宫与外戚的隐患问题，经贤惠的马皇后提醒，他心里就更加踏实了，于是下令让老儒朱升修《女诫》。这部《女诫》从历代后宫制度的得失角度来进行修订，它设了好多的“高压线”，防止后宫与外戚干政。

譬如它规定：宫中嫔妃之事归皇后管，但出了宫门的事皇后就不得过问；外朝大臣的妻女除规定的每月初一和十五两次朝见皇后外，没有特殊理由不要到宫中来，目的是防止宫中与外臣的间接交通；宫人不能与外廷通信，违犯的要被处死；皇帝、太子及皇族婚姻选娶女子，要从民间良家首先考虑，不得私自将女子送入宫中或皇族公府；外戚只享有丰厚的俸禄，但不封官职，也就是说，外戚可以做大财主，但不能做大官。

在《女诫》制定好了以后，朱元璋命令工部将《女诫》诫谕的全部内容用金字镌刻在一个铁制的红牌上，然后将这个红牌悬在宫中，起到警示后宫妃嫔的作用（《明史·后妃传·序》卷113）。马皇后带头执行，后宫治理得井井有条。但冰冷的诫条有时似乎是太过于不近人情，尤其是像马皇后这样贤惠、热心天下黎民苍生的人不经意地就“走近”了诫条。

有一次，朱元璋回到宫中。马皇后关心地问：“天下百姓的生活如何？”朱元璋冲了她一句："外面的事不应是你所问的！"马皇后尽管心里很不愉快，但她还是跟皇帝老公解释说："陛下是天下黎民之大君父，妾身是天下之母，哪有做母亲的不问天下子女之疾苦的？"朱元璋还是不吱声，马皇后就打住了。（《明史·高皇后传》卷113）

马皇后承继了中国传统女性的柔美，恪守大明初年制定的《女诫》，为大明朝后宫开了个好头，明代第二个、第三个皇后都不错，以后大明后宫制度一直都执行得比较好，史书说它是"外戚循理谨度，无敢恃宠以病民，汉唐以来所不及"（《明史·外戚传》卷300）。这首先要归功于马皇后开的好头。

第三，相夫教子，母仪天下——将顽童教育成学问家的一代贤后和好母亲。

在战争年代，马皇后曾有烫胸救夫的故事。现在天下太平了，马皇后是天下第一女人了，但她仍保持着朴实的本质，常常穿着粗衣布衫，将其洗得很旧了还舍不得扔。她自己下厨房为皇帝丈夫做吃的，听到外面有地方上发生灾荒，就催促丈夫赶紧去赈济，听说国子监太学生妻儿生活无着，她就去调剂粮食。在马皇后的敦促下，朱元璋下令在今天南京玄武区的红板桥盖了红板仓，专门存储粮食，供给太学生养其家小。由此，南京城里的红板仓闻名于世人。（《明史·高皇后传》卷113）

除此之外，身为天下第一母亲的马皇后还严格管教皇子。朱元璋的第五个皇子朱橚小时候十分顽劣，放荡不羁。在太学读书就不本分，唆使诸皇子与他一起给老师捣乱。皇子老师太傅李希颜发火时一不小心，用笔管戳破了朱橚的额角。这下可闯祸了，朱橚哭着到父皇朱元璋那儿去告状，说是老师打了他。一个儒士当了皇子老师，现在居然敢打皇子。朱元璋心痛地抚摸着儿子的额头，心中已经怒不可遏了，本想要好好处罚皇子老师李希颜。刚好马皇后在边上，她可不这么认为，劝解皇帝老公："小孩子调皮，老师管教没什么错，你怎么反而要发火了？"这下可把朱皇帝说得哑口无言。事后他非但没处分皇子老师李希颜，反而将他升了官。

再说马皇后回头就教育起皇子朱橚："你贵为皇子，理应好好学习，老师管教没错。如果下次你再犯老毛病，我一定得严加惩罚。"这下子可把朱橚给镇住了。自此以后，马皇后对朱橚多了一份心，在她的严厉管教下，朱橚从一个不爱读书的顽童，后来居然成为学问家。他还写了一本图文并茂的《救荒本草》，这是一部研究明代植物学与民生经济的重要著作。（《明史·桂彦良、李希颜传》卷137）

第四，以柔克刚，规劝朱元璋，营救大臣——马皇后：刀下留人。

在朱元璋的帝王生涯中，很少有人能劝止他乱杀无辜，只有马皇后一人还能做到。由于朱元璋与马皇后是患难夫妻，在过去几个非常时期，马皇后都义无反顾地帮助了朱元璋渡过了难关，由此他对贤妻皇后很尊重，别人话听不进，马皇后的规谏他还是能接受的。江南首富沈万三露富斗富，招来了杀身之祸，幸亏善良的马皇后“营救”，才被免死充军云南；宋濂后来也是莫名其妙地差点被朱元璋杀了，多亏马皇后大力帮助才得以保命。（《明史·高皇后传》卷113）李文忠从小就被朱元璋夫妇收养，长大后忠心耿耿报效大明，但守严州时，他被人诬陷犯法。朱元璋铁面无私，准备将李文忠召回正法，又是马皇后及时规劝：“前方打仗事情紧急，战争中最忌讳的是临时换将。况且文忠是我们一手带大的，他的贤德，你我应该知道，别人说他不法，也不一定能信。”在马皇后的劝解下，朱元璋放弃了原来的主张。后来的事实证明，马皇后说对了。（《明太祖实录》卷147）

马皇后的贤惠和善良不仅体现在她要帮助落难中她所亲近的人，而且还表现为解救一些她并不太熟悉甚至是不熟悉的人，一次次从死亡的边缘上将人们给拉回来，充分展现了中国传统女性的人格之美。有个职位并不太高的将领叫郭景祥，他守和州时，不知怎么的，也许是得罪了人，有人诬告，说他的儿子要杀父亲郭景祥。如此诬告之人十分歹毒，因为在古代社会里，子杀父即使是未遂的预谋，也算是犯下了“大逆罪”，要被凌迟处死；而对于郭景祥来说，如果儿子被诬告的罪名成立那就要被处死，不仅自身要经受失子之痛，而且还得要承受巨大的心理煎熬——中国古代人的观念：“不孝有三，无后为大。”朱元璋脾气火爆，听人告了天下居然有这样大逆不道的儿子，他就马上想将郭景祥的儿子给杀了，但马皇后出来劝住：“我听人说起过，郭家就这么一个儿子，你现在还没搞清楚到底是怎么一回事，就把人家的儿子给杀了。万一事情有假，岂不绝人之后吗？”朱元璋听从马皇后的意见，派人前去调查，结果发现又是一起由诬告引发的冤案。（《明史·高皇后传》卷113）

◎ 中国传统女性柔美的集大成者——马皇后

当一个男人的事业成功时，我们中国人经常会这样评论：一个成功男人背后总会有一个了不起的女人。朱元璋早年父母双亡，他的成功背后一个伟大的女人就是马皇后。尽管朱元璋对别人过河拆桥，忘恩负义，但对马皇后还是一往情深的。他曾经多次将马皇后比作唐太宗的贤后长孙皇后，并感慨地说：“家之良妻，犹国之良相，朕岂能忘之？”（《明太祖实录》卷147）朱元璋倒不是拍老婆的马屁，也用不着这样，因为他早已是天下第一人了；而从真实的内心角度而言，是马皇后的贤惠感动了他，这是由衷而发的。但马皇后听了后并没有晕，更没有撒娇，而是意味深长地跟皇帝丈夫说：“妾闻夫妇相保易，君臣相保难。陛下既不忘妾于贫贱，愿无忘群臣、百姓于艰难，且妾安敢比长孙皇后贤，但愿陛下以尧舜为法耳。”（《明太祖实录》卷147）

马皇后确实贤惠，她告诉皇帝丈夫朱元璋，夫妻同甘苦共患难相对容易一点，而君臣之间要做到这样可就不那么容易了。陛下你没忘患难与共的我，但愿你更不要忘了过去与你一起艰苦奋斗的群臣、百姓啊！

在马皇后的规劝下，中年时代心理已经开始逐步走向畸形的朱元璋尚能克制一些，或者说他在滥杀之际对马皇后的面子还能顾及一点。因此人们不难看到，洪武十三年“胡惟庸案”爆发时涉案被杀者并不太多。马皇后死于洪武十五年，八年后“胡惟庸案”又重新被大“挖掘”，连老宰相李善长在内一起被“干掉”的可能要有30 000人（【清】赵翼：《二十二史劄记·胡蓝之狱》卷32）；又过了三年爆发的“蓝案”，株连被杀者20 000人（【明】陈仁锡：《明世法录》卷85）。到朱元璋临死时，功臣宿将差不多都被杀光了。

第五，临终惠医，泽被子孙——善良女性——临终还在关爱别人的生命。

马皇后身体似乎一向很好，很少生病。但洪武十五年八月，一代贤后马皇后病倒了，这一病她就再也没有起来。马皇后病重时，好多大臣都很心疼，四处觅求良医，就想医好这位贤德的皇后。但马皇后坦然地跟朱元璋说：“生死有命，医生要是真能将病重的人医好的话，就不会有死人的事了。药也不一定保证有什么疗效，否则那么多病人吃了就不会死了。所以说陛下您千万不要怪罪医生啊！”据说马皇后至死不肯服药，就怕皇帝丈夫朱元璋滥杀医生。一代贤后在自己生命之终还不忘别人之安危，实属难得啊！

马皇后对皇太子朱标的临终遗言是：君王为舟，百姓为水。水能载舟，亦能覆舟。治国应以仁慈为本，切不可自恃富贵，草菅百姓，更不可奢侈淫逸，暴殄天物。她规谏朱元璋：“愿陛下求贤纳谏，慎终如始，子孙皆贤，臣民得所而已。”（《明太祖实录》卷147；《明史·高皇后传》卷113）

善良的贤后终于走了，那年她才51岁。55岁的朱元璋悲痛欲绝，泣不成声，后发誓再也不立后。从感情角度来说，朱元璋的内心可以用一句话来表达：“我的眼里只有你。不，是我的心里只有你！”马皇后死后，朱元璋亲自拟定了她的谥号为“孝慈”，并用金版金字镌刻哀册文，后将之厚葬于南京的孝陵的梓宫——明孝陵第一期工程那时刚好完工。（《明太祖实录》卷147）

◎ 面对暴戾无常的父亲，朱标取出“宝器”制服了魔鬼般的朱元璋

马皇后死后，朱元璋的脾气更加暴戾无常。朱标太子与父皇的政见不同，尤其是朱元璋要滥杀，朱标主张宽大为怀，父子两人经常会“吵”起来，当然做儿子的朱标最多也就委婉地顶几句。可这一顶，朱元璋就火大了，开始追打皇太子。开始时朱标还没办法制止住父亲的暴力，后来想到了一个妙计，每当父亲追打时，他就取

出一幅画来。就这幅画可管用了，像一面照妖镜似的，朱标一拿出来，朱元璋立即被"制服"。那是一幅什么样的画？

据说当年朱元璋与陈友谅大战时有一次失利了，将士们死伤无数，就连朱元璋自身也岌岌可危，遭到了陈友谅军的追捕。情急之下，马皇后背起朱元璋就拼命地逃，最终才幸免于难。后来朱标听说这段事情后，令人将其画成一幅画。马皇后死后，朱元璋更加乖戾，动辄大怒，"愈肆诛虐"。有一次朱标偶然发现那画能"制服"父皇，自那以后，每当被父亲朱元璋追打时，他就从怀中掏出"宝器"即那幅画，把它扔在地上。神了，暴戾无常的朱元璋见了那幅画，触景生情，念起马皇后的嘉德善行，不由自主地悲恸起来，"大恸而止"。由此可见马皇后的人格力量是何等之大！(【明】徐祯卿:《翦胜野闻》)

◉ 朱元璋与他的儿女们："天生圣人"优良品种甚少，是"地"有问题？

朱元璋后宫中至少有过 46 个后妃，但并不是每个后宫美眉都为皇帝老公生育小龙或小凤，有确切记载的老朱皇帝的子女共有 42 个，其中 26 个儿子，16 个女儿。那么这么多的子女与朱元璋的关系又是如何呢？

○ 从大明皇家走出来的公主们嫁给了"官二代"，其最终命运到底如何？

朱元璋生育了这么多的子女，实际上可能还不止，古代医学条件有限，有的在出生后没几天就因体弱而夭折，还有的甚至因难产而一直待在他妈妈肚子里边了。现在我们讲的这 42 个子女是产下存活一段时间的，他们的年龄差异可能是，最小的管叫最大的为爷爷都可以。但不论怎么说，他们分为两大类，一类叫公主，一类叫藩王即皇子。朱元璋与他们的关系正如他与后宫那些美眉关系那般，他不可能将一人之爱撒向每个儿女，因此说老朱皇帝与他们的关系，有的近一点，有的远一点。

我们先讲公主们与她们的皇帝老爸的关系。朱元璋一共有 16 个女儿，总体来说，她们生在皇家，有皇帝父亲，个人的命运基本上都不差，她们一般都嫁给功臣家的公子即"官二代"为妻，这叫下嫁，皇帝的女儿除了下嫁没有上嫁的事情。公主下嫁给功臣之子的主要目的是巩固皇权。朱元璋的 16 个女儿大致分为两类：

一类是朱元璋比较喜欢的女儿，譬如寿春公主和宁国公主等。这类人数比较少，第九女寿春公主可能是朱元璋最为喜欢的一个女儿，她嫁给那时皇帝老爸很喜欢的大将军傅友德的儿子傅忠。出嫁时皇帝老爸为她置办的嫁妆最丰厚，特赐吴江腴田120多顷，光每年的地租收入就达8 000石。朱元璋杀功臣杀到傅友德头上时，寿春公主已病亡，这里边是否有宝贝女儿的因素，现还不清楚。（【明】王世贞：《弇山堂别集》卷36）朱元璋还有一个比较喜欢的女儿即二女儿宁国公主。据说宁国公主也是马皇后生的，她嫁给了汝南侯梅思祖的从子即侄儿梅殷。在所有的女婿中，朱元璋最喜欢梅殷，晚年曾密令梅殷尽力辅助皇太孙朱允炆。朱棣"靖难"成功后，派人暗杀了梅驸马梅殷。（《明史·宁国公主传附梅殷传》卷121）

第二类是对朱元璋来说，谈不上很喜欢的女儿，如大女儿临安公主，嫁给了大明第一位宰相李善长的儿子李祺；四女儿安庆公主，宁国公主的同母妹，嫁给了欧阳伦，等等。这类公主人数很多，朱元璋对待她们主要从政治角度考虑得多，一旦女婿家出事，洪武帝就会铁面无私地处置，当然对女儿和外孙会相对网开一面。李善长家遭难时，临安公主与李驸马是李家唯一保存的分支，但也被发配到江浦闲住，不得留在南京（《明史·李善长传》卷127）；安庆公主丈夫欧阳伦犯走私罪被处死，朱元璋也没因安庆公主之请而减轻处罚。（《明史·安庆公主传》卷121）

○ 洪武朝大明皇家的龙子龙孙们——朱元璋眼中的"祖国未来的脊梁"

◎ 精心培养的皇太子朱标突然没了——朱元璋成了"朱白劳"、明东陵

在朱元璋的26个儿子中，朱标是长子，正史所载为马皇后所生，但明史专家吴晗先生说，朱标与朱樉、朱棡都是由李淑妃生的。（吴晗：《明成祖生母考》，《清华学报》第10卷第3期）

但笔者认为，这种说法不太可靠，要是朱标是由嫔妃也就是我们民间所说的小老婆生的，那他为什么就早早地被立为世子、皇太子？至正二十四年（1364）年37岁的朱元璋在正月丙寅日称吴王，当即立朱标为世子；洪武元年正月朱元璋在南京开国，"立妃马氏为皇后，世子标为皇太子"（《明史·太祖本纪二》卷2）。洪武年间朱元璋一再强调嫡庶等级秩序，他曾下"诏更定皇太子亲王等封爵册宝之制……皇太子嫡长子为皇太孙，次嫡子并庶子年十岁皆封郡王……凡王世子必以嫡长，如或以庶夺嫡，轻则降为庶人，重则流窜远方；若王年三十正妃未有嫡子，其庶子止为郡王，待王与正妃年五十，无嫡子，始立庶长子为王世子……如或有犯，宗人府取问明白，具实闻奏，轻则量罪降等，重则黜为庶人，但明赏罚不加刑责，著为令"。（《明太祖实录》卷240）

按照这样的诏令来看，一般要等到50岁时，不见正妻有嫡子产出，才可立庶子为继。而朱元璋立朱标为世子、皇太子时，无论他自己还是马皇后都没有50岁啊(有人说马皇后压根儿就没生过孩子，有部分南京地方史学研究者就这么认为的)！那会不会朱元璋见马皇后老不产出嫡子来，就来个"无嫡立庶长"呢？就如有些人说的，立个李淑妃生的长子朱标？不可能！朱元璋是开国之君，他最讲究自己的表率，多次强调"况创业垂统之君，为子孙之所承式，尤不可以不谨"！(《明太祖实录》卷78)

因此说，有人认为朱标等非马皇后之子而由李淑妃所生，于史于理都讲不通。相反，倒是我们看到朱元璋对朱标寄托着无限的希望。洪武元年(1368)在南京明皇宫设立大本堂，"取古今图书充其中，延四方名儒教太子、诸王，分番夜直(通'值')，选才俊之士充伴读"(《明太祖实录》卷36)，倾注心血对其进行培养。洪武六年九月，朱标刚满20岁，朱元璋即"命诸司今后常事启皇太子，重事乃许奏闻"(《明太祖实录》卷85)，即让朱标熟悉大明帝国政务。洪武十年六月，朱标24岁也就是后来他儿子朱允炆当政的年龄，朱元璋"命群臣自今大小政事皆先启皇太子处分，然后奏闻"，即等于叫朱标当实习天子了。且还当面教谕他："自古以来，惟创业之君，历涉勤劳，达于人情，周于物理，故处事之际鲜有过当。守成之君，生长富贵，若非平昔练达，临政少有不谬者。故吾特命尔日临群臣，听断诸司启事，以练习国政。惟仁则不失于躁暴，惟明则不惑于邪佞，惟勤则不溺于安逸，惟断则不牵于文法。凡此皆以一心为之权度。"(《明太祖实录》卷113)

由此可见朱元璋一心想要做的就是将自己一手开创的大明江山安全平稳地交给朱标，并使其传之万代。可令朱元璋万万没有料到的是在洪武二十五年(1392)四月丙子日，太子朱标先他走了，这样一来，昔日所有对接班人的准备和努力顷刻之间化为乌有(《明太祖实录》卷217)。当了20多年"朱白劳"的朱元璋后来病倒了，"几将去世"。(【明】朱元璋：《周颠仙人传》)

朱标死后，朱元璋下令将其葬在明孝陵的东边，人称其为明东陵。

◎ 人生三大不幸全给他赶上　继续沿用嫡长子继承制，立朱允炆为皇太孙

从人生角度来说，朱元璋确实不幸。早年亡父母，中年失贤妻，晚年丧爱子，人生的悲剧全让他一人给赶上了。由此而言，三批亲人的远逝中，尤其是朱标的死使得晚年朱元璋有着撕肺裂胆的彻心之痛，其严重程度可能要超过了当年马皇后的死所带来的痛苦。这当中不仅有白发人送黑发人所难以言语清楚的心痛，更有老朱皇帝对未来大明江山的担忧，因此朱标的突然薨世使得向来方寸不乱的朱元璋

表现出极度的反常，过了丧服期他还不上朝理政。群臣规劝，可他还是无法从悲痛中缓过来，后来经一位比他还要年长10来岁的老儒刘三吾的多次开导，这才缓缓地恢复了理性。刘三吾说："人死不能复生，陛下节哀保住龙体为安，皇太子先逝，这是无可奈何的事情。但太孙已长大，况且他很像皇太子那般仁孝，皇上不妨立太孙为继承人，这样大明江山社稷才有望，百姓才有福！"

也许正因老年人之间的交流更容易通畅，经刘三吾的耐心开导，朱元璋似乎渐渐地从伤痛的深渊中走了出来。为了防止众多儿孙争夺皇位，他继续沿用中国传统的嫡长子继承制度，九月，立了皇太子朱标的儿子朱允炆为大明帝国君主继承人（《明太祖实录》卷221；《明史·刘三吾传》卷137）。对此，朱元璋解释道："自我创天下而以天下传之庶孽，万世而下有庶夺孽抗宗者，我开其乱也。乱传而万世之传，足虑焉。"（【明】大岳山人撰：《建文皇帝遗迹》）

为防万一，朱元璋还重新修订《祖训录》，更名为《皇明祖训》（《明太祖实录》卷242），令子子孙孙们永远遵照执行；还编成《玉牒》，规定朱允炆东宫世系和诸王世系，维护和加强皇帝专制权威，目的是使大明江山永固在朱家子孙的手中。（《明太祖实录》卷242）

◎ 朱元璋与"三类"儿子的关系——皇家朱子朱孙很多，但好的不多

除了太子朱标以外，朱元璋还有25个儿子，因26子朱楠生后一个月就死了，实际上有24个儿子活了下来，他们与父皇朱元璋的关系很复杂，也很微妙，主要有下列四种情形：

第一种是关系比较好的，六皇子朱桢、十一皇子朱椿、十五皇子朱植等。

第二类是起初关系不好，后来逐渐好了，这类皇子如二皇子秦王朱樉、三皇子晋王朱棡、五皇子周王朱橚等，七皇子齐王朱榑、十皇子鲁王朱檀、十三皇子代王子朱桂等，但在脱离父皇视线的分封地里，他们是地方上的恶棍、害人虫。朱元璋闻讯后进行过一番处置，秦王朱樉和晋王朱棡后来逐渐改好了，但其他藩王还是作恶的为多。

第三类是二十一子、二十二子、二十三子等。他们一生短暂，大多没有活过三十岁，出任过地方藩王，但似乎也没有留下什么不良的记录，与父亲朱元璋之间可能年龄差异较大，有的够得上祖孙年龄，所以双方沟通不一定畅通。

第四类是湘王朱柏、宁王朱权和燕王朱棣等，据说他们文武双全，城府极深。父皇朱元璋活着时，他们表现为乖乖孩，好藩王；但老皇帝一躺下，这类皇子可来劲

了，首先活动活动心眼，对南京城里的皇帝宝座充满了无限的遐想。他们不像第二类的诸藩王那样行为乖戾或作恶多端，而是表现出极好的“涵养”，加上心机多，所以朱元璋在世时父子关系还算不错，等到老爷子一“走”，他们就起来“投石问路”，暗暗造起反来了，其中典型代表就是朱棣。（《明史·诸王一、二、三》卷116～118；【清】傅维鳞：《明书·建文皇帝本纪》卷4）

对于这么多的皇子，朱元璋也曾给予认真的培育（可能就朱棣受到的培育最少，因为他“来路不明”）。皇子们先在南京明皇宫大本堂学习，长大一点上中都凤阳接受一流的军事教育，20来岁前后被分封到各地去，以北疆边塞为多，故称“塞王”。朱元璋在世时共计进行了三次分封，鉴于自己早年的贫寒与苦难，老朱皇帝实在不忍让自己的子孙后代“受罪”，于是对诸子藩王的后代及后代的后代都作了制度上的规定，予以实实在在的特殊待遇的保障：明制，皇子封亲王，授金册金宝，岁禄万石，府置官属。护卫甲士少者三千人，多者至万九千人，隶籍兵部。冕服车旗邸第，下天子一等。公侯大臣伏而拜谒，无敢钧礼。亲王嫡长子，年及十岁，则授金册金宝，立为王世子，长孙立为世孙，冠服视一品。诸子年十岁，则授涂金银册银宝，封为郡王。嫡长子为郡王世子，嫡长孙则授长孙，冠服视二品。诸子授镇国将军，孙辅国将军，曾孙奉国将军，四世孙镇国中尉，五世孙辅国中尉，六世以下皆奉国中尉。其生也请名，其长也请婚，禄之终身，丧葬予费，亲亲之谊笃矣。（《明史·诸王列传》卷116）

而作为藩王应尽的义务，那就是接受父皇和朝廷的委派守疆护土。洪武晚年，随着最后两位大将傅友德和冯胜被处决，朱元璋的这些龙子龙孙们都各有所归——封国藩邸，由此朱皇帝的亲生骨肉几乎个个都被培养成为大明江山的拱卫者与“中流砥柱”，完成了传统中国人津津乐道的“家国一体化”，出现了“打架亲兄弟，上阵父子兵”的“理想格局”。

◉ 朱元璋临终嘱托与百年归宿——归葬明孝陵

按照朱元璋的美妙设想：朝廷中央帝国事业接班人朱标虽然不在了，但朱标儿子朱允炆也不错，自己“洪武”，朱允炆“性至孝”，（《明史·恭闵帝本纪》卷4）郁郁文乎，大明过去有着太多的“洪武”了，现在尤其需要建文！但鉴于帝国事业接班人朱允炆是诸王的侄儿，按照宗法制和传统礼法，侄儿见了叔叔要先行晚辈之礼，这要是在大明朝堂上出现了，该是如何的不堪啊！为了照顾方方面面，更为了维护大明皇家的绝对权威，洪武二十九年八月朱元璋下令“重定诸王见东宫仪制”，规定：朝堂上行天子君臣之礼，朝见后于内殿行家人礼（《明史·恭闵帝本纪》卷4；《明太祖实录》卷246）。差不多与此同时，为防止地方个别藩王坐大，形成尾大不掉的格局，朱元璋在拥有重兵在手的北疆“塞王”中构建起秦王、晋王和燕王等诸王并存、相互牵制的局面，以此来保障自己身后大明君主权力的和平过渡和帝国江山的长治久安。

可人算不如天算。洪武二十八年与大明未来天子朱允炆父亲同为嫡出的秦王朱樉突然薨世，大明北疆顿时少了个很有实力的藩王。更没想到，洪武三十一年三月也就是老朱皇帝归天前的两三个月，当时唯一能与燕王相互牵制的晋王朱棡又突然死了。耄耋之年接二连三痛失嫡子，精神摧残一次次地降临到垂垂老矣的朱元璋头上。五月初八，老朱元璋病倒了（《明太祖实录》卷257），不过神智还算清晰，他想起了许多事，尤其是与自己帝国事业接班人朱允炆有关的事情，想起了昔日北疆相互牵制的诸王并存现已演变成了燕王一王独尊的格局，这可不太好，燕王此人本身就来路不明。于是老朱皇帝就给自己的小舅子、协助辽王守护大宁的武定侯郭英发出了敕文，让他一切号令悉听辽王节制（黄彰健著：《明清史研究丛稿》一书中的《读明刊毓庆勋懿集所载明太祖与武定侯郭英敕书》一文），同日他给驻守辽东的都督杨文发出了内容相同的敕文“一切号令，皆出自辽王，尔奉而行之。大小官军悉听节制。慎毋贰心而有疑志也”。（【台湾】朱鸿：《明成祖与永乐政治》，台湾师范大学历史研究所专刊〔17〕）

除此之外，老朱皇帝还在皇权交接上加上“保险”，将自己最为喜爱的女婿——宁国公主的夫婿梅殷叫到了御床前，嘱咐道：“汝老成忠信，可托幼主。”朱元璋是说：“贤婿，你为人处世忠信老成，我现在将皇太孙托付给你。”接着他将早已准备好的遗诏即指定朱允炆即位的诏书，一边交给女婿梅殷，一边颤巍巍地说：“敢有违天者，汝其为朕伐之。”（【明】李贽：《续藏书·梅殷传》卷5；《明史·宁国公主传附梅殷传》卷121）

能做的和来得及做的也就这些了，洪武三十一年（1398）闰五月乙西（初十）日，“上（指朱元璋）崩于西宫”。闰五月十六日，皇太孙朱允炆即位，下葬朱元璋于南京东郊的紫金山独龙阜，即后人熟知的明孝陵，并为他上谥号“高皇帝”，庙号“太祖”。（《明太祖实录》卷257）

精心打造明初三陵　终极关怀江山永宁

明孝陵与明皇陵、明祖陵一起被人称为明初“三陵”。说起明初“三陵”，在大讲国学与传统文化的当代社会里，不少国人对此“信手拈来”却又张冠李戴。网上就有人将南京明孝陵称为南京明皇陵，将盱眙的明祖陵称为南京明祖陵。其实，明初“三陵”并不仅仅是指分布于三个不同地方的明初皇家陵寝，而且还有着不同的内涵。南京明孝陵是大明开国皇帝朱元璋及皇后马氏的合葬之处，凤阳明皇陵是朱元璋安葬他的父母及兄嫂、侄儿之遗骨的地方，而盱眙明祖陵则是朱元璋的高祖、曾祖、祖父的衣冠冢。三者中除了前者神主生前曾经威风八面、呼风唤雨甚至左右乾坤外，后两者墓主人活着的时候都是土得要掉渣的苏北或淮北乡村农民，要不是后来家族里出了那么个不要命起来“闹革命”的好儿孙朱元璋，他们将可能永远也不为人所知晓，默默无闻地待在阴曹地府里听唤当差。

◉ 中都凤阳明皇陵——大明龙脉之一

明初“三陵”间还有个区别，那就是它们建造于不同的时间。如果按最终建成时间顺序排列的话，其次序为明皇陵、明祖陵和明孝陵。

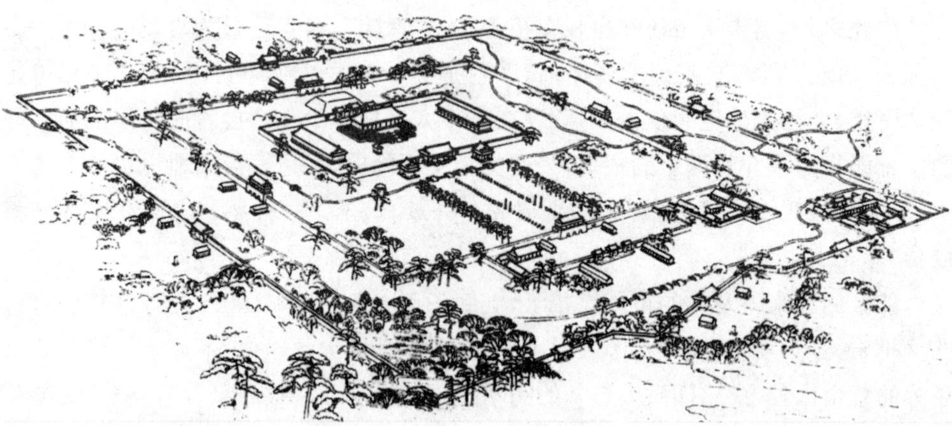

凤阳明皇陵复原鸟瞰图

○ 凤阳明皇陵的第一次营建——元至正二十六年(1366)四月

明皇陵最早营建于元至正二十六年(1366)四月,那时即将完成帝王之业的吴王朱元璋从应天城出发,来到了阔别12年的故乡凤阳。除了前面讲过的,他与家乡父老共叙乡情外,还有一个十分重要的目的就是对自己父母的坟墓进行改葬。想当年朱重八家“寓居是方,农业艰辛,朝夕彷徨。俄尔天灾流行,眷属罹殃,皇考(指朱父)终于六十有四,皇妣(指朱母)五十有九而亡。孟兄先死,合家守丧。田主德不我顾,呼叱昂昂,既不与地,邻里惆怅。忽伊兄之慷慨,惠此黄壤。殡无棺椁,被体恶裳。浮掩三尺,奠何肴浆。”(【明】朱元璋:《大明皇陵碑》;《明太祖实录》卷39;《明太祖实录》卷118)

在这段回忆中,朱元璋(实际上当时是由朱元璋口述、元末明初著名文人危素撰写)用了“殡无棺椁,被体恶裳。浮掩三尺,奠何肴浆”16个字概括性地描述了当年父母下葬时的悲惨景象。换成现代汉语的直白表达,即说既没有什么像样的祭奠礼仪,又没有凑合得过去的棺椁,在向人苦苦哀求讨得一小块破地后,就以父母在世穿用的破烂衣服裹一裹,随即就出殡下葬了。除了生死两别的悲痛外,贫困窘迫所带来的心灵刺痛或许更多地伤害了那时还愣头愣脑的“小杆子”,甚至给他带来了终身的心理创伤。在后来的人生岁月里,朱元璋一方面“右贫抑富”(《明史·食货志一》卷77),打击豪强富民,关注民生;另一方面继续保持简朴的生活习惯,力戒奢靡,这些都在很大程度上折射出早年贫苦所带给他的影响。贫穷本身不是罪过,也不是什么羞耻、丢面子的事情。但在中国社会里贫穷与富贵却似乎有着特别的含义,人们的精神价值层面没有忏悔意识、没有财富原罪说,更多地趋向笑贫不笑娼。于是不难见到,我们中国人一旦富了就要出来或回家乡抖一抖,就如项羽所说的:“富贵不归故乡,如衣绣夜行,谁知之者!”(【汉】司马迁:《史记·项羽本纪》卷7,本纪第7)

其实这样的衣锦还乡心理在中国社会里一直存在了几千年,直到现在为止我们还能见到,一部分先富起来的国人忽然间“思念”起先逝的父母与祖先来了,于是就大修、豪修自家祖宗阴宅,此类事情近年来尤为一些“人民公仆”与富商所热衷。他们用特别的方式来表达自己的“哀思”与“孝道”,譬如给自己已故的父亲、爷爷烧些进口豪车,给母亲、奶奶烧些金银珠宝,甚至还有人烧几个金纸做的“小姐”,让阴间里的老爷爷们好好地爽一爽,乐一乐。如等活丑是穷惯了的中国人突然富裕以后其内心长期积淀的炫富、斗富畸形心理所致的。当年即将称帝的朱元璋回乡时是不是也具有这样的心态,我们现在已无法完全确认。但有一点是可以肯定的,那就是朱家这位好儿孙重回故里有个很重要的原因，即为了表达自己对已故父母长辈的孝道。对此，《明实录》等史书记载道：丙午(1366)夏四月丁卯日，“上至濠州，追念仁祖、太后始葬时礼有未备，议欲改葬。”(《明太祖实录》卷20)“丁卯，……吴王至濠州，念先人始丧未备，议改葬”。(【明】谈迁：《国榷》卷1)

无论是“追念仁祖、太后始葬时礼有未备”还是“念先人始丧未备”，都表达了一个意思，就是说当年朱五四夫妇离世时恶衣陋葬了，做儿子的朱元璋没有尽到孝道，这可是万万使不得的啊！

孝在中国传统社会里有着特别的内涵和发挥着特殊的社会功能效应。据说在殷商甲骨文里头就有“孝”字，中国最早解释词义的专著《尔雅》对“孝”的解读为“善事父母为孝，善兄弟为友”。先秦儒家经典《论语》中“孝”的意思是“弟子入则孝，出则弟(通‘悌’，即敬爱兄长)”(《论语·学而》第一)；“父在观其志，父没观其行，三年无改于父之道，可谓孝矣”(《论语·学而》第一)。那么怎么做到“孝”呢？孔子认为：“应该‘生，事之以礼；死，葬之以礼，祭之以礼。’”(《论语·为政》第二)即说：做子女的在父母活着的时候，按照礼节要认真、恭敬地侍奉他们；父母死了，也要按照礼节隆重地埋葬他们，并按照礼节郑重地祭祀他们。这大概就是中国传统文化中的孝道与厚葬理论的基本内涵。现在朱元璋的父母都不在了，生前尽孝已经不可能了，唯一有可能做到的就是举行礼葬和隆重的祭祀，即厚葬。

不是说12年前朱家那对农民夫妇已经“浮掩三尺，奠何肴浆”了，那怎么来个厚葬呢？这就要涉及中国传统文化中的另外一个名词“改葬”。一般来说，上档次的改葬都发生在某个家族里边由于子孙后代富贵发达了而对先祖坟茔进行大规模的殡葬升级。有史可考，古代中国人早就有了改葬的习俗与先例。朱元璋之前有头有脸人物举行过的有影响的改葬，首先要数唐朝吏部尚书李义府对其祖父坟茔的升级改造。不过李家的这等事说到底还是作为臣子所做的，那有没有后来贵为天子的特高级人物改葬自己的先祖？有，五代末年赵匡胤发动陈桥兵变，篡得大位，开国宋朝。由此赵家已经死去了的赵爷爷、赵老爷爷、赵老老爷爷及其坟茔名号都得到了升格：高祖赵朓上庙号僖祖，坟墓改名钦陵；曾祖赵珽上庙号顺祖，坟墓改名康陵；祖父赵敬上庙号翼祖，坟墓改名定陵；父亲赵弘殷上庙号宣祖，坟墓改名安陵。赵家天子的高祖、曾祖、祖父因为早亡，葬于离当时北宋首都开封较远的幽州北京，所以真正得了名号提升又进行了坟茔升级的，也只有死于赵匡胤篡位前五六年的赵弘殷了。宋乾德二年(964)孝子赵匡胤在河南巩县为父亲赵弘殷改葬，命其陵名为安陵。(《宋史·太祖本纪一》卷1，本纪第1)

既然有皇帝改葬祖宗的先例，行将完成帝王之业的吴王朱元璋照着做不就行了；但这时老朱家的这个好儿孙反倒犯起了嘀咕，因为赵匡胤的父亲尽管不是什么王侯显贵，但他活着时曾为后周检校司徒、天水县男，正五品(《宋史·太祖本纪一》卷1，本纪第1)，可能相当于当今中国社会中人们所热衷追捧的地市委书记以上的高官，而朱元璋的父亲朱五四活着时始终是个穷困潦倒的乡下农民，怎么能与赵父相比？因此说，这时候的朱元璋内心底气似乎很不足，不知道如何改葬自己父母坟茔和举行祭祀大礼，于是就问随从的博士许存仁和起居注王祎："改葬典礼当何据?"许、王回答道："《礼》改葬易常服用缌麻(中国传统社会中最轻的一种丧服，笔者注)，葬毕除之。今当如其礼。"朱元璋听后哭着说："改葬虽有常礼，父母之恩岂能尽报耶?"随即下令，让有关部门"制素冠、白缨、衫绖，皆以麄布为之"，即制作中国传统社会里最重的一种丧服。见此，精通儒家经典与礼仪的起居注官王祎不停地摇头说："这样的丧葬服饰太过、太重了！"朱元璋当场解释道："与其轻也，宁重！"即说与其取轻，我看还不如隆重一点为好，对父母的孝再怎么说也不能讲过了。(《明太祖实录》卷20)

那么朱元璋君臣为什么会对朱五四夫妇的改葬及其相关祭祀礼仪产生这么大的分歧？这就要从中国传统丧葬礼仪中的五服制说起。

五服指的是斩衰、齐衰、大功、小功、缌麻。

斩衰：《明史》解释说，斩衰服饰是"以至粗麻布为之，不缝下边"(《明史·礼十四·凶礼三·丧葬之制》卷60，志第36)。其意思是指，听到自己最亲的亲人死了，立即用刀将粗麻布斩断，不缝边、不修饰地直接制成丧服，以示对最亲之人的哀悼，因此说它是丧服中最重的一种。一般是子为父、妻为夫、诸侯为天子、大臣为君主着此丧服，为期3年。要是做到了，那你就是"孝子"或"贤臣"或"节妇"。

齐衰：《明史》解释说，齐衰服饰是"以稍粗麻布为之，缝下边"(《明史·礼十四·凶礼三·丧葬之制》卷60，志第36)。意思是说，听到很重要的亲人死了，用刀将粗麻布斩断，并把边缝齐，然后制成丧服。它是五服制中第二等丧服。一般是子女为继母、为慈母，孙儿、孙女为祖父母、为曾祖父母、为高祖父母，夫为妻，庶民为国君着此丧服，为期1～3年不等。

大功：《明史》解释说，大功服饰是"以粗熟布为之"(《明史·礼十四·凶礼三·丧葬之制》卷60，志第36)。意思是说，听到较重要的亲人死了，用粗略加工或言大致加工过的麻布制成丧服。它是五服制中第三等丧服。一般是堂兄弟、未婚堂姊妹、已婚了的姑姑姊妹、侄女、诸孙、从子媳妇、侄儿媳妇和已婚妇女为自己的伯父、叔父、兄弟、侄子等着此丧服，为期9个月。

小功：《明史》解释说，小功服饰是"以稍粗熟布为之"(《明史·礼十四·凶礼三·丧葬之制》卷60,志第36)。意思是说,听到重要的亲人死了,用稍稍加工细了的熟麻布制成丧服。它是五服制中第四等丧服。一般是祖之兄弟、父之从父兄弟、妃之再从兄弟等皆着此丧服,为期5个月。

缌麻:《明史》解释说,缌麻服饰是“以稍细熟布为之”(《明史·礼十四·凶礼三·丧葬之制》卷60,志第36)。意思是说,用稍细的熟麻布制成丧服。它是五服制中第五等丧服,也是最轻的一种。一般疏远一点的亲属、亲戚皆着此丧服,为期3个月。

由此可见,五服制所表明的是与死者在血缘与姻缘等方面的亲疏远近之关系,是以宗法血缘关系为基础,并与政治关系巧妙地结合在了一起。

朱元璋当时要改葬父母坟茔和补办隆重的祭礼,如果对照上述五服制,按照他个人与地下朱五四夫妇之间的关系来讲,那就要着五服中最重的斩衰之服。但根据先秦儒家经典《礼记》中的规定:“君有合族之道,族人不得以其戚戚君位也”。(《礼记·大传》第16)即说,国君有聚合族人之礼,但族人却不能以亲戚身份同国君班辈列位次。换句话来说,国君政治地位永远得高于族内其他人的地位与身份——政治是统帅,是灵魂,中国自古就讲究政治。因此在当时随从大臣许存仁和王祎看来,朱元璋是行将开国的一代君王,他的父母亲仍是草民,无论如何都不应该行父子之大礼,服用缌麻之服就够了——即国君为臣下或草民穿的丧服。理由是朱某人行将贵不可言,怎么能与一般人相比!但朱元璋坚持要用常人的方式来表达他浓厚的孝道,穿着斩衰之服,宁重勿轻!这倒多少显示出了他的厚葬孝义了。

其实厚葬先人除了表达子孙的孝道外,还有另一层含义,就是为死者的子孙后代占得好风水、“谋”得好福气。对此朱元璋深信不疑,“欲厚陵之微葬,卜者乃曰不可而地且藏”(【明】朱元璋:《御制皇陵碑》)。这话意思是朱元璋本想用厚葬来弥补当年对父母薄葬之失,但占卜者说:“不行啊,死者入土为安,‘改葬恐泄山川灵气’!”于是只好“增土以培其封”,即在原来的坟茔上增加些封土,加盖、加厚一些。除此之外,还有就是将陵墓边上的一些乡邻,包括与朱元璋个人关系不错的汪文与刘英等找来,嘘寒问暖一番后,嘱咐他们中的20户人家当好老朱家的“坟亲戚”,负责看守朱五四夫妇之坟茔,同时朱元璋还命令相关部门免去他们的徭役和赋税。这大概是明初开国史上第一次凤阳皇陵营建。(《明太祖实录》卷20;《明史·礼十二·凶礼一》卷58,志第34;【明】柳瑛:《中都志》卷4)

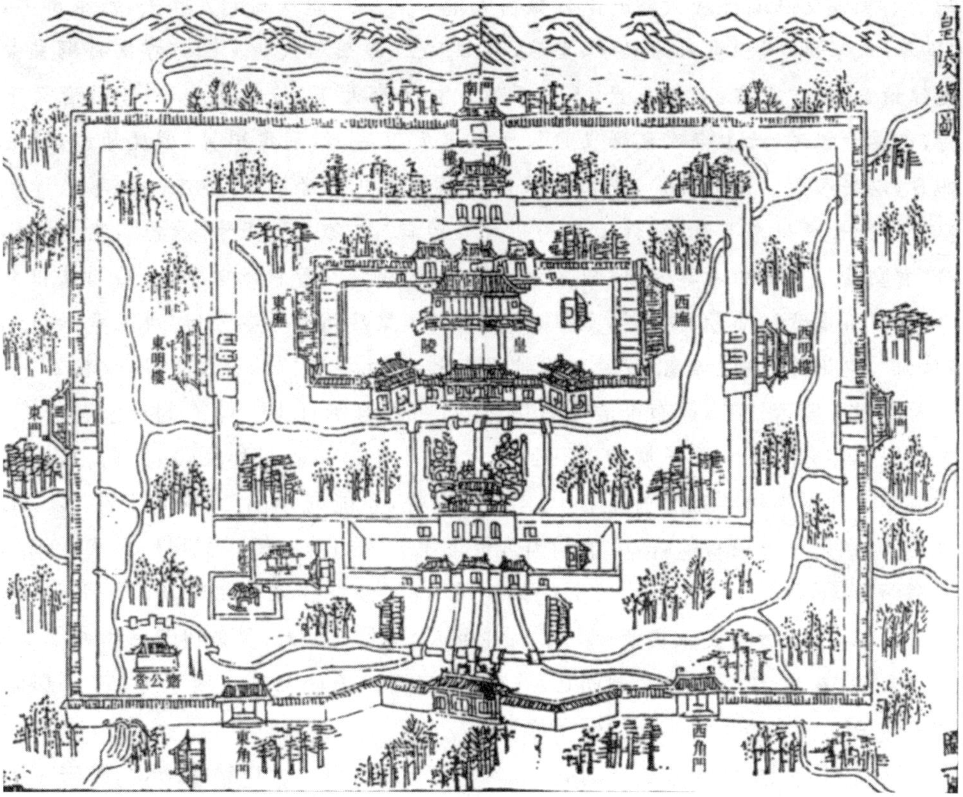

明代柳瑛《中都志》中的《明皇陵总图》

○ 凤阳明皇陵的第二次营建——洪武元年(1368)三月～洪武二年(1369)五月

从凤阳明皇陵的第一次营建过程中我们可以看出，当时称为吴王的朱元璋之底气不是太足。吴王，叫起来很好听是个王，但说白了，还是“小明王”底下的臣子，离皇帝还有一定的距离；更让他如鲠在喉的是东边那个自称为“诚王”的张士诚一直在跟他较着劲；加上自己的父母活着时都是社会底层的草根，转眼之间要上升为贵不可言的皇帝与皇后，这多少让人感觉，是不是有点不靠谱？古训云：名不正言不顺，树大招风，所以在开国前的第一次凤阳皇陵营建时，朱元璋只能下令，相对简单地修缮一番。

可这样的情况到了半年后就发生了大变，先是朱元璋调集徐达、常遇春等率领诸路兵马于吴元年(1367)九月攻灭了东吴张士诚政权，实现了南方地区大体上的统一。随后的洪武元年(1368)正月，由凤阳乡下的放牛娃、游方僧人“蜕变”而来的朱圣人在应天城开国称帝，定国号为大明，建元洪武。就在乙亥日开国那天，洪武帝亲率满朝文武前往应天城的南郊祭告天地。回来时他专门上太庙去,敬奉神主,“追尊(朱家)四代祖考妣为皇帝、皇后,奉上玉宝、玉册”,其册文曰:“孝玄孙嗣皇帝元璋稽首,顿首上言:尊敬先世,人之至情。祖父有天下,传之于子孙;子孙有天下者,追尊于祖考,此古今人之通义也!元璋遇天下兵起,躬擐甲胄,调度师旅,戡定四方,以安人民。土地日广,皆祖宗深仁厚德所致也!诸臣庶(多次)推,尊元璋为皇帝。先世考妣未有称号,谨上皇高祖考尊号曰‘玄皇帝’,庙号‘德祖’,皇高祖妣曰‘玄皇后’;皇曾祖考尊号曰‘恒皇帝’,庙号‘懿祖’,皇曾祖妣曰‘恒皇后’;皇祖考尊号曰‘裕皇帝’,庙号‘熙祖’,皇祖妣王氏曰‘裕皇后’;皇考尊号曰‘淳皇帝’,庙号‘仁祖’,皇妣陈氏曰‘淳皇后’。伏惟神明在上,鉴此孝思!”(《明太祖实录》卷29)

由当今皇帝钦定,还有谁敢不认可,昔日穷困潦倒且土得掉渣的朱家老爷爷、老奶奶们在名分上一下子从地下升到了天上,不是皇帝就是皇后,由此而言,他们的坟茔也理所当然要来个升级换代。只有这样,才能显示出“玄孙嗣皇帝(朱)元璋”之大孝啊!也只有这样,才能与当今天下第一人的身份相匹配啊!洪武元年三月癸酉日,刚刚登上大位还没几天的朱元璋“遣官致祭临濠仁祖陵及淮川之神,命以太牢祀三皇”(《明太祖实录》卷31);并令人“姑积土厚封,势若冈阜。树以名木,列以石人、石兽,以备山陵之制而已”。(【明】郎瑛:《七修类稿·国事类》卷7)凤阳明皇陵第二次营造工程由此拉开了序幕。

而就在凤阳皇陵修建的同时,朱元璋内心却波澜起伏,思绪滚滚,当年朱家罹难时的悲惨情景时不时地浮现在自己的眼前,他一边哭一边述说,著名文臣危素受命笔录、润色,最终撰成《皇陵碑文》。碑文写好后,洪武帝“命左丞相宣国公李善长诣陵立碑”。(《明太祖实录》卷39)

皇陵在修建、陵碑文也已撰好,但这样高档次的陵墓不能没个好名号?有人看出了问题。洪武二年(1369)二月丁丑日,专门负责朝廷礼仪、祭祀、宴餐等方面活动的大臣礼部尚书崔亮向洪武帝上请:“历代帝陵都有名号,现在皇帝陛下的尊父仁祖皇帝(实际上并没有这样一个皇帝,是朱元璋称帝后对他父亲追尊的尊号)的陵寝也应该加个尊号才是啊!”朱元璋略加思索了一番,说道:“那就叫做‘英陵’吧!”崔亮听后随即又上请洪武皇帝,让专门掌管大明祭祀的礼乐机构——太常寺举行一个像样的告祭礼。

告祭礼一般是在国家有什么大事的情况下才会举行,太常博士孙吾与对崔亮的说法并不认可,他说:“山陵之制,莫备于汉。大凡人主即位后的第二年就要进行陵墓工程建设,且要将天下税收的三分之一用于这个方面。譬如说汉文帝时造的‘霸(灞)陵’,就是以北山石为椁,那时文帝还在位,难道就有以‘霸(灞)陵’之号来举行祭告之礼吗？唐太宗的陵墓名号为'昭陵'，那也是定在长孙皇后与其合葬之后的了。武则天最后合葬于'乾陵'，而'乾陵'之名可能最早定在唐高宗下葬之日。由此而言，汉唐之际皇帝与皇后陵寝绝无两个名号，其祭告之礼也绝不会有的。崔尚书所说的可能涉及庙号与陵号两个不同的概念：庙号是专门给刚刚驾崩了的大行皇帝取的，因此说不能不举行祭告之礼，也不能不写入祭告之册，告之于神明；但陵号就不同了，陵寝的名号一般是后来帝王加上去的，目的在于祭祀时好识别先帝陵寝，所以历代王朝一般都不举行什么陵号祭告之礼的。现在对于英陵的尊号，礼部尚书崔亮说要举办什么祭告之礼，小臣以为不合礼制，恳请皇帝陛下罢黜其说。"崔亮听到这里，不干了。他立即向洪武帝禀告说："陛下，给山陵上尊号，这是对仙逝祖先莫大的尊重。考察历代典礼制度，东汉光武帝曾为先陵上'昌'之尊号，宋太祖曾为高祖陵上'钦'之尊号，为曾祖陵上'康'之尊号，为祖陵上'定'之尊号，为考陵上'安'之尊号。由此而言，大凡创业之君隆尊其父辈祖先的，就必定会尊崇其陵。既然尊崇其陵，就必然会行祭告之礼。再从人之常情而言，给先帝陵加尊号却又不行告知之礼，这合乎人间情理吗？小臣以为，只有告知了，才算合情又合理，才像个孝子贤孙所应该做的。"听到这里，朝堂上的众臣纷纷附和起来，都说应该举行祭告之礼。朱元璋当即拍板，祭告礼等英陵碑落成后就叫礼部派太常寺官员去举办。(《明太祖实录》卷 39)

从明代官史的这等记载来看，明皇陵最初还不叫这个名，而是叫做明英陵。但到了洪武二年五月甲午日，朱元璋却突然将原来的"英陵"改为"皇陵"。这是为何？(《明太祖实录》卷 42)

据凤阳当地人的解释：改名为皇陵，即"皇家陵园"的意思。朱元璋这样改名是为了强调其父朱五四已不再是乡间草民而是皇帝了，从而达到抬高其陵寝之作用与地位的目的。但更深层次的解释可能不仅仅是这样。在中国传统文化典籍里头就有："祭王父曰皇祖考，王母曰皇祖妣，父曰皇考，母曰皇妣，夫曰皇辟。"这话的意思是讲，在周朝礼制中，周天子死叫做崩，诸侯死叫做薨，大夫死叫做卒，士死叫做不禄，庶人死才叫做死……祭祀祖父称皇祖考，祭祀祖母称皇祖妣，祭祀父亲称皇考，祭祀母亲称皇妣，祭祀丈夫称皇辟。(《礼记译注·曲礼下》第 2，上海古籍出版社 1997 年 4 月第 1 版，P67)凤阳朱家陵墓里葬着的朱五四夫妇对于大明天子朱元璋来说，当然要称其为皇考和皇妣了，而无论是皇考还是皇妣，都是生人对于前代亡亲的尊称，因此将陵寝名号由"英陵"改为皇陵似乎显得更为恰切，也更能彰显孝子朱元璋的浓浓孝敬之意！另据后来修成的明祖陵来看，在陵名的命名上，朱元璋同样采纳了"祭王父曰皇祖考"之说法而定其名为祖陵。(《明太祖实录》卷 179)

由上述朱元璋二修明皇陵的经过来看，他花足了心思、投入了相当的物力、财力和精力。由此而成的明皇陵到底有哪些大的工程建设呢？

据相关人士的考证来看，主要有：再次增大坟茔，广植名贵树木，竖立石像生和皇陵碑及修筑陵寝正殿与陵园城墙。（参见夏玉润：《朱元璋与凤阳》，黄山书社2003年12月第1版，P363）

○ 凤阳明皇陵的第三次营建——洪武八年十月～洪武十二年五月

人们常说：贫寒之家多出孝子。这话要是套在朱元璋头上，恐怕是再合适不过了。也许正是因为自己一路走来走得太艰辛了，他才会充分体悟到当年自己父母的困顿与苦难；也许正是因为父母的早亡与亲人间过早的生离死别，他才会越发想念自己的父母亲。洪武二年四月的一天，洪武帝朱元璋稍稍有点闲暇，就跟身边的侍臣聊天，不知不觉怎么聊到了中医上的吮痈。吮痈，用现代汉语来表达，就是用嘴吸痈疽的浓血以祛毒。这种事在过去常发生在父母亲有病了，子女为表达自己的孝道就"奋不顾身"地吮痈了。朱元璋听后颇为感慨地说道："朕尝思人子于其亲一体而分者也，思念之笃，精诚之至，必相感通。"（《明太祖实录》卷41）随后他讲了一则自己亲历的事情。

刚参加郭子兴红巾军时，朱元璋因为为人乖巧、作战勇敢，又甚为郭元帅喜欢，在与元兵交战中多数取胜，由此朱公子名声远扬。元兵为了报复，到处打听朱元璋家人的情况。但当时的朱家人差不多死绝了，实施报复几乎不可能了。这时有人探得了朱元璋母亲坟茔的信息，元兵立即予以开挖，尸骨遗骸弄得到处都是。后来朱元璋得讯后赶了回去收拾母亲的遗骸，但不知怎么的就发现少了一根手指骨，于是拼命地在坟墓四周寻找，找啊找，最后终于找到了一根手指骨。一根小骨头凭什么说就是母亲的？朱元璋想起了民间的"滴血认亲"之法，当即咬破了自己的手指，将血滴在尸骨上。要是发现血能渗透到尸骨里头的，说明两者之间存在着血亲关系；要是血不能渗透到尸骨的，那就说明双方之间没什么亲缘关系。朱元璋如法炮制，结果发现自己的血居然融入了那根小指骨里头。由此他不无感慨地说道："乃知亲之气血相感如是，与他人自不同也。"（《明太祖实录》卷41）

除去迷信与神话，从上述中我们可以看出，朱元璋对父母的思念之情与孝敬确实不同于一般人。再说皇陵第二次修建完成后，虽然有了像样、气派的祭祀父母之陵园了，但要是管理和保护不力的话，那什么都是白搭的。于是在洪武二年五月明皇陵正式定名的那一天，朱元璋就下令设立皇陵卫，让人专门负责看管和保卫皇陵（《明太祖实录》卷42），并规定相关人员必须严格按时祭祀。另外，他还每隔一段时间派遣自己的皇太子朱标与秦王朱樉等专程前往临濠，来祭奠皇陵，(《明太祖实录》卷 71;《明太祖实录》卷 98)并谆谆告诫他们："吾祖宗去世既远，吾父母又相继早亡，每念劬劳鞠育之恩，惟有感痛而已。今日虽尊为天子，富有四海，欲致敬尽孝，为一日之奉，不可得矣，哀慕之情，昊天罔极。今凤阳陵寝所在，特命尔等躬诣致祭，以代朕行。孔子曰：'事死如事生，事亡如事存。'尔等敬之！"说到这里，朱元璋老泪纵横，"因悲咽不自胜，太子诸王皆感泣"。(《明太祖实录》卷 98)

事情做到这一步该差不多了？不，朱皇帝觉得还不够。洪武七年六月他专门成立了皇陵祠祭署，任命"汪文为署令，刘英为署丞，专典祀事"(《明太祖实录》卷 90)，并钦定皇陵祠祭署官员的品秩，"署令"(洪武后期改名为奉祀)为从仕郎，即文官从七品；"署丞"(洪武后期改名为祀丞)为从八品。我们将之换成大白话来说：不就是看坟的吗？干吗要将他们的官秩定到县处级官员那么高？这除了表示洪武帝的孝道外，还有什么其他方面的缘由？

这就要从朱元璋与汪文、刘英等老家乡亲的特殊关系讲起。

汪文与刘英是表兄弟关系，汪文原本不姓汪，姓曹，他的父亲叫曹均，母亲才姓汪，即明初开国时朱元璋经常挂在嘴边的"汪氏老母"或称"汪母"。《皇陵碑》中就有"值天无雨，遗蝗腾翔；里人缺食，草木为粮。予亦何有，心惊若狂；乃与兄计，如何是常？兄云去此，各度凶荒；兄为我哭，我为兄伤；皇天白日，泣断心肠；兄弟异路，哀恸遥苍。汪氏老母，为我筹量；遣子相送，备醴馨香；空门礼佛，出入僧房"。(【明】朱元璋：《高皇帝御制文集·皇陵碑》卷 14)由此可以说，汪母乃是当年朱元璋的救命恩人，要不是她出点子让他上皇觉寺去当和尚，恐怕当时的朱家人就全死了。所以后来朱元璋一辈子都记得汪氏老母的好。汪氏是朱家的邻居，丈夫曹均早亡，所以少年时代的朱元璋可能不一定记得曹均什么事。但曹均与汪氏生育的三个儿子，他们都与朱元璋岁数差不多，且关系也不错。曹家三兄弟原本都姓曹，后来跟随"朱圣人"出来"闹革命"了。其中的老二跟朱元璋走得更近一点，念及曹家三兄弟母亲汪氏的救命之恩，洪武帝后来就赐予老二曹秀之大名为"汪文"。(王剑英：《明中都研究》，中华书局 1992 年 5 月第 1 版，P109;【明】袁文新：《凤阳新书》卷 2)

与汪文为表兄弟的刘英也是一个与朱皇帝有着非同一般关系的特殊人物。刘英的父亲叫刘继祖，又名刘大秀，叔叔叫刘德，《皇陵碑》里边都提到了："昔我父王，寓居是方；农桑艰辛，朝夕彷徨。俄尔天灾流行，眷属罹殃，皇考终而六十有四，皇妣五十有九而亡。孟兄先逝，合家守丧；田主(刘)德不我顾，呼叱昂昂。既不得与葬地，邻里惆怅；忽伊郑兄之慷慨，惠此黄壤。"(【明】朱元璋：《高皇帝御制文集·皇陵碑》卷 14)这里头就讲到了朱家罹难、窘迫之际，朱元璋兄弟曾向田主刘德讨要一小块土地来下葬他们的父母亲，没想到招来了一顿臭骂。但出乎意料的是田主刘德的哥哥刘继祖与其妻子娄氏却主动出来相助，“惠此黄壤”，使得朱元璋兄弟总算有个地方下葬了父母。

朱元璋参加红巾军起义的第二年，刘继祖夫妇相继病逝，留下了一个无依无靠的儿子刘英（当时还没这个名字）。刘英听说小兄弟朱重八在濠州城内的起义军里当了个什么“镇抚”官，就赶来投奔了。朱元璋见到发小就激动不已，不停地说道：“吾故人至矣！”并随即问起刘家两位长辈恩人近况可好？当听说他们双双过世的消息后，他顿时就“惨怛动容”，解下自己身上的佩剑赐给刘英，让他从此当他的贴身护卫。

再说当时的刘英连个大名都没有，就像朱元璋投军时叫朱重八一样，他充其量也就叫个××狗啊或猫啊。朱元璋听了觉得他的名字太土了，有一天乘着刘英与表兄弟汪文在一起的时候，就问刘英：“你年纪也不小了，叫什么来着？没什么大名、雅名？”刘英说：“没人给我取呀！”听到这里，朱元璋立即赐名“刘英”。说完转过头去对着曹秀即后来的汪文，问道：“你叫什么曹秀？你的表兄弟刘英他爸叫刘继祖，字大秀。这个秀，那个秀，岂不乱了辈分了？甚为不妥！”说到这里，朱元璋略微停顿一下，然后脱口而出：“你就叫汪文吧！”

刘、汪两家小兄弟连名字都由朱元璋来起，由此可见朱元璋对于当年恩人家的人和好乡邻可谓是关爱有加，心里挂记着。至正二十六年（1366）朱元璋军渡江开辟江南根据地，许多人出来请缨，主动要求上前线杀敌。见此，刘英也热血沸腾，向朱家老哥儿提出了相似的要求，没想到朱元璋不同意，理由是：我不想让恩人家的人和好乡邻去冒冲锋陷阵的危险。就这样，刘英当护卫一当就是十余年。（【明】袁文新：《凤阳新书》卷7）

洪武七年，朱元璋决定成立皇陵祠祭署，这是明代最早设置的皇家帝陵祭祀机构，专门负责陵墓祭扫。主事者不仅可以“全免粮差”，还可以在祭祀过程中揩揩油、捞点实惠，就连朱元璋也曾说道：“将的猪来，祭了吃了猪去；将的羊来，祭了吃了羊去。”再说皇陵祠祭署的署令和署丞都是七、八品县处级朝廷官，这样的美差一般人连做梦都做不来，朱元璋将它们赐给了当年朱家大恩人的后代汪文和刘英，并专门为此下了敕文，其文说道：“古今名爵，奔走天下豪杰者，愚夫未达，以其不知其志，罔识其意焉。朕本农夫，家贫，丧父母，身当幼冲，百无所措，幸邻人汪姓者保护之；无地可葬，幸刘姓者惠以葬地，以安神灵。及壮，可以作为。元天下乱，乘时得人，岁久众集，所以定群雄，平祸乱，臣民推戴为天下君。上尊四代为帝，坟称皇陵，以报劬劳，此历代必然之理。其设官尤重。所以重者，保山陵奉香火也。于此之职，朕犹未官。今汪、刘姓氏者，见勤农于乡里，其人尚未立名，特赐之以名曰文、英，敕授从仕郎，署令卫护皇陵。于戏！古者帝王以六行教人。尔善其一，尚逢如是，况备行者乎？尔文、英可谨遵朕命，以传永久，以励后人。宜行，准此。”（【明】袁文新：《凤阳新书》卷7）

朱元璋不仅对汪、刘两家的同辈兄弟恩遇隆隆，而且还对其子孙后代倍加呵护以及在政治与精神层面抬高两家的地位。洪武七年六月，朱元璋听说汪文儿子汪伦、刘英儿子刘鉴少年初长成，当即令人将他们送到南京国子监来读书，且“日给精脯，冬夏给衣布等物”（【明】袁文新：《凤阳新书》卷2）。洪武十一年五月，朱元璋又突然惦记起汪、刘两家恩人来，特命刘继祖夫妇、汪氏老母和赵氏干娘等配享明皇陵陵主淳皇帝朱五四夫妇，让人四时祭祀，享受人世间最高的礼遇。同年九月追封刘继祖为义惠侯、其妻娄氏为义惠侯夫人。（《明太祖实录》卷110）

除了汪、刘两家外，朱元璋还曾召集了几十户的乡邻做明皇陵的陵户，且在后来不断地扩大陵户范围，“洪武十一年，奉旨：精清钟离土著旧民三千三百二十四户，编为陵户，分为六十四社。（每社）五十户，以一人为长。每户拨田地一庄，供办皇陵每岁时节祭祀，全免粮差”。（【明】袁文新：《凤阳新书》卷5）到了洪武十六年时，全免粮差的范围开始大大地扩大。那年三月丙寅日，朱元璋跟大明户部官当面指示：“凤阳朕故乡，皇陵在焉。昔汉高帝生于丰，起于沛，既成帝业，而丰沛之民，终汉世受惠。朕今永免凤阳、临淮二县税粮、徭役，宜榜谕其民，使知朕意。”（《明太祖实录》卷153）

上文中3 324陵户，合计大约有人口16 600人。这哪是陵户，简直就是皇陵大军啊！朱元璋将皇陵陵户队伍这般做大做强的目的，我想可能主要有以下三个：第一，表达自己的孝义。这一点在我们当代社会里还能看到，尤其在广东、福建一带，家里长辈老人死了，做子女的要哭灵送终暂且不说，他们还往往出钱雇佣一大批人穿上丧服，组成浩浩荡荡的哭灵队伍，其哭闹之声响彻云霄。笔者初见不识（我们江浙人讲究实际），当地人解释说：哭闹场面越大表明子孙越孝，至于家里长辈老人活着时，小辈们对他（们）孝不孝，就无人过问了，因为我们国人最讲面子上的事情。第二，显示被祭祀者的后代子孙身份显贵。想当年朱五四夫妇死时，朱家家徒四壁，这还不仅仅是穷的问题，更多的是显现出朱氏家族子孙的困顿和卑微。现在那个朱重八可大发特发了，不好好地搞一搞大场面，还等待何时？第三，组织好陵户队伍就地看好朱家陵园，就等于守住了大明龙脉。这一点在元至正二十六年四月朱元璋第一次回乡时召集包括汪文、刘英两家在内的20户乡邻时就曾说到：“乡里亲戚爱厚者，惟足下二人（指汪文和刘英）！先世陵墓所在，吾岂敢忘？但国家事重，不得不归耳，公等善为我守视。”（《明太祖实录》卷20）“公等善为我守视”换成现代汉语就是，拜托诸位为我朱某人守好朱家坟茔！再看“永免凤阳、临淮二县税粮、徭役”，无非是让“红太阳”升起的地方的人们感受“阳光”之温暖，从本质上而言就是牢牢稳固大明帝国之“根本”、朱家龙脉之所在。

设立皇陵卫，专门担当起看管和保卫皇陵之工作；成立皇陵祠祭署，委任最为亲善的乡人亲邻负责从事专业的皇陵祭祀活动，且不断地扩大陵户队伍和“永免凤阳、临淮二县税粮、徭役”，等等。这般举措实施到了洪武八年时朱元璋忽然发现了问题：原来自洪武二年（1369）九月大明天子决定以临濠为中都起，凤阳中都巨型工程建设就此拉开了序幕（《明太祖实录》卷85）。经过6年的营建，一座气势恢宏、崇楼豪阁的凤阳中都城突兀在淮河南岸的乡间旮旯里，再远远望去就是不久以前二次营建完成的明皇陵。两者相比，后者显得局促、小气，哪有什么皇家建筑气势！

洪武八年四月朱元璋为中都建设专程回了一次老家凤阳，这也可能是他第二次回家乡了。四月是他父母的忌日，朱皇帝这回是亲自祭奠了父母（《明太祖实录》卷99）。但当他祭完父母和视察完中都回到南京后没几天，就突然宣布停建中都城。由此也联想到了二次营建的皇陵，觉得其与中都无论在布局、规模还是在格调、层次上都不相称，于是于洪武八年十月，正式下令开始对明皇陵进行第三次改建，即“筑凤阳皇陵城”（《明太祖实录》卷101）；洪武十一年四月，“重建皇陵碑。上以前所建碑恐儒臣有文饰，至是，复亲制文，命江阴侯吴良督工刻之”（《明太祖实录》卷118）；洪武十二年闰五月丁巳日，“皇陵祭殿成，命称曰‘皇堂’”（《明太祖实录》卷125）。祭殿即为享殿，是明皇陵的正殿，它的建成表示明皇陵主体工程建设已大功告成。

○ 凤阳明皇陵的规模与布局

从元至正二十六年（1366）到洪武十二年（1379）断断续续共计13年的时间，朱元璋花费了巨大的物力、财力与人力前后3次对明皇陵进行了营建。那么，由此建造起来的明皇陵到底有着怎么的规模与格局？

据现有的史料与凤阳当地的实地考古可知，明皇陵与明中都、明南京城（外廓城不计算在内）一样，共由3道城组成，即朱元璋开创建制的“三环相套”的都城建设模式。最外一道叫做“土城”，中间一道叫砖城，最里边一道叫皇城。明皇陵正门在北，整个皇陵坐南朝北，与传统陵寝的坐北朝南整个倒了个儿。这既是当年朱五四夫妇离世时生活陷入绝境的朱家人不得已而为之的事情，又是事后害怕泄了龙气而不敢改葬的无奈选择。所以说皇陵的三次营建主要可做的“文章”范围就在朱元璋父母坟茔的四周了。让我们以一个考古旅游者的身份来一一考察它们吧。

第一道城——土城是前往皇陵祭祀的官员和陪祭人士的驻马休息处。一般来说，祭祀的前一天晚上，祭祀官员与陪祭人士就得准备好，先上土城外的铺舍和外直房等候半夜祭祀。在进入陵区前先派人将名单递上去，以便检查。随后穿过植满松柏等名贵树木的神路，来到皇陵土城正门即正红门前下马慢行。因为其旁立有 2 块下马碑，碑的正反两面上刻有"官员人等至此下马！"再由正红门的券门进入，继续南行，穿越红桥、中门、红门、穿堂、正殿及棂星门等，就可来到皇陵的第二道城外的官厅和直房内守候，等到夜里子时（23 点～1 点）时才可上砖城的正门——明楼前准备进入。

整个土城的建筑设施有：土城即最外一道城，其周长 28 里即 14 公里，"44 社人户轮流直守，拨设皇陵卫巡绰"；正红门 3 座，在北，向东北；神路长 3 里，"傍植松柏，路达都城，亦设本卫巡守"；东西角门 2 座；官厅 2 座，即为祠祭署衙门；东、西、南门各 3 间；东、西、南门外直房各一间；下马牌 8 座，在四门外；铺舍 13 座；在土城东北角内有大水关 1 座，水从此流出进入淮河，小水关 19 座。皇堂桥 1 座，在大水关之北；外直房 40 间，在东角门外，于各衙门陪祭官驻马处。（【明】袁文新：《凤阳新书》卷 4）

第二道城——砖城是皇陵祭祀的预备区。由土城进入的祭祀官员们来到砖城的正门——明楼，明楼正对着神道。神道是皇家专用的，一般祭祀官员都不得在此行走，只能走边上的便道。在这一段神道东侧分布着混堂、直房、厢房、左右庑、膳厨、寝殿、鼓房、神库、神厨等，此处还有左右对称的石像生。

砖城内外的主要建筑设施有：内外都有砖砌而成的砖城 1 座，高 2 丈，周长 6 里多，开 4 门，各门上都有楼；城楼 4 门 4 座，5 间，重檐；具服殿 6 间；膳厨 2 间；官厅 6 间；直房：4 门直房左右各 5 间，棂星门外直房左右各 11 间；棂星门 3 座，绿琉璃瓦；红桥 5 座。在北城门外东有 1 座神厨，有 20 家厨役人户直守，其中有 1 门，神库南北各 5 间，旧房 5 间，天池 1 口，鼓房 1 间，"遇祭支更"。在离北城门东北 11 里处有 1 座斋宫，其中有正殿 5 间，穿堂 3 间，寝殿 5 间，膳厨 5 间，左、右庑各 5 间，红门 3 间，厢房东西各 5 间，角门 2 座，东、西直房各 3 间，红桥 3 座。在离北城门东北 2 里之处有混堂 1 座，其中正房 5 间，水池 2 座，等等。（【明】袁文新：《凤阳新书》卷 4）

第三道城——皇城是皇陵祭祀区，也是皇陵最为核心的部分。祭祀官员通过砖城神道边上的便道，步行数分钟便可到达朱元璋御制的皇陵碑和无字碑，再前行一些，就是皇城的正门——金门。穿过金门展示在眼前的就是皇陵正殿——享殿，即为祭祀朱元璋父母的核心活动场所。享殿左右连接东庑和西庑，左侧还有燎炉1座。祭祀完毕后继续向前，便可到达皇陵陵主之墓地了。

整个皇城都由砖垒砌而成，高2丈，周长75丈5尺，红土泥饰，其内外主要建筑有：金门5间；左、右庑各11间；燎炉1座；左、右角门2座；后红门5座；左、右碑亭2座，御桥5座；华表和石像生共计36对（但也有说是32对，31对或28对，现有独角兽2对，石狮8对，华表2对，石马与控马官6对，石虎4对，石羊4对，文臣2对，武将2对，宫人2对），在北城门内，“两旁直抵金门外御桥北”。“以上俱黄琉璃瓦，青碧彩绘，20家人户轮流直守。”（【明】袁文新：《凤阳新书》卷4；【明】柳瑛：《中都志》）

上述就是明皇陵的建筑规模与大体布局。当你穿越历史巡视一回这座明初第一陵时，可能要为眼前的景象所惊叹和慑服：规模恢弘与金碧辉煌的皇陵建筑被数十万株郁郁葱葱的名贵树木所笼罩着，青黄相间，一片肃穆森严。这不仅仅是当年朱元璋表达孝道和教化后人的特殊场所，也是大明留给后人的珍贵文化遗产。

○ 凤阳明皇陵的历史沧桑

可就是这样珍贵的文化遗产却在后来的历史中几遭破坏甚至是灭顶之灾。明皇陵遭受这样的不堪命运，首先应该归咎于永乐迁都后统治者的不重视。

由于自身从小是在凤阳乡下度过的，朱元璋对父母和家乡充满了感情。正因为如此，在他无微不至的关怀下，明皇陵在洪武时期经历了3次营造才成为规模宏大的一代帝陵。就在这过程中，除了有关机构举行常规性的祭祀外，朱元璋还曾前后3次躬祭皇陵，即至正二十六四月、洪武四年二月和洪武八年四月，其中在最后这次躬祭祭文中他这样说道：“思往昔之艰难，痛今朝之忌日，音容杳绝三十二年，罔极之恩，何从以报，谨献牲醴于陵下，伏惟昭鉴。”（《明太祖实录》卷99）生死两别，音信隔绝，回想往日生活的艰辛，朱元璋悲恸不已、伤心之至。这样的情感是任何人都难以完全理解的。由此，他不下4次派遣皇太子朱标及秦王朱樉等亲王前往凤阳祭陵，即吴元年十月（《明太祖实录》卷26）、洪武五年正月（《明太祖实录》卷71）、洪武八年三月（《明太祖实录》卷98），洪武十一年二月（《明太祖实录》卷117）。像这样由皇帝、皇太子和亲王出面的高级别多次祭祀皇陵活动在明朝历代中也就洪武一朝了。

见此可能有人要说，不对，永乐帝不是4次躬祭，超过了洪武帝朱元璋？我们不妨来看看永乐皇帝4次躬祭都发生在什么时候？

第一次是在永乐七年二月，皇帝朱棣打着“巡狩”旗号，开始第一次北巡，实为驾崩了的徐皇后寻找归宿地和他未来迁都做准备。就在这北行途中他顺路驻跸凤阳，祭奠皇陵，并大赏陵区陵户和工作人员及当地的土著居民，好似自己是地地道道的明太祖孝子和钦定“接班人”似的。(《明太宗实录》卷88)

第二次是在永乐十一年二月，北京天寿山陵建成，徐皇后灵柩开始北运。(《明太宗实录》卷136)永乐皇帝又打着天子“狩巡”的旗号，从南京出发前往北京，实为就近解决北疆蒙古问题和大规模开建与“四方远夷无不臣服”的“永乐盛世”相匹配的新都城北京。(详见笔者《大明帝国》系列之⑧《永乐帝卷》下)也就在这次北巡的途中，他第二次顺路拜谒了凤阳皇陵，且故伎重演，大赏凤阳当地耆民。(《明太宗实录》卷137)

第三次是在永乐十四年十月，朱棣接到密报，上面写道：当年主动打开金川门归降自己的十八皇弟朱橞家藏有他的老冤家“建文帝”(《明太宗实录》卷178)，谷王想以此作为谋反的“大旗”。如芒在背的永乐帝赶回南方，就在这次途中，“车驾次凤阳，亲祀皇陵，赐耆民酒肉”。(《明太宗实录》卷181)

第四次是在永乐十五年三月，朱棣再次“以巡狩”为名北上，实为开启大规模建造大明新都和快速迁都做努力。四月丁巳朔，“车驾次凤阳，亲祀皇陵。是日享太庙，命皇太子行礼”。(《明太宗实录》卷187)

从上述中我们不难看出，永乐朝皇帝4次躬祭都是“烧香看和尚”——顺路，哪有洪武帝那般诚心诚意，时时挂记。即使快到生命终点、行将就木时，朱元璋还不停地念叨着家乡皇陵与父母亲等。洪武三十一年四月己丑日(离驾崩只有1月了)，洪武帝亲祭南京明皇宫太庙。祭祀完毕出来，他走走又回过头去看看，几乎走一步停三步，忽然间他好像有什么大发现似地指着路边的桐梓，跟随行的太常寺官员感慨道：“往年种此，今不觉成林，凤阳陵树当亦似此。”说到这里他“感怆泣下”，停了好一阵子，才继续说：“昔太庙始成，迁主就室。礼毕，朕退而休息，梦朕皇考呼曰：‘西南有警。’觉即视朝，果得边报。祖考神明昭临在上，无时不存。尔等掌祭祀，宜加敬慎，旦暮中使供洒扫奉神主，恐有不虔，当以时省视，务宜斋洁，以安神灵。”(《明太祖实录》卷257)由此可见，朱元璋的“孝”是真正的孝，正如民间常言：贫寒出孝子！因此说，他给自己与马皇后的陵墓取名为“孝陵”是名副其实的。这一点要比推翻父皇“既定方针”、破坏“祖制”、篡夺帝位和视父皇所都南京为敝屣但又自我标榜为“孝子”的朱棣不知要强出多少倍！

虽说“乱臣贼子”朱棣上台后也曾多次躬祭明皇陵与明祖陵，但他这样做的目的更多与其篡位上台后做贼心虚有关。老爷子在位时，朱棣伪装成“好儿子”“乖乖孩”；等到老爷子一躺下，他就立即“靖难”造反，灭人“十族”，挖人祖坟，活剥人皮、轮奸女人……将洪武帝开创之江山弄得血流成河，就连老朱皇帝钦定的接班人——大明合法皇帝朱允炆也给搞得下落不明。如此这般，即使天不怒，地不怨，但大明皇家——朱家的老祖宗们会开心吗？地下老祖宗要是不开心，就得有空没空地给他们多祭祀祭祀，多烧些纸钱。我们中国人最讲究实惠，死人也一样，就像民间愚夫俗妇暴发后给祖先修造豪华坟墓、多烧些金纸做的漂亮"小姐"一般，几乎乏善可陈。

其实朱棣的恶劣影响远不止这些。由于永乐后期迁都北京，大明皇家远离南方，自然拉开了与朱家祖宗的距离；加上皇家子孙后代深居内宫和养尊处优，缺乏对太祖皇帝及其祖上所经历的艰辛人生的理解，因而也就对皇陵与祖陵的祭祀与管理不予太多的重视。朱棣儿子明仁宗朱高炽出生于凤阳，对家乡尚有一定的感情，他在当皇太子时曾一度祭祀过皇陵。后来当上皇帝，时间很短，且身体不好，行动不便，不过即使这样，他还在洪熙元年三月"命皇太子（朱瞻基）往祭皇陵、孝陵，就留守南京"。（《明仁宗实录》卷 8）可哪知大明皇家这位公子哥儿压根儿就没上凤阳，而是直奔南京。（《明宣宗实录》卷 1）从此大明历史上再也没有皇帝、皇太子躬祭皇陵这等事，剩下的只有皇帝遣使祭祀与常规性祭祀了。

没了皇帝、皇太子躬祭，明皇陵、明祖陵的实际地位大为下降，但这还不打紧。问题的关键是由于风雨、雷电、地震等自然灾害的侵袭和腐蚀，甚至还有管理不善的因素，自明宣德以后，明皇陵、明中都和明祖陵等明初皇家建筑开始不断出现问题。而在明朝统治者看来，相比于"烂尾工程"明中都，明皇陵可谓至关重要了，因为它是大明帝国龙脉之所在，所以修缮皇陵等很早起就形成了一套制度。《大明会典·山陵》中明确写道："若泗州祖陵、凤阳皇陵、南京孝陵遇有修理，皆隶南京工部。"这是讲具体负责修缮工程的主管衙门为南京工部，但要不要修，是大修还是小修甚至不修，这一类关键问题还得由大明天子拍板。

宣德七年六月，凤阳府上奏："皇陵正殿、皇城内外屋宇多有损坏，宜修理。"宣德帝朱瞻基表示："此不可缓！"随后"命驸马都尉赵辉修治凤阳皇陵及皇城内殿宇"，还降敕给赵辉："必敬慎小心，务坚固，不可苟且。"不过回过头来他又说："正殿宜并力修整，皇城内外屋宇少待农隙可也。"（《明宣宗实录》卷 91）

这是大明盛世时代对待皇陵与明中都的态度——相对重皇陵、轻皇城，朝廷的如此态度一直到了明中叶嘉靖时才有所改变。嘉靖十七年四月，明世宗命镇远侯顾寰挂印充总兵官，提督漕运，镇守淮安，"修理祖陵、皇陵及皇城，工成，升巡抚右都御史"。（《明世宗实录》卷 211）

不过嘉靖朝的这等做法后来并没被承袭，随着政治愈发腐败，国库财政日趋紧张，大明朝廷对于渐趋破败和毁损的明皇陵、明中都等明初皇家建筑的态度是能不修就不修，除非到了非修不可之时，也是只修“龙脉”皇陵，而弃中都不顾。由此而言，大约到明末之时，本来就是“烂尾工程”的明中都城早就破败不堪了，但明皇陵建筑整体上还是保存完好的，不曾想到就在明崇祯八年却招来了第一次灭顶之灾。

崇祯初年，全国性的农民大暴动风起云涌，响雷滚滚，云集于中原地区的农民军就可达 20 万人，且他们有随时南下的可能。面对这样的危局，时任南京兵部尚书吕维祺上“请申饬江防，凤陵单外为忧”(《明史·吕维祺传》卷 264，列传第 152)，就是说他上请朝廷赶紧派兵南下，否则的话就凤阳地方军事力量是难以抵挡农民军进攻的。崇祯帝听说大明龙脉面临着危险，就专门召开了群臣会议，讨论应对方案。当时兵部尚书张凤翼提议：让皇帝下令，叫镇守淮安的漕运总督兼巡抚的杨一鹏移军凤阳，以备来犯之敌。理性而言，这个方案十分务实、妥帖。淮安就在凤阳的边上，且漕运总督手中尚有一定的兵力，如果真的执行下去，悲剧或许就不会发生。但在这样的“国难”之际，镇守淮安的漕运总督兼巡抚的杨一鹏偏偏是个贪生怕死之人，接到崇祯皇帝的敕令后，他以身体有病为由迟迟不行。

杨一鹏之所以敢这样“抗旨”，一来他当年参加科举考试时的主考官王应熊现在可是大明礼部尚书兼东阁大学士。在那个时代这类考生与考官之间的关系很特别，他们在政治场上往往是一个派系的，否则没法混下去；二来当时凤阳巡按御史吴振缨是杨一鹏的好友，而吴振缨又是当朝内阁首辅温体仁的乌程老乡，这三者之间相互关系好着呐；三来杨一鹏当时直接的职守官衔是漕运总督兼江北四府巡抚，但他还挂着朝廷的户部尚书兼右佥都御史，地位一点也不比张凤翼低啊，凭什么要听人摆布？正因为有着这样复杂的官场人士关系与背景，崇祯帝一纸诏书等于废纸，杨一鹏优哉游哉地待在淮安，迟迟不向凤阳移兵增援。(《明史·杨一鹏传》卷 260，列传第 148)

可北方农民军却毫不含糊，崇祯八年(1635)正月，见到凤阳龙脉地区兵力空虚，他们急速南下。当时凤阳百姓与当地守军都十分痛恨贪婪暴虐的守陵太监杨泽，听到农民军南行，他们纷纷前去做向导，因而凤阳情势骤然变得极度危急。对此，中都留守司正留守朱国相、指挥使程永宁迅速召集军士，誓死保卫凤阳，并亲率兵士 300 人，自西门出发迎战农民军。哪知刚走一阵子，忽然眼前出现一片黑压压的阴霾，明军兵士以为是农民军到了，纷纷丢盔弃甲，四处逃窜。朱国相收集残兵前往瑶山，刚上去就遭遇到了农民军的先遣部队，双方就此开展血战。由于当天重雾遮日，战斗一时分不出胜负来。就在这个节骨眼上，农民军首领扫地王张一川、太平王等率领大队人马赶到，中都留守司明军兵士腹背受敌，寡不敌众，先后一一阵亡。朱国相和程永宁等41员明军将官被杀，农民军“遂攻陷凤阳，焚皇陵，烧龙兴寺，燔公私邸舍二万二千六百五十”，“杀军民数万人”。(《明史·杨一鹏传》卷260，列传第148)

农民军烧了凤阳皇陵，果然令人痛恨与揪心，但之所以出现这样的历史悲剧，不了解真相的我们当代人老喜欢将板子打在农民军身上，其实真正挑起事端的还是大明朝最高当局者。崇祯初年，李自成的农民军声势浩大，严重威胁到了明王朝的统治。在这样的情势下，以“中兴”大明为己任的崇祯帝或许秉承了其祖宗明成祖挖人祖坟的基因，居然派人专门前往陕西米脂去平李自成的祖坟，想以此来割断李氏不断腾升的未来天子之皇气。一报还一报，这下农民军攻占凤阳当然不会放过这样的复仇机会，他们杀了凤阳守陵太监，砸毁了朱元璋亲立的“第一山”碑，在朱五四夫妇的皇陵墓顶上挖了一个深穴，以泄皇气，以断龙脉。随后兵向临淮，因当地守军有备，未能攻占，当即火烧西关，引军而返。

这就是明皇陵与明中都遭受的第一次灭顶之灾或称“凤阳之变”。据事后相关人士清点，在这一场大劫难中总计“焚毁三府公署；罪宗共265名，今存174名；留守公司府厅共毁594间；焚鼓楼、龙兴寺67间；民房毁22 652间；杀官6名，失印2颗，武官失印20颗；生员杀66名；陵墙班军杀死2 284名；高墙军196名；精兵755名；操军800余名”(【明】吴伟业：《绥寇纪略·真宁恨》卷3)和“焚皇陵楼殿为尽，松300 000株，杀司香太监60余人”。(【明】谈迁：《国榷》卷94)

明皇陵与明中都遭受第二次灭顶之灾是在“凤阳之变”后的30余年，即人们经常称誉的“康熙盛世”时代。据《清实录》所载，清康熙九年、十年、十一年等连续数年“江南安庆等七府，滁州等三州连岁被水淹、蝗蝻等灾”，出现“麦禾皆死，人食树皮”的悲惨景象。饥民们为了生存纷纷外出乞讨、流浪，凤阳中都城与明皇陵昔日曾为大明皇家根本之所在，如今已经改朝换代了，还有哪个大傻子吃饱了撑着来管理一个被推翻了的王朝“龙脉”，于是经由“凤阳之变”劫后余存的那些“免费的”明朝官家建筑成了难民们最佳避难所。“康熙盛世”下的凤阳地方父母官知府张以谦目睹难民们糟蹋大明皇家建筑，但为了自己的仕途与一方“平安”也就睁一只眼闭一只眼，整个皇陵地区建筑由此破坏殆尽，只剩下石人、石兽、华表、皇陵碑等。(参见夏玉润：《朱元璋与凤阳》，黄山书社2003年12月第1版，P489)

就在明皇陵经历第二次大劫难的几乎同时，埋葬着朱元璋祖父、曾祖和高祖等人的明祖陵也遭受了灭顶之灾。这究竟是怎么一回事？事情还得从明祖陵的建造说起。

◉ 泗州(盱眙)明祖陵——大明龙脉之二

明祖陵是明初第二个建造完成的大明皇家陵寝,陵主为朱元璋的祖父、曾祖和高祖。

前面我们说过朱元璋的身世,他是家中的老小,出生时父亲朱五四已经年过不惑,这在农村里算是个小老头了。祖父朱初一在朱元璋出生前一年就离世了,按照明代王文禄等文人笔记中的说法,朱初一死在泗州即今天盱眙的杨家墩一带,且葬在了那里。而那时的朱元璋父亲朱五四与母亲陈氏可能还只为农业劳作后找乐子,展开了激烈的床上运动,而未曾想到半年之后却怀上了一条真"龙"(【明】王文禄:《龙兴慈记》)。由此说来,朱元璋与他的祖父连个面都没有见过,谈不上有什么感情,更别提他的曾祖和高祖了。

○ 朱元璋:我家爷爷、太爷爷都葬在哪儿?

朱元璋家"先世家沛,徙句容"(《明史·太祖本纪一》卷1,本纪第1),即明代人熟知的句容县通德乡朱家巷。大约是在朱元璋伯父朱五一12岁、父亲朱五四8岁时,朱家爷爷朱初一与妻子王氏带了这几个孩子离开了朱家巷,北渡长江、淮河,一直来到泗州城北的孙家岗,随即定居在那里(《明太祖实录》卷1)。由此看来,被永远"定格"在句容朱家巷的曾祖、高祖对于朱元璋来说那更是遥遥不可及。

遥遥不可及也就罢了?不,对于特别讲究孝的传统中国人来说可不能这样。孝,在中国传统社会里有着十分广泛的含义,它不仅要求做子女的和做小辈的要让父母及其长辈衣食无忧,而且还要让他们生活得幸福快乐,更应该在他们仙逝后举行隆重的祭奠和进行厚葬。这就是传统中国儒家经典中所说的"慎终追远,民德归厚矣"(《论语·学而》第一)。此话的原意是,谨慎地办理父母亲的丧事,虔诚地祭祀祖先,这样做就可以使得民众的道德风俗归于淳厚了。民众道德风俗归于淳厚,帝国统治者就能高枕无忧。朱元璋要的就是这个结果,所以人们不难看到,自洪武立国起大明开国皇帝就不遗余力地尊奉儒家为正学。洪武元年二月在遣使前往山东曲阜祭祀孔子时,朱元璋就这样说道:"仲尼之道,广大悠久,与天地相并,故后世有天下者莫不致敬尽礼,修其祀事。朕今为天下主,期在明教化以行先圣之道,今既释奠国学(这里指国子监、太学,而非当今人们瞎吹的'国学'),仍遣尔修祀事于阙里,尔其敬之!"(《明太祖实录》卷30;《明太祖宝训·尊儒术》卷2)

要求大家"慎终追远",那么你朱皇帝就更应该做出表率来呀!洪武初年在三次修建父母坟茔即明皇陵的差不多同时,朱元璋又开始准备营建祖陵了。可这祖陵应造在哪里？朱家老爷爷死后葬在盱眙的杨家墩，可杨家墩具体又在哪个位置？还有朱家的曾祖、高祖未曾渡江北上，一直待在了句容通德乡，那么他们的葬地又会在哪里呢？

据说开国之际朱元璋就曾派人上泗州去寻找当年那个道士所说的有龙气的杨家墩，可找了一大圈还是没能找到，以至于“洪武元年追上尊号，后因制祀典，号称祖陵，而未知所在”(【明】曾惟诚:《帝乡纪略·帝迹志·祖陵兴建》卷1)，即说洪武元年朱元璋称帝时由于还不知祖坟在何处，仅仅追封列祖为皇帝：皇高祖考尊号曰“玄皇帝”，庙号“德祖”，皇高祖妣曰“玄皇后”；皇曾祖考尊号曰“恒皇帝”，庙号“懿祖”，皇曾祖妣曰“恒皇后”；皇祖考尊号曰“裕皇帝”，庙号“熙祖”，皇祖妣王氏曰“裕皇后”。(《明太祖实录》卷29)

◎ 句容朱家巷谒陵闹剧：羞死了，堂堂朱圣人居然给人瞎当孙子！

贵不可言的“朱圣人”不知道祖坟在何处，这可是当年的公开秘密，只要有人能给他找出来，定会荣华富贵。中国社会中具有这样高觉悟、讲政治的民间人士还真不乏其人。忽然有一天手下有人来报，说是朱家祖坟找到了，就在句容县通德乡朱家巷。朱元璋听后信以为真，“命筑土为万岁山，有司修砌路”，然后带了文武官员前往朱家巷拜祭。

哪知朱元璋刚刚磕了第一个头，就磕出了“千古奇迹”：那个才被命名为万岁山的坟包突然开裂了，一分为二，中陷深沟，以剖白自己腹中无龙祖之尸骨。这下可把朱元璋给惹火了。这哪是朱家祖坟呀，若是，怎么经不起一拜？更何况朱圣人如此兴师动众地前来祭祀，岂不是平白无故地给人家瞎当孙子？这事传出去了，岂不让世人笑掉大牙！朱元璋当场火冒三丈，“重罚言者”。(【明】曾惟诚:《帝乡纪略·帝迹志·祖陵兴建》卷1)

由此看来，要想在句容再找到祖坟似乎是不太可能了。朱元璋冥思苦想，忽然有一天他想起了二姐曾经说过，爷爷朱初一的墓就在泗州，“相传皇姑(朱二姐)指记裙边之处，即旧陵嘴也”。那么具体在什么位置？朱元璋只记得好像在泗州城西的河边某个地方，就是不知其确切的位置，于是洪武前期的祭祖活动就在泗州城西的河坝上进行着。(【明】曾惟诚:《帝乡纪略·帝迹志·祖陵兴建》卷1;【明】孙承泽:《天府广记》卷40)

大明皇家祭祖活动以这样的方式一直进行了近20年，直到洪武中后期泗州当地冒出了一个名叫朱贵的人才改变了局面。

◎ 朱贵画图贴说："还是皇帝族人政治觉悟高，一找就将朱家老爷爷给找到了。"

朱贵，也姓朱，也是泗州孙家岗一带人，莫非是朱元璋的同宗亲族？据《帝乡纪略》等明代文献所载：朱贵不仅与朱元璋同宗，而且他的祖上还是和朱初一一同从句容逃往泗州孙家岗的，更为巧合的是两家后来在孙家岗还是近邻呐，只是血缘关系上不是很近；再加上朱初一之后的朱五四老带着朱子朱孙到处"溜达"，所以两个朱家后来并不熟悉了。朱元璋出来"闹革命"闹了10多年，于1364年自称吴王时，同宗的朱贵才反应过来，赶紧前去"干革命"，说不准还能弄个官当当。可不知是他与朱元璋本身不熟悉的缘故还是自身能力差、运气不佳的因素，反正这个叫朱贵的人在军队待了大半辈子，只混到一个百户官(即管100来个士兵的小军官)，甚至有的人说他是总旗或小旗，那可是地地道道的军中芝麻官。大约在洪武十七年时，朱贵因为年老由部队"复员"到家乡。明代军人的地位可低了，哪有现在军人这么吃香——回乡后不仅可以在乡政府或村里弄个官当当，而且弄不好还能上县里当个法院院长、检察院的检察长什么的，甚至是公安局局长都有可能。就当到百户官的朱贵当年回乡时很窘迫，以自己的官衔能养活自身、老婆不跟别人跑了，就算烧高香了。但常在外面跑的人就是与农村人不一样，朱贵回乡后听到人们在议论：当今天子家的祖坟就在自己的家乡，他一下子来了精神，心想：这岂不是升官发财的好机会！想到这些，他就将乡里人尤其是老辈的召集在一起，打听当年朱元璋爷爷朱初一的下葬处，即所谓的有帝王之气的杨家墩"龙窝"。(【明】孙承泽：《天府广记》卷40)

功夫不负有心人，经过一番苦苦寻找、比对，朱贵终于弄清了杨家墩"龙窝"所在的位置，随即画了一张图，标上注释，即明代文献中所说的"画图贴说"，然后直奔南京，向皇帝朱元璋敬献图贴。朱元璋听说杨家墩"龙窝"终于找到了，当场笑得嘴都合不拢，而后又下令召见朱贵。在听了朱贵的一番介绍和看了图贴后，激动不已的洪武帝当即"授(朱)贵奉祀四品服色，子孙世袭管理署事"。稍后又赐田地、宝钞和金带给朱贵，且令人在朱贵先人所居北面的朱初一旧屋基上设立祖陵祠祭署，让朱贵及其子孙世任祠祭署奉祀官(【明】孙承泽：《天府广记》卷40)。至此，又一个乡间旮旯泗州杨家墩迅速地上升为熠熠生辉的大明帝国"政治明星"，吸引了全国人民的眼球。

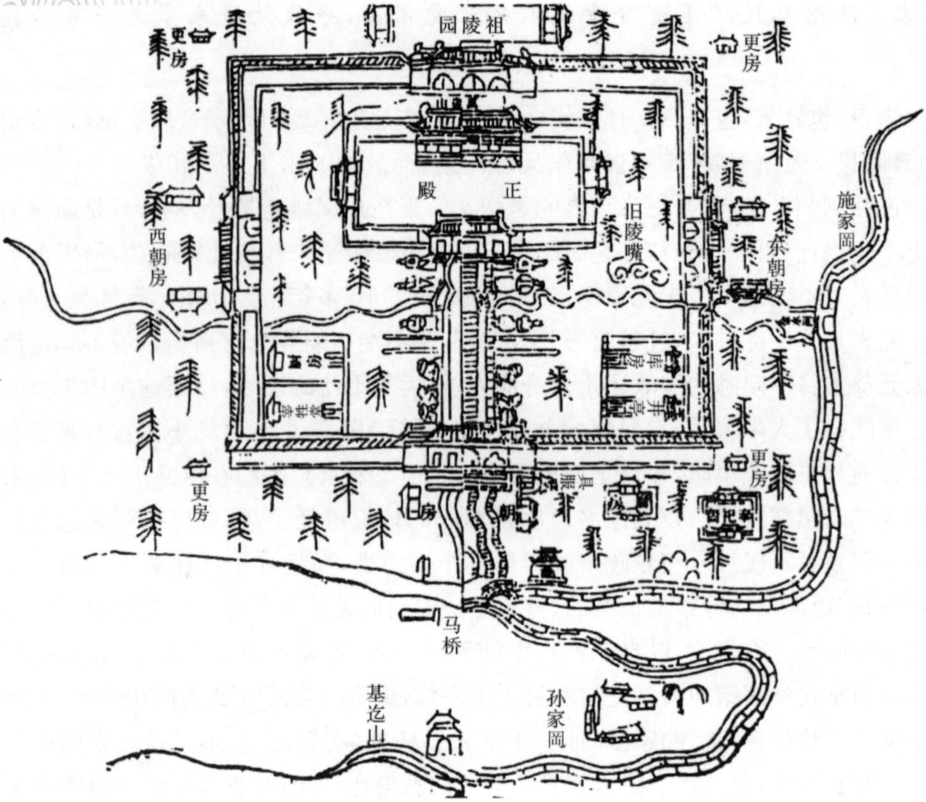

【明】曾惟诚《帝乡纪略》中的《明祖陵图》

○ 明祖陵的营建与规模

自从有了朱贵画图贴说以后，明祖陵营造地终于有了明确的说法。但要营造当代天子的祖宗陵寝，那可绝对不能等同于普通人家的修祖坟了，首先得卜选好位置。不是说那“龙窝”就在杨家墩，难道要放弃“龙窝”，另行择址？

不是的。杨家墩“龙窝”作为陵主朱初一的陵宫地是不变的，但杨家墩是个乡间旮旯小土墩，之所以叫杨家墩是因为那个地方原本有两个姓杨的宋朝官员葬在了那里，一个是保议大夫杨浚，另一个是大理寺评事杨楠，宋朝的保议大夫大概是个医官，而大理寺评事为九品官，由此说来，两杨都是芝麻官。本来是名不见经传的芝麻官可在乡间旮旯里头算得上是个大人物了。两杨死后葬在那里，人们就给它取名为杨家墩。不管名字叫得如何好听，但小土墩就是小土墩，而要在小土墩上建造皇家陵园，这岂不是螺蛳壳里做道场！更何况祖陵的营建事关大明帝国未来之“根本”啊，所以勘察杨家墩附近的好风水成为了当时洪武朝君臣所共同关心的政治大事。

经过一番勘察、卜选，洪武十七年(1384)，“(明)太祖高皇帝命皇太子(前往泗州)修陵”(【明】曾惟诚:《帝乡纪略·帝迹志·祖陵兴建》卷1)，明祖陵营建工程由此开启。两年后的洪武十九年八月，朱元璋又命“皇太子往盱眙，葬三祖帝、后衣冠，加修筑，曰‘祖陵’”。(【明】谈迁:《国榷》卷8)

上文中所说的“葬三祖帝、后衣冠”，这“三祖帝、后”是指哪些人？“葬……衣冠”是说明祖陵是个衣冠冢？再有，为什么大孝子朱皇帝不亲自去祭奠？《明实录》对此有着明确的记载:洪武十九年八月甲辰日，朱元璋令“礼部制德祖玄皇帝玄皇后、懿祖恒皇帝恒皇后、熙祖裕皇帝裕皇后衮冕冠服。命皇太子至泗州盱眙县脩(修)缮祖陵，葬衣冠”。另外，他还专门写了祭奠文，文曰:“呜呼，昔者列祖立命是方，积德深长，致天昭鉴，福垂后嗣。今也子孙繁衍，宅于宇内，以统黔黎，深思皇考生前岁月之间，思念列祖音容，孙常切记已有年矣。呜呼，以万几之冗，未获躬诣拜扫，今特遣玄孙皇太子以牲醴之奠，诣陵修缮，敬葬衣冠，以伸孝思，神其鉴之！”(《明太祖实录》卷179)

因为皇帝日理万机，忙不过来，所以只好派皇太子前去泗州祭奠祖宗，这本无可厚非。我们来看看上述三个问题中剩下的最后一个:明祖陵到底是不是衣冠冢？

前文说过，朱皇帝的爷爷朱初一的墓葬地址找到了。按照当时人的说法，如果要重新改葬，那将要泄掉朱明王朝帝业的山川灵气或言龙气，所以能做的就是在新选定的玄宫地址上给朱爷爷与朱奶奶来个衣冠葬了。而对于朱爷爷以上的祖宗高祖朱百六、曾祖朱四九要想重新改葬，那就更加困难了。因为这两位祖宗没有跟着朱初一屁颠屁颠地往北跑，一直“默默无闻”地待在句容。不幸的是他俩“默默”到了家，连好子孙朱皇帝再怎么使劲地寻找都找不到。既然找不到，那怎么重新将他们归宗到朱初一那块儿？我们中国人一向就很聪明，尸骨找不到了，就来个招魂祔葬。招魂祔葬今人已不知是怎么一回事了，但笔者曾见识过湘西等山区还保存了这种风俗:大致是专业的几个赶尸人赶着或背着死人，连同他的物品一起带回老家葬地，据说真正赶着的不是死人而是死人的灵魂。场面很恐怖，不知是真是假。明代招魂术是不是如此，未见史书有着这方面的记载，笔者不好瞎说。想必当年皇家厚葬祖宗，肯定找了一流的招魂大师，将朱家祖宗高祖朱百六、曾祖朱四九等一一“唤醒”，然后车马侍候，一路风风光光地前往泗州。到了那里，朱皇帝派遣的特使皇太子带来的给祖宗们“量身定做”的寿衣也已从南京赶运来了，随即举行“敬葬衣冠”之礼和修陵活动。(《明太祖实录》卷179)

由此而言，明祖陵玄宫内不能让三祖宗祔葬一穴，只能各自开圹下葬。新建的明祖陵地下玄宫位于朱初一原墓旧陵的西北，今人前去看到的就是一泓水潭。玄宫之上为培土而成的小丘，人们美其名为“万岁山”。这大概就是明祖陵的“灵魂核心”部分吧！

不过在明初那阵子，明祖陵建造可讲究了，它是直接参照明皇陵规制而建的，因此整个建筑工程规模很大，工程建设前后进行了四五年。洪武二十年(1387)八月，朱元璋“命工部遣官往泗州，建祖陵祭殿”(《明太祖实录》卷184)。洪武二十二年(1389)，明祖陵正殿——享殿竣工，标志着明祖陵营建工程大功告成。那年十一月己卯日，朱元璋派遣太常博士薛文举致祭祖陵、皇陵，并与薛博士这般说道：“万物本乎天，人本乎祖。古之明王，冬至祭始祖以配天，所以重报本也。朕承天命，以典神天，实由祖宗积德累善所致。惟我仁祖克配上帝于大祀之礼，固已行之。今冬至甫临，哀悼罔极，卿其肃将，朕命往致祭焉，敬之毋忽。”(《明太祖实录》卷198)

至此，苛求完美的洪武帝终于在“慎终追远”的孝义教化问题上做到了完美无缺？不，在他的儿子燕王朱棣看来还不够。永乐元年十月，在南京城内外杀人杀了一年多的篡位皇帝朱棣忽然间想起给老祖宗修陵的事情。祖陵不是在洪武时期修好了么？现在怎么还要修？亲历了“灭人十族”、活剥人皮、轮奸建文朝臣妻女等种种兽行的永乐朝大臣想问但又不敢直接问，于是改口问：“陛下，祖陵旧用黑瓦，你看？”朱棣发话：“易以黄瓦，如皇陵之制。”(《明太宗实录》卷24)

从上述的对话中，我们不难看出：当年朱元璋建造祖陵时尽管说是参照皇陵之制，但实际上祖陵的规格可能比不上皇陵。这也不难理解，我们中国人祭祀先人也就祭祀祭祀自己前面的一、二辈人，至于再前面的先祖恐怕连名字都叫不上来，再加上朱元璋当年在朱家巷连祖宗的影子都未能找到，所以说他在营建祖陵时就稍稍降格了一点。这已经是做得相当不错了。那么“乱臣贼子”朱棣为什么要给父皇来个事实上的鸡蛋里挑骨头？

说到底是他做贼心虚，朱棣无端发动所谓的“靖难”战争——事实上当时建文帝治国治得很好，出现了“路不拾遗，夜不闭户”的“之治”局面(【明】顾起元：《客座赘语·革除》卷1)，建文帝身边也没有什么奸臣。之所以出现那么多借口，那全是朱棣想当皇帝想得疯狂时的精神幻觉。不过我们国人中有些人向来就信服枪杆子里面出政权。在无端挑起的“靖难”战争中，无数的大明子民及其儿孙莫名丢命，成千上万的建文朝大臣及其家眷遭受了惨绝人寰的杀戮，朱棣篡位终于取得了成功，永乐的恐怕也只有他朱棣一人。大明子民都是高皇帝的子民，大家认同的是高皇帝朱元璋钦定的接班人朱允炆。现在这个祖宗认可的合法皇帝居然被“好叔叔”给搞没了，大明祖宗会高兴吗？尤其是地下的高皇帝朱元璋会对这个不肖子孙不发怒？不可能！所以永乐帝一上台就赶紧给死去的老爸朱元璋示孝，建造当时最大的神功圣德碑，且到处渲染过去皇帝老爸如何如何喜欢他这个朱家“老四”，给人感觉好像他的篡位本身也是老皇帝朱元璋所默认的。但从自己篡位登基后的建文臣民不屈之中，他也看到了暴行并不能完全压服人心，就连自己百年后要想承袭祖制葬在明孝陵边上，恐怕也要被朱家老爷子洪武帝给撵走，成为孤魂野鬼，为此永乐元年朱棣就开始酝酿迁都北平。（《明太宗实录》卷 16）

那么对地下脾气暴戾的朱家老爷子该怎么办？怎样不让这老东西（朱棣内心很恨父亲朱元璋，详见笔者的《永乐帝卷》）发怒而坏了我永乐朝的美好大业？狡黠透顶的永乐帝想到了，“老爸”你一辈子口口声声要做大孝子，可怎么能对朱家先人厚此薄彼呢？光彩了皇陵，祖陵就将就一点、降格一点？不，我朱棣就应该叫朱家的太爷爷、太奶奶们高兴高兴，或者说达到与皇陵里头的朱五四爷爷与陈奶奶一般风光的地步，让祖陵里头的太爷爷、太奶奶们出来管管那个暴戾无常又不喜欢燕王的明太祖高皇帝。想到这些，永乐帝金口大开，“易以黄瓦，如皇陵之制”。但祖陵早已造好了，除了换换瓦还有什么可做的？朱棣打听清楚了，有！永乐十一年八月甲子日，他下令“脩（修）祖陵神厨、宰牲亭、棂星门并周围墙垣”（《明太宗实录》卷 142）。于是本来已经竣工了近十年的明祖陵陵园，突然间又有了“二期工程”建设。因此说当今人们在见到某“人民公仆”一拍脑袋就要上马打造大工程且要做大做强时，大可不必惊诧不已，这是中国国情使然，且有着悠久的历史，也非你我草民所能操心的了。

从洪武十七年到永乐十一年，明祖陵工程建设断断续续前后进行了二十余年。那么这个经由二十余年营建起来的大明皇家陵寝到底有着怎么的规模？

据明代的文献资料所载：明祖陵形制与明皇陵大致一致，也有三道城墙，连它们的名称都与明皇陵一模一样，只是在规模上要小一点。其最里边的叫做“皇城”，中间的叫“砖城”，最外面的叫“土城”或称外罗城。具体建筑分述如下：

皇城：正殿 5 间；东西两庑 6 间；金门 3 间；左右角门 2 座；后红门 1 座，燎炉 1 座。皇城由砖砌而成，红土泥饰。（【明】曾惟诚：《帝乡纪略·帝迹志·祖陵兴建》卷 1）

砖城：内 4 门，4 座，各 3 间；红门 东西角门 2 座；门外有先年东宫具服殿 6 间；直房 10 间，东、西、北 3 门；直房 18 间；星门 3 座，东、西角门 2 座，内御桥 1 座，金水河 1 道，石仪从侍卫俱全；天池 1 口；井亭 1 座；神厨 3 间；神库 3 间；酒房 3 间；宰牲亭 1 所；斋房 3 间。砖城内外广植松柏 70 000 余株。（【明】曾惟诚：《帝乡纪略·帝迹志·祖陵兴建》卷 1）

土城:内磨房1所;角铺4座;窝铺4座;砖桥1座;城外下马牌1座;东南面御水堤1道……自下马桥起,至施家园止,共长675丈5尺。外金水河堤添闸1座。城内东祠祭署1所,堂、厅、门、廊、斋房悉备,颇为完美。又署官私宅1区。(【明】曾惟诚:《帝乡纪略·帝迹志·祖陵兴建》卷1)

○ 明祖陵的历史沧桑

其实明祖陵与明皇陵所处的地理位置相当不好,甚至可以说前者比后者还要糟。明祖陵位于淮河下游,宋光宗绍熙年间,淮河南流夺泗入淮,泥沙俱下,浑浊不堪的黄河水灌入淮河,造成了淮河中下游的河床与水位不断升高。而明祖陵偏偏就处于淮河的下游,一旦黄淮流域发起大水,明祖陵就在劫难逃。据《明代第一陵》一书中的统计,自正统二年起到崇祯十五年,在这200多年中,明祖陵遭受到的大水侵害多达18次,其中最为严重的要数明万历年间,有一年祖陵遭灾,泗州进士常三省目睹了惨状,如实记了下来:"祖陵水患之实,窃照泗州水患,以近年为甚,又以去年为尤甚。祖陵基址本高,时则水入殿庭前,深逾二尺。旧陵嘴者,相传熙祖(指朱元璋爷爷朱初一)梓宫在焉,水深四尺以上。近来祖陵护沙,如龙滩嘴、邓家嘴等处日冲荡风浪中,伤毁甚多。神库、红瓦厂、金水河两岸各所在松柏树木,先该本州秘知州(秘自谦)于十一月十七日奉颖道牌,诣陵查勘,计共淹枯六百一株,俱属成材大木,水迹见在,其他小木及无水迹而枯槁者不在此数。……凡此祖陵水患,俱有实迹与文案可查验。"(【明】曾惟诚:《帝乡纪略·帝迹志·祖陵兴建》卷1)

上述史料讲得很明确,祖陵遭受水灾不仅仅是祖陵一地,其实是泗州地区的共患。泗州不远处就是淮安,淮安是明朝漕运总兵官驻扎地和漕运总督衙门所在地,总督运河输送粮食至北京,而一旦泗州地区发生大水害就会影响"南粮北运",由此从维护帝国皇家"根本"——明祖陵和大明"经济输血管"——大运河畅通角度出发,明朝统治者都要认真对待泗州等地水患,确立"首虑祖陵,次虑运道,再虑民生"的治水方略,抗洪修陵。据《明代第一陵》一书中的统计,整个明代祖陵一共大修了17次。

明清鼎革,顺康时期,明祖陵又频频遭受水害。其中康熙十八年冬天的大水将泗州城东北石堤冲溃,决口多达70余处。接着,城西北崩溃数十丈,泗州城内一片汪洋。半年后的康熙十九年夏秋之际,黄淮再次大水肆虐,将泗州城给吞没了。与此同时,泗州城北13里的明祖陵也淹没于洪泽湖水中。

对于泗州城与明祖陵的这等遭遇,清朝统治者压根儿就没放在心上,一个败亡了的王朝之"根本"淹就淹了,多大的事啊!这就是被人誉为"康乾盛世"下的大清国家“栋梁们”的普通心态。明祖陵就此在洪泽湖水中泡了 250 年，也由此躲过了清末的战乱、日本鬼子的铁蹄蹂躏和红卫兵的洗劫……上世纪五六十年代，恰逢干旱，在水中沉睡了许久许久的明祖陵突然苏醒过来，从洪泽湖水中露出了头，并开始为世人所重新认识。（以上参见夏玉润：《朱元璋与凤阳》，黄山书社 2003 年 12 月第 1 版）

在明祖陵、明皇陵屡遭劫难之际，与其并称为明初三陵中的明孝陵之命运将会如何？

◉ 南京明孝陵——大明龙脉之三

明孝陵是明太祖朱元璋为自己及其皇后马氏建造的陵墓。与明皇陵、明祖陵相比，明孝陵的选址与大规模开建似乎要晚一些。

○ 明孝陵选址与独龙阜上开善寺及“神人”宝志公

相传明朝开国后“高皇帝与刘诚意、徐中山、汤东瓯定寝穴，各志其处藏袖中。三人合，穴遂定”。这段话大致是说，南京虎踞龙盘，紫金山王气氤氲，朱元璋在此定都后就约了他的几个哥儿们，如刘基、徐达、汤和等人一起商议，然后分头上山去寻找龙穴，最终会集起来。朱元璋叫大家先别说，各自将选好的墓址写在纸条上，然后同时打开，结果发现：大家不约而同地写了“独龙阜玩珠峰”。于是一代雄主百年之后的归宿地就此定下。（【明】张岱：《陶庵梦忆》卷 1）但这事未见正史记载，“孝陵”两字最早出现在《明实录》上是在洪武十五年九月庚午日，马皇后“梓宫发引，上亲致祭于灵，曰：‘兹以吉日良辰安葬皇后于钟山之阳，命妃嫔、诸子以下奉送。今当发引，特以牲醴致祭。祭毕发引，文武百官具衰服诣朝阳门外奉辞。’是日安厝皇堂，皇太子奠玄纁玉璧行奉辞。礼毕，神主还宫，文武百官素服迎于朝阳门外，回宫百官行奉慰礼毕，上复以醴馔祭于几筵殿，自再虞至九虞皆如之。是晚仍遣醴馔告谢于钟山之神，以复土故也，命所葬山陵曰孝陵”。（《明太祖实录》卷 148）

“以吉日良辰安葬皇后于钟山之阳”和“遣醴馔告谢于钟山之神，以复土故也”表明，当时明孝陵还处于准备营建阶段，连名字也是刚刚取好。这比起明皇陵与明祖陵的勘察、择址、起名和开建要晚。之所以如此，笔者以为主要有以下四个方面原因：

第一，洪武开国，百业待举，北清沙漠，南平川滇，恢复生产，使厚民生，立纲陈纪,"四清"帝国,运动频频……洪武帝实在太忙了,一下子腾不出多少精力,再加上财力也有限。

第二,洪武开国时朱元璋40岁刚出头,马皇后比他小4岁,也就是36~37之间,即使在平均寿命相对比较短的古代,朱、马夫妇也算不上年老,加上两人身体一向都不错,所以对于百年后归宿地的考虑相对显得也不怎么迫切。

第三,按照中国人自古以来"慎终追远"和"国弥大,家弥富,葬弥厚"(《吕氏春秋·孟冬·节丧》纪第10)的传统说法,一心要想树立自己是天下第一号大孝子的朱元璋在自己夺得政权与开创帝国后,首先要考虑的是父母与祖宗的墓葬改造与陵寝建设,其次才是自己的。

第四,尽管将自己的百年归宿放在了后头,尽管自己与马皇后那时正值青壮年,但陵寝风水与墓葬工程建设影响自己子孙后代的传统"神人融通"思想还是在朱元璋身上起了大作用。如果上述张岱笔记无误的话,那么至少在洪武八年,朱元璋就与刘基、徐达等人初步选定了紫金山独龙阜为他的百年归宿地,因为刘基死于洪武八年四月丁巳日,这是明代官史所载的(《明太祖实录》卷99)。但造陵工程却一直没有开展,一个直接的原因就是紫金山上的独龙阜已经"名花有主"了,这个"主"还不是一般的人,他是南京地区历史上很有名气的高僧、开善寺开山祖宝志。

宝志,传说他是个神人。自从来到这个世上起他就充满了神秘的色彩,人们不知道他是从何而来,父母姓氏名谁?只知道他诞生于南京东郊某村庄的一棵树上,发现他的是村里的一对朱姓夫妇,他们俩都很善良,一年到头辛勤劳作,基本上满足了自家的生存需要;可美中不足的就是夫妻俩结婚多年老不生孩子,心里一直很着急,经常到庙里去祈求神灵保佑,让神赐福于他们。不久后的一天,朱姓夫妇从田地里劳动回来,路过村边的一棵树,听到了婴儿的啼哭声,两人好奇地走了过去,仔细寻找婴儿在哪里?找啊找,婴儿不在地上,他躺在一个他不该躺的地方——树上的老鹰窝里。可也奇怪,老鹰居然没伤害他,周围也没人知道这是哪家丢的孩子。朱氏夫妇心善,将孩子抱回了家,悉心照料着,将他慢慢养大,并取名为"宝志",大家就喊他为"朱宝志"。(《宝志公行实》,见【明】葛寅亮:《金陵梵刹志·钟山灵谷寺》卷3)

这个朱宝志长到大约十八九岁时,就逐渐地显现出与众不同:他不喜欢天天吃饭,一天吃上人家几十天才吃下的东西;他一饿饿上十天半个月也没事,而且还能预测未来的吉凶。譬如家乡何时会有饥荒啊,何时会发大水啊,他都能预言得准准的。起初人们不信,可后来都一一应验了,由此大家对他十分佩服。再往后,他就出家到寺庙里当起了佛教徒。奇怪的事情又发生了:别的僧人坐着念经要不了半天就要起来活动活动，而宝志却可以一动不动地坐上好几天；更为怪异的是，宝志还会分身术，有人明明看见他在庙里念经，可同时又有人看见他在大街上化缘乞讨。这样的事情传得越来越多，也传得越来越神乎了，就连当时南京城里的南齐皇帝齐武帝也听说了。他就是不信这个宝志有这么神，于是令人将大街上疯疯癫癫的宝志用铁链捆起来，投到监狱里去，看他还能到处乱窜？可不久有人来向齐武帝回报说，宝志正在大街上向人乞讨！齐武帝听后赶紧叫人上监狱去看看宝志在不在？在啊！监狱的铁门完好无损。这到底是怎么一回事？齐武帝至死都没有弄明白。(【梁】陆倕:《志法师墓志铭》;《宝志公行实》，见【明】葛寅亮:《金陵梵刹志·钟山灵谷寺》卷3)

转眼间到了梁朝，梁朝的梁武帝是个虔诚的佛教徒，听说宝志有神力，就拜他为师，跟他学习佛经，甚至还经常和他在一起讨论佛学理论。有一次，两人在定林寺讨论佛经时，宝志指着紫金山南麓的独龙阜说："我死之后，就葬在这里。"梁武帝答应，一定会帮助他实现这个愿望。宝志在97岁高龄时圆寂，梁武帝自己掏腰包20万金，买下了独龙阜，建造寺庙，随后安葬了宝志，并取其寺名为"开善寺"。一时间南京的善男信女都去那儿焚香拜佛，开善寺很是热闹。据说梁代大画家张僧繇还曾上开善寺专门为宝志画了一幅像。(【明】右觉义可浩:《重修宝公塔记》;《宝志公行实》，见【明】葛寅亮:《金陵梵刹志·钟山灵谷寺》卷3)

萧梁时期除了兴建开善寺外，还曾营造了一座5层宝塔——志公塔(因宝志而得名)，因塔顶镶嵌着一颗从海外进口而来的价值连城的琉璃宝珠，故人们将开善寺塔所在的山峰称之为玩珠峰，志公塔也由此被称为玩珠塔。

到了唐朝，开善寺改名为"开善道场"，后又名"宝禅道院"，很受当时的官方与主流社会的重视，大画家吴道子根据张僧繇的画像重画了宝志像，大诗人李白为之作诗，大书法家颜真卿为之写字，后同刻一碑，由此人称该碑为"三绝碑"；北宋时开善寺易名为"太平兴国禅寺"，官方当局"赐田以食其人。及王丞相安石守金陵，合诸小刹以附益之，寺始大。(南宋)建炎毁于兵。绍兴更作。淳熙又毁。随更作之。每更作，辄加宏大，日茸岁增"。元天历前后更名为"大崇禧万寿寺"(【元】虞集:《钟山太平兴国寺碑记》，见【明】葛寅亮:《金陵梵刹志·钟山灵谷寺》卷3)，寺内志公塔前志公殿里刻有元代大画家、大书法家赵孟頫的《志公十二时歌》。明朝初年恢复"蒋山太平兴国禅寺"或称"蒋山寺"之名。(【明】宋濂:《蒋山寺广荐法会记》，见【明】葛寅亮:《金陵梵刹志·钟山灵谷寺》卷3)

○ 皇帝与佛争地：朱元璋将佛神宝志从开善寺迁到了灵谷寺

前文说过，洪武八年前朱元璋在为自己选择百年之后的吉壤时，偏偏相中了的紫金山南麓独龙阜，正是蒋山寺或言开善寺所在的位置。按照中国民间的说法：活人与死人争地，人与神争地，皆为大忌！但为了朱明子孙能够永固江山，占尽"龙蟠"紫金山的好风水，十分迷信的朱元璋顾不了那么多了，最终决定迁走开善寺。不过从中国特色政治技术层面来讲，要想做成这等大事，还真不能乱来。迁徙佛寺就得要听听佛界人士的心声，如果他们有这样高的政治觉悟，与中央朝廷保持高度的一致，岂不是上应佛神之请，下合民心，这才是有道之君所为！问题是怎样才能做到呢？

洪武九年春，"浙东僧仲羲被召来为（蒋山寺）住持，前瞻宫阙，仅一里许，私自忖曰：'王气攸聚，紫气黄雾，昕夕拥护，非惟吾徒食息靡宁，亦恐圣师神灵有所未妥。且佛法以方便为先，如得近地改建，诚至幸也。'"（【明】徐一夔：《奉敕撰灵谷寺碑》，见【明】葛寅亮：《金陵梵刹志·钟山灵谷寺》卷3）这段话大致是说，浙东有个和尚叫仲羲的，人特别"灵敏"，让朱皇帝给看中了。洪武九年他被调入京师，任职蒋山寺住持。当他走马上任，走到离寺院大约还有一里地的地方就远远看见：紫金山独龙阜上笼罩着一团团的王气，紫气、黄雾相互簇拥着，好一个龙蟠圣地啊！这哪是我等无名小僧食宿打禅的地方，我们住下了也会心里不安的，即使像宝志公那样的圣师之神灵恐怕在此安置也会不妥啊！更何况学习佛法应以方便为先，要是能在附近哪个地方找个寺院的栖身之处，那才是蒋山寺的万幸啊！

你看在洪武皇帝的多年教导下，全国人民包括佛教界人士的政治觉悟就是高，已与朝廷中央保持着高度的一致。大家都听洪武帝的话，争做洪武帝的好学生、好顺民。仲羲，尽管先前还是一个浙江地方上默默无闻的"小僧"，现在可大不同了，京师名刹蒋山寺的住持，更为重要的是他无限忠于洪武帝，来到新工作岗位没多久就给大明天子打报告，将自己无比激动的心情表达了出来。不过与一呼而应且没什么城府的仲羲相比，洪武天子可有内功了，他没有马上应允，直到五年后的洪武十四年(1381)九月才下令："改建蒋山太平兴国禅寺为灵谷寺。""初太平兴国禅寺在宝珠峰之阳，梁僧宝公塔在焉。至是住持僧仲羲(又)奏请迁之。"(《明太祖实录》卷139)

南京明孝陵独龙阜(齐、梁间建造起来的千年古刹开善寺旧址)

这是明确讲明孝陵建设前期的准备工作——开善寺、志公塔及其他建筑(定林寺、宋熙寺、竹园寺、悟真庵等)的拆迁工程最早是在洪武十四年才开始的,"及开藏,下为梁志公和尚塔,真身不坏,指爪绕身数匝。军士辇之不起"。(【明】张岱:《陶庵梦忆》卷1)明中叶文人笔记中也记载说:"启之,端坐于内,发被体,指绕腰矣。"(【明】董谷:《碧里杂存·宝志公》上卷)

古代科学不发达,灵异事情往往被无限渲染和夸大:当人们打开宝志塔时,大家都惊呆了,历时将近1 000年,宝志依然完好地端坐在莲花缸里,面如活人,头发被体,手指甲绕腰数圈。人们赶紧敬奉香火,告慰高僧,将要迁徙。可不论召集再多的军士和民夫,花再多的力气,就是搬不动宝志。

负责拆迁工程的中军都督佥事李新等人立即奔向明皇宫,向朱元璋汇报了此事。据说什么都不怕的洪武帝听到这等怪事,当即就惊呆了,花了好长时间才缓过气来,然后急急忙忙地从皇宫出发,前往开善寺,焚香祭拜,并向已经圆寂了近1 000年的宝志许诺道:"神僧啊,我朱某人给您金棺银椁下葬,并奉上360顷庄田作为供奉您老人家的香火钱。神僧啊,您千万别见怪,我就是给您老人家挪个位,给您造个更大更安静的佛教庭院。"神了,据说经朱元璋的这番拜祭和许诺,人们终于能搬动宝志,将其迁徙到了由朱皇帝敕建的灵谷寺。

灵谷寺现在所在的位置是由明初宰相李善长受命选定的,其正式的工程建设历时整整1年,从洪武十四年(1381)九月动工,到洪武十五年(1382)九月完成,动用人力"十万军工",光服役的犯人就有5 000多人(【明】朱元璋:《御制大灵谷寺记》,见【明】葛寅亮:《金陵梵刹志·钟山灵谷寺》卷3);"工费钜万,仍赐庄田三百六十所，日食其一，岁而周焉，以为永业”(【明】吕毖：《明朝小史·洪武纪·宝志冢碑》卷2)。既成，(洪武帝)赐额曰：“‘灵谷’，榜其外门，曰：‘第一禅林’，又赐田一百五十余顷。”(《明太祖实录》卷139)

○ 天下“第一禅林”灵谷寺与中国古代建筑史上的奇葩——无梁殿

正因为是皇帝钦定的“第一禅林”，明代灵谷寺规模宏大，自山门至梵宫全长5华里，犹如俗界的皇宫大殿与皇家园林。南京地方志《江宁府志》就曾说：“其殿庑规制仿大内(紫禁城)。”灵谷寺前有万工池(天王殿旧址)，内有宝公塔、无梁殿等有名的建筑，旁边有八功德水和梅花坞等名胜。据说明代灵谷寺鼎盛时期最多拥有僧人达5 000多，即使到了帝国衰亡之际即明末清初，灵谷寺也有“寺僧数千人，日食一庄田焉”。(【明】张岱：《陶庵梦忆》卷1)

明代灵谷寺最令人称绝的可能要数驰名中外的无梁殿或名无量殿。因该殿内原供奉阿弥陀佛，阿弥陀佛之汉译名为无量寿佛，其义来自佛教净土宗，净土宗三部经中小经保存梵名题为“阿弥陀经”，大经采用译名“无量寿经”。“阿弥陀”三字的意思就是无量光、无量寿，在佛教中它是西方极乐世界的主佛，代表聪明智慧和光明无限、寿命无限。不过对于我们普通人来说，最感兴趣的可能就要数无量殿本身了。

建于明洪武十四年的无梁殿，高22米，宽53.8米，纵深37.85米，分作五楹。整个建筑无一寸木头，也无梁柱，全部采用大型长方砖砌成拱形桥式。走进殿内，仿佛进入前后回旋的涵洞，外部却是飞檐挑角，恰似巍峨的宫殿，故人称其为“无梁殿”。由此而言，无梁殿的建成给中国古典建筑作出了新的注解，是我国建筑史上值得书写的奇特的一笔。现存的无梁殿于1928年被蒋介石改名为“北伐阵亡将士”祭堂。原来的佛龛等都改成陈放祭器的大砖台，壁上嵌碑37块，叙述着民国往事。(参见南京市博物馆：《南京风物志》，江苏人民出版社1983年3月第1版，P91)

○ 明孝陵建设的一、二期工程与朱元璋中年丧妻及晚年失子——“明东陵”

我们回头再来看看明孝陵的工程建设。就在无梁殿与灵谷寺等大型工程建设即将完工之际，大明皇家突发的一件事情，大大地加速了明孝陵的建设步伐。洪武十五年(1382)八月丙戌日，皇后马氏突然驾崩(《明太祖实录》卷147)。朱元璋悲痛欲绝，在令人为发妻发丧和举办祭祀典礼后的九月庚午日，他亲自祭奠灵堂，发引马皇后梓宫前往紫金山，“安厝皇堂，皇太子奠玄纁玉璧行奉辞。礼毕，神主还宫，文武百官素服迎于朝阳门外，回宫百官行奉慰礼毕，上（指朱元璋）复以醴馔祭于几筵殿，自再虞至九虞皆如之。是晚，仍遣醴馔告谢于钟山之神，以复土故也，命所葬山陵曰‘孝陵’”。（《明太祖实录》卷148）

从上引的正史记载来看，孝陵之名至此而定（表明洪武帝尊奉传统儒家“孝治天下”的治国理念），孝陵主体工程建设也由此正式开启。当年十二月，工程建设总指挥、中军都督佥事李新因“俾营孝陵，尽心所事，卒底成功”，被洪武帝晋封为崇山侯，食禄1 500石（《明太祖实录》卷150）。第二年即洪武十六年（1383）五月甲子日，明孝陵礼殿——孝陵殿建成，朱元璋“命皇太子以牲醴致祭，其仪：是日清晨，执事者于殿中陈祭，仪毕引礼，内官引皇太子、亲王由东门入就殿中拜位赞拜，皇太子以下皆四拜，皇太子少前跪，诸王皆跪；皇太子三上香，执事内官以爵酌酒授皇太子，执事内官受爵置于案，赞读祝内官捧祝于香案前跪读，曰：‘近者园陵始营，祭享之仪未具，今礼殿既成，奉安神位，谨用祭告。’”（《明太祖实录》卷154）

为了朱明江山的万年永固，洪武帝丧尽天良，将跟随自己“闹革命”、打天下的功臣勋旧赶尽杀绝；为了朱明皇家永远拥有好风好水，子孙后代永久兴旺发达，朱元璋费劲心思，与佛争地，又劳民伤财。可谁曾想到，在抢来的风水宝地上刚刚开始营建百年归宿工程，缺德透顶的洪武帝就死了爱妻马氏；更没想到的是，10年后的洪武二十五年（1392）四月丙子日，他殚精竭虑培育起来的帝国事业接班人、皇太子朱标也突然撒手尘寰（《明太祖实录》卷217）。“几将去世”的老朱皇帝祔葬皇太子于孝陵之东，并下发谥册，其文曰：“朕惟先王之典，生既有名，殁必有谥名，所以彰德，谥所以表行，故行有大小，则谥有重轻，此古今通议。虽在至亲，不敢废也。尔皇太子标，居储位者二十有五年，分理庶政，裨赞弘多，今焉永逝，特遵古典，从公议，赐尔谥曰：‘懿文’。”（《明太祖实录》卷220）

“懿文”是洪武帝皇太子朱标死后的谥号，“建文初尊谥懿文为孝康皇帝，庙号兴宗，升祭于太庙”。朱棣篡位一上台，“遂命以主置陵园，仍旧谥号曰懿文皇太子，岁时致祭如常仪”（《明太宗实录》卷9）。朱标的坟茔在孝陵之东，这是洪武时期就定下的。不过当时似乎并没有什么陵名，是后人为其取名为“东陵”或“明东陵”。

由懿文太子祔葬孝陵之东的史料来看，所谓的“明东陵”当视为明孝陵的一个组成部分，因为墓主又是当朝皇帝的皇位接班人，想必当时的建造规格不低。因此我们完全可以将“明东陵”的营建视为明孝陵建设的二期工程。

○ 朱元璋归葬地之谜与明孝陵建设的三、四期工程

明孝陵建设的三期工程应该是在朱元璋死后开始的。洪武三十一年闰五月初

十日，朱元璋死于南京明皇宫之西宫，“寿七十一，遗命丧葬仪物，一以俭素，不用金玉，孝陵山川，因其故无所改，天下臣民出临三日，皆释服，无妨嫁娶”。（《明太祖实录》卷257）遗诏曰：“朕膺天命三十有一年，忧危积心，日勤不怠，务有益于民。奈起自寒微，无古人之博知，好善恶恶，不及远矣。今得万物自然之理，其奚哀念之有。皇太孙允炆仁明孝友，天下归心，宜登大位。内外文武臣僚同心辅政，以安吾民。丧祭仪物，毋用金玉。孝陵山川因其故，毋改作。天下臣民，哭临三日，皆释服，毋妨嫁娶。诸王临国中，毋至京师。诸不在令中者，推此令从事”。（《明史·太祖本纪三》卷3，本纪第3）

如果仅从当时的遗嘱来看，老朱皇帝确实称得上是全国人民的“好领袖”“仁爱之君”了，但光彩彩历史的背后又是有着怎样的一番境况呢？编撰于明中期的《大明会典》无意识地为我们提供了一定的史料依据：“孝陵四十妃嫔，惟二妃葬陵之东西，余俱从葬。”怎么个从葬法？是这些专为朱皇帝提供性服务的美女死后从葬，还是身殉从葬？明代官书闪烁其词，倒是那时的文人为我们提供了更为直接的说法：“按太祖孝陵，凡妃嫔四十人，俱身殉从葬，仅二人葬陵之东西，盖洪武中先殁者。”（【明】沈德符：《万历野获编·宫闱》卷3）看来这些美女是殉葬了。那怎么个身殉从葬？活埋？打死了再埋？还是……明朝国史对此却只字不提，幸好朝鲜《李朝实录》的记载弥补了历史的空白，记录了人间绝对专制君主的残忍与臣民命运的悲惨：“及帝之崩，宫人殉葬者三十余人。当死之日，皆饷之于庭，饷辍，俱引升堂，哭声震殿阁。堂上置木小床，使立其上，挂绳围于其上，以头纳其中。遂去其床，皆雉经而死。韩氏临死，顾谓金黑曰：‘娘，吾去！娘，吾去！……’语未竟，旁有宦者去床，乃与崔氏俱死。”（吴晗辑：《朝鲜李朝实录中的中国史料》上编卷四，第1册，P320～P321）

这是讲永乐帝死时想到阴间永远享用美女带来的性快感而让人上演的极为悲惨的一幕。永乐帝朱棣上台后口口声声自称是“一遵祖制”的“大孝子”，想必当年老朱皇帝死后，永生永世为其提供免费性服务的美女们也是这般“上路”的：宫中的内官们早已准备好白绫，悬挂在后宫合适的地方，然后那些不男不女之人“怜香惜玉”地扶着那40多个已经哭成泪人的妃嫔，站到小床上，让她们将脖子伸到已经打好扣的白绫里，然后抽去小床……中官们再将她们的尸体一一放好，随着美眉们共同的丈夫朱元璋的出殡而“享受”到了“崇高”的礼仪，与她们的共同丈夫一起永远地安卧在明孝陵。中国历史上已经废除了1 000多年的殉葬陋习随着蒙元入主中原和朱元璋开创大明帝国而两度死灰复燃，并残存了两百来年。作为“回报”，大明

官方将这类殉葬佳丽的父母兄弟等定为“朝天女户”，享受优厚的待遇。(【明】吕毖:《明朝小史·建文纪》卷3)

不过，当时南京城里的老百姓并不知详情，这一切对于他们来说太神秘了，于是民间就有朱元璋死后南京十三城门同时出殡之说。由此带来了另一大历史谜团:朱元璋到底葬于何处?

朱元璋死后葬于明孝陵，这是有官书记载的，难道这里边还有假?事实上在南京民间有关朱元璋到底下葬何处一直有着很多种的说法:

第一种说法是朱元璋葬在南京城里的朝天宫三清殿下。

第二种说法是朱元璋葬在明皇宫皇城万岁殿下。

第三种说法是朱元璋葬在北京万岁山。

第四种说法是朱元璋就葬在明孝陵。那么究竟哪一种是对的?

我们先看第一种说法:朱元璋葬在南京城里的朝天宫三清殿下?

这种说法是没有史实依据的。中国古代帝王在活着时就为自己修造陵墓，这是有着悠久的历史传统，而且一般都是大张旗鼓，史官也会如实记载下来，没有必要偷偷摸摸。至于有人担心盗墓，自古以来历代帝王都有一套反盗墓的手段。再说，朱元璋死于闰五月，即普通的非闰年的六月，在南京生活的人都知道火炉的滋味。按照中国古代的礼制，朱元璋死后起码要停放7天才能安葬。而六月是南京最热的天气，古代没有温室效应，南京的气温可能要比现在稍微低一点，但一般也不太可能会低于35°～36°。在如此炎热的天气下，不说死人了，就是将一块猪肉放上7天也早就开始臭了，更不可能说不葬在明孝陵而在什么朝天宫开挖，要等到猴年马月才挖好。如果等它挖好，南京城里恐怕到处都是朱元璋的尸臭了，这是不可能的事情。还有，如果朱元璋不是葬在明孝陵，那么为什么有明一代要花那么多的人力和财力去守那个空墓?

至于第二种说法，朱元璋葬在明皇宫皇城万岁殿下，那就更不可能了。自古以来中国人就十分讲究风水与运气，阴宅要与阳宅决然分开。再说朱元璋是个十分迷信的人，难道不懂得这些事?洪武晚期他曾为明皇宫的下沉而担忧其会影响子孙的事业与运气，临终前将大明江山交给了朱允炆，就一心想要保佑皇太孙平安接班，难道他会突然犯浑，给朱允炆捣捣蛋?不可能!这种说法的由来很可能是朱棣篡位后，为了迁都北京而制造舆论上的优势，怕别人说他不遵祖制，擅自迁都;又可借口明皇宫葬了他的父亲成了阴宅，他的阳宅当然要搬走了!

由此引出第三种说法:朱元璋葬在北京万岁山。这是更为明显的朱棣党羽散布的流毒。按照这样的说法，既然开国皇帝都安葬到了北京，迁都也就变得名正言顺了。事实上，朱棣正式迁都北京是在永乐十九年，这时距离朱元璋的死已经整整过了 23 年，如果真的要将高皇帝的灵柩迁往北京，口口声声一直自称是"老爸"太祖皇帝好儿子的朱棣为何不将这种忠孝事迹在官书上大书特书一番呢？显然，这是不可能的事。

剩下的就是第四种说法，朱元璋葬于明孝陵。明代国史记载："洪武三十一年闰五月辛卯日，(建文皇帝)葬(高皇帝于)孝陵"(《明太祖实录》卷 257)。《明史》也说，闰五月辛卯日，"葬(朱元璋于)孝陵。谥曰高皇帝，庙号太祖"(《明史・太祖本纪三》卷 3，本纪第 3)。这样看来，无论是明代还是清代所修的官史都十分肯定地说："朱元璋就葬在明孝陵！"更有，自明太祖下葬起，明廷就专门在"孝陵设神宫监并孝陵卫及祠祭署"，投入了大量的物力、人力与财力，具体负责明孝陵的祭祀和守卫等工作(《明史・礼志十二・凶礼一》卷 58，志第 34)。若朱元璋没葬在那里，有这个必要吗？

所以说自洪武三十一年闰五月老朱皇帝与发妻马皇后合葬一处起，明孝陵陵主就到齐了，宝城地宫自此以后永久封闭，再也没有被打开过。孝陵建设工程也由此进入了常规性的最终阶段，或从历史角度来说，明孝陵建设的三期工程行将告竣。

可出乎人们意料的是，四年后依然是夏天，自称是高皇帝"好儿子"的燕王朱棣"靖难"造反，攻入南京，抢夺了侄儿建文皇帝的帝位，将好端端的大明帝国弄成了人间地狱。为了平息人们的愤怒和稳住自己的统治，为了漂白自己抢夺帝位、发动"靖难"战争及滥杀无辜的罪恶，为了证明自己继承帝国大统的"正当性"与"合法性"，朱棣竭力美化自身，一方面打造一系列光彩炫目、抢夺世人眼球的大工程，且不断地做大做强；另一方面塑造自己为"天下第一号大孝子"的"光辉形象"，他令人开凿阳山碑材，为并不喜欢他的父皇朱元璋打造天下最大的"神功圣德碑"，并于永乐十一年(1413)将其竖立于陵园大门内的正北面；几乎与此同时，他还命人在孝陵内外查漏补缺，"修孝陵神厨、神库、宰牲亭、棂星门"(《明太宗实录》卷 141)，甚至狗尾续貂似地装修孝陵，在孝陵卫东边下马坊附近的观音阁后壁镶嵌了一通玛瑙壁石(【明】谈迁：《枣林杂俎》；《肇域志》，见【民国】王焕镳：《明孝陵志》，南京出版社 2006 年 9 月第 1 版，P7，以下略出版信息)，唯恐九泉之下的老爷子发怒站起来向他讨个说法……像这样的附加工程，我们后人可视之为明孝陵建设的四期工程。

从洪武十五年(1382)前后孝陵一、二期工程开启至永乐十一年(1413)孝陵第四期工程(也可以称为附加工程)完成,大明第一帝陵工程建设持续了大约 30 年。那么花费了 30 年、投入了难以计数的人力、物力与财力建造起来的明孝陵到底有着怎样的规模呢?

○ 明孝陵的规制与建筑布局

近百年前专门研究过明孝陵的王焕镳先生对于明孝陵的规制有着这样的论述:"孝陵之制,以事在革除,不详于《实录》《会典》。焦竑《国史·经籍志》所载之《孝陵纪略》(此书或记太祖事,未必定指陵寝)、顾炎武之《孝陵图》今皆未见,不知尚在天壤否?南丰梁份撰《帝陵图说》四卷,备载天寿山十三陵制度;而《钟山图说》《孝陵图说》但有目无书,殆未录也。"(【民国】王焕镳:《明孝陵志·规制》第 2,P7)

上述中的"革除"是指明成祖朱棣篡位后干的一件荒诞事,他居然信口雌黄地将建文帝当政的四年从大明帝国历史上永远地革除,颇似"文化大革命"时期对待"地富反坏右"分子一般,要永远"打倒",且踏上一脚,叫他们永世不得翻身。朱棣更狠,要将自己的皇帝侄儿永久地革除掉,只当这个人没存在过。那么对于建文朝的历史档案之类,他也进行了"革除"式的处理。完成于建文时期的孝陵规制之原始记载就此消失于世。而《明实录》《大明会典》却又记载不详,其他的明代文史资料也有相同的"缺陷",看来要想从文献中寻找出完整的明孝陵规制已是不太可能了。文献之路走不通,就看实物呗,不是建造了明孝陵么?有实物在呀!可惜的是,这座历经 500 年风雨的明清第一帝陵在 100 年前的太平天国运动中给毁了。为了对付南京城内外的太平军,咸丰三年,清钦差大臣、提督向荣帅师驻"军孝陵卫,是谓江南大营"(《清史稿·洪秀全传》卷 475,列传 262)。由此,明孝陵成了清军与太平军交火的战场,陵园地面建筑几乎破坏殆尽。

现根据明孝陵考古到的建筑遗址,参照相关的文献记载,对明孝陵建筑规制概述如下:

◎ 明孝陵陵园前面的建筑布局:孝陵卫、牧马千户所、下马坊与"三碑"

明孝陵东起孝陵卫,西抵京城城墙边,南自卫岗下马坊,北到独龙阜,四周都筑有高大的围墙,人称"皇墙",合起来有 45 里长。陵园内享殿、楼阁,巍峨壮丽,连宇栉比。但就是老百姓不能靠近,更没有机会进去看看,只有高官才有资格进去拜谒。大明朝廷在此专门设立了神宫监,由太监负责定期的祭祀与维修;在孝陵的外面还专门设立一个军事机构孝陵卫,来保卫孝陵的安全,就守陵的军户而言,最多时要达到 10 000 多户，最少也有 5 700 户。孝陵卫卫戍总部所在地就是今天南京东郊的孝陵卫。尽管孝陵卫的军队机构设施早已不在了，但孝陵卫这个地名一直在使用。

孝陵内除了建有陵园建筑外，还曾种植松树万棵，养鹿数千头，每只鹿的颈部都挂有一银牌，严禁人们捕猎。为此，明廷在孝陵卫特设牧马千户所，专门找了"千里草"——姓董的世袭千户，负责保护陵区之鹿。明代文人董谷记载道："高皇帝初作孝陵于钟山之阳，因山多鹿，禁人捕猎，而设孝陵卫于山下，特置牧马千户所，盖取义鹿马欲其蕃息耳。所既置矣，尚虚典守之职。他日因微行至陵所，归途遇雨，偶于民家门屋下憩焉。问其何姓，曰：'董氏也。'圣意遂注，曰：'千里草，马所宜也。'即拜其人为千户，以典斯牧。至今子孙世掌所印，不得而易。墙门每坏，官府辄为之修云。"(【明】董谷：《碧里杂存·千里草》上卷)

由孝陵卫与牧马千户所向西一二十米处就是明孝陵的入口处下马坊。下马坊位于今天南京农业大学对面，它的东边有一块刻有"神烈山"字样的大石碑，那是明中期嘉靖帝将紫金山改为"神烈山"而立的(【明】谭希思：《明大政纂要》、【清】屈大均：《恭谒孝陵记》，见【民国】王焕镳：《明孝陵志·规制》第 2，P9)。神烈山碑附近有个"禁约碑"，是明朝末代皇帝崇祯下令所立，当时朝廷户部给石价 4 000 金，"石出宜兴山中，实 700 金"(【明】谈迁：《枣林杂俎》，见【民国】王焕镳：《明孝陵志·规制》第 2，P9)。"禁约"就是要严格保护孝陵龙脉，让大明帝国的祖先明太祖在天之灵庇佑朱家王朝长治久安。但这个碑立了不到三年，崇祯帝就在北京的景山上吊自尽了。看来江山社稷的安危不是已经死了的祖先所能保佑得了的。下马坊处第 3 个"碑"，即俗称的"下马碑"，碑面上刻有"官员人等至此下马"！这与明皇陵的规制相同："凡车马过陵及守陵官民入陵者，百步外下马，违者以大不敬论。"(《明太祖实录》卷 228)。即凡经过或前来谒陵的人不论你多高的官位都要在百步之外开始下马步行，以示对高皇帝的敬重；要是有人自我感觉良好，不下马，就按《大明律》中的"大不敬"罪论处，那可是"十恶"中的重罪之一，要掉脑袋的。

◎ 明孝陵建筑引导部分——神道及其神道上的建筑：大金门、四方城、御河桥、12 对石像、1 对石望柱、翁仲路、2 对文臣石像、2 对武将石像、棂星门

自入下马坊起，算是真正步入了明孝陵陵园区，向西步行一里左右就能到达陵区的第一道正面大门，人称大金门。名叫大金门，其实原本是一座上覆琉璃黄瓦的重楼式建筑，下有石造须弥座，雕刻精美，整个建筑华丽又庄严。但大金门在后来

的历史战火中被破坏了，现在只有三道拱门门洞凄凄而立。

穿过大金门北行，前头就是“四方城”。四方城原名碑亭，因亭中竖有一块高大的石碑而得名。亭的四周四个方向各开一券门，亭顶原有黄色琉璃瓦覆盖，但后来被毁了。现在只剩下四壁门洞，形如四方城垣，故而老百姓将它俗称为“四方城”。如今四方城内依然屹立着那块高大的石碑，石碑底下是螭首龟趺，其正面是朱棣为他的“父亲”朱元璋撰写的“大明孝陵神功圣德碑”，背面为碑文正文，是永乐皇帝对父皇一生丰功伟业的记述。四方城里的这块石碑尽管是相当大了，但在附近的阳山山上还有比这更大的碑材，据说明成祖朱棣曾想以此做“神功圣德碑”的，但因为它实在太大，无法移动，只得改用现在人们所看到的这块石碑。(【明】胡广：《游阳山记》；【清】叶奕苞：《金石录补》卷 27；黄云眉：《明史考证》第 1 册，中华书局 1979 年 9 月第 1 版，P49；【明】周晖：《金陵琐事》卷 1)

过了碑亭向西北方向前行即为御河桥。自御河桥开始，便是孝陵的神道。不过现在人们却不这样喊它，而是呼之为石象路。因为石象路的两侧有石狮、石獬豸、石骆驼、石象、石麒麟、石马，这 6 种石兽各两对，“每种有四，皆两立两蹲，东西相向，森然若卤簿焉”。(【民国】王焕镳：《明孝陵志·规制》第二，P12)一共 12 对 24 尊。

大象生活于热带，象征大明帝国统治疆域之广；麒麟为仁兽，是麟、凤、龟、龙“四灵”之首，歌颂皇帝朱元璋为“仁义之君”，这当然是吹嘘了；同时也是祈求吉祥；狮为兽中之王，展示朱元璋帝王的威严；獬豸是古代传说中能分辨是非曲直的神兽，象征公平执法；骆驼生活于沙漠，也是象征大明疆域的广阔；马是皇帝征战的坐骑，表明大明帝国武功昌盛。栩栩如生的石兽，给明孝陵增添了庄严、肃穆的气氛。

走过 12 对石兽，来到石象路的尽头，展现在眼前的是 1 对用汉白玉雕成的石望柱，有人称之为“华表”，其“雕镂云龙文”。按照《大明会典》的记载：北京“天寿山陵有擎天柱四、石望柱二。孝陵有石望柱，似不容无擎天柱，而诸家都未之及，或清初已毁也”。(【民国】王焕镳：《明孝陵志·规制》第 2，P12)

自石望柱开始孝陵神道突然转为南北走向，这是明孝陵不同于以往唐宋时代皇陵直线排列的规制。至于为什么要在这叫做孙陵岗亦称梅花山的地方突然打弯转向？明代文人的笔记记载似乎做了解释：“孝陵城西门内有吴孙权墓，筑城者奏欲去之。诏曰：‘孙权亦好汉子，留为门主。’遂止。”(【明】郎瑛：《七修类稿·国事类·南都二墓》卷 14)“门左有孙权墓，请徙。太祖曰：‘孙权亦是好汉子，留他守门。’”(【明】张岱：《陶庵梦忆》卷 1)

明孝陵神道复原示意图

孙陵岗亦称梅花山(因山上遍植梅花而得名),位于明孝陵正南 300 米,是三国时东吴开国皇帝孙权与他夫人的墓葬地,故名。按照中国古代帝王陵寝规制,朱元璋将他的墓址选在紫金山南麓的独龙阜,那么建设其神道就必须要劈开孙陵岗。据说当年负责明孝陵工程建设的中军都督佥事李新还曾向朱元璋专门请示过,要不要劈开孙陵岗?朱元璋回答说:“孙权也是一条好汉,就让他为我守门吧!”但事实真相到底如何?我们将在下文再作论述。

由孙陵岗开始往北即翁仲路，翁仲路上有2对“介胄执金吾”的武将翁仲。翁仲为秦朝的武将战神，在这里代表的是大明军事武力；翁仲边上是2对手捧朝笏的文臣。文臣武将石像高达四五丈，“若祇肃而候灵铬者”，彰显大明天子朱元璋的尊贵地位。(【民国】王焕镳:《明孝陵志·规制》第2,P11)

由翁仲路走到“黄绿琉璃，甓甃如屏”的棂星门(据《长陵图说》而论，现只有遗址)，过御河桥(亦称“金水桥”，其原有5座并列石板桥，现仅存3座，桥下之水也称御河，西注前湖)(【民国】王焕镳:《明孝陵志·规制》第2,P11～12)，就来到了甬道，甬道长200米，走到头就是孝陵正门，人称“文武方门”，由此门左右分开向北以红墙围拢，将整个独龙阜围住，孝陵殿、明楼、宝城等孝陵的主要建筑都被建造在这里头。

◎ 明孝陵建筑主体部分：文武方门、孝陵殿、升仙桥、宝城、明楼、宝顶

由文武方门开始到宝城是明孝陵的主体建筑——陵寝部分。文武方门是陵寝第一门，其原本很大，由5门组成，“三大而二小，东西二井”。(【民国】王焕镳:《明孝陵志·规制》第2,P12)清咸丰年间清军与太平军以此作为作战战场，展开血战，文武方门就此被毁。同治年间清方重修，为3门，近又改成5门，中门门楣上嵌有一块石额，上刻有“明孝陵”三字，周边为云龙纹雕刻。门外东墙前立有一块保护明孝陵的石刻告示，刻有日、德、意、英、法和俄六国文字，落款为“宣统元年两江洋务总局道台王、江宁知府杨”立。

进入文武方门向前便是孝陵大殿中门，也称享殿前门，其同样为方门5座(即享殿之重门)。门内有神帛炉2座，左、右庑30间；门外有御厨2个，左为宰牲亭，右为具服殿，皇帝所驻以具服者也。清末在此改建碑亭，亭内立有康熙南巡谒陵时亲书的“治隆唐宋”石碑。由此再往北就是明孝陵的主体建筑享殿，即孝陵殿，殿门上方额有金榜“孝陵殿”三字，凡11楹，也有说9楹，总计45间。“殿壁黄赤所墁，新旧参之。殿柱三十有六，去地二尺许……殿两旁多贮马粮，殿前有□□致祭碑二”(【清】魏世傚:《孝陵恭谒记》)。享殿中央供奉着明太祖和马皇后的神主牌位，殿后为六部。永乐时所得石龟亦置殿中(【民国】王焕镳:《明孝陵志·规制》第2,P13)。可惜这些都在太平天国运动中毁了。现在人们看到的是清末两江总督刘坤一令人重修的“小享殿”(实为一座小房子)，殿中挂着明太祖纸质画像，殿前殿后有嵌雕云龙、山水大石陛六块，皆为明初文物。但从规模而言，清末重修的“小享殿”要比原来的小多了。我们从台基的面积和柱础的位置就可以看出明代时孝陵大殿

的巨大规模，它比北京昌平明成祖长陵的享殿要大得多。

享殿的主要功能是用来祭祀的，那么明代官方如何祭祀朱元璋与马皇后？明末清初著名学者张岱为我们记下了他所看到的一切："陵寝定，闭外羡，人不及知。所见者，门三、飨殿一、寝殿一，后山苍莽而已。壬午七月，朱兆宣簿太常，中元祭期，(张)岱观之。飨殿深穆，暖阁去殿三尺，黄龙幔幔之。列二交椅，褥以黄锦，孔雀翎织正面龙，甚华重。席地以毡，走其上必去舄轻趾。稍咳，内侍辄叱曰：'莫惊驾！'近阁下一座，稍前，为硕妃，是成祖生母。成祖生，孝慈皇后(即马皇后)妊为己子，事甚秘。再下，东西列四十六席，或坐或否。祭品极简陋。朱红木簋、木壶、木酒樽，甚粗朴。簋中肉止三片，粉一铗，黍数粒，东瓜汤一瓯而已。暖阁上一几，陈铜炉一、小筯瓶二、杯棬二；下一大几，陈太牢一、少牢一而已。他祭或不同，岱所见如是。先祭一日，太常官属开牺牲所中门，导以鼓乐旗帜，牛羊自出，龙袱盖之。至宰割所，以四索缚牛蹄。太常官属至，牛正面立，太常官属朝牲揖，揖未起，而牛头已入燖所。燖已，舁至飨殿。次日五鼓，魏国(公)至，主祀，太常官属不随班，侍立飨殿上。祀毕，牛羊已臭腐不堪闻矣。平常日进二膳，亦魏国(公)陪祀，日必至云。"(【明】张岱：《陶庵梦忆》卷1)

这是明末享殿里头祭祀高皇帝的情形，想必明朝前中期国势强盛时当更为严谨、郑重。

孝陵享殿之北有门有3道，人称"内红门"，其"为夹室数楹，皆用黄瓦，中官居之，以司香及洒扫焉，亦非旧制也"(【清】魏世傚：《孝陵恭谒记》)。今享殿之北内红门仅有一座。出了此门，步入又一甬道，该甬道大约有20来米长，走到其尽头就是一座五孔大石桥，人称"升仙桥"，全长57米，凌谷飞架。逾桥为宝城，亦称方城。其中有斜坡隧道，拾级而上，"分左右折，历阶上，南折为明楼"(【民国】王焕镳：《明孝陵志·规制》第2，P14)。明楼高16.25米，东西长75米，南北宽31米。明楼上方原有巍峨壮丽的建筑，但已被毁，现仅存砖砌四壁，南壁3门，东西壁各1门。

明楼之北为崇丘即民间俗称的大坟包，官方美其名曰"宝顶"。其正南面为石砌墙，中刻"此山明太祖之墓"7字。崇丘为朱元璋、马皇后梓宫安葬处，即世人皆知的"独龙阜吉壤"，其为圆形土丘，高达三四丈。(【民国】王焕镳：《明孝陵志·规制》第2，P15)明孝陵主体建筑至此而止。

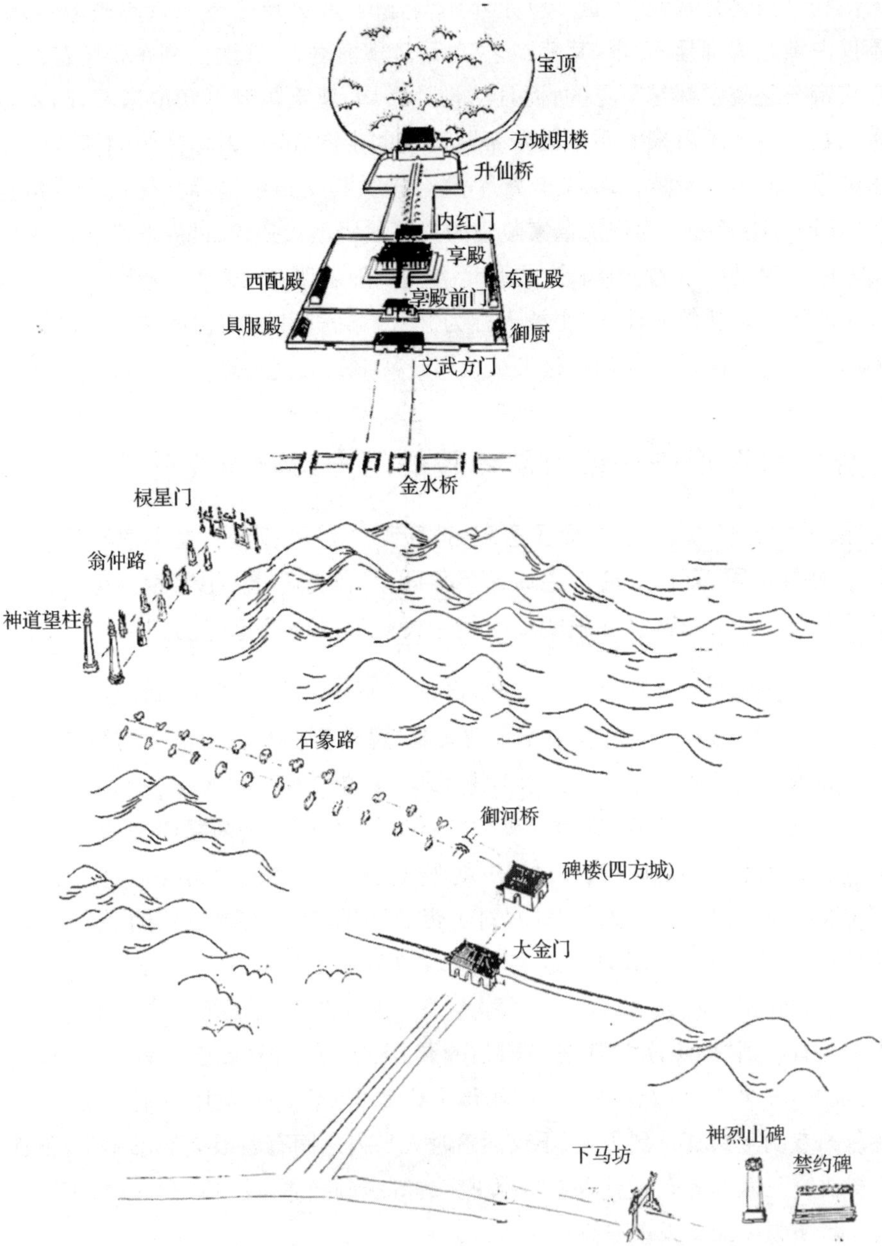

明孝陵复原示意图

诚如前文所述，明孝陵与明皇陵、明祖陵合在一起，被人称为明初“三陵”。在明初“三陵”中，无论从政治层面、建筑规模，还是从阳、从生等角度来说，明孝陵都是位居明初诸陵之首；若从近世 500 余年中营建的 30 余座帝陵综合起来考察，明孝陵不仅占地方圆绵延 45 里，其范围之广，建筑规模之大，在明清列帝帝陵甚至在中国历代帝王之陵中都是罕见的；而且从设计布局、建筑规制等角度来看，明孝陵深刻影响甚至规定了后来的明清列帝帝陵建筑的走向，故有人称其为明清 500 余年帝王陵寝中的第一帝陵。2003 年 7 月，联合国教科文组织世界文化遗产委员会第 27 届会议将明孝陵作为明清皇家陵寝的扩展项目正式列入《世界遗产名录》。

明孝陵不仅是南京的、中国的，更是世界的。随着明孝陵的“申遗”成功，它越发为人们所重视。既然如此，这座被人称为“明清第一帝陵”的明孝陵到底隐含着怎样的历史文化内涵？让我们一起来试着解开其中的文化密码。

◉ 世界文化遗产——南京明孝陵的历史影响与文化密码

○ 明孝陵最大的特点是，它改变了唐宋帝陵方上、陵台、方垣、上下宫制度和十字轴线的陵墓布局，开创了陵寝主体建筑平面呈“前方后圆”和诸陵合用一条神道的基本格局，深深影响了此后明清帝陵建设规制 500 多年的历史

中国传统丧葬的主要形式是土葬，即将死人放入棺材里，然后再埋到土穴中。所埋之处称为“墓”或“茔”，即“葬而无坟谓之墓”（【汉】扬雄：《方言十三》）；而在埋棺之处上面堆土成丘的，叫“坟”或“冢”，即“土之高者曰坟”（郑玄注：《礼记·檀弓上》）。由此而言，墓地的“墓”原本应该是平坦的，而“坟”才是高隆出来的，两者之间有着一定的区别。相对而言，墓之周围就叫做“兆域”。

其实这些都是对于普通人而言的，对于帝王来说，那就有着特别的讲究。“秦名天子冢曰山，汉曰陵，故通曰山陵矣”（【北魏】郦道元：《水经注·渭水》卷 19）。即说帝王之墓在秦时称为“山”，汉朝时称为“陵”，由此“山陵”后来成为帝王之墓的专门代称。有所谓“山陵崩”“驾崩”，即为国君、天子死了。“天子死曰崩，诸侯曰薨，大夫曰卒，士曰不禄，庶人曰死”（《礼记·曲礼下》第 2）。从中我们不难看出，中国特色的专制主义真是到了家，不仅活着时人与人之间有着很大的不平等，就连死了还得讲究三六九等。这种有着特别讲究的等级制随着中国传统社会君主专制主义的一步步强化而愈发壁垒森严。

普通人即庶人，在统治者的眼里就是“小人”，“小人”死了就埋了，大不了搞个小土堆，这就是人们常说的坟。帝王可不同，他是人间最大的“大人”，一般有两种葬法，一是以山代坟，即在半山腰南麓开凿墓穴，然后隆重地下葬死了的帝王；二是垄土为坟，即在平地上挖好墓穴，再葬天子。按照现代绝大多数人的理解，人死了，

什么都空了，大不了在每年一定的时节祭奠祭奠死者，有钱的人家多烧些纸钱，甚至烧些黄金、白银和“小姐”。烧完了，祭祀活动也进行得差不多了。不过最近几年南方地区的某些“人民公仆”和富商们在祭祀死者的同时，往往挥金如土，大造阴宅，且越造越豪华，大概是在告诉世人：他们地位之不同、身份之特殊，就像古代帝王一般。其实历史上作为人间最大的“大人物”——帝王死后的丧葬与祭祀还有着许多的特别之处，或言有着极为严格的规制，且处于不断升级之势。

中国古代帝王陵寝制度大约到秦汉时代才确立下来，东汉大学者蔡邕曾记载道：“宗庙之制，古者以为人君之居，前有‘朝’，后有‘寝’，终则前制‘庙’以像朝，后制‘寝’以像寝。‘庙’以藏主，列昭穆；‘寝’有衣冠、几杖、象生之具，总谓之宫。……古不墓祭，至秦始皇出寝，起之于墓侧，汉因而不改，故今陵上称寝殿，有起居、衣冠、象生之备，皆古寝之意也。”(【汉】蔡邕：《独断》)汉朝正史也说：“古不墓祭，汉诸陵皆有园寝，承秦所为也。说者以为古宗庙前制庙，后制寝，以象人之居前有朝，后有寝也。《月令》有‘先荐寝庙’，《诗》称‘寝庙奕奕’，言相通也。庙以藏主，以四时祭。寝有衣冠、几杖、象生之具，以荐新物。秦始出寝，起于墓侧，汉因而弗改，故陵上称寝殿，起居衣服象生人之具，古寝之意也。”(《后汉书·祭祀志下·宗庙》志第九，祭祀下)

这里边大致是讲，按照“事死如事生”的丧葬礼仪，根据皇帝生前居住的宫城“前朝后寝”之规制，最先人们将纪念与祭祀死去了的皇帝之庙与寝都建造在都城范围内，但皇帝的坟墓即所谓的“山陵”却是建在外边——阴阳有别。庙里是放死者画像一类，即所谓“藏主”，序列昭穆，按照死者辈分排序，以便后人四时祭祀；寝里是放置衣冠、几杖等死者生前用品，目的也是为了便于祭祀。皇帝生前的工作与生活“区划”为“前朝后寝”，即处理国家政事、举行大典在前面朝堂上，退朝了、下班了回到后堂，即人们常说的皇帝与后妃们游龙戏凤的地方。那么皇帝死了，祭祀他老人家的“庙寝”如何规制？以“庙”对应“朝”，以“寝”对应“寝”(活着时休息之处)。由此说来，秦汉之际都城中祭祀皇帝的至少有两个地方：一个是里边放着皇帝家列祖列宗牌位的“庙”，一个放着皇帝生前遗物的“寝”。这样的庙寝制度大约在秦始皇时有了一次“变革”：庙依然留在都城里，而寝被迁到了皇帝陵墓的边上。如此规制一旦定下，就一直沿袭到了明清。如今我们无论是在南京还是在北京，都知道明清太庙就在城里头，而祭祀朱元璋、马皇后或明清诸帝后的享殿即寝却一开始就建在城外帝陵陵园内。(《明太祖实录》卷154；【民国】王焕镳：《明孝陵志·规制》第2，P13)

自寝被迁出都城，与皇帝陵做伴后，“陵寝”则更多地被人所连称。在中国古代帝王陵寝制度大体确立的秦汉时代，皇帝陵寝有两大显著特点：

第一，陵墓呈方形覆斗式，即上面小下面大的方锥体，更确切地说是平顶方形，如被截去顶部似地，人们简称其为“方上”。“方上”制度一旦确立，便成为帝国皇家的专利与特权的象征，一般贵族与平民不得用此，只能以圆锥形作为坟头。这样的规制为汉唐诸陵所沿用，并一直持续到宋。

第二，秦汉之际的陵寝方位为坐西朝东，之所以如此，有人认为很可能是受上古时代秦人与楚人习俗遗风之影响。但帝陵坐西朝东这种规制到了东汉汉明帝时代就发生了变化。

中元二年(57)汉光武帝刘秀死后葬于原陵，皇太子刘庄即位，即历史上的汉明帝。第二年即永平元年(58)，按例朝廷举行大朝会——元会仪，汉明帝接受众大臣朝拜。结束后，刘庄回忆起父亲在世时的音容笑貌，不禁悲伤起来。为了表达对父皇的哀思，汉明帝决定把元会仪搬到光武帝的陵墓原陵处举行。那时的大朝会突出以皇权为中心，皇帝坐北朝南，而祭祀先帝陵寝的方位制度为坐西朝东。同一个地方阴阳两种礼制方位不同难免会引发混乱，于是从那时候起，中国都城、朝仪和陵寝方位都统一改为坐北朝南。这是历史上帝王陵寝制度的又一变。(《后汉书·显宗孝明帝纪》卷2，本纪第2)

“方上”或称方形覆斗式、坐西朝东改为了建筑方形围墙、四面设有阙门、寝殿建在陵墓旁、坐北朝南，如此秦汉陵寝规制大体延续到了唐代时再次发生“变革”。唐太宗李世民死后，他的陵墓——昭陵前的寝殿一分为三：一是在墓室门顶上建由陵主魂魄游乐之用的神游殿；二是建由人们祭祀所用的献殿，亦称寝殿或上宫；三是建安放梓宫的寝宫，也称下宫。后来唐朝其他帝陵就取消了神游殿，直接在陵前建献殿(上宫)，在山下建寝宫(下宫)，由此开启了上下宫制度，并被后来的宋朝所沿袭。(《新唐书·儒学下·韦彤传》卷200)

明初朱元璋开始对唐宋陵寝制度作了改革，先试用于皇陵建设，后在孝陵建设中正式确立。他取消上下宫制，将其改为“前朝后寝”(即前面祭祀、后面安放梓宫)或言“前方后圆”，仿效明皇宫模式，建立了文武方门、孝陵殿、方城和宝顶等三进院落制；将立体的十字轴线陵墓布局改为了一字型平面布局；将传统的唐宋诸陵各设一条神道改为诸陵合用一条神道，将陵园四周方垣改为因地制宜建筑而成的不规则形陵园城墙，如此规制影响了以后明清帝陵建设500多年的历史。

○ 明孝陵参照并变通明都城、明皇宫和明皇陵的建筑设计，建立“前朝后寝”三进院落制，布局严谨，规模宏大，建筑华美，工艺精湛，体现了中国传统社会的最高丧葬规制，也成为明清500多年诸帝陵的最高典范

洪武开国之初开始建造的明皇陵是严格按照明中都和京城三环相套的原则进

行布局与建设的：最里头为皇城、中间为砖城，外面为土城。明孝陵建造时已对此作了变通，最里头的宝城部分大致相当于明皇陵里的皇城，宝顶前面的方城明楼相当于明皇陵的砖城，原来明皇陵砖城东南西北四面各设一城门与明楼，现在只在明孝陵正南面设一座明楼，且范围大为缩小，并有将朱元璋坟墓包在里头的意思，这倒贯彻了皇陵砖城的主要用途精神。明孝陵最外边的一圈城墙就相当于明皇陵的土城。这样的变化可能使得明孝陵的建设更显得合理，布局更严谨，规模更宏大。

如果我们从空中鸟瞰，明孝陵的总体面貌呈内城外郭式的布局。内城即明孝陵的陵宫区，用红墙围砌，形制为典型的"前朝后寝"。第一、二进院落为"前朝"部分，第三进院落为"后寝"部分。从文武方门至享殿前门以及前门两侧的具服殿、神库、御厨，为第一进院落；第二进院落从享殿前门至享殿即孝陵殿，包括左、右配殿，是陵寝祭祀活动的中心；第三进院落"后寝"从内红门至宝顶，包括御河及大石桥（升仙桥）、方城明楼、宝城。外郭系从大金门东西两侧延展，现在红墙已经不存在，但能看到连接的痕迹，墙厚约 1.5 米，高约 4 米。这道外郭城墙（相当于明皇陵的土城）将纵深 2 600 多米的明孝陵陵域围了起来，据记载：陵园红墙"沿山周围，缭垣四十五里"（【民国】王焕镳：《明孝陵志·规制》第二，P15），相当于南京城墙长度的 2/3，几乎把半个钟山包含在内。可见明孝陵陵区范围之大！

如果由具体建筑的个体来看，虽说明孝陵的地面建筑已经被破坏得差不多了，但从现存的古迹我们尚能看出明孝陵曾经的辉煌与恢宏以及当时建筑与雕刻等方面的高超技术。

譬如，大金门据相关史料记载，原屋面为单檐庑殿顶，覆黄色琉璃瓦，用绿色琉璃椽子。屋檐以下不施斗栱，而以石制挑檐取代，结构简洁而坚固，朱红双扉，庄严华丽。现大金门面阔 26.66 米，进深 8.35 米，中门较大，高 5.24 米，据此，我们依然能看到其当年的雄姿。

再说那碑亭，其建筑平面呈正方形，面阔、进深均为 26.86 米，俗称"四方城"。四面各开一座券门。由于碑亭顶部不存在，所以结构、形制无法考证。但亭内矗立的那"大明孝陵神功圣德碑"可不得了，碑高 8.78 米，分为龟座、碑身、碑额三部分。碑身上碑文为楷书阴刻，共 2 746 个字，书法优美，镌刻工整；碑额雕刻有九条龙，雕工精湛，气势雄伟。这是南京地区现存古代碑刻中最大的一块，具有珍贵的历史和艺术价值。

孝陵享殿虽毁于清咸丰三年（1853）兵火之中，具体形制已不存在，但根据现存的享殿台基及明长陵的祾恩殿形制，我们大致可以推测为：享殿是面阔九间、进深五间的建筑，采用重檐庑殿顶这一最尊贵的形式。支撑大殿的柱子为楠木大柱，并且有金龙为饰。“长陵(当如孝陵)殿,重檐,九楹,高可十丈,修十有一丈,广倍之,而加以丈三。其外丹陛崇高,白石栏三重”(《十三陵记》;【民国】王焕镳:《明孝陵志·规制》第2,P14)。享殿下的石砌须弥座台基有三层,通高为3.03米。台基上如今还保留着部分螭首、前后踏垛和陛石、栏杆、栏板等石雕构件,虽然残破,但气势依旧壮观。享殿台基上遗留了大量石柱础,由这些石柱础也可想象当年建筑的辉煌。

方城明楼是明孝陵的核心建筑之一,方城用大石条筑成,东西面阔60.8米,南北进深34.22米,下部为石刻须弥座,高2.4米,束腰部分刻绶带纹和方胜纹,上部用规整的条石砌建,正面高16.25米。方城正中辟有一个高大的拱门,拱门内有一幽深的隧道,内设54级台阶。方城之上的明楼由大方砖铺地,现仅存四壁。根据保存至今的湖北明显陵和北京明十三陵的明楼形制,我们大致可以想象当年明孝陵方城明楼的巍巍壮观:重檐歇山顶,黄色琉璃瓦,飞檐翘角。

从建筑造型与艺术风格角度来说,明孝陵也可堪称明清500多年诸帝陵的最高典范。

譬如孝陵殿台基是由大型鼓镜式柱础构建而成,而这种鼓镜式柱础造型最初就起源于南京,可能是在宋代前后流行的官式建筑所使用的覆盆式柱础和江浙地区民间流行的鼓橙状柱础基础上发展而来的,并被应用到大明皇家建筑当中,后随着朱棣迁都又传到了北京,几乎成为明清皇家与官式建筑柱础的唯一风格。

明孝陵建筑造型中还有一个较为显著的特征,就是大量使用砖砌拱券造型。在明孝陵的大金门、碑亭、享殿与陵宫门以及孝陵前期工程中建造的灵谷寺无梁殿等一系列大型建筑中的门顶都采用了砖砌拱券造型。这种建筑造型在我国早已有之,但如此广泛地使用和建造这么大的拱券建筑物却是很不多见的,尤其方城明楼上的那个陵宫门在今人看来就是一个拱形隧道,其南北进深34.22米,内有54个台阶,真可谓高大深长,巍巍壮观。像陵宫门这样拱券跨度之高大、建造之精美的拱券形门顶,在中国传统殿宇建筑中是前所未有的。因此说,明孝陵的砖石建筑,是中国建筑史上大跨度砖拱技术运用于殿宇建筑的成功范例。

再来说说建筑艺术风格。如今人们所见到的那神道上的石像都是明初的石雕杰作。在雕刻技法方面,注重写实、逼真与古朴相结合,线条圆润流畅,细微之处精雕细琢,甚至在大象耳朵上雕刻出若隐若现的耳脉、在獬豸和麒麟脑后雕刻出千丝万缕的鬃毛。这是从微观角度来看,若着眼于宏观,人们就不难看到:神道上的石刻风格多样,造型浑厚凝重又简朴,以形体高大取胜,石象与石望柱等皆为巨作。综观之,明孝陵神道上的石刻将整体宏大与局部精细融为一体,代表了那时中国石雕艺术的最高水平，并深刻地影响了后来明清皇家建筑与园林造型艺术。（参考网上信息 http://www.szyo.com/blog/archives/164.html）

○ 明孝陵的设计布局与建设贯穿了中国传统文化与堪舆学理论，注意了自然与庄重的统一，渗透了"法天象地""天人合一"和"魂归北斗"思想理念

前面我们说过中国传统的堪舆文化，在元末明初时风水之术主要有两派：一派是福建派，亦称理气法或宗庙法；另一派为江西派，又称峦头法或形势法。元末明初大受强势权力新贵阶层推崇的是讲究择址选形的江西派或称峦头派。峦头派讲究择址选形有五大步骤：觅龙、察砂、观水、点穴、取向。在这当中最为关键的可能要数觅龙和点穴。觅龙就是寻找真龙所在，明初精通堪舆之术的刘基曾在《堪舆漫兴》里头点出了中国"山祖"昆仑山东向的三条"干龙"，明末右侍郎蒋德璟则明确地向崇祯帝说道："中国有三大干龙。中干旺气在中部，结为凤、泗祖陵；南干旺气在南京，结为钟山孝陵；北干旺气在北京，结为天寿山诸陵。"（【明】孙承泽：《天府广记·察勘皇陵记》卷 40）

由此看来朱元璋定都南京与归葬南京在风水学上是没什么大问题的，接下来看看当年的察砂、观水、点穴等。前面说过明孝陵点穴择址是在洪武八年前就完成了，即由朱元璋、刘基等选定紫金山独龙阜玩珠峰。怎么看中的？依据是什么？当年史书未作记载，但元明之际的风水学理论却似乎为今人解开了历史之谜："善葬者必原其起以观势，乘其止以扦穴，凡言止者……乘其脉之尽处为止。"也就是说要将阴宅——"穴"定在"穴"后山脉之前，"形止脉尽"（【元】吴澄，删定；郑谧，注释：《地理葬书集注》）。再看明孝陵宝城所在的玩珠峰恰巧在紫金山南麓，山脉接近尽头了，符合风水学上的标准要求。

不过光看这个可不行，还必须得注意到它的"护砂"，也就是说独龙阜阴穴左右两侧应有重重护砂，"龙虎抱卫"（【元】吴澄，删定；郑谧，注释：《地理葬书集注》），且"穴"与最内侧的龙虎护砂（又称"蝉翅之砂"）之间还需要"虾须之水以定葬口界限"（【元】吴澄，删定；郑谧，注释：《地理葬书集注》）。明孝陵宝城所在的独龙阜后、左、右恰有远近群山环绕拱卫（参见胡汉生：《试论明代帝陵制度的传承与演进》，网上论文），至于那风水学上所说的"虾须之水"，至今我们还能看到，即明孝陵宝城前"升仙桥"下的一泓河水，有人称之为宝城御河。水与风在风水学上太重要了，托名郭璞所著的《葬书》中说："风水之法，得水为上，藏风次之。""气乘风则散，界水则止。古人聚之使不散，行之使有止，故谓之风水。"（【元】吴澄，删定；郑谧，注释：《地理葬书集注》）

紫金山上有龙气或言王气，这是传统社会中人们普遍认为的，明代人更是深信不疑："钟山上有云气，浮浮冉冉，红紫间之，人言王气，龙蜕藏焉。""戊寅，(张)岱寓鹫峰寺。有言孝陵上黑气一股，冲入牛斗，百有余日矣。岱夜起视，见之。自是流贼猖獗，处处告警。壬午，朱成国与王应华奉敕修陵，木枯三百年者尽出为薪，发根，隧其下数丈，识者为伤地脉、泄王气。"(【明】张岱:《陶庵梦忆》卷1)

以上是明末学者张岱描述的他所看到的紫金山顶之气，连饱读诗书、明达事理且怀有经国济世韬略的著名文化人都相信王气之说，更别提那个当初大概连小学文化程度都不够的朱元璋了，他要刘基等堪舆大师勘定绝佳的身后龙穴——独龙阜宝城，就是为了保住大明皇家的龙气。而孝陵宝城所在的独龙阜北靠钟山主峰，是山势缓缓下降的一块山麓地，恰似"玄武垂头"；独龙阜之东，钟山山脉往南延伸为各座小山，绵延不绝，此为"青龙蜿蜒"；独龙阜之西，有一条山脊，往西南蜿蜒，这是"白虎驯俯"。西、北、东三面如怀抱，能挡恶气，聚生气。而孝陵宝城向南开口处，有三条河流即宝城御河、内御河(也称金水河)、外御河，分别自方城明楼前、文武方门前、石象路神道起首处的御河桥下流过，皆汇入前湖，此又为"朱雀翔舞"。

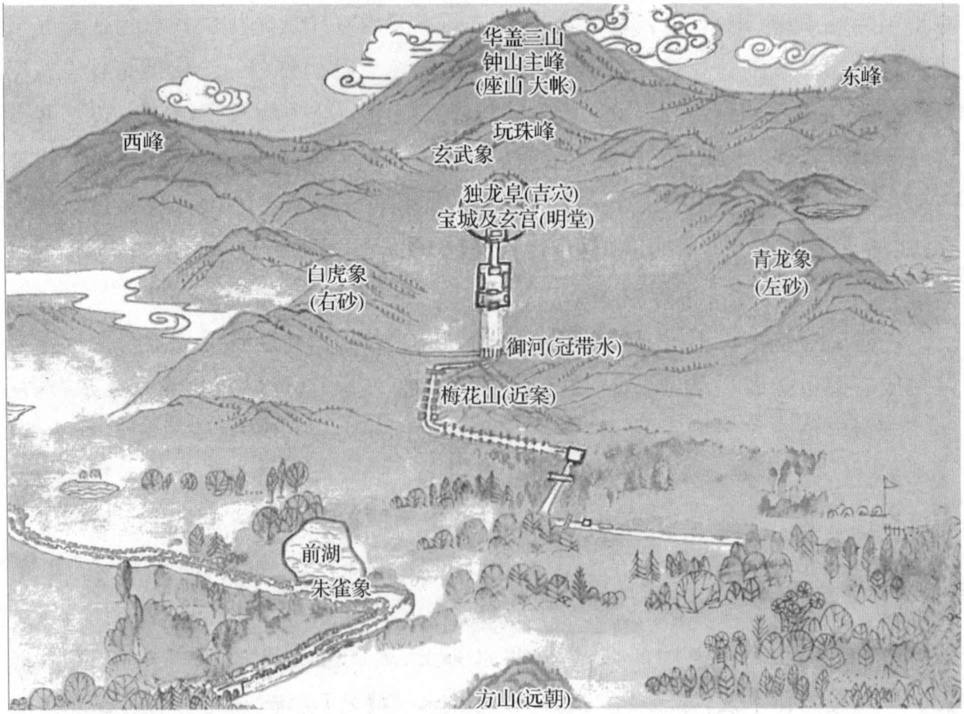

明孝陵风水示意图

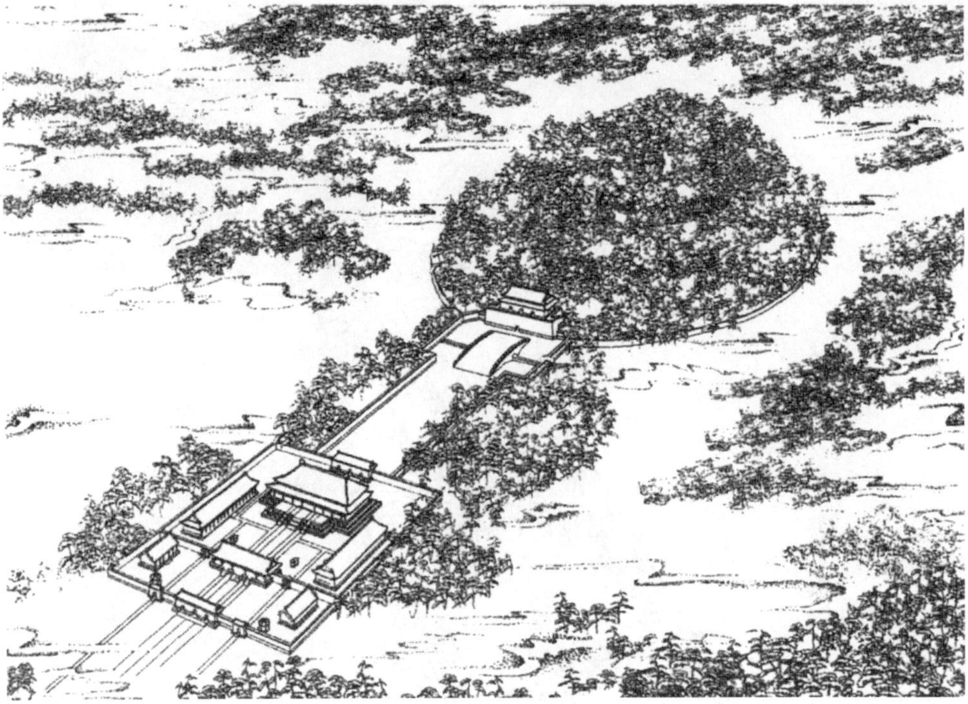

南京明孝陵陵宫复原鸟瞰图

外御河、内御河和宝城御河不仅守住了大明的龙气，而且还被巧妙地改成明孝陵地区的三大排水系统。明孝陵建于地处长江下游的南京，该地区雨量充沛，通过该三大排水系统和陵宫内的地下排水管道及地面建筑周围砖铺的排水明暗沟及时排水泄洪，使得明孝陵建筑屹立不倒，也使大明王气龙脉绵延永远。更为绝妙的是三条御河将陵域划分成导引区、神道区、前朝区和后寝区，同时通过御桥将这四个区域连接成一个和谐的整体。它们非但未打破陵域空间的有序性和完整性，反而巧妙地利用御桥将陵域装点得更为完美，更富有生机，在规划和设计上可谓独具匠心，做到了自然与人工的巧妙结合和天地人三者之间的和谐统一。

除了御河“水带”将明孝陵建筑有机地连接起来外，还有一条别具一格的神道贯穿了明孝陵的南与北，弯曲的神道把人们一步步引入陵宫，神道两边依次设置了坊、门、亭、石像生、牌楼等建筑物，或居中，或对称，创造出一种流动的有韵律的美；而陵宫建筑采用中轴线对称式布局，突出庄重感，体现出陵墓建筑追慕的特色。人们沿着神道及中轴线前行，思绪被它牵引，不得不敬畏皇家的权威与尊贵，同时也让人们看到了明孝陵设计者独特的智慧和孝陵建筑与紫金山水的绝佳配合，是一种自然造化之美与人工建筑之庄重的和谐统一。

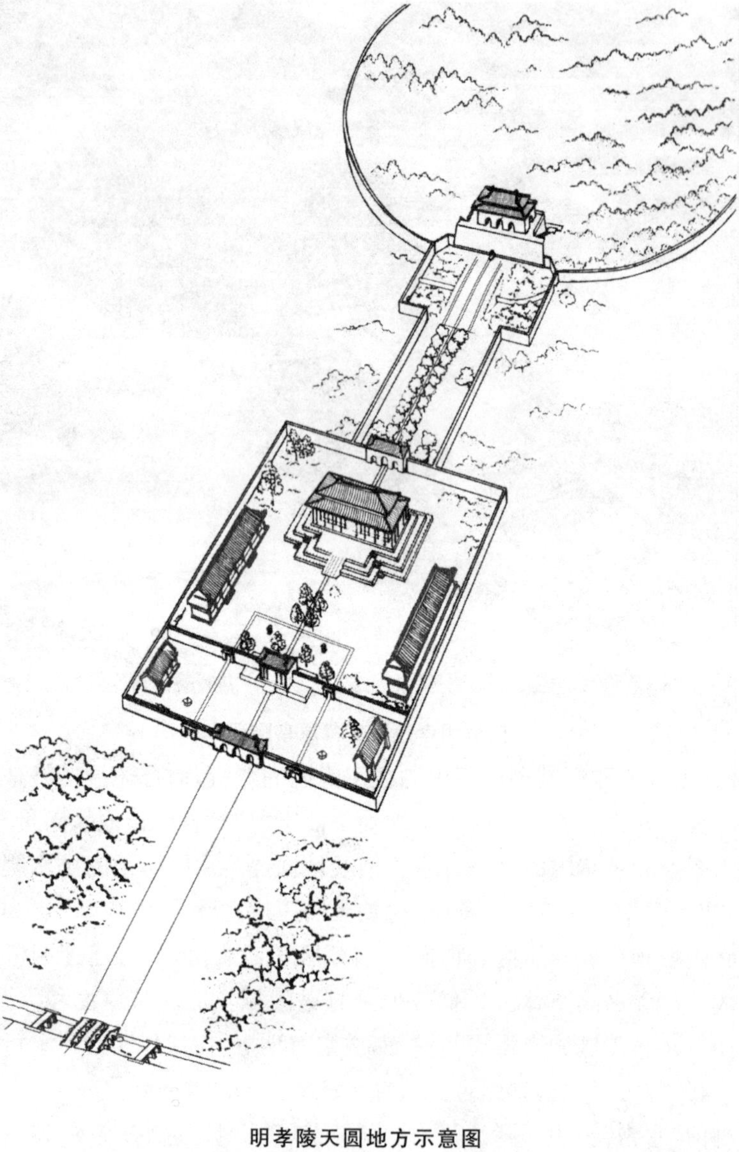

明孝陵天圆地方示意图

明孝陵建筑布局丰富的传统文化内涵中最令人称绝的可能就要算"天人合一"——"天圆地方"的陵寝布局与北斗星状神道设计。

前文说过，秦汉时代起确立的中国皇帝陵寝制度中有一大特点，就是"方上"，即陵墓呈正方形覆斗式。这个规制一直延续到唐代基本上都没变，除了葬在山腰里不显形迹的帝陵外，唐代在平地上建造的帝陵陵台（即俗称坟丘）多呈正方形。宋朝沿袭了唐制，所不同的是宋帝帝陵将原来唐朝双层台阶式正方形陵台改为了三层台阶式。到了明初，朱元璋改传统帝陵规制的“方上”为“上圆”，即我们平常所说的圆形坟丘，将方形的造型移到了前面的方城与享殿建设上，构成了“天圆地方”的建筑布局。圆形坟丘里头葬着逝去的天子朱元璋。天子，顾名思义，即上天的儿子，他死后应该魂归天上，因此说朱元璋与马皇后的坟丘就要造成圆形，这叫做“天圆”；而坟丘前的方城与享殿是后来者用来祭祀先皇帝先皇后的，相比于先皇帝，后来祭祀者为臣，就好比是相对于“天圆”，后来者用于祭祀的建筑场所应该属于地。地在传统中国人的概念中就应该是方形的，由此坟丘与方城、享殿巧妙布局，中国人传统的“天圆地方”之说得以完美的诠释，“天地人合一”的主题思想也得以充分表达。

如果再从享殿继续向南一一考察并通贯起来看的话，我们就会发现明孝陵的神道实在奇特。花了 30 来年时间、投入了那么多的心血、精力和财力，居然打造出一条“曲折”的神道，这到底为何？传统的说法是，负责明孝陵工程的人向朱元璋请示，移走梅花山上的孙权墓，劈开孙陵岗，便可将神道筑直了。可朱元璋不同意，认为孙权也是一条好汉，就留着让他给我看门吧！（【明】郎瑛：《七修类稿·国事类·南都二墓》卷 14；【明】张岱：《陶庵梦忆》卷 1）那么事实真相果真如此？如果我们将神道上的四方城、神道石望柱、棂星门、金水桥、文武方门、享殿直到宝城七大建筑点用线连接起来，其图形令人十分吃惊，它几乎与天上北斗“勺柄”七星布局一模一样，或者说这七个主要建筑构成了地上的北斗“勺柄”七星。而钟山北麓徐达墓、常遇春墓、李文忠墓、仇成墓等犹如北斗七星周围之群星。我们回头再看看宝城所在地独龙阜的地理风水：北玄武、南朱雀、左青龙、右白虎，明孝陵法天象地，其陵宫四向就是天上四象，而天帝所居之“北斗”又位居中央，其前方就是北斗七星，“紫宫垣十五星，其西番七，东番八，在北斗北。一曰紫微，大帝之坐也，天子之常居也，主命主度也。”（【唐】房玄龄：《晋书·天文志上》卷 11）加上中国人自古就有帝王升仙“魂归北斗”的说法，因此说，笃信风水之说和天人感应的朱元璋所要精心打造的明孝陵就是天宫的再现，或者说是地上版的天宫布局。

至此，中国传统文化思想和风水学理论所追求的最高境界在明孝陵建设中得到了充分的展示，同时这也是中国陵寝制度运用风水学走向成熟的一个杰出标志与帝陵制度的变革。明清帝陵新制自此开创后，一直为后来的帝王所沿用，时间长达 500 余年。（参见夏玉润：《朱元璋与凤阳》，黄山书社 2003 年 12 月第 1 版，P401～402）

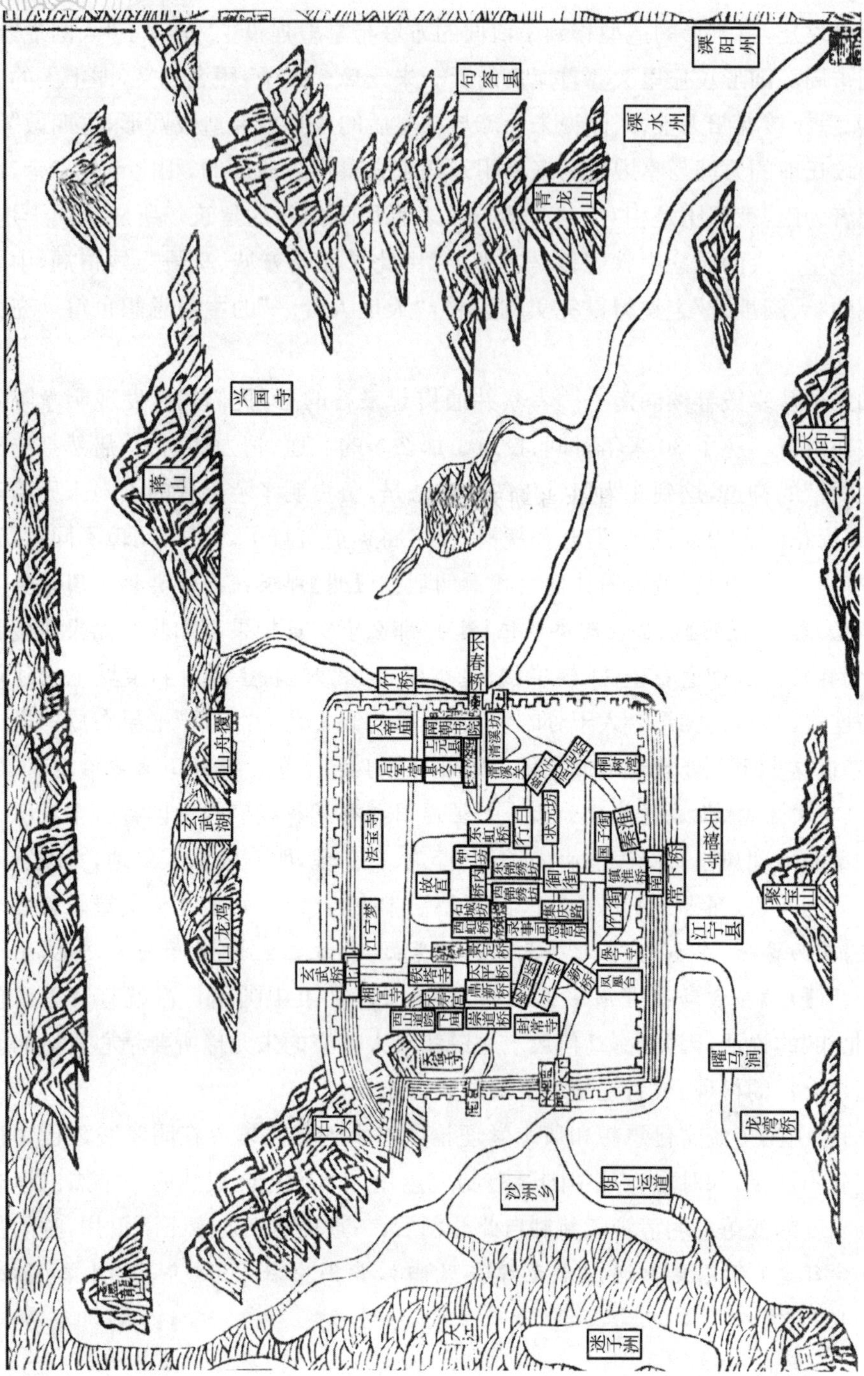
句容县
溧水州
溧阳州
青龙山
兴国寺
蒋山
天印山
覆舟山
玄武湖
鸡笼山
竹桥
聚宝山
江宁县
天禧寺
石头
沙洲乡
龙湾桥
迷子洲
法宝寺

紫金山明孝陵形胜图

不仅如此，占有至善至美的好风水，法天象地，营造地上版的“天宫”——明孝陵，朱元璋更多表达的是他内心的精神寄托与终极关怀：天圆地方、天地人合一和天人感应，我朱元璋和子孙们都是“奉天承运”，大明江山会永远地牢牢掌控在我朱明皇家手中。

该做的几乎都做了，且做得很绝，似乎也很“完美”，最后朱元璋永远地待在了他心中完美的地上版“天宫”——南京明孝陵。

从约 40 岁登基到 71 岁归宿明孝陵，虽说朱元璋算不上大明历史上在位最久的帝皇，但他的每一招每一式都给后来的帝国历史（包括清朝）产生了很大的影响。回首瞻望朱元璋治理下的大明，明中叶文人董谷不无自傲地说道：“程伊川（即宋代有名理学家程颐）谓，宋家（指宋朝）超越前代者五事。余谓我朝超越前代者，略言七事，而一统之盛，尤自古之所无也。是故汉吕临朝，唐武易姓，赵宋虽多贤后，犹有垂帘之失。国家（明朝人自称当朝为国家或国朝，笔者注）历九朝，椒房不预政事，内廷甚正，一也。夷狄之患，自汉以来，和亲致弊，不知纪极。国家廓清驱逐之后，遂绝其源，大限甚明，二也。人君即位，谓之元年，无再元之理。其弊自汉文帝始，后代多因之，至一君有十数元者，无谓之甚。我朝列圣相承，只以一元纪世，老成正大，无夸侈变更之心，三也。党锢之祸，汉以之亡，牛李洛蜀，何代无之。国朝百八十年，多士一心，无复朋党，四也。古者名不偏讳，临文不讳，惟致谨于君上之前耳。后世忌避太甚，极为可恶。名晋肃而不举进士，姓石昂而改呼右昂。片言只字，无心获罪者，不可胜举。我朝惟进御合避，外一切皆略之，士风稍古，五也。前代杀人无忌，虽平居杯酒之间，动以人命为戏。如王恺饮客，日杀美人。徐知诰鸩第，贻祸伶者。其他快己欲，复私仇，虽当盛世，漫无法度。我圣祖在御，先出五刑酷法，后申《大诰三编》，明著律令，使之趋避。故虽位极人臣，无敢专擅杀戮。太平全盛，人有所恃而无恐，六也。前代皆有官妓，虽张禹大儒，后堂女乐。而谢安之风流，杜牧之狂狎，缙绅以为美谈。至于有宋，士习稍还，而此风不变。我朝一革遂尽，始无寄猳之丑，七也。”（【明】董谷：《碧里杂存》上卷）

董谷的论述虽有偏颇（洪武帝杀人够多了，董老夫子却没有正确认识到，笔者注），但大体还算公允。几乎与其同时，明代藏书家、文学家和理学家谢铎则论道：“我太祖皇帝远过于宋者，有五事。一，攘克夷狄以收复诸夏；二，肇基南服而统一天下；三，威加胜国而锋刃不交；四，躬自创业而临御最久；五，申明祖训而家法最严。”（【明】张燧：《千百年眼·我朝胜前代二十二事》卷 12）

而同一时期的著名文化人敖英对朱元璋开创的强盛国势的大明更是赞赏不已：“我朝国势之尊，超迈前古，其驭北虏西蕃，无汉之和亲，无唐之结盟，无宋之纳岁币，亦无兄弟敌国之礼，其来朝贡，则以恩礼待之。其朝鲜、安南、琉球、日本、占城、暹罗、满剌加诸国，乌思藏、童卜韩、胡奴儿于诸司、朵颜，赤斤、阿端、卜剌罕诸卫，奉法尤谨，朝廷待之，恩礼亦有加焉。呜呼，盛哉！”（【明】敖英：《东谷赘言》卷上）

伟哉，大明！盛哉，大明！这是古人对老朱皇帝立国定制和治边治外治天下的评价，应该说还是十分客观和公允的。就这个老朱皇帝在世时还曾跟文臣朱升说：“治天下者，正家为先。”那么他修身治家的最终结果到底如何？《明史》说：“终明之代，宫壶肃清，论者谓其（指朱元璋）家法之善，超轶汉、唐。”（《明史·后妃传·序》卷113）由此再看明孝陵孝陵殿里那通大石刻碑——300年后清圣祖康熙帝对朱元璋的评价“治隆唐宋”，还是比较妥帖的（对儿子们的治理除外）。

不过我们还应看到朱元璋治理下的另一面：他乾纲独断，事必躬亲，专制集权，滥杀无辜，大搞政治运动，实行文字狱与特务统治……将大明治理成一个令人窒息的国家，严重摧残了商品经济的发展和中外交流，客观上妨碍了思想文化的繁荣，且对以后的中国社会产生了深刻的负面影响。

一代枭雄、奇特的开国皇帝朱元璋终于走了，他将一个自以为治理得安全无恙、铁打一般的江山社稷交给了自己的皇太孙。殊不知他老人家刚刚“躺下”，那个曾经乖巧又自称是父皇“好儿子”的燕王朱棣就在北京蠢蠢欲动了（参见《明史·诸王一、二、三》卷116），随即发动具有巨大破坏力的“靖难之役”，而后又进行了惨绝人寰的大屠杀……欲知后朱元璋时代之详事，请看《大明风云》之⑥《仁政方隆》、⑦《建文悲歌》、⑧《皇帝迷踪》。

大明帝国皇帝世系表

（18帝，1368—1645年，共计277年）

						①明太祖	朱元璋	洪武三十一年	戊申	1368年
懿文太子	朱 标				↙ ↓	③明太宗（明成祖）	朱 棣	永乐二十二年	癸未	1403年
②明惠帝	朱允炆	建文四年	己卯	1399年	↓	④明仁宗	朱高炽	洪熙一年	乙巳	1425年
					↓	⑤明宣宗	朱瞻基	宣德十年	丙午	1426年
⑥明英宗	朱祁镇	正统十四年	丙辰	1436年	↙ ↘ →	⑦明代宗	朱祁钰	景泰八年	庚午	1450年
					↓	⑧明英宗	朱祁镇	天顺八年	丁丑	1457年
					↓	⑨明宪宗	朱见深	成化二十三年	乙酉	1465年
					↓	⑩明孝宗	朱祐樘	弘治十八年	戊申	1488年
⑪明武宗	朱厚照	正德十六年	丙寅	1506年	↙ →	⑫明世宗	朱厚熜	嘉靖四十五年	壬午	1522年
					↓	⑬明穆宗	朱载垕	隆庆六年	丁卯	1567年
					↓	⑭明神宗	朱翊钧	万历四十八年	癸酉	1573年
					↓	⑮明光宗	朱常洛	泰昌一年	庚申	1620年
⑯明熹宗	朱由校	天启七年	辛酉	1621年	↙ →	⑰明思宗	朱由检	崇祯十七年	戊辰	1628年
					（	⑱明安宗	朱由崧	弘光一年	乙酉	1645年

注释：

①明朝第二位皇帝是朱元璋的皇太孙朱允炆，建文四年时，他不仅被“好”叔叔朱棣从皇位上撵走，而且还被“革除”了建文年号，改为洪武三十五年。

②明朝开国于南京，从正宗角度来讲，很难说迁都是朱元璋的遗愿。因此，大明的覆灭应该以国本南京的沦陷作为标志，弘光帝又是大明皇帝的子孙，他称帝于南京，应该被列入大明帝国皇帝世系表中。

③上表中↓↙↘表示皇位父子或祖孙相传，→（表示皇位兄弟相传。

④明安宗朱由崧是老福王朱常洵的庶长子，明神宗万历皇帝朱翊钧之孙，也是明熹宗朱由校、明思宗朱由检的堂兄弟。

后　记

2013年12月平安夜的钟声敲响时，我的10卷本《大明帝国》竣工了，想来这400多个不眠的夜晚，真可谓感慨万千。在这个浮华的年代里，就一个人靠着夜以继日地拼命干，想来定会让象牙塔里带了一大帮子弟子的大师们笑弯了腰，更可能会让亦官亦民的××会长们暗暗地叫上“呆子”的称号……是啊，十多年了，在我们的社会里什么都要做大做强，什么都要提速快行，什么都要搞课题会战工程，而我却是孤独的“夜行人”和迟缓的老黄牛，无论如何都无法跟上这个时代的节拍。好在已到知天命的年龄，什么事都能看得淡淡的，更何谈什么学会、研究会的什么长之诱惑了。秉承吾师潘群先生独立独行的精神，读百家之书，虽无法做到“究天人之际，通古今之变”，但至少能“成一家之言”，管他春夏与秋冬。

不管世事，陶醉于自我的天地里，烦恼自然就少了，但不等于没有。自将10卷《大明帝国》书稿递交后，我一直在反问自己道：“有何不妥？”在重读了出版社发来的排版稿后，我忽然间发现其内还有诸多的问题没有彻底讲清楚或无法展开。譬如，尽管我专辟章节论述了大明定都南京、建设南京的过程及其历史影响，从一般意义角度而言，似乎很为周全，但细细想想，对于已经消失了的南京明故宫和明都京城之文化解读还没有完全到位。理性而言，南京明皇宫与南京都城在中国历史文化进程中所占的地位尤为特别，如果要用最为简洁的词语来概括的话，我看没有比“继往开来”这个成语更合适了。“继往”就是在吸收唐宋以来都城建筑文化精华的基础上，将中国传统的堪舆术与星象术巧妙地结合在一起，使其达到前所未有的完美境界，用明初朱元璋开国时反复强调的指示精神来说，就是“参酌唐宋”和“恢复中华”，即在继承先人传统的基础上整合和规划南京明皇宫和大明都城建设，于最核心部分构建了象征紫微垣的宫城，宫城之外为象征太微的皇城，皇城之外为象征天市的京城，环环相套，中国传统文化中的“法天象地”“天人合一”思想在南京明皇宫和大明都城建设布局中得到了充分的体现；“开来”就是指明初南京明皇宫与都城建设规制深刻影响了后来的明清皇城与都城建设布局。

同样的例子还有南京明孝陵、凤阳明皇陵、盱眙明祖陵，等等。

对于诸多的不尽如人意之处，最好的办法就是在原书稿基础上直接添加和补充，但随之问题又来了。原书稿规模已大，《洪武帝卷》100 多万字，分成了 3 册，每册都是厚厚一大本，如果再要“补全”，那就势必要另辟一册。这样对于图书销售会带来更多的不便。思虑再三，只好暂时先以原书稿的规模出版，等以后有合适的机会再作重新规划和布局。

可没想到的是，我的苦衷在今年新书上市后不久让广大的读者和东南大学出版社的朋友一下子给解决了。本来按照图书规模而言，3 卷本 100 多万字的《朱元璋卷》应该是很难销的，但让人始料未及的是，它上市没多久就销售告罄。在纸质图书销售不景气的今天，能有这样的结果，真是莫大的欣慰。更让人兴奋的是，东南大学出版社的谷宁主任、马伟先生在上请江建中社长、张新建总编等社领导后决定，在原 10 卷《大明帝国》基础上，让我重新修订，分册出版。当时我正在研究与撰写大明正统、景泰两朝的历史，听到这样喜人的消息后，立即放下手中的事情，开始对原 10 卷《大明帝国》逐一作了梳理，调整章节，增补更有文化含金量的内容，使原《大明帝国》变得更为系统化，考虑到新书内容已有很多的变化，为了与以前出版的相区别，本想取名为《明朝大历史》，但考虑到这是普及性极强的读物，最后与马伟先生合计，取名为《大明风云》。

经过数月的不眠之夜，《大明风云》前 8 卷终于可以交稿了。回想过往的日日夜夜，看到眼前的这番收获，我要衷心感谢的是中共南京市委宣传部叶皓部长、徐宁部长、曹劲松副部长，南京广电集团谢小平主任，中共南京市委宣传部网控中心的龚冬梅主任，中央电视台池建新总监，安徽电视台禹成明副台长，原南京电视台陈正荣副台长、新闻综合频道傅萌总监，原江苏教育电视台张宜迁主任、薄其芳主任，东南大学出版社江建中社长、张新建总编，东南大学马克思主义学院袁久红院长、袁健红副书记，南京市政协副主席余明博士，南京阅江楼风景区管理委员会韩剑峰主任，新华报业集团邹尚主任，南京明孝陵博物馆张鹏斗馆长，南京静海寺纪念馆原馆长田践女士，南京阅江楼邱健乐主任，南京市社科院李程骅副院长与社科联陈正奎院长、严建强主任、顾兆禄主任，南京市新闻出版局蔡健处长，南京市档案局徐康英副局长、夏蓓处长，江苏省社科联吴颖文主任，福建宁德市政协主席郑民生先生、宁德市委宣传部吴泽金主任、蕉城区统战部杨良辉部长等领导的关怀（特别注明：本人不懂官衔大小，随意排列而已，不到之处，敬请谅解）；感谢中央电视台裴丽蓉编导、徐盈盈编导、戚锰编导，江苏电视台公共频道贾威编导、袁锦生编导，江苏教育电视台苍粟编导、夏恬编导、赵志辉编导，安徽电视台公共频道制片人张环主任、制片人叶成群、舒晓峰编导、唐轶编导、海外中心吴卓编导、韩德良编导、张曦伯编导、李静编导、刘小慧编导、美女主持人任良韵，南京广电集团王健小姐，南京电视台主持人周学先生、编导刘云峰先生、李健先生、柏新民先生、卞昌荣先生，南京电视台十八频道主持人、我的电视节目老搭档吴晓平先生，江苏广播电视总台吕凤华女士、陆正国先生、新华报业集团黄燕萍女士、吴昌红女士、王宏伟先生，《现代快报》刘磊先生，《金陵晚报》郑璐璐主任、于峰先生，金陵图书馆袁文倩主任和郁希老师，南京静海寺纪念馆钟跻荣老师，东南大学出版社刘庆楚分社长、谷宁主任、彭克勇主任、丁瑞华女士、马伟先生、杨澍先生、丁志星女士、张万莹女士，南京明孝陵向阳鸣主任、王广勇主任和姚筱佳小姐，江苏省侨办《华人时刊》原执行副主编张群先生，江苏省郑和研究会秘书长郑自海先生和郑宽涛先生，北京师范大学教育学院孙邦华教授，南京大学王成老师和周群主任，南京理工大学人文学院李崇新副教授，南京财经大学霍训根主任，江苏经贸学院胡强主任和吴之洪教授，南京总统府展览部刘刚部长，南京出版社卢海鸣社长，南京城墙办朱明娥女士，南京图书馆施吟小姐，福建宁德三也农业开发有限公司董事长池致春先生，原徐州汉画像石馆馆长武利华先生，无锡动漫协会会长张庆明先生，南京城市记忆民间记录团负责人高松先生和篆刻专家潘方尔先生以及倪培翔先生等朋友给我的帮助与关怀。（至于出版界朋友对我的帮助，那实在太多了，怕挂一漏万，干脆就一个也不谢了）

当然还要感谢吾师王家范老师、刘学照老师、黄丽镛老师、王福庆老师、杨增麒老师等曾经对我的谆谆教诲与帮助，也衷心祝愿诸位师长健康长寿！

除了国内的师友，我还要感谢 United Nations（联合国）Chinese Language Programme 何勇博士、美国 Columbia University（哥伦比亚大学）王成志主任、美国 Stanford University（斯坦福大学）Visiting Scholar Helen P. Youn、Stanford University（斯坦福大学）的 Hoover Institution Library & Archives（胡佛研究院图书馆及档案馆）主任 Thu-Phuong Lisa H. Nguyen 女士和 Brandon Burke 先生、美国纽约美中泰国际文化发展中心总裁、著名旅美艺术家李依凌女士、美国（CHN）总监 Robert KO（柯伊文）先生、泰国国际书画院院长李国栋、日本关西学院法人代表阪仓笃秀教授、世界报业协会总干事马英女士和澳门基金会理事吴志良博士、澳门《中西文化研究》杂志的黄雁鸿女士等海外师长与友人对我的关心与帮助。

在此我要特别感谢美国 University of Pittsburgh（匹兹堡大学）名誉教授、海外著名国学大家许倬云先生。许先生年逾古稀，身体又不好，但他经常通过 E-mail 关心与肯定我的研究与写作，令我十分感动；特别感谢老一辈著名明史专家、山东大学教授黄云眉先生的大作《明史考证》对我的启迪以及他的海内外儿孙们对我的抬爱；特别感谢我的学业导师南京大学潘群先生和师母黄玲女士严父慈母般的关爱;特别感谢慈祥的师长、我的老乡原江苏省委宣传部常务副部长王建邦先生对我的关怀与帮助。

我还要感谢的是我的忠实“粉丝”与读者朋友,这些朋友中很多人可能我都未曾见过他们的面,譬如安徽六安有个年轻朋友曾给我写来了热情洋溢的信函;还有我不知其地址、只知其 QQ 号的郭先生,等等。他们不断地给我来信,帮助我、鼓励我。但由于我是个“单干户”,无当今时兴的“小秘”代劳,因而对于广大读者与电视观众朋友的来信,无法做到一一回复,在此致以万分的歉意,也恭请大家海涵!

顺便说明一下:本著依然采用史料出处随后注的方法,做到说史绝不胡说、戏说,而是有根有据。本书稿原有所有史料全文,后考虑到篇幅太厚和一般读者可能阅读有困难,最终决定将大段古文作了删除,大多只保留现代文。也承蒙东南大学出版社朋友尤其谷宁主任、马伟先生和张万莹女士的关爱,本系列丛书拥有现在这个规模。如读者朋友想核对原文作进一步研究,可根据书中标出的史料出处一查便是。最后要说的是,下列同志参与了本书的图片收集、资料整理、文稿起草等工作,他们是马宇阳、毛素琴、雷扣宝、王鲁兴、王军辉、韩玉华、林成琴、熊子奕、周艳梅、舒金佳、雷晟等人。

马渭源

于南京大明帝国黄册库畔

2014 年 11 月 16 日

电子邮箱:mwynj@sina.com